Winfried Ulrich

Didaktik der deutschen Sprache: Ein Arbeits- und Studienbuch in drei Bänden

Texte – Materialien – Reflexionen

Band 3: Grammatikunterricht – Wortschatzarbeit – Unterrichtsmittel – Multimedia

Prof. Dr. phil. Dr. h.c. Winfried Ulrich
Studienassessor; wissenschaftlicher Assistent; Professor für Deutsche Sprache und ihre Didaktik; seit 1970 an der Pädagogischen Hochschule Reutlingen; seit 1980 an der Pädagogischen Hochschule Kiel; seit 1994 an der Christian-Albrechts-Universität, Kiel

„Didaktik der deutschen Sprache: Ein Arbeits- und Studienbuch" von Winfried Ulrich besteht aus drei Bänden, die einzeln erhältlich sind:
Band 1: Fachdidaktik/Schriftspracherwerb/Mündlicher Sprachgebrauch (3-12-924412-3)
Band 2: Schriftlicher Sprachgebrauch/Rechtschreiben und Zeichensetzung (3-12-924413-1)
Band 3: Grammatikunterricht/Wortschatzarbeit/Unterrichtsmittel (3-12-924414-X)

Gedruckt auf Papier aus
chlorfrei gebleichtem Zellstoff, säurefrei.

Die Deutsche Bibliothek – CIP-Einheitsaufnahme

Ein Titeldatensatz für diese Publikation ist bei der Deutschen Bibliothek erhältlich.

1. Auflage 2001

Dieses Werk folgt der reformierten Rechtschreibung und Zeichensetzung. Ausnahmen bilden Texte, bei denen künstlerische, philologische oder lizenzrechtliche Gründe einer Änderung entgegenstehen.
Internetadresse: http: //www.klett-verlag.de
E-Mail: klett-kundenservice@klett-mail.de
Umschlaggestaltung: Axel Reis, Stuttgart
DTP: Kirsten Brückmann, Stuttgart
Druck: Auer, Donauwörth
Printed in Germany
ISBN 3-12-924414-X

Band 1

Vorwort zum Gesamtwerk

A Fachdidaktik zwischen Pädagogik und Fachwissenschaft

Einleitung
Schule als Lern- und Lebensraum
Selbstverständnis der Muttersprachdidaktik
Geschichte des Deutschunterrichts
Lernziele / Lehrpläne / Richtlinien
Entwicklung von Sprachfähigkeiten
Lösungshinweise

B Anfangsunterricht im Lesen und Schreiben / Schriftspracherwerb

Einleitung
Grundlagen unserer Schrift
Methodengeschichte und Methodenstreit
Fibelkonzeptionen / Fibelauswahl
Übungsformen
Legasthenie und funktionaler Analphabetismus
Didaktische Landkarte
Lösungshinweise

C Mündlicher Sprachgebrauch / Sprechen und Hören / Gespräche führen

Einleitung
Kommunikative Kompetenz und Kommunikationsmodelle
Kommunikationssituationen – Gesprächsformen
Rollenspiele / Simulationsübungen
Diskussion – Rede
Standardsprache – Dialekt – Soziolekt
Lösungshinweise

Literaturverzeichnis

Band 2

Vorwort zum Gesamtwerk

D Aufsatzunterricht/Texte verfassen/Schriftlicher Sprachgebrauch/Schreiben

Einleitung
Mündlichkeit – Schriftlichkeit
Funktionen des Schreibens
Geschichte des Aufsatzunterrichts
Darstellungsformen/Textsorten
Schreibentwicklungsstufen
Kreatives und personales Schreiben
Prozessorientiertes Schreiben
Textbildungsübungen
Aufsatzbeurteilung
Lösungshinweise

E Rechtschreiben und Zeichensetzung

Einleitung
Prinzipien der deutschen Orthographie
Rechtschreibreform
Rechtschreibfähigkeit und Fehlerkunde
Rechtschreibübungen
Grundwortschatz
Diktate
Rechtschreibstrategien
Interpunktion
Lösungshinweise

Literaturverzeichnis

Band 3

Vorwort zum Gesamtwerk 7

F Grammatikunterricht/Sprachbetrachtung/Sprachreflexion

Einleitung 9
Infragestellung – Begründung – Ziele 15
Methodenstreit (formal – funktional, systematisch – situativ, erkenntnisorientiert – handlungsorientiert) 23
Textorientierung 29
Gegenstandsbereiche – Stoffe (Laut, Wort, Satz, Text, Sprachhandlung) 39
Methodische Schritte – Übungen 46
Terminologie 53
Varietäten-Didaktik 62
Lösungshinweise 77

G Wortschatzarbeit

Einleitung 101
Wörter im Kopf – mentales Lexikon 106
Bedeutungen von Wörtern/Lexemen 114
Synonyme, Antonyme, Wortfelder 119
Wortschöpfung, Wortbildung und Kürzung 138
Feste Redewendungen 153
Fremdwörter – Wörter aus anderen Sprachen 157
Wörterbuchdidaktik 165
Lösungshinweise 167

H Unterrichtsmittel – Multimedia

Einleitung 192
Bilder als Lernmaterialien 196
Sprachbücher 201
Computer im Deutschunterricht 223
Multimediale kommunikative Kompetenz 230
Lösungshinweise 253

Literaturverzeichnis 271

Vorwort zum Gesamtwerk

Die im vorliegenden dreibändigen Arbeits- und Studienbuch zusammengestellten und von kommentierenden Impulsen und Fragen begleiteten Texte und Materialien sollen der Reflexion über Ziele und Aufgaben, über Methoden und Medien, über Lernformen und Übungen des muttersprachlichen Deutschunterrichts in allen Schularten und Schulstufen unseres Bildungssystems dienen.

Es handelt sich um ein **Arbeitsbuch für bereits unterrichtende, berufserfahrene Deutschlehrer und Deutschlehrerinnen**, die sich entweder über selbstständige, private Weiterbildung oder über den Besuch von Veranstaltungen der Lehrerfortbildung und Lehrerweiterbildung Einblick in neuere Konzepte und Positionen der fachdidaktischen Diskussion verschaffen wollen. Es handelt sich gleichzeitig um ein **Studienbuch für Lehramtsstudierende der Germanistik** bzw. des Faches Deutsch an Universitäten und anderen Hochschulen sowie für Lehramtsanwärter und Referendare in Studienseminaren.

Den beiden Lesergruppen entspricht die doppelgleisige Anlage des Lehrwerkes.

Die selbstständige Arbeit wird dadurch begünstigt, dass die Texte und Kommentare jedes Kapitels eingerahmt sind durch eine knapp gehaltene Hinführung einerseits, durch Hinweise zur „Lösung“ der in den Kommentaren gestellten Aufgaben andererseits. Die Hinführung kann bereits vorhandene Kenntnisse aktualisieren und ergänzen sowie auf Neuansätze aufmerksam machen, denen man innerhalb des Kapitels jeweils genauer nachgehen kann. Die Hinweise am Ende der Kapitel ermöglichen einen Vergleich der durch die Kommentare, Aufforderungen und Fragen angestoßenen Überlegungen des Lesers mit den Erwartungen des Herausgebers bzw. Autors. In Einzelfällen handelt es sich dabei tatsächlich um „Lösungen“. Wegen des Vorherrschens von Denkanstößen und Aufforderungen zur eigenen Meinungsbildung sind solche aber zumeist gar nicht möglich. Dann wird knapp skizziert, in welche Richtungen die Bearbeitung der Aufgaben weisen sollte. Eine gewisse Selbstkontrolle lässt sich in jedem Fall durchführen.

Die kommentierte Textsammlung will aber auch den Bedürfnissen der akademischen Lehre gerecht werden und Studienanfänger früh in orientierenden Veranstaltungen wie Vorlesungen, diese begleitenden Übungen und Proseminaren in die Grundlagen der Sprachdidaktik einführen, Studierende mittlerer und höherer Semester in Seminaren zu einzelnen Bereichen der Sprachdidaktik an der jeweiligen Fachdiskussion teilnehmen lassen, Examenskandidaten die Möglichkeit einer raschen Wiederholung und Zusammenfassung fachdidaktischen Wissens geben.

Das Studienbuch eignet sich als **Lehrbuch für Lehrveranstaltungen**. Es bietet in kurzen Texten und Textausschnitten vielfältige und aus unterschiedlichen Quellen stammende Anregungen zur fachdidaktischen Reflexion und Diskussion; es präsentiert kompaktes Wissen und Zustimmung, aber auch Widerspruch fordernde Thesen und Anregungen aus Geschichte und Gegenwart der Sprachdidaktik. Es baut dabei auf bereits vorhandenen Vorkenntnissen auf und/oder setzt auf einen anwesenden Hochschullehrer oder Fachleiter, der die Lehrveranstaltung leitet und dabei souverän mit dem Lehrbuch als Materialsammlung umgeht.

Die sich an die Texte und Materialien anschließenden Fragen und Impulse weisen häufig über den Inhalt des zugehörigen Textes hinaus und geben Stichwörter für persönliche Bewertungen und Stellungnahmen sowie für zusätzliche Erläuterungen und Erklärungen. Das Werk folgt damit dem Grundsatz einer „diskursiven Didaktik". Die erfahrene Lehrkraft kann damit gut umgehen, wenn sie die Aufgaben als Impulse ansieht, auf die man unterschiedlich reagieren kann, für die es aber nicht immer eine „richtige Lösung" gibt. Nachdenken und Abwägen sind oft wichtiger als ein formuliertes Ergebnis. Der Studienanfänger dagegen kann ohne Hilfe eines Dozenten mit der Beantwortung einiger Fragen leicht überfordert sein, es sei denn, er nutzt die Hinweise am Ende der Kapitel und geht den aufgeworfenen Fragen auch mit Hilfe anderer Lehrbücher nach, z. B. fachdidaktischer Wörterbücher oder breit darstellender Einführungsschriften.

Im Übrigen kann man als Benutzer des Arbeits- und Studienbuches natürlich auch über die ohnehin immer subjektiven und unvollständigen Fragen und Impulse hinwegsehen. Im Vordergrund stehen die Texte und Materialien mit den ihnen immanenten Anregungen. Sie bilden das zentrale Element des Buches, mit ihnen kann sich jeder Leser von seinen persönlichen Vorkenntnissen und Erfahrungen her und nach seinen eigenen Vorstellungen und Absichten auseinander setzen.

Vor allem bei der Zusammenstellung des Textkorpus, aber auch bei der Kommentierung haben die Kieler Kolleginnen und Kollegen Sabine Frilling, Edelgard Kopper, Hartmut Küttel und Günter Rudolph mitgewirkt. Dafür wie auch für viele das Entstehen des Buches begleitende hilfreiche Hinweise sagt der Herausgeber und Autor ihnen herzlichen Dank.

Möge das Handbuch freundlich aufgenommen werden und den ihm zugedachten Zweck erfüllen!

Quarnbek-Stampe, im Sommer 2000 Winfried Ulrich

F Grammatikunterricht / Sprachbetrachtung / Sprachreflexion

Einleitung

Wie viel Grammatik braucht der Mensch? Diese zur Zeit der großen Lehrplanrevisionen der 70er Jahre gestellte Frage zielte natürlich nicht wirklich auf die notwendige Menge an Grammatikkenntnissen, sondern auf das Warum und Wozu von Grammatikunterricht überhaupt. Zu keiner Zeit wurde seine Existenzberechtigung so radikal in Frage gestellt wie damals, als man aufgrund empirischer Untersuchungen feststellen zu können glaubte, dass die Vermittlung sprachlichen Wissens so gut wie keine positiven Auswirkungen auf das sprachliche Können habe. Inzwischen ist der traditionelle Grammatikunterricht einer deutlich veränderten Reflexion über Sprache gewichen, für die sich respektable Rechtfertigungsgründe finden lassen.

Mehrere **Ziele** der Sprachreflexion werden in der Fachliteratur angeführt:

- Einsichten in Struktur und Funktion der Eigensprache fördern den Erwerb von Fremdsprachen (besonders im kontrastiven Fremdsprachenunterricht).
- Grammatikkenntnisse leiten zum normgerechten Sprachgebrauch an (Vermeidung von Grammatikfehlern, Beachtung von Rechtschreib- und Zeichensetzungsregeln).
- Sprachwissen erweitert die Allgemeinbildung.
- Die Analyse grammatischer Konstruktionen fördert das formal-logische Denken.
- Reflexion über Sprache schafft notwendige Distanz zur Sprache und Sprachbewusstsein.
- Untersuchungen des sprachlichen Ausdruckssystems und sprachlicher Handlungen sensibilisieren für Kommunikationsstörungen und schaffen metakommunikative Kompetenz.
- Sprachreflexion ermöglicht den Leistungsvergleich verschiedener Ausdrucksformen und damit eine Auswahl in Richtung Situationsangemessenheit und stilistischer Angemessenheit.

Zusammen mit der Zieldiskussion hat sich eine **Erweiterung des Gegenstandsbereichs** und der Lernstoffe ergeben.
Während der traditionelle Grammatikunterricht aus den beiden Teilbereichen „Sprachlehre" (im Wesentlichen Satzlehre und Wortartenlehre) und „Sprachkunde" (Wortschatz, Wortbildung, Wortsemantik, Wortgeschichte mit Bedeutungswandel, Namenkunde) bestand, hat die Reflexion über Sprache auch sprachliches Handeln zum Untersuchungsobjekt gemacht (Kommunikationsanalyse). Die Reflexion bezieht sich auf „Sprache" im Doppelsinn des Wortes: System von Zeichen und Regeln zur Verknüpfung der Zeichen – Verständigungshandeln als Interaktion von Personen. Regelgeleitet ist Sprache in beiden Fällen. Diese Regeln werden bewusst gemacht. Dann kann das Misslingen von Verständigung in vielen Fällen verhindert werden.

In jüngster Zeit hat man auch den Text als Gegenstand der Analyse entdeckt. Lange Zeit galt es als Dogma: Die größte grammatikalisch zu untersuchende sprachliche Einheit ist der Satz. Alles was über den Satz hinausgeht, überlässt die Sprachwissenschaft der Literaturwissenschaft. Unter dem Einfluss von Pragmalinguistik und Textlinguistik ist dieser Leitsatz auf den Kopf gestellt worden: Sprache kommt natürlicherweise immer nur in Texten vor (Text = Sprache in Funktion). Nur der Sprachforscher und der Sprachlehrer isolieren einzelne Textsegmente: Sätze, Wörter; lösen sie aus ihrem natürlichen Kontext. Sprachreflexion sollte sich aber der Sprache in der Form zuwenden, in der sie verwendet wird. Das führt zur Forderung einer Textgrammatik oder textorientierten Grammatik.

Grammatikunterricht und (präskriptive) Schulgrammatiken haben sich stets an wissenschaftliche (deskriptive) Grammatiken, **linguistische Sprachtheorien** und Sprachmodelle angelehnt. Zu nennen sind besonders:

- Traditionelle historische Grammatik: Vergleich verschiedener Sprachen (im Blick auf ihre Verwandtschaft) und Sprachstufen (Indogermanisch, Germanisch, Althochdeutsch, Mittelhochdeutsch, Neuhochdeutsch, Gegenwartssprache); vorwiegend formbezogene Beschreibung.
- Inhaltsbezogene Grammatik: Beschreibung der Sprache als einer wirkenden Kraft, die eine geistige Zwischenwelt zwischen Mensch und ihn umgebender Wirklichkeit aufbaut, die sein Weltbild, sein Denken prägt; gestalt-, inhalts-, leistungs- und wirkungsbezogene Untersuchungen.
- Funktionale Grammatik: Beschreibung sprachlicher Formen unter dem Aspekt ihrer Funktionen, ihrer kommunikativen Leistung in Satz und Text; Formen sind Funktionsträger, Auslöser bestimmter Kommunikationseffekte, z.B. „Befehl“ durch die Formen Imperativ, Infinitiv, Partizip II, Konjunktiv oder Futur.
- Generative Transformationsgrammatik: Beschreibung der Fähigkeit (Kompetenz) eines idealen Sprechers / Hörers, mit Hilfe einer begrenzten Anzahl von Regeln unendlich viele Sätze einer Sprache zu bilden und zu verstehen; Syntax ist Zentrum der Grammatik, Lexikon und Phonologie ergänzen sie; Unterscheidung von Oberflächen- und Tiefenstruktur von Sätzen, Formations- und Transformationsregeln.
- Dependenz-Grammatik oder Valenz-Grammatik: Beschreibung des hierarchisch geordneten Systems von Abhängigkeitsverhältnissen zwischen den Bestandteilen der Sätze, dessen strukturbestimmendes Zentrum ein Verb (Satzkern) mit einer bestimmten Wertigkeit (Valenz) ist, das nach Zahl und Art festgelegte (obligatorische oder fakultative) Ergänzungsbestimmungen fordert und durch beliebig viele freie Angaben zu einem komplexen Satz ausgebaut werden kann; Syntax ist Zentrum der Grammatik.
- Sprachhandlungsgrammatik: Beschreibung der Sprache als Form sozialen Handelns zwischen Partnern (mit bestimmten Voraussetzungen, Eigenschaften, Absichten und Erwartungen) in bestimmten Kommunikationssituationen; Sprechakte oder Sprachhandlungsmuster sind die Grundeinheiten der Grammatik.

Schulgrammatiken sollten sich nicht an einem einzigen linguistischen Modell ausrichten. Sie müssen nicht nur auf der Höhe des sprachwissenschaftlichen Erkenntnisstandes sein, sondern sie müssen auch elementarisieren, vereinfachen, damit sie Lernmittel für Schüler sein können.
Schulgrammatiken sind deshalb zumeist „Mischgrammatiken“, was freilich nicht unproblematisch ist. Nicht alle aus dem Zusammenhang gelösten Einzelheiten vertragen sich miteinander. So ist der in manchen Sprachbüchern zu findende Begriff „Subjektergänzung“ ein Widerspruch in sich selbst, weil „Subjekt“ auf die lateinische Grammatik mit der Vorstellung von zwei gleichberechtigten regierenden Satzgliedern (Subjekt und Prädikat) verweist, „Ergänzung“ dagegen auf die Dependenz-Grammatik mit einem einzigen dominierenden Satzelement, dem Verb als Satzkern, von dem Ergänzungen im Nominativ, im Dativ, im Akkusativ abhängig sind. Beide Satzmodelle sind inkompatibel.

Die größte Schwachstelle des traditionellen Grammatikunterrichts war (und ist auch heute, wo noch traditionell unterrichtet wird) die **Methodik**. Von den meisten Schülern und von vielen Lehrern wird der Grammatikunterricht als notwendiges Übel angesehen, das zwar keinen Spaß macht, aber wohl sein muss. Der entscheidende Grund für diese Einschätzung ist der verbreitete Formalismus. Nicht selten degeneriert Grammatikunterricht zur bloßen Terminologielehre: Es werden für sprachliche Formen Grammatikbegriffe eingeführt, definiert und gelernt. In Übungen wird überprüft, ob man die Formen richtig benennen kann und ob man zu einem Begriff richtige sprachliche Formen als Beispiele nennen kann. Ein solcher Unterricht, oft deduktiv vom Allgemeinen, von den abstrakten Regeln ausgehend statt induktiv vom konkreten Sprachmaterial, kann kaum für Sprachreflexion motivieren. Er wird auch nicht als besonders sinnvoll und nützlich empfunden.

Zur Vermeidung von formalistischer Sprachbetrachtung hat man funktionalen Grammatikunterricht empfohlen. Ausgangspunkt ist auch dabei das einzelne Sprachelement (ein Wortbaustein, ein Wort, ein Flexionsparadigma, eine Wortart, ein Satz), aber es geht nicht in erster Linie um seine begriffliche Einordnung und Bezeichnung, sondern um seine kommunikative Funktion, um seine Leistung. Grammatikbegriffe zu kennen ist dann kein Selbstzweck, sondern dient der Erinnerung an und der Verständigung über eine Spracheinheit in Verbindung von Form und Inhalt, von Gestalt und Leistung. So wird dann nicht nur zwischen Aktiv- und Passivformen unterschieden, sondern auch zwischen Vorgangs- (Die Tür wird geöffnet.) und Zustandspassiv (Die Tür ist geöffnet.). Es wird der Bedeutungsunterschied zu Ausdrucksvarianten erarbeitet (Die Tür ist offen. Die Tür steht offen. Die Tür öffnet sich. Die Tür ist geöffnet worden.). Und es wird das Aktiv als „Normalform“ erkannt, das Passiv dagegen als Möglichkeit der aus verschiedenen Gründen erfolgenden „Täterverschweigung“ (Beim Juwelier wurde eingebrochen. Eine neue Scheibe wurde eingesetzt. Der Schaden wird reguliert.).

Funktionale Sprachbetrachtung zielt auf die Bedeutungsseite der Sprache (Semantik) und ihre Wirkungsseite (Pragmatik). Nicht nur aus Motivationsgründen gilt hier die

Devise: Stets so viel semantische Analyse wie möglich! Erst wo es um die Bedeutungen geht, wird Sprache interessant. Das gilt auch für sprachgeschichtliche Untersuchungen im Unterricht. Im Bereich der Wortbildung ist es relativ langweilig, nur formal zwischen Zusammensetzungen, die aus zwei Wörtern oder freien Morphemen bestehen, und Ableitungen zu unterscheiden, die in den meisten Fällen aus einem freien Stammmorphem und einem nachgestellten gebundenen Morphem (Ableitungssuffix) bestehen. Etwas interessanter wird es schon, wenn man das formale (Wortartzugehörigkeit und grammatisches Geschlecht) und inhaltliche Übergewicht des zweiten Bildungselements (Grundwort) der Zusammensetzung herausarbeitet („Hochhaus“ gegenüber „haushoch“, „der Blumentopf“ gegenüber „die Topfblume“) oder wenn man die Festlegung der Wortartzugehörigkeit und damit der Groß- oder Kleinschreibung durch das jeweilige Ableitungssuffix erkennt: alle Ableitungen auf -ung Nomina (Wohnung, Teilung ...), alle Ableitungen auf -ig Adjektive (holzig, glasig, steinig ...). Richtig reizvoll (mit überraschenden Aha-Effekten) kann die Untersuchung werden, wenn man feststellt, dass die denominalen Adjektive auf -ig zwei verschiedenen Bedeutungsgruppen zugeordnet werden können („versehen mit“: steiniger Weg, haariges Fell, vierarmiger Leuchter ...; „in der Art von“: holziger Kohlrabi, glasige Kartoffel, bullige Gestalt ...) und dass es interessante Zweifelsfälle gibt (eisiges Getränk, milchige Flüssigkeit). Entsprechendes gilt für die drei Bedeutungsgruppen von Verben, die von Tierbezeichnungen abgeleitet sind: „Jungtier zur Welt bringen“: kalben, lammen, ferkeln^1, fohlen, nicht: *welpen; „fangen (und verzehren)“: fischen, lausen, flöhen, mausen^1; „sich verhalten wie“: hamstern, hechten, luchsen, ochsen, büffeln, ferkeln^2, mausen^2, robben, bocken, unken, nicht: *eseln. Die reizvollen Fragen sind immer die nach der Wortbildungsmotivation: Was hat die Menschen einmal bewogen, diese Wörter zu bilden? Die Gruppe „zur Welt bringen“ verweist nicht zufällig ausschließlich in den Bereich der gezüchteten Haus- und Nutztiere. Aber was hat ein hamsternder Mensch mit dem Hamster gemeinsam? Was hat „hundekalt“ mit dem Hund zu tun, ein „Eselsohr“ mit dem Esel, ein „Pferdefuß“ mit dem Pferd? Oder was macht die „Großmutter“ eigentlich groß und die „Himbeere“ „him“? Wieso ist die „Grasmücke“ keine Mücke, sondern ein Vogel? Und wie kommt der spitzschnäuzige „Maulwurf“ zu seinem Gattungsnamen? Ist die „Brechstange“ eine Hilfe für Seekranke auf dem Schiff und der „Maulwurf“ eine Sportart aus alter Zeit?

Wichtige methodische Konsequenzen für die Sprachreflexion hat in den letzten Jahren die Erkenntnis gehabt, dass Sprache in Funktion grundsätzlich Textgestalt besitzt. Die kommunikative Funktion eines ganzen Textes zwischen Sprecher / Schreiber und Hörer / Leser ist relativ leicht zu erfassen, ob es sich nun um ein Werbeplakat an der Litfaßsäule, eine Nachrichtensendung im Radio oder Fernsehen, eine Heiratsannonce in der Zeitung oder eine Kurzgeschichte in einer Anthologie handelt. Textorientierte Grammatik widmet sich anschließend der Frage, welchen Beitrag einzelne sprachliche Erscheinungen zur Gesamtleistung des Textes liefern. Besonders wenn im Text bestimmte Elemente im Vergleich mit anderen Texten überrepräsentiert erscheinen, kann dies für deren Leistung sehr aufschlussreich sein. Die Empfehlung an den

Unterricht kann nur lauten: Zunächst sprachliche Erscheinungen in ihrem situativen und sprachlichen Kontext untersuchen und dann erst isolieren! Das bietet einen gewissen Schutz gegen den sich sonst leicht einschleichenden Formalismus.

Mit der Textorientierung nicht identisch ist die Situationsorientierung der Sprachreflexion. Der „andere Grammatikunterricht" verzichtet auf Systematik und jede Art der Vollständigkeit. Stattdessen sollen sich von allein ergebende oder auch arrangierte Situationen die Aufmerksamkeit der Schüler auf solche Seiten der Sprache lenken, die zum Fragen, Nachdenken, Untersuchen Anstoß geben (mehrdeutige Ausdrücke, Fremdwörter, ungewöhnliche Satzbildung usw.). Nur solche sprachlichen Phänomene werden im Unterricht besprochen; es soll kein Grammatikpensum abgehandelt werden; auch sollen die Schüler nicht durch Darstellung des Sprachsystems zu „kleinen Linguisten" gemacht werden. Als Nachteil eines solchen methodischen Konzepts stellt sich freilich die Zufälligkeit der behandelten Themen heraus, der bloße „Gelegenheitsunterricht", der keine langfristige Planung von Lernschritten, Vertiefungen und Wiederholungen zulässt. Auch ist zu fragen, ob der völlige Verzicht auf systematische Darstellung nicht zwangsläufig auf Vermittlung eklektischen Einzelwissens hinausläuft, ohne dass Zusammenhänge deutlich werden.

In jüngster Zeit setzt man auch beim Grammatikunterricht verstärkt auf Handlungsorientierung, auf Experimentieren mit Sprache und regelentdeckendes Lernen (Grammatikwerkstatt).
Zwar berücksichtigt man diesen Aspekt schon lange mit der Durchführung von „Proben" (Klangprobe, Umstellprobe, Weglassprobe, Erweiterungsprobe, Austauschprobe, Infinitivprobe, Passivprobe) oder aus der Linguistik übernommenen operationalen Verfahren (Segmentierung, Klassifizierung, Permutation, Addition, Deletion, Substitution). Neu ist jedoch die totale Konzentration auf selbstständiges Experimentieren der Schüler mit dem „Material Sprache", das zu einer Grammatik erst hinführt. Eine Grammatik soll als Ergebnis von Systematisierungsübungen bewusst werden. Die Schüler sollen handelnd selbst Einsicht in die Methoden gewinnen, die zu den Teilsystemen einer Grammatik führen. Sie sollen z. B. nicht nur erfahren, was ein Adjektiv ist und wie es im Text funktioniert, sie sollen erkennen, wie man überhaupt zu der Kategorie Adjektiv gelangt. Diese Änderung der Blickrichtung von den Kategorien selbst auf die Kategorienbildungsprozesse erscheint sehr anspruchsvoll (wird auch als „wissenschaftspropädeutisch" charakterisiert) und könnte schnell zur Überforderung der Schüler führen und zu einem neuen Formalismus der Operationen.
Das Experimentieren mit Sprache und das dadurch mögliche Regelentdecken sind freilich uneingeschränkt zu begrüßen. Als hervorragend geeignetes Untersuchungsmaterial bieten sich dafür sprachspielerische Texte an, die über Entdeckung von absichtlichen Regelverstößen zum Regelbewusstsein führen.

Es lohnt sich auch, über die **Wahl der Grammatikbegriffe** nachzudenken. Die mit der lateinischen Grammatik zusammen übernommenen Bezeichnungen sind weitgehend undurchsichtig. Wer macht sich bei der Verwendung des Ausdrucks schon klar, dass der Akkusativ der „Anklagefall" ist und der Infinitiv die „unbegrenzte" Form des

Verbs, das Subjekt das „Daruntergelegte" und das Verb schlicht das „Wort"? Soll man sich bei der Suche nach der Wortartbezeichnung eher für Nomen, also „Namen(wort)", entscheiden oder für Substantiv, also das „für sich selbst Bestand Habende", oder soll man beide Bezeichnungen gleichbedeutend nebeneinander verwenden (wie viele Schulgrammatiken es tun)?
Eindeutschungen der Bezeichnungen sind zwar durchsichtig, „sprechend", doch das kann die Verwirrung noch steigern oder gar zu ganz falschen Vorstellungen verleiten: Das „Dingwort" bezeichnet genauso wenig nur Dinge wie das „Gegenstandswort" Gegenstände. Das „Namenwort" (z. B. Hund) darf als Klassenbezeichnung für viele Tiere nicht mit dem immer individuellen „Namen" (z. B. Bello) verwechselt werden. Und ist das „Hauptwort" wirklich das wichtigste Wort in der Reihe der Wortarten? Oder überzeugt „Leideform" in Fällen wie „Hans wird gelobt" mehr als „Passiv"? Lenkt nicht auch die Tempusbezeichnung „Gegenwart" von wichtigen Funktionen ab („Morgen komme ich." – „Die Erde dreht sich um die Sonne.")?
Soll man die Bezeichnungen mit wachsender Einsicht der Lernenden und zunehmender Komplexität der Sachverhalte wechseln, z. B. in der Grundschule mit „Tuwort" beginnen und auf „Tätigkeitswort" übergehen, in der Sekundarstufe „Aussagewort" einführen, wenn neben den Handlungsverben auch Vorgangs- und Zustandsverben in den Blick geraten (Was „tut" der Stein, wenn er am Boden liegt?) und die Korrespondenz von Satzgegenstand und „Satzaussage" behandelt wird, um schließlich im Zusammenhang mit dem Tempussystem auf „Zeitwort" überzugehen? Oder soll man von Anfang an auf die unterstützende Hilfe sprechender Bezeichnungen verzichten und beim Fremdwort bleiben, das wenigstens nicht irreführt? Für beide Wege gibt es gute Gründe.
Das 1982 veröffentlichte, im Auftrag der Ständigen Konferenz der Kultusminister der Länder erarbeitete „Verzeichnis grundlegender grammatischer Fachausdrücke" verspricht mehr Hilfe, als es wirklich bietet. Die Liste gibt vorwiegend lateinische Begriffsnamen vor (wegen ihrer internationalen Geltung), versteht sich als Kompromiss unterschiedlicher sprachwissenschaftlicher Standpunkte, der offen ist für zukünftige Veränderungen, beansprucht keine Vollständigkeit und soll nur empfehlenden Charakter haben.

1. Vorrede zur Deutschen Grammatik

seit man die deutsche sprache grammatisch zu behandeln angefangen hat, sind zwar schon bis auf Adelung eine gute zahl bücher und von Adelung an bis auf heute eine noch fast größere darüber erschienen. da ich nicht in diese reihe, sondern ganz aus ihr heraustreten will; so muss ich gleich vorweg erklären, warum ich die art und den begriff deutscher sprachlehren, zumal der in dem letzten halben jahrhundert bekannt gemachten und gutgeheißenen für verwerflich, ja für töricht halte. man pflegt allmählich in allen schulen aus diesen werken unterricht zu erteilen und sie selbst erwachsenen zur bildung und entwicklung ihrer sprachfertigkeiten anzuraten. eine unsägliche pedanterie, die es mühe kosten würde, einem wieder auferstandenen Griechen oder Römer nur begreiflich zu machen; die meisten mitlebenden völker haben aber hierin so viel gesunden blick vor uns voraus, dass es ihnen schwerlich in solchem ernste beigefallen ist, ihre eigene landessprache unter die gegenstände des schulunterrichts zu zählen. den geheimen schaden, den dieser unterricht, wie alles überflüssige, nach sich zieht, wird eine genauere prüfung bald gewahr.
ich behaupte nichts anderes, als dass dadurch gerade die freie entfaltung des sprachvermögens in den kindern gestört und eine herrliche anstalt der natur, welche uns die rede mit der muttermilch eingibt und sie in dem befang des elterlichen hauses zu macht kommen lassen will, verkannt werde. die sprache gleich allem natürlichen und sittlichen ist ein unvermerktes, unbewusstes geheimnis, welches sich in der jugend einpflanzt und unsere sprechwerkzeuge für die eigentümlichen vaterländischen töne, biegungen, wendungen, härten oder weichen bestimmt.

Grimm, Jacob (1818): Deutsche Grammatik (Vorrede). In: Rötzer, H. G. (Hrsg.) (1973): Zur Didaktik der deutschen Grammatik. Darmstadt: Wissenschaftliche Buchgesellschaft.

- Welche Auffassungen hat Jacob Grimm zum Grammatikunterricht seiner Zeit (1818) und wie begründet er sie?
- Erläutern Sie die Rolle des Sprachbewusstseins bei der Beherrschung einer Sprache (Eigensprache oder Fremdsprache).
- Worin unterscheidet sich der natürliche Spracherwerb des Kleinkindes von dem angeleiteten Sprachunterricht in der Schule?

2. Uhren

"Basically, we're all trying to say the same thing."

- Erläutern Sie die linguistische und die sprachdidaktische Relevanz der Pointe des Cartoons.
- Können unterschiedliche Mittel und Formen der Verständigung, die auf die gleiche oder eine sehr ähnliche Bedeutung zielen, nützlich statt überflüssig sein? Beschreiben Sie solche Fälle.
- Welcher Grammatikunterricht kann dazu beitragen, dass man als Sprecher oder Schreiber aus einem größeren Ausdruckspotential auswählt und sich differenziert und flexibel äußert?

3. Begründungen

1. Grammatikunterricht dient dem fremdsprachenunterricht

Auf diesem boden entwickelte sich dann der anspruch der grammatik, die regeln für den richtigen gebrauch der muttersprache zu liefern. Die schüler sollten sich den sprachlichen vorbildern anpassen, indem sie die kodifizierten regeln befolgten. Aus der analogie zum fremdsprachenunterricht entstand so die zweite sinngebung:

2. Grammatikunterricht führt zum richtigen sprachgebrauch

Nach der ablösung des deutschunterrichts vom lateinunterricht kamen weitere sinngebungen hinzu, die recht unterschiedliche ursprünge haben. […]

3. Grammatikunterricht fördert das formal-logische denken

Des weiteren muss die geschichtliche entwicklung der deutschen sprache als wesentliche einflussgröße berücksichtigt werden. Im deutschen sprachraum bildete sich vom 16. bis 19. jahrhundert eine vereinheitlichte schriftsprache aus; mit der nationalliteratur entstand die hochsprache, und so bekam der deutsche sprachunterricht und mit ihm die grammatische unterweisung einen neuen sinn: die pflege und bewahrung des nationalen sprachlichen erbes. Danach lautet die sinngebung:

4. Grammatikunterricht dient der hochsprache

[…] Die geisteswissenschaftliche pädagogik schließlich sah in der grammatik als sprachbetrachtung ein bildungsgut von hohem wert. Und so erklärt sich aus der bildungstradition die überraschend einfache sinngebung:

5. Grammatikunterricht gehört zur bildung schlechthin

Soweit der katalog der sinngebungen, die aus der geschichte des deutschunterrichts bis zur mitte unseres jahrhunderts hervorgegangen sind.
Eine grundlegende veränderung ergab sich nach 1945, als zum einen die sprachwissenschaft einen einfluss auf den grammatikunterricht in der schule auszuüben begann und zum anderen im zuge der curriculum-diskussion sinn und durchführung des deutschunterrichts entscheidend in frage gestellt wurden. […]
Der von Chomsky als terminus definierte begriff der kompetenz ließ auch die sprachpädagogen aufhorchen, die von dieser grammatiktheorie aufschluss und hilfe erwarteten bei der lösung ihrer aufgabe, die sprachkompetenz ihrer schüler zu fördern. Diese hoffnung war jedoch eine illusion, die teilweise auf die vermischung der verschiedenen bedeutungen des wortes ‚kompetenz' zurückzuführen ist, das einerseits (bei Chomsky) als terminus auf den idealen sprecher/hörer be-

zogen werden muss und andererseits im natürlichen sprachgebrauch die sprachfähigkeit der menschen schlechthin bezeichnet. Außerdem wurde übersehen, dass die psychischen sprachproduktionsprozesse nicht nach der methode der TG ablaufen, weshalb nicht einzusehen ist, wieso die explizierung impliziten regelwissens die sicherheit in der verfügung über syntaktische regeln stützen kann. Bedauerlicherweise konnte es also die TG auch nicht leisten, die *transfer-lücke* zu schließen, die eine plausible begründung des grammatikunterrichts fortwährend verhindert. Es handelt sich um die frage: *Kann grammatisches wissen das aktive sprachvermögen des menschen fördern?*
In der didaktischen literatur finden wir allenthalben die behauptung dieses transfers – leider ohne überzeugungskraft. Es handelt sich hierbei um eine durch nichts bewiesene hypothese; denn wie das möglich sein soll, wird am ende an keiner stelle genau nachgewiesen. [...]

6. Grammatikunterricht bietet ein begriffsinventar zur verständigung über sprachliches

[...]

Schwenk, Helga: Grammatikunterricht in der Schule? In: Braun, P. / Krallmann, D. (Hrsg.) (1983): Handbuch Deutschunterricht, Band 1. Düsseldorf: Schwann. S. 311–313.

- Wozu ist Grammatikunterricht überhaupt nötig? Beantworten Sie selbst diese Frage.
- Welches Wissen über Sprache fördert das sprachliche Können, die kommunikative Kompetenz?
- Grammatikunterricht ist nicht gleich Grammatikunterricht. Es geht dabei ganz entscheidend um das Was (Stoff) und um das Wie (Methode)! Untersuchen Sie diese Behauptung.
- Führen Sie Schwenks sechsten Punkt näher aus. Erläutern Sie dabei das Lernziel „metakommunikative Kompetenz".
- Was halten Sie von einer siebten Singebung: Grammatikunterricht schafft Sprachbewusstsein und befähigt damit zur bewussten Unterscheidung verschiedener sprachlicher Ausdrucksweisen und zur Auswahl aus diesem Repertoire?

4. Probleme

Grammatikunterricht ist – stärker als andere Lernfelder des Deutschunterrichts – anfällig für eine Reihe von Problemen:

- Ein primär formaler Angang an sprachliche Phänomene verführt zu einer Vernachlässigung sozialer / inhaltlicher Dimensionen von Sprache;
- bei einer Herauslösung grammatisch untersuchter Sätze aus ihren Text- / Äußerungskontexten werden leicht Kriterien der sprachlichen Korrektheit zum vorrangigen Bezugspunkt für die Beurteilung sprachlicher Phänomene (anstelle von Kriterien der Situationsangemessenheit);
- das Lehrerverhalten knüpft dann eher an bereits vorhandene problematische Erfahrungen der Schüler mit (formalen) Sprachkorrekturen und Sanktionen durch die Eltern an als an Erfahrungen mit situativ unangemessenem Sprachverhalten; d.h. es werden gerade die problematischen Sozialisationsstränge weiterverfolgt;
- die – inner- wie außerschulischen – Spracherfahrungen der Schüler gelten meist allenfalls als gelegentlicher *Ausgangspunkt* von Grammatikunterricht, nicht aber als zentrales *Thema* dieses Unterrichts;
- die im Grammatikunterricht als Untersuchungs*gegenstand* erfahrene Sprache und das von Schülern praktizierte natürliche Sprach*verhalten* stehen dann leicht bezugslos nebeneinander;
- gerade ein formaler Grammatikunterricht kann für bestimmte Schülergruppen benachteiligend wirken und beitragen zur Herstellung von Sprach- bzw. Sprechbarrieren;
- gerade am Grammatikunterricht kann der Versuch scheitern, Schülern den Sinn von Unterricht einsehbar zu machen;
- die Unübersichtlichkeit grammatischer Regularitäten sichert dem Lehrer einen großen Kompetenz- und Informationsvorsprung vor den Schülern, die sich daher fast nie als „Unterrichtspartner" fühlen können;
- Grammatikunterricht verführt durch seine fachwissenschaftliche Systematik zu einer starren Planung und Gliederung;
- Grammatikunterricht verführt durch seine (scheinbar) eindeutigen Kriterien für Sprachgebrauch und syntaktische Analysen von Sätzen („falsch" – „richtig") zu einer überzogenen Operationalisierung des Unterrichts;
- Grammatikunterricht scheint – neben Rechtschreibung – der letzte Bereich im Deutschunterricht zu sein, wo der Lehrer objektiv und daher ohne zu schlechtes Gewissen Leistungen benoten kann; aus diesem Grund wird zudem oft Leistungsverhalten im Grammatikunterricht übermäßig in der Deutschnote berücksichtigt.

Wir meinen, dass man solchen Problemen dadurch vorbeugen kann, dass Grammatikunterricht verstanden und praktiziert wird als Kette von Phasen grammatischer Reflexion, die in einen insgesamt situationsorientierten Deutschunterricht integriert ist. Ein solcher Deutschunterricht stützt sich auf Prinzipien wie die folgenden:

- Jede Arbeit geht von den (Sprach-)Erfahrungszusammenhängen der Schüler aus und bezieht sich auf sie zurück; nur so kann verhindert werden, dass Unterricht zum Aufbau einer sekundären, nur abstrakt als Wissen verfügbaren Begriffs- und Vorstellungswelt führt, die *neben* der Alltagswelt der Schüler existiert und diese nicht beeinflusst;
- jede Arbeit bezieht sich auf die Bewältigung *gegenwärtiger* Probleme; damit ist nicht einer Auslieferung von Schule an bloß momentane Interessen oder Launen das Wort geredet, gemeint ist vielmehr ein problematisierendes und modifizierendes Aufgreifen von Vorstellungen und Einstellungen im Sinne eines *Beginns* eines Lernprozesses; dahinter steht die Annahme, dass sich die Fähigkeit zur Bewältigung *zukünftiger* Lebensprobleme in der gelingenden Entwicklung kompetenter Stellungnahme zu *gegenwärtigen* Problemen aufbaut;
- damit werden innerschulische Situationen (und – soweit einbeziehbar – den Schüler betreffende außerschulische Situationen) als zentrale und paradigmatische gesellschaftliche Wirklichkeit ernst genommen und zum offiziellen Unterrichtsthema gemacht (inoffizielles Thema sind sie für die Schüler ohnehin schon immer);
- bei der Analyse dieser sozialen Wirklichkeit darf ihre Komplexität nicht vorschnell zerlegt / zerfächert werden;
- in der unterrichtlichen Kooperation der Schüler – untereinander und mit dem Lehrer – wird Sprache als gemeinschaftliches Medium sozialer Beziehungen zugänglich und lernbar. Dazu ist notwendig, dass Schüler im Unterricht quantitativ wie qualitativ umfangreiche Kommunikationserfahrungen *machen* und sich *darüber verständigen* können;
- innerhalb eines solchen Deutschunterrichts fungiert Sprachreflexion (und in ihrem Rahmen grammatische Reflexion) als Verständigungskritik;
- dabei sind unterrichtliche Kommunikationsprozesse nicht nur Reflexionsgegenstand des Deutschunterrichts, sondern immer auch Übungsfeld probeweiser Änderungen des eigenen (und des gemeinsamen) sprachlichen Verhaltens. Zwei zentrale Begriffe eines solchen Verständnisses von (Grammatik-)Unterricht sind „Situation“ und „Situationsorientierung“.

Boettcher, Wolfgang / Sitta, Horst: Grammatik in Situationen. In: Braun, P. / Krallmann, D. (Hrsg.) (1983): Handbuch Deutschunterricht, Band 1. Düsseldorf: Schwann. S. 384–386.

- Welche Einwände gegen den traditionellen Grammatikunterricht halten Sie für berechtigt?
- Welche Veränderungsvorschläge erscheinen Ihnen besonders überzeugend?
- Bezieht sich die „Situationsorientierung" wohl nur auf reale Unterrichtssituationen oder auch auf nur vorgestellte, fiktive Lebenssituationen?
- Wie lässt sich der skizzierte Unterricht planen und vorbereiten?
- Kann man in einem situativen Grammatikunterricht Sprachbücher einsetzen? Wenn ja, wie?

5. Funktion grammatischer Reflexion

Einer der immer wieder vorgetragenen Einwände gegen den Grammatikunterricht war und ist die These, dass eine grammatische Reflexion wenig bis gar nichts zu einer Förderung der sprachlichen Handlungsfähigkeit der Schülerinnen und Schüler beitrage. Dem Grammatikunterricht müsse die Funktion in die Sprachproduktion hineinzuwirken, generell abgesprochen werden (Schwenk 1976).

Diese These, die in der Diskussion in ähnlicher Form häufig auftaucht, sieht jedoch den Zusammenhang zwischen Reflexion und Sprachgebrauch zu undifferenziert. Auch wenn wir unsere mündlichen Äußerungen nur in Ausnahmefällen durch grammatische Reflexion vorbereiten oder begleiten, so hat diese bei der schriftlichen Sprachverwendung doch eine erhebliche Bedeutung. Bei der Abfassung geschriebener Texte entsteht durch den Wegfall eines situativen Kontextes die Notwendigkeit einer stärker ausgearbeiteten sprachlichen Struktur. Der im Vergleich zum Sprechen verzögerte Produktionsvorgang ermöglicht intensiveres Planen, Abwägen und Umgestalten, d.h. auch den bewussten Umgang mit sprachlichen Mitteln und Strukturen. Schließlich stellt sich beim Schreiben von Texten immer auch die Frage der richtigen Schreibweise der Wörter bzw. der richtigen Verwendung der Satzzeichen, die oft nur durch grammatische Reflexion beantwortet werden kann.

Die Frage nach dem Sinn grammatischer Reflexion muss allerdings auch die rezeptiven Teilkompetenzen Hören und Lesen berücksichtigen, die in der Diskussion zu wenig in ihrer Bedeutung für die Erweiterung der Sprachkompetenz gesehen werden. Das verstehende Aufnehmen gesprochener und geschriebener Sprache ist umso mehr auf grammatische und stilistische Erfahrungen und Kenntnisse angewiesen, je stärker es auf ein Durchschauen der Funktion sprachlicher

Mittel und Strukturen abzielt. Sprachliche Strukturen lassen sich aber schwerlich durchschaubar machen bzw. in ihrer Funktion kritisch einschätzen, wenn die Schülerinnen und Schüler nicht in der Lage sind bestimmte sprachliche Kategorien zu identifizieren und zu benennen.

Auch in einem anderen Punkt wird die Funktion grammatischer Einsichten und Kenntnisse zu gering veranschlagt: bei der Korrektur dialektal bedingter Fehler. Die durch den Dialekt oder eine dialektal gefärbte Umgangssprache verursachten Abweichungen von den lautlichen, morphologischen und syntaktischen Normen der Standardsprache sind für den Deutschunterricht ein schwerwiegendes Problem, das in den siebziger Jahren als Sprachbarriere für viele Schülerinnen und Schüler erkannt wurde. Die aus den Abweichungen herrührenden Fehler werden zwar in erster Linie durch geeignete Sprachübungen beseitigt werden können, ein einsichtiges Lernen und Üben setzt aber voraus, dass die Schülerinnen und Schüler die Unterschiede zwischen Dialekt und Standardsprache in ihrer Struktur erkannt haben, damit ein Transfer auf gleich gelagerte Sprachfälle möglich wird. Ohne diese Reflexionen generiert die Sprachübung zum mehr oder weniger stumpfsinnigen Drill.

Schließlich liefert der Grammatikunterricht auch notwendige Verständigungsbegriffe um sich mit sprachlichen Äußerungen, ihrem Aufbau und ihrer Funktion auseinander setzen zu können. Auf diese Verständigungsbegriffe wird man nicht nur in anderen Teilbereichen des Deutschunterrichts wie Rechtschreiben, schriftlicher Sprachgebrauch und beim Umgang mit Texten zurückgreifen, sondern auch beim Vergleich der Muttersprache mit der Bauweise von Wörtern und Sätzen in einer Fremdsprache.

Böker, Christina, u. a. (Hrsg.) (1999): Praxis Sprache 7/8 R/G. Lehrerband. Braunschweig: Westermann. S. 15.

- Sprachliches Wissen – sprachliches Können – sprachliches Tun: Untersuchen Sie die gegenseitigen Abhängigkeiten.
- Sprechen ist spontan und oft ungrammatisch – Schreiben unterliegt viel stärker grammatischer Kontrolle. Entspricht diese Aussage Ihren eigenen Erfahrungen?
- Macht es Sinn, zwischen einer Produktionsgrammatik und einer Rezeptionsgrammatik zu unterscheiden? Welche Absicht erkennen Sie hinter einer solchen Unterscheidung?
- Auf welche Merkmale sollte eine kontrastive Grammatik Dialekt – Standardsprache besonders den Blick lenken?
- „Sprachbarrieren“ wegen schichtenspezifischen Sprachverhaltens („elaborierter“ und „restringierter Code“): Ist der Grammatikunterricht in der Lage, sie zu beseitigen? Wie kann er dazu wenigstens beitragen?

6. „Grammatik-trächtige" Situationen im Deutschunterricht

1. Schüler transkribieren ein Tonbandprotokoll eines Kreisgespräches und wundern sich über die merkwürdigen Satzbildungen (Ellipsen, syntaktischen Brüche usw.);
   Reflexionsrichtung: Unterschiedliche Sprachnormen für mündlichen und schriftlichen Sprachgebrauch.
2. Doppeldeutige Textstellen, die auch vom Kontext her nicht eindeutig werden;
   Reflexionsrichtung: Diagnose der Bedingungen von Mehr-/Eindeutigkeit.
3. Bewertende Reaktionen von Mitschülern auf einen dialektsprechenden Schüler;
   Reflexionsrichtung: Analyse von Differenzen zwischen Dialekt und Standardsprache; Diskussion der Normen-/Bewertungsproblematik.
4. Normenforderungen aus Fachsprachen gegen Sprachgebrauch in der Alltagssprache („Menge" als Terminus der Fachsprache bzw. der Alltagssprache; ist der *Wal* ein Fisch – oder nicht?);
   Reflexionsrichtung: Analyse der Normendifferenzen zwischen Alltags- und Fachsprache.
5. Diskussion über unterschiedliche Kommunikationsstile (scheinbar höflich – freundlich – direkt usw.);
   Reflexionsrichtung: Zusammenhang von Kommunikationsstil und Sprachgebrauch, zum Beispiel bei der Formulierung von Aufforderungshandlungen.
6. Beschäftigung mit Sprachwitzen;
   Reflexionsrichtung: Analyse der grammatischen Pointe der Sprachwitze.
7. Erarbeitung eines gemeinsamen Textes aus äquivalenten Formulierungsvorschlägen mit differenter grammatischer Struktur (zum Beispiel „*Bei Regen* können wir nicht kommen." – „*Wenn es regnet,* können wir nicht kommen.");
   Reflexionsrichtung: Transformationsbeziehungen zwischen teils differenten, teils äquivalenten sprachlichen Mitteln.
8. Vergleich verschiedener Textsorten („juristische" gegenüber „privaten" Schreiben) hinsichtlich der Eindeutigkeit/Verstehbarkeit/Kompliziertheit und der jeweiligen grammatischen Spezifitäten;
   Reflexionsrichtung: Grammatische Merkmale von Texten in Beziehungen zu Textsortenmerkmalen.
9. Anstoß zu der Behauptung eines Sprachbuchs, „befehlende" Sätze hätten die Form des „Befehlssatzes";
   Reflexionsrichtung: Unterscheidung zwischen formalen und funktionalen Elementen im Satz.
10. Aufarbeitung der unterschiedlichen Vorerfahrungen mit Grammatik(unterricht) zu Beginn eines 5. Schuljahres;
    Reflexionsrichtung: Vereinbarung von linguistischen Operationen zur Überprüfung der Verschiedenheit bzw. Vergleichbarkeit unterschiedlicher Aussagen und unterschiedlicher Terminologien.

11. Reaktionen deutscher Schüler auf (auffällige) Sprachverwendung eines Ausländerkindes;
    Reflexionsrichtung: Kontrastive Betrachtung der Eigenarten zweier Sprachen.
12. Auffälligkeiten in literarischen Texten (zum Beispiel beim Beginn von Max Frischs „Stiller“: „…, *ansonst* ich jede weitere Aussage verweigere…“);
    Reflexionsrichtung: Regionale/stilistische Unterschiede im Ausbau des Systems äquivalenter syntaktischer Strukturen.

Boettcher, Wolfgang / Sitta, Horst: Grammatik in Situationen. In: Braun, P. / Krallmann, D. (Hrsg.) (1983): Handbuch Deutschunterricht, Band 1. Düsseldorf: Schwann. S. 388 f.

- Welche Situationen erscheinen besonders motivierend, welche besonders erfolgversprechend?
- Bloßer Gelegenheitsunterricht ohne Vermittlung von zusammenhängenden Kenntnissen! Teilen Sie diese Kritik? Erläutern Sie Ihre Meinung.
- Wie stehen Sie zu einem „situationsorientierten Grammatikunterricht“, der auch von fiktiven Situationen und in ihnen entstehenden Texten und von der Situationsangemessenheit von Sprachverhalten und Ausdrücken ausgeht?

7. Grammatik in Situationen und funktionaler Grammatikunterricht

In den 70er und 80er Jahren dominierte (und dominiert z. T. noch heute) ein Konzept, das 1978 von W. Boettcher und H. Sitta in ihrem Buch „Der andere Grammatikunterricht“ grundgelegt und vor allem in Nordrhein-Westfalen in der Primarstufe verbindlich gemacht wurde: das Konzept des „gelegenheitsorientierten“ Grammatikunterrichts in Situationen. […]

Die Vorteile eines solchen Konzepts liegen auf der Hand:

a) Es kann mehr von den (Augenblicks-)Bedürfnissen der Schüler ausgegangen werden, von einer realen Situation in der Klasse, von der Sprachverwendung der Schüler.
b) Es werden bessere Motivationen, vielleicht überhaupt Primärmotivationen für die Sprachbetrachtung aufgebaut/ausgenützt.
c) Es wird das viel kritisierte bloße „Regelpauken“ eingeschränkt.
d) Es kann der Nutzen analytischer Tätigkeiten für das Sprachverhalten erkannt werden.
e) Es kommt zu einem „natürlichen“ Curriculum.

Es gibt aber auch eine Reihe von auch durch die praktischen Versuche nicht ausgeräumten Einwänden:

1. Das Curriculum wird dem Zufall „reale Situation“ überlassen, der Lehrer befindet sich in einem dauernden „Wartestand“, wenn er reale Situationen nutzen will.
2. Die Mehrzahl der bei W. Boettcher und H. Sitta 1978 angegebenen Unterrichtsbeispiele und ansonsten berichteten Situationen überzeugt nicht, und ein Lehrmittel – Sprachbuch – kann auf der Basis dieses Konzepts nicht vorgelegt werden.
3. Der Anspruch an die Situationssensibilität und an die fachlich-didaktischen Qualifikationen des Lehrers ist erheblich höher, die Chancen für sog. „Schneeglöckcheneffekte“ (die Schüler verweigern den Wechsel von der Inhaltsdiskussion zur grammatischen Übung oder Reflexion, diese wirkt „aufgesetzt“) sind groß.
4. Dem stillschweigenden (und zügig voranschreitenden) Abbau jeglicher grammatischer Reflexion wird wegen der oben angedeuteten Schwierigkeiten Vorschub geleistet: Folgen mangelnder, weil „ausgefallener“ Sprachreflexion und systematischer Übung spüren wir bereits jetzt im Bereich der schriftsprachlichen Kompetenz.

In der Praxis hat sich, eigentlich stillschweigend zugestanden, eine Umorientierung auch unter den Anhängern des Konzepts vollzogen. Man geht weg vom Prinzip des Ausgehens von *Real*situationen hin zu *fiktiven*, geplanten Situationen, die ein gezielteres Curriculum zulassen und auch in (integrativen) Sprachbüchern beherrschbare Vollzüge des Unterrichts gestatten.

In der neuesten Diskussion (Ivo 1988, Ivo und Neuland 1991, Eichler 1991, Sonderheft 4/92 des Deutschunterrichts) geht die Umorientierung noch weiter, nachdem man eingesehen hat, dass vieles in diesem Konzept Versprochene nicht eingelöst werden konnte: Man akzeptiert – kulturwissenschaftlich motiviert – wieder einen bildungstheoretisch fundierten Grammatikunterricht, spricht und forscht über grammatisches Wissen und sieht im Unterricht in Grammatik auch ein Stück der Auseinandersetzung mit und Findung der (sozio-)kulturellen Identität. So wird die Situationsorientierung eher ein Unterrichtsprinzip (Tu's, wenn du kannst, aber erzwinge es nicht.).

Eichler, Wolfgang: Grammatikunterricht. In: Lange, Günter, u.a. (Hrsg.) (1994): Taschenbuch des Deutschunterrichts. Baltmannsweiler: Schneider. S. 258 f.

- Nehmen Sie eine Güterabwägung zwischen „Vorteilen“ und „Einwänden“ vor.

8. Funktionale Grammatik

Ausgangspunkt ist die problematische Erfahrung mit dem formalistischen, am System orientierten Grammatikunterricht, in dem die Schüler die grammatischen Begriffe lernen, die entsprechenden Formen in Sätzen und Texten benennen und ihre Begriffskenntnisse im Grammatik-Test nachweisen müssen. Eine Reflexion über Sprache, d. h. eine Konfrontation so genannter grammatischer Normen mit der tatsächlichen Sprachpraxis, ein Nachdenken über die Tragweite und Funktion bestimmter Formen, eine Auseinandersetzung mit der Variationsmöglichkeit in der Nutzung sprachlicher Elemente etc. findet zumeist nicht statt.
Zentral in diesem systematischen Grammatikunterricht sind die *Fragestellungen*:
Wie heißt das sprachliche Element mit dem Fachbegriff?
Wie wird die grammatische Form gebildet?
Welche Stellung hat das grammatische Element im System der Sprache?

Die *zentralen Fragestellungen der funktionalen Grammatik* dagegen lauten:
- *Welche Funktion hat das grammatische Element in diesem aktuellen Text und im medialen Verwendungskontext?*
- *Welche Funktionen kann dieses Element grundsätzlich übernehmen?*
- *Welche Funktionen haben bestimmte grammatische Elemente für mein Verstehen sowie für die Wirkung des Textes auf mich?*

Dabei werden die grammatischen Formen und Fachbegriffe natürlich einbezogen, induktiv vermittelt und auch eingeübt. Das Ziel der Reflexion über Sprache ist aber: Die Schüler sollen die *verschiedenen* Ausdrucksmöglichkeiten und Verwendungen *eines* bestimmten grammatischen Elements sowie den möglichen Einsatz *verschiedener* sprachlicher Formen für *einen* intendierten Ausdruck kennen lernen.

Einecke, Günther ([3]1995): Unterrichtsideen Textanalyse und Grammatik: Vorschläge für den integrierten Grammatikunterricht 5.–10. Schuljahr. Lehrerband. © Ernst Klett Verlag, Stuttgart. S. 12.

- Sprachreflexion zielt auf Befähigung zu Vergleich und Auswahl! Vergleichen Sie diese These mit Eineckes Aussagen.
- In welchem Verhältnis stehen funktionaler und systemorientierter/systematischer Grammatikunterricht zueinander?

9. Positionen

1. Position **eines situationsorientierten, in komplexe Handlungszusammenhänge integrierten Grammatikunterrichts**

Grammatikunterricht ist hier nicht Teil eines vom Lehrkörper geplanten Unterrichts, sondern wird bei Gelegenheiten geeigneter Situationen im Deutschunterricht betrieben. Dieser grammatische Gelegenheitsunterricht wird u. a. damit begründet, dass in sprachlichen Äußerungen grammatische Elemente und Strukturen nur als Bausteine und Teilelemente von komplexeren Gebilden auftreten. Daraus wird gefolgert, dass auch der Grammatikunterricht Einsichten in die Form und Funktion grammatischer Phänomene nur unter Beibehaltung der Komplexität von sprachlichen Situationen und Texten vermitteln dürfe.

Hier wird jedoch der linguistische Befund – die Komplexität sprachlicher Äußerungen – unzulässig mit dem Lernprozess der Schülerinnen und Schüler gleichgesetzt. Dabei wird übersehen, dass – nicht nur in den Anfangsklassen der Sekundarstufe I – grammatische Einsichten nur zu vermitteln sind, wenn im Unterricht die in Frage stehende grammatische Kategorie aus dem Situationszusammenhang isoliert, in ihren Merkmalen intensiv betrachtet und auf den Begriff gebracht wird, so dass auch ihre Funktion klar erkannt werden kann. Es ist lernpsychologisch völlig unwahrscheinlich, dass Schülerinnen und Schüler grammatische Kategorien wie Adverb, Konjunktiv I oder II oder Passiv bei der Betrachtung komplexer Situationen in ihren Merkmalen so nebenbei miterfassen und dann in späteren Lernsituationen verwenden können.

2. Position **eines systematischen, aber funktional bezogenen Grammatikunterrichts**

Dieser Unterricht vermittelt den Schülerinnen und Schülern systematische Einsichten in Teilbereiche der Grammatik bzw. Semantik oder Pragmatik. Ihnen sollen dabei die grammatischen Kategorien ihrer Sprache so weit begreifbar werden, dass sie mit den gewonnenen Erkenntnissen und Einsichten Sprache bewusster anwenden und fremden Sprachgebrauch besser verstehen können. Sprachbetrachtung ist hier zum einen funktional in dem Sinne, dass die grammatische Reflexion von Problemen, Texten, sprachlichen Situationen oder Fragen an Sprache ausgeht und von daher versucht, Form und Funktion eines grammatischen Phänomens einsichtig zu machen. Unerlässlich ist dabei das Kategorisieren, das begrifflich genaue Benennen und das Erfassen der Leistung des grammatischen Phänomens. Um jedoch für eine Verbesserung des Sprachgebrauchs wirksam werden zu können muss die Reflexion über Sprache auch in einem weiteren Sinne funktional bezogen sein. Die in der Sprachbetrachtung gemachten Erfahrungen und Einsichten müssen in anderen Zusammenhängen des Deutschunterrichts wieder aufgegriffen und dort für neue Lernsituationen fruchtbar gemacht werden. Reflexion mündet also immer wieder ein in Sprachhandeln, indem grammatische Einsichten im Rechtschreibunterricht aufgegriffen, bei der Überarbeitung eigener Texte herangezogen und bei der Analyse von Äußerungen und Texten berücksichtigt werden. Auf diese Weise sind die Ergebnisse der Reflexion über Sprache – wiewohl sie in systematischen Zusammenhängen erarbeitet wurden – in Beziehung gesetzt mit anderen Teilfähigkeiten der Sprachkompetenzen. [...]

Das begrenzte Repertoire an grammatischen Begriffen gibt ihnen ein Instrumentarium an die Hand über Sprache zu sprechen. Wir wissen heute, dass dieses Instrumentarium nicht ausreicht Sprache als Ganzes zu erfassen, Kommunikationsakte durchschaubar und Verständigungsprobleme lösbar zu machen. Die grammatischen Begriffe stellen aber eine Basis dar, auf der auch ein zu erweiterndes Begriffsrepertoire einmal aufbauen muss. Die grundlegenden Termini zu erlernen und mit ihnen umzugehen ist trotz der Grenzen, die diesen Begriffen gesteckt sind, zur Verständigung über sprachliche Probleme notwendig.

Böker, Christina, u. a. (Hrsg.) (1999): Praxis Sprache 7/8 R/G. Lehrerband. Braunschweig: Westermann. S. 16.

- Welcher Auffassung neigen Sie zu:
  Grammatikerscheinungen werden von Schülern besser in komplexen Verwendungssituationen und Kontexten oder aber aus ihnen herausgelöst und isoliert erfasst?
- Einzelphänomenbehandlung bei passender Gelegenheit oder systematische Vermittlung von Phänomenen und Zusammenhängen: Was leuchtet Ihnen mehr ein?
- Erlernen grundlegender Termini, aber keine Grammatik als bloße Terminologielehre! Erläutern Sie diese Forderung.

10. Textorientierter Grammatikunterricht

Bis vor gar nicht langer Zeit galt in Sprachwissenschaft und Sprachunterricht der Grundsatz: Die größte grammatikalisch zu untersuchende Spracheinheit ist der Satz. Mit Texten beschäftigen sich Literaturwissenschaft und Literaturunterricht. Dieser Grundsatz ist inzwischen durch die Entwicklung von Texttheorie und Textlinguistik überholt. Der neue Grundsatz lautet dagegen: Die natürliche Vorkommensweise von Sprache ist immer der Text. Erst der untersuchende Linguist und der Sprachlehrer isolieren Textteile wie einzelne Sätze oder Wörter und lösen sie aus ihrem natürlichen Kontext heraus, verlieren dabei auch ihre Leistung aus dem Auge. Die Funktion eines sprachlichen Elements wird nämlich dann deutlich, wenn man prüft, welchen Anteil es an der Gesamtwirkung eines Textes auf Hörer oder Leser hat.

Aber nicht nur als Bezugsrahmen für Satzlehre und Wortlehre ist der Text Gegenstand der Sprachbetrachtung. Wenn man nicht in Sätzen, sondern stets in Texten spricht und schreibt, dann müssen nicht nur die Regeln der Satzbildung, sondern auch die der Textbildung Gegenstand des Grammatikunterrichts sein. Wie werden Wörter und Sätze zu einem Text? Welche *Vertextungsmittel* setzt man ein, um über mehrere zusammenhängende, widerspruchsfreie, aufeinander bezogene Einzelaussagen ein Thema allmählich zu entfalten? Das sind Fragen einer *Textgrammatik*, die sich um Textanalyse bemüht, zugleich aber auch Fragen der Aufsatzerziehung und der Gesprächserziehung, die sich um mündliche und schriftliche Textbildung bemühen.

Der Textbegriff deutet auch auf die zweite Erweiterung des traditionellen Grammatikunterrichts. Man kann Text definieren als den sprachlichen Ausdruck (unterschiedlicher Länge, mündlich oder schriftlich, vom Hilferuf bis zum Roman reichend), der in einer bestimmten Situation als Verständigungsmittel funktioniert. Man untersucht mit einem Text also fast automatisch Sprache in Funktion, fragt, wer den Text hervorgebracht hat, mit welcher Absicht, an wen er sich wendet, wie der Text aufgebaut ist, welche Leistung der Gesamttext und die einzelnen Textteile erfüllen. Man lernt nicht nur Vertextungsmittel kennen und gebrauchen, sondern auch Vertextungsstrategien, sprachliche Handlungsmuster, die man in jeweils passenden Situationen verwendet.

Sachgemäße Sprachbetrachtung im Deutschunterricht heißt somit beim heutigen Forschungsstand der Sprachwissenschaft in doppelter Hinsicht textorientierte Sprachbetrachtung: vom Text zum einzelnen Textelement, vom Text zur Verwendungssituation.

Ulrich, Winfried: Text- und schülerorientierter Grammatikunterricht. In: Blätter für Lehrerfortbildung 1/1986. S. 18f.

- Geben Sie das Spezifische der Textorientierung wieder und verdeutlichen Sie es an einem Beispiel.
- Beschreiben Sie das Verhältnis von „textorientierter Grammatik" und „funktionaler Grammatik".
- Untersuchen Sie auch das Verhältnis der Textorientierung zur Situationsorientierung und zur Handlungsorientierung des Grammatikunterrichts.

11. Gespräch im Zug

HERR ALLTÄGLICH: Guten Tag, entschuldigen Sie, sitzt dort jemand am Fenster?

HERR LOGOMANN: Wollen Sie mich auf den Arm nehmen? Sie sehen doch, dass ich allein im Abteil bin.

HERR ALLTÄGLICH: Ich will ja nur wissen, ob da jemand sitzt, der jetzt nicht da ist.

HERR LOGOMANN: Donnerwetter, gibt es das denn auch! Kann man sich zugleich an zwei verschiedenen Orten aufhalten?

HERR ALLTÄGLICH: Natürlich nicht, ich möchte nur wissen, ob ich mich an das Fenster setzen darf.

HERR LOGOMANN: Aber natürlich können Sie sich dort hinsetzen.

HERR ALLTÄGLICH: Das ist schön, denn dann sehe ich doch noch mehr von den Burgen am Rhein.

HERR LOGOMANN: Ich fürchte, darauf werden Sie noch etwas warten müssen, denn gerade fahren wir durch einen Tunnel.

HERR ALLTÄGLICH: Na schön, dann warte ich eben noch etwas. Die Burgen interessieren mich nämlich, weil ich gerade ein Buch über das Leben im Mittelalter lese.

HERR LOGOMANN: Donnerwetter, wie lesen Sie denn Bücher, Sie haben doch gar kein Buch in der Hand?

HERR ALLTÄGLICH: Nein, im Augenblick lese ich natürlich nicht, aber zurzeit lese ich eines.

HERR LOGOMANN: Zurzeit unterhalten Sie sich doch mit mir, wie können Sie da gleichzeitig auch noch lesen?

HERR ALLTÄGLICH: Mein Gott, was sind Sie weltfremd; genau wie meine Frau, die bringt mich auch immer mit ihren Spitzfindigkeiten durcheinander. Gestern behauptet sie doch: „Je mehr Zeit man spart, desto weniger Zeit hat man." So etwas Komisches kann man sich nur ausdenken, wenn man zu viel Zeit hat.

HERR LOGOMANN: So so, Sie halten wohl jeden für einen Spinner, der nachdenkt. Denken Sie doch mal über ihren komischen Satz nach: „Gestern behauptet doch meine Frau".

HERR ALLTÄGLICH: Sind Sie immer so pingelig? Über so etwas zu streiten ist doch nur Zeitverschwendung und bringt nichts ein. Mein Grundsatz ist „Zeit ist Geld", und damit habe ich Erfolg.

HERR LOGOMANN: Wenn das so ist, dann können Sie doch eine Zeitsparkasse gründen.

HERR ALLTÄGLICH: Was soll ich gründen?

HERR LOGOMANN: Na, eine Zeitsparkasse, denken Sie doch mal an die Zeitzinsen, mit denen Sie Ihre Zeit vermehren können.

HERR ALLTÄGLICH: Jetzt reicht's mir aber, Sie haben wohl auch zu viel Zeit. Ich steige jetzt aus!

HERR LOGOMANN: Ich hoffe, Sie werden noch warten, bis der Zug hält, sonst werden Sie nie Zeitsparkassendirektor.

Ende, Michael: Momo. Aus dem Drehbuch zum Film.

- Erläutern Sie die Ursachen für die Verständigungsschwierigkeiten in dem Gespräch.
- Was ist auszusetzen an dem Teilsatz: „Gestern behauptet doch meine Frau ..."?
- „Zeitsparkasse": Erklären Sie das Wortspiel und die Sprachhandlungsstrategie, in der es seinen Platz findet.
- Suchen Sie nach anderen Beispielen dafür, dass literarische Texte Ausgangspunkt für grammatische Reflexionen sein können.

12. Ich möchte mal auf einem Seepferd reiten

Ich möchte mal auf einem Seepferd reiten.
Ich möchte sieben Nummern kleiner sein
Und auf dem Seepferd durch die Meere gleiten
Bis in die Bay von Mexiko hinein.

Ich würde es entlang dem Golfstrom lenken.
Ich ritte dort, wo Magellan einst fuhr.
Ich würde rasten auf Korallenbänken
Und ankern vor Shanghai und Singapur.

Ich sähe heiter die Delfine springen,
Ich sähe Nereide und Triton,
Ich hörte ferne die Sirenen singen
Und manchmal einen Dampfsirenenton.

Ich könnte, was der Hering spricht, verstehen,
Und was die Quallen schweigen, wär mir klar.
Ich würde meinem Seepferd Locken drehen
In sein hauchdünnes Seepferdmähnenhaar.

Ich würde winken, wenn Medusen winken.
Ich klopfte auch an manches Muschelhaus.
Ich würde blinzeln, wenn Makrelen blinken.
Doch vor Polypen nähme ich Reißaus.

Ich holte Perlen mir aus Austernschalen,
Ich suchte Flossensilber und Perlmutt.
Ich schwätzte unter grünen Sonnenstrahlen,
Wenn Mittag wär, mit Kabeljau und Butt.

Ich säh die kleinen Fische und die großen,
Des Rochen Stachel und des Haifischs Zahn.
Ich sähe Möwen in das Wasser stoßen
Und einen gut dressierten Kormoran.

Ich säh den Wal, das Ungetüm der Meere,
Die Wasserratte und die Wassermaus,
Die Schwertfischlanze und die Hummerschere
Bequem von meinem Seepferdrücken aus.

Ich könnte, möchte, würde oder sollte
In alle Meere tauchen, klaftertief.
Weil ich nicht kann, was ich so gerne wollte,
Reit ich den Seepferdritt im Konjunktiv.

Krüss, James: Ich möchte mal auf einem Seepferd reiten. In: Ders. (1965): James' Tierleben. München: Betz. S. 120 f.

- Beschreiben Sie die Funktion des Konjunktivs in diesem Gedicht.
- Wie unterscheiden sich Konjunktiv I, Konjunktiv II und die Umschreibung („würde winken") in Form und Funktion?
- Ich könnte tauchen, möchte tauchen, würde tauchen, sollte tauchen, wollte tauchen: Erarbeiten Sie die Bedeutungsunterschiede. Erweitern Sie die Reihe durch Formen der Modalverben „dürfen" und „müssen".
- Suchen Sie nach entsprechenden Modaladverbien zum Ausdruck von Wünschen, Zwängen, Möglichkeiten und Unmöglichkeiten bzw. von deren Einschätzung durch den Sprecher/Schreiber.

13. Hilfsverben

Ich würde sagen wir sollten
Ich sollte meinen wir hätten
Ich hätte gedacht wir könnten
Ich könnte schwören wir möchten
Ich möchte annehmen wir müssten
Ich müsste glauben wir würden
Ich würde sagen wir müssten
Ich müsste meinen wir möchten
Ich möchte glauben wir könnten
Ich könnte schwören wir hätten
Ich hätte gedacht wir sollten
Ich sollte glauben wir würden
Ich würde sagen wir dächten
Ich dächte das wär's
würde ich sagen

Wiemer, Rudolf Otto: Hilfsverben. In: Ders. (1971): beispiele zur deutschen grammatik. Berlin: Fietkau.

- Erläutern Sie die Funktion des Konjunktivs in diesem Text.
- Beschreiben Sie die „Zusammenarbeit" von Modalverben und dem Modus Konjunktiv.
- Welche weiteren Ausdrucksmittel wirken in einem „Modalfeld" zusammen?
- Grammatikunterricht muss sich viel stärker der Untersuchung sprachlicher Ausdrucksfelder zuwenden (Negationsfeld, Temporalfeld ...), um für Ausdrucksnuancen zu sensibilisieren. Interpretieren Sie diese These.

14. scheinsubjekt

es regnet
gott segnet
es nieselt
es kriselt
es schießelt
es stammelt
es telegrammelt
es brenzelt
es grenzelt
es konferenzelt
es paradet
es attentatet
es kracht
es mobilmacht
es landsert
es panzert
es stoßkeilt
es schlagzeilt
es raketet
es trompetet
es posaunt
es count downt
es amerikanelt
es spanelt
es arabelt
es kambodschabelt
es dschungelt
es mao tse tungelt
es vietnameselt
es rhodeselt
es pragelt
es tschechoslowakelt
es ho tschi minelt
es berlinelt
es tempelhoft und es tegelt
es zugangswegelt
keine angst es regelt
sich alles
es wird alles geregelt

Wiemer, Rudolf Otto: scheinsubjekt. In: Ders. (1971): beispiele zur deutschen grammatik. Berlin: Fietkau.

- Erläutern Sie die Funktion des unpersönlichen Pronomens „es“ (in Verbindung mit dem reflexiven Verb „sich regeln“ und dem unpersönlichen Passiv „wird geregelt“) in diesem Gedicht.
- Prüfen Sie den Sinn einer Unterscheidung zwischen „grammatischem Subjekt“ und „logischem Subjekt“ („Satzgegenstand“, über den im Satz etwas ausgesagt wird).
- „Gestern wurde gewählt.“ Suchen Sie nach dem Subjekt.
- Wie würden Sie das Subjekt im Unterricht definieren und erarbeiten?

15. Eine Vorstellung

Ich stelle mir eine Schule vor, in der eine ganz neue Sprachlehre entsteht.
„Sieh dich vor!“, ruft der Lehrer dem verspäteten Schüler unter der Tür zu. „Ich werfe mit Sätzen nach dir: Warum kommst du zu spät? Wo hast du dich wieder herumgetrieben? Siehst du nicht, dass alle schon hier sind? Spar dir die faulen Ausreden im Voraus...“
Der Lehrer schaltet eine Pause ein, wird ein vernünftiger Mensch und fragt: „Hast du gemerkt, was ich mit dir gemacht habe?“
„Ja“, sagt der Schüler, „Sie haben jedem Satz sogleich einen nächsten nachgeworfen, damit ich keinen zu fassen kriege. Der nächstfolgende hat den vorhergehenden in mich hineingetrieben. So habe ich mich nicht wehren können. Ich habe das Gefühl gehabt, unter einem Hagel von Worten zu ersticken. Genauer: Sie haben mich mit den Sätzen gesteinigt. Ihre Sprache war eine Steinigungssprache.“
„Was hättest du tun können?“, fragt der Lehrer weiter.
„Am besten wär's, ich könnte gefasst und ohne Angst dastehen und denken: Es lohnt sich nicht, auf die Worte zu achten, es sind ja Steine, ich warte, bis die Steine wieder zu Worten werden, die mich auch zu Wort kommen lassen.“
Der Schüler hat somit erfahren, dass die zornigen Fragen am Anfang der Stunde nicht Fragen, sondern Vorwürfe waren und dass diese Vorwürfe nicht dazu dienten, dass er sie pariere, sondern dass er erschlagen werde. Dieser Schüler wird auf der Hut sein.
Der Stundenplan der neuen Sprachlehre wird merkwürdige Fächer enthalten: Honigsprache, Stausprache, Seufzersprache, Bissensprache, Podestsprache, Echowandsprache, Verfolgungssprache, Versteckspräche und so weiter. Nehmen wir die Honigsprache. Der Schüler erfährt, dass sie von jenen gesprochen wird, welche Kinder zum Auffressen gern haben. Ja, zum Auffressen. Der Honig, mit dem das Kind übergossen wird, soll es schmackhafter machen, klebrig auch, damit das

Kind haften bleibt, unselbstständig, ein selbstsüchtiger Besitz der Mutter – zum Beispiel.
Wieder anders verhält es sich mit der Stausprache. Wer sie spricht, schweigt. Er sammelt Wut an. Indem er sie ansammelt, wird sie immer größer. Man spürt sie zwar, weiß aber nicht, wem sie gilt und auf welchen Vorfall sie sich bezieht. So bekommt man sie nicht in den Griff, ist ihr ausgeliefert. Der Stauende wird immer größer, geladener, gefährlicher. Er bläst sich auf wie der Geist, der aus der Flasche kam. Und genau wie in dieser Flasche lauert in der Stausprache die Zerstörung. Das Kind muss lernen, sie beizeiten anzustechen, die Wut hervorzulocken, damit es nicht später, wenn der Staudamm bricht, hinweggefegt wird.
Jede Sprache ist also das Werkzeug einer Absicht. Zu den feinsten und kaum wahrnehmbarsten Mitteilungen gehört die Seufzersprache. Sie erscheint leise und harmlos und kann doch ein böser Terror werden. In kleinen Grenzen ist sie ein vielleicht notwendiges Signal, weil der Seufzende Hilfe braucht. Wird sie aber immer und überall angewandt, schürt sie Schuldgefühle und verhindert, dass der Mitmensch seine eigenen Sorgen und Kümmernisse ausdrückt, weil der Seufzende dauernd nur auf sich aufmerksam macht.
Man sieht: Ein neuer Sprachunterricht würde zuallererst, vor aller Wortschatzerweiterung, Syntax, Grammatik, Poetik und Orthographie bewusst machen, dass Laute, Sätze und Wörter ein lebensbestimmendes, lebensgefährdendes, lebenserhaltendes Instrumentarium sind. Der Schüler erfährt, dass man nicht immer miteinander, untereinander, füreinander spricht, sondern gleicherweise gegeneinander, übereinander, aneinander vorbei.
Was aber das Wichtigste ist: Die Kinder erleben, dass Sprache immer eine Kommunikation ist. Das klingt wahrscheinlich nach all dem oben Gesagten widersinnig – dennoch ist es wahr. Wenn ein Erster den andern bloß als Echowand benutzt, ihm die Ohren voll schwatzt, ohne die eigenen Ohren dem andern zu leihen, dann ist es die Aufgabe des Zweiten, die Einseitigkeit zu durchbrechen, sich selbst Gehör zu verschaffen und den Ersten so zu erziehen.
Erst wenn das Kind begriffen hat, dass es jederzeit ein solcher Gesprächspartner ist, wird es abwehrende, angreifende, Misstrauen abbauende, Schranken durchbrechende Initiative entwickeln.
Weil es nun aber der schwächere Teil ist, muss man es mit Erfahrungen, Deutungen, Einsichten stärken, ihm eine Überlegenheit oder doch Gleichlegenheit verschaffen.
„Halt!", könnte da jemand einwenden, „Kinder sind durchaus nicht immer die Schwächeren." Stimmt! Es gibt Kinder, die von sich aus lernen, die Erwachsenen zu täuschen, zu hintergehen, hereinzulegen, in Atem zu halten, ihrerseits zu terrorisieren. Das sind aber Fähigkeiten, die aus Notwehr oder Verachtung heraus entstanden sind und den Charakter der Kinder bereits verbogen haben. Diese Kinder werden mit ihren Kindern die alten dummen Sprachregeln wiederum anwenden, und nichts ist gewonnen.

Eine neue Sprachlehre kann es aber nur geben, wenn sie von den Lehrern und andern Erwachsenen selbst erlernt worden ist, die folglich wissen, was man mit Worten anrichten kann und das Wissen nicht auch schon wieder zu ihrem Vorteil nutzen.

Manz, Hans: Eine Vorstellung. Nachwort. In: Ders. (1974): Worte kann man drehen. Weinheim und Basel: Beltz Verlag. Programm Beltz & Gelberg, Weinheim.

- Alles sprachliche Handeln ist intentional; es gibt keinen absichtslosen Sprechakt. Vergleichen Sie diese pragmalinguistische Erkenntnis mit dem Artikel von Manz.
- Beschreiben Sie das Besondere der vorgeschlagenen „neuen Sprachlehre“.
- Von welchen „alten dummen Sprachregeln“ setzt Manz sich ab?
- Im letzten Teil des Beitrags skizziert Manz Prinzipien einer kommunikativen Ethik. Dient die optimale Förderung der kommunikativen Kompetenz im Unterricht der individuellen Interessenvertretung (Erziehung zum „Kommunikationsathleten“) oder einem idealen Diskurs in der Gesellschaft mit Rücksichtnahme auf Schwächere?
- Welche methodischen Möglichkeiten der Vermittlung kommunikativ-ethischer Werte sehen Sie?

16. Lernziele

1. Der Schüler soll Einsicht in den Bau und die Struktur der deutschen Sprache erhalten (kulturgüterorientiertes Lernziel).
2. Der Schüler soll für die Unterrichtsarbeit in anderen Lernbereichen und Fächern klare Verständigungsbegriffe erhalten (Grammatikunterricht in Hilfsfunktion für den Fremdsprachenunterricht, den Rechtschreibunterricht und die Korrekturbesprechung).
3. Der Schüler soll in der Fähigkeit zum analytischen (logischen) Denken gefördert werden (Transfer in die kognitive Kompetenz).
4. Der Schüler soll lernen, Distanz zum Eingebundensein in kommunikative Prozesse zu nehmen und für Normen aller Art sensibilisiert werden (Transfer: analytische Grundeinstellung).
5. Der Schüler soll objektive Kriterien für die Analyse von kommunikativen Handlungen und Sprache auf ihre Wirkung und ihre Bedingungen erarbeiten (Transfer: Kommunikationsanalyse).
6. Der Schüler soll Kriterien für die Textanalyse und -interpretation erhalten (Transfer in den Lernbereich Umgang mit Texten).
7. Der Schüler soll in seiner Sprachfertigkeit, in seinem Konstruktionsbewusstsein, im Satzbau und in der präziseren Wortwahl sowie in einem allgemein-bewussteren Sprachverhalten gefördert werden (Transfer in die stilistische Kompetenz).

Eichler, Wolfgang: Grammatikunterricht. In: Lange, Günter, u. a. (Hrsg.) (1994): Taschenbuch des Deutschunterrichts, Band 1. Baltmannsweiler: Schneider. S. 218.

- Versuchen Sie die sieben Lernziele etwas näher zu erläutern und mit Beispielen zu veranschaulichen.
- Prüfen Sie den Lernzielkatalog auf Vollständigkeit hin.
- Welchen Lernzielen sind folgende Unterrichtsvorhaben zuzuordnen:
  – Behandlung von Polysemie als Ursache für Missverständnisse,
  – Untersuchung des Modalfeldes (Modalverben, Adverbien, Indikativ und Konjunktiv) als Mittel der Distanzierung,
  – Untersuchung von Wortbildungsregeln als Hilfe in Fragen der Getrennt- und Zusammenschreibung?

17. Sprachlehre – Sprachkunde

Unter „Sprachlehre" und „Sprachkunde" versteht man ein *Wissen*, und zwar: Wissen vom *Bau* der Sprache (Satz und Wort, Wortarten, Wortformen, Satzglieder) – Wissen von den wichtigsten *Inhalten* der Sprache (Wortschatz, seine Gliederung) – Wissen von den *geschichtlichen Wandlungen* dieser Inhalte (Herkunft, frühere und heutige Bedeutung von Wörtern und ganzen Wendungen).
Dabei geht „Sprach*lehre*" vor allem auf das, was sich in einigermaßen durchlaufende *Regeln* fassen lässt, während Sprach*kunde* dann eher die Fülle und Farbigkeit der einzelnen Sprachinhalte (der „Bedeutung" von Wörtern und Wendungen) bewusst macht. Wer von Sprach*lehre* spricht, meint vor allem die Betrachtung des Satz*baus*, die Rolle der Wörter im Satz, ferner die scharf unterscheidbaren *Formen* der Wörter (z. B. Einzahl – Mehrzahl, die vier Fälle, 1., 2., 3. Person beim Verb, Präsens – Präteritum – Perfekt – Plusquamperfekt u. a. m.). Wer dagegen von Sprach*kunde* spricht, meint vor allem die Betrachtung von *Wörtern* und *Wendungen*: ihre besondere Bedeutung, ihre Stellung im Rahmen eines „Feldes" sinnverwandter Wörter (z. B. sagen, sprechen, rufen, mitteilen, bekannt machen, in Umlauf setzen usw.), ihre Stamm-Verwandtschaft (z. B. sprechen, Sprache, Sprecher, Spruch, versprechen, zusprechen, absprechen, aussprechen, unaussprechlich usw.), die Herkunft ganzer Wendungen und Redensarten (z. B. den Handschuh hinwerfen, aus dem Felde schlagen, einen Strauß ausfechten, das Feld behalten). […]

Glinz, Hans: Der Sprachunterricht im engeren Sinne oder Sprachlehre und Sprachkunde. In: Beinlich, Alexander (Hrsg.) (^{5}1969): Handbuch des Deutschunterrichts. Emsdetten: Lechte. S. 290.

- Glinz umreißt den Stoffbereich des traditionellen Grammatikunterrichts, wie er bis in die 70er Jahre hinein im Deutschunterricht üblich war. Welche Bereiche heutiger „Reflexion über Sprache" vermissen Sie?
- Welche Lernziele können Sie aus dem Text erschließen?
- Darf Wissensvermittlung Selbstzweck sein? Oder muss sie immer einem anderen Zweck dienen?
- Erscheint Ihnen der beschriebene Grammatikunterricht eher formbezogen, inhaltsbezogen oder leistungsbezogen?

18. Sprachproben

1. *Klangprobe:* Mit ihr lassen sich durch lautes Lesen in einem Text Einheiten abgrenzen, die unter einem Atembogen (Klangbogen) stehen und in der Regel mit dem Satz identisch sind. Die Klangprobe trägt damit zur Einsicht in den Aufbau von Texten bei und führt zum Erkennen des Satzes als Klang- und Bedeutungseinheit. Mit dieser Probe können aber auch Doppelbedeutungen von Sätzen „hörbar" gemacht werden: *Sie ging nach dem Streit mit ihrem Mann in die Stadt.*

2. *Umstellprobe* (Verschiebungsprobe, Permutation): Durch Umstellen von Wörtern oder Wortgruppen wird ermittelt, welche Einheiten im Satz Satzglieder sind: *Mit großer Begeisterung/kam/Karl/gestern/zum Training.* Durch eine sinngebundene Umstellprobe lässt sich auch die Zweitstellung des Prädikats im Aussagesatz feststellen. Beim Schreiben von Texten können mit Hilfe dieser Probe bessere Satzanschlüsse und ein variierter Satzbau erreicht werden.

3. *Ersatzprobe* (Austauschprobe, Substitution): Wörter oder Wortgruppen werden durch umfangreiche oder reduzierte sprachliche Ausdrücke ersetzt: *Karl – mein großer Bruder Karl, mit großer Begeisterung – begeistert.* Mit Ersatzproben in Frageform kann man die Satzglieder bestimmen: *Er (wer?)/versprach/ihm (wem?)/ein Buch (wen oder was?).* Die Ersatzprobe bietet auch beim Schreiben die Möglichkeit alternative Ausdrucksweisen zu erproben.

4. *Abstrichprobe* (Weglassprobe, Deletion): Durch das probeweise Weglassen von Wörtern oder Satzgliedern lässt sich ein Satz auf sein syntaktisches Minimum verkürzen: *Karl kam gestern mit großer Begeisterung zum Training.* Damit werden strukturell notwendige *(Karl/kann/zum Training)* und nicht notwendige Satzglieder *(gestern/mit großer Begeisterung)* unterschieden. Durch die Abstrichprobe lassen sich auch Attribute als Satzgliedteile erweisen: *mit großer Begeisterung.*

5. *Erweiterungsprobe* (Entfaltungsprobe): Durch Hinzufügen neuer Wörter bzw. Satzglieder können Sätze ausgebaut werden: *Ich zog meine Hand zurück (blitzschnell, erschrocken).*

6. *Umformungsprobe* (Transformation): Durch Umformen von Sätzen oder Satzteilen können unter Beibehaltung des Aussageinhalts verschiedene Formulierungsmöglichkeiten erprobt werden:
Wegen Krankheit fehlte er. – Weil er krank war, fehlte er.
Wir konnten nicht kommen; wir mussten Schularbeiten machen. – Wir konnten nicht kommen, denn wir mussten Schularbeiten machen. – Wir konnten nicht kommen, weil wir Schularbeiten machen mussten.

Böker, Christina, u. a. (Hrsg.) (1999): Praxis Sprache 7/8 R/G. Lehrerband. Braunschweig: Westermann. S. 42 f.

- Sprache lässt sich im Unterricht untersuchen, indem man mit ihr experimentiert. Führen Sie die sechs Sprachproben an diesem Sprichwort durch: „Auf einen groben Klotz gehört ein grober Keil." Achten Sie auf Unterschiede in der Bedeutung und in der Wirkung auf den Hörer.
- Wo liegt der Unterschied zwischen Ersatzprobe und Umformungsprobe?

19. wortarten

I
auch wortarten
haben
ihre
wortunarten

II
arbeit
ist ein
tätigkeitswort
schnüren
ein bindewort
freundschaft
ein verhältniswort

III
verba numeralia:
    einen
    entzweien
    vieren
verba pseudonumeralia:
    sieben
    achten

IV
wortarten
word arts?

Garbe, Burckhard: wortarten. In: Ders.: staatus quo. ansichten zur lage. visualisierende texte 1972 – 82. edition herodot. Göttingen 1982.

- Aus welcher Perspektive betrachtet und strukturiert Garbe in seinem Sprachspiel Wortarten?
- Erläutern Sie das System der Schulwortarten.
- Erörtern Sie Funktionen und Möglichkeiten unterrichtlicher Reflexionen über Wortarten. Stellen Sie Grundlegendes dar und konkretisieren Sie es anhand einer Wortart.

20. Vier Gedichte

Beugung

Der Mut
des Mutes
Demut

Werner Finck

der tod
des todes
dem tod
den tod

der tod des todes
dem tod den tod

Ernst Jandl

denunziation

früher oder
später
verrät
der verräter
des verräters
dem verräter
den verräter
früher oder
später

Josef Reding

Konjugation

Ich gehe
du gehst
er geht
sie geht
es geht.

Geht es?

Danke – es geht.

Rudolf Steinmetz

Finck, Werner: Beugung. In: Ders. (1953): Finckenschläge. © by F. A. Herbig Verlagsbuchhandlung, München.
Jandl, Ernst: der tod des todes. / Reding, Josef: denunziation. / Steinmetz, Rudolf: Konjugation. In: Wiemer, Rudolf Otto (Hrsg.) (1974): Bundesdeutsch. Lyrik zur Sache Grammatik. Wuppertal: Peter Hammer Verlag.

- Die Flexion eines Wortes im Paradigma der verschiedenen Fälle (Deklination) oder Personen (Konjugation) ist üblicherweise keine Satz- oder Textbildung. Zeigen Sie, durch welche Kunstgriffe das bei den Textbeispielen anders zu beurteilen ist.
- Welche Bedeutung messen Sie der Flexionslehre im eigensprachlichen, welche im fremdsprachlichen Unterricht bei?

21. Wortarten im Überblick

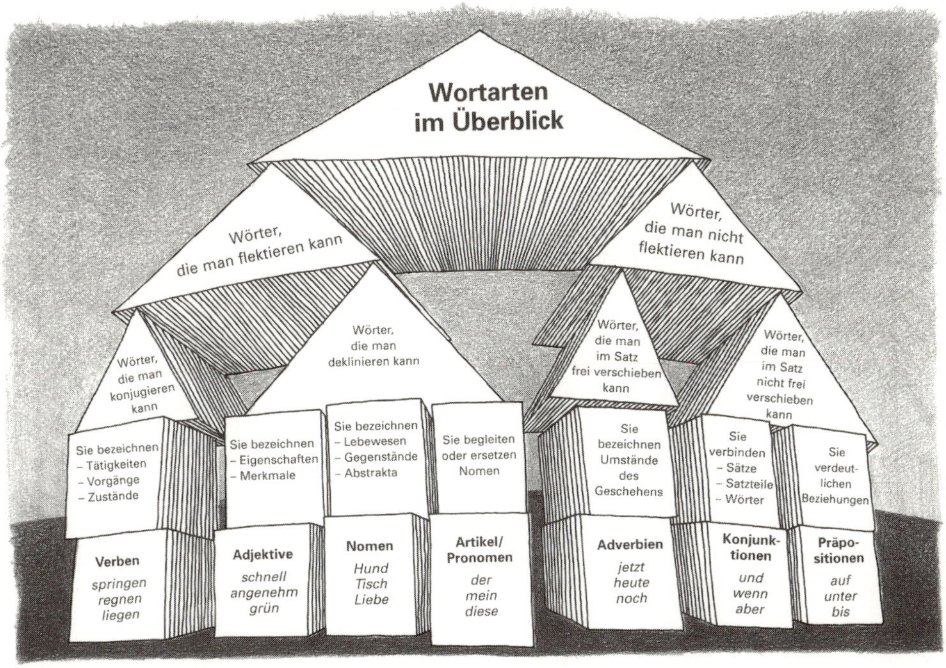

Ulrich, Winfried (Hrsg.) (1998): Wort – Satz – Text. Braunschweig: Westermann. S. 12.

- Welche Bedeutung kommt Ihrer Einschätzung nach der Behandlung der Wortarten im Grammatikunterricht zu?
- Sollten die Wortarten vollständig und systematisch erarbeitet werden?
- Liegt der Hauptakzent der Behandlung auf der formalen Seite (Funktion bei Satzbildung) oder der inhaltlichen Seite (Wortbedeutungen)?
- Welche von dem Schaubild abweichenden Zusammenfassungen der Wortarten kennen Sie?

22. Induktiv einführen – Mögliche Methodenschritte

1. *Kontextuierung:* Text, Szene, Situation als Teil einer kurzen Unterrichtssequenz präsentieren; darin muss das angezielte grammatische Phänomen deutlich vertreten sein; zunächst die inhaltliche Seite thematisieren.
2. *Fokussierung*: Bei genauerer Untersuchung des Textes, bei Verständigungs- und Verstehensproblemen, an inhaltlich, stilistisch oder grammatisch auffälligen Stellen die sprachlichen Mittel thematisieren.
3. *Beispiel:* Eine Textstelle aufgreifen, die das angezielte grammatische Phänomen umfasst und mehrere andere Textstellen repräsentiert, d. h. Beginn der Operationen am Text.
4. *Beobachtung* der sprachlichen, grammatischen Darstellungsmittel und Beschreibung des Beobachteten, d. h. Wechsel auf die formale Ebene.
5. *Isolierung:* Das grammatische Phänomen herausstellen; durch Vergleich, Kontrastierung, Nachschlagen und Verknüpfung mit Bekanntem sowie durch die linguistischen Operationen, d. h. Ergänzungs-, Streich-, Austausch- und Umstellprobe, durch Paraphrase und Klangprobe etc. untersuchen.
6. *Systematisierung:* Erweiterung des ersten Beispiels um die anderen parallelen Textstellen, analoge Beispiele, Ausschluss von Gegenbeispielen etc. zur Erkenntnis der Regelhaftigkeit; Bildung weiterer Fälle; Klassifizierung, Generalisierung.
7. *Benennung* mit dem lateinischen Fachbegriff; ggf. Erläuterung des Fremdworts (etymologisch, Rohübersetzung etc.).
8. *Definition/Regel:* Fixierung der Erkenntnisse in einem Merksatz, definitorisch als Regel und/oder durch ein paradigmatisches Sprachmuster;
   a) Regel zur Bildung der Form,
   b) Regel zur Funktion des grammatischen Phänomens in Äußerungen.
9. *Reflexion:* Analyse und Betrachtung der Funktion/Rolle/Bedeutung des grammatischen Elements im Satz/Text/Kontext, in der Verwendungssituation, d. h. Synthese des Form- und Inhaltsaspekts.
10. *Anwendung:* an weiteren Textabschnitten, Beispielsätzen, Texten der Unterrichtssequenz; untersuchen, selbst bilden, ermitteln, in Kontexte einbauen, sprachlich im thematischen Rahmen der Sequenz gestalten etc. Vielfältige Übungen sind möglich.
11. *Kontrolle:* Prüfung durch Anwendung, siehe 10. Überprüfung der Regelkenntnis durch Abrufen der Regel; der Benennung durch Zuordnung von Fachbegriffen zu Textstellen; der Beobachtung durch Aufspüren entsprechender Stellen in Texten; der Reflexion durch Erklärungen; etc.

Einecke, Günther (1998): Unterrichtsideen integrierter Grammatikunterricht: Textproduktion und Grammatik 5.–10. Schuljahr. Lehrerband. © Ernst Klett Verlag, Stuttgart. S. 34 f.

- Unter welchen Umständen lässt sich im Grammatikunterricht auch ein deduktives Vorgehen rechtfertigen?
- Ist die von Einecke vorgeschlagene Schrittfolge bei induktivem Vorgehen zwingend? Nennen Sie Alternativen.
- Tendiert der Vorschlag in Richtung Lernbereichsintegration oder in Richtung Isolierung des Grammatikunterrichts?

23. Satzglieder und Satzgliedteile

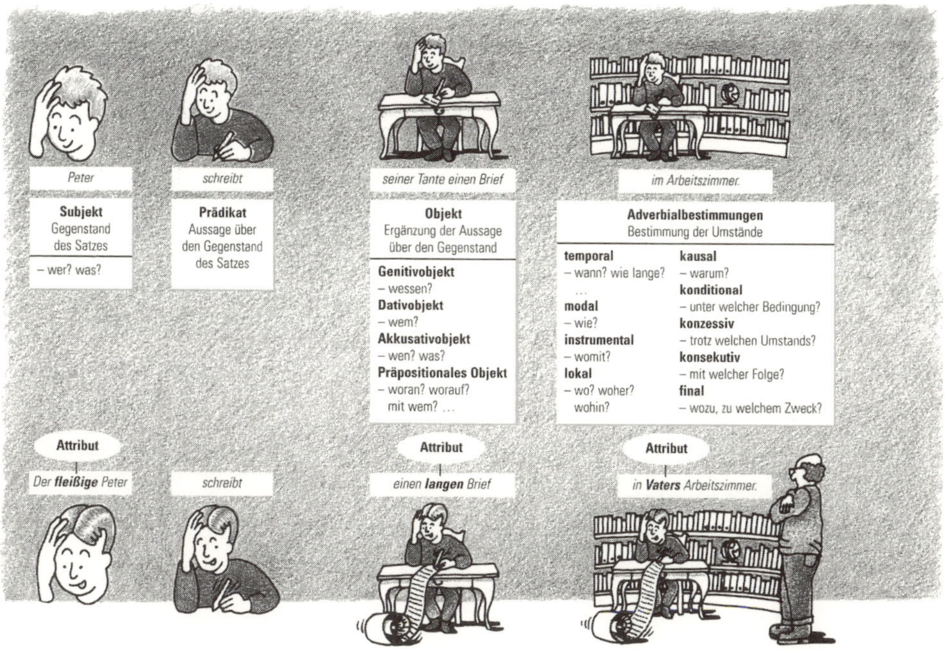

Ulrich, Winfried (Hrsg.) (1998): Wort – Satz – Text. Braunschweig: Westermann. S. 171.

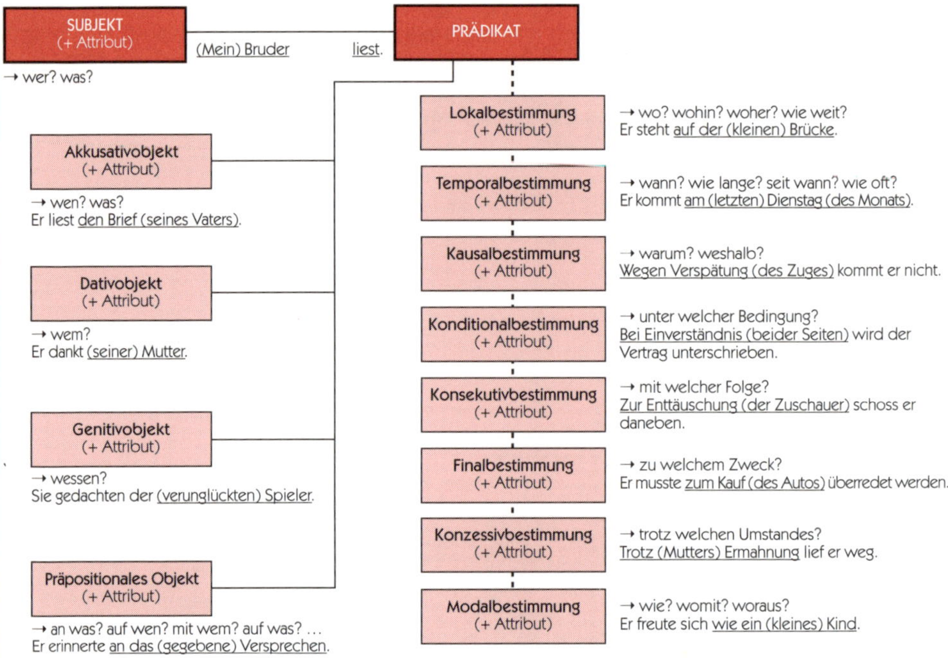

Ulrich, Winfried (Hrsg.) (1997): Grammatik. Braunschweig: Westermann. S. 156.

- Vergleichen Sie die beiden Überblicksdarstellungen „Satzglieder“ miteinander. Welche erscheint Ihnen für den Unterricht besser geeignet?
- Halten Sie es für richtig, an der Satzlehre als Mittelpunkt aller Reflexion über Sprache festzuhalten? Argumentieren Sie pro und contra.
- Wie vermeidet man in der Satzlehre die Gefahr eines formalistischen Grammatikunterrichts?
- Welche Ziele verfolgt die Behandlung des komplexen Satzes (Satzreihen und Satzgefüge) im Unterricht?

24. „Rote Fäden“ im Text

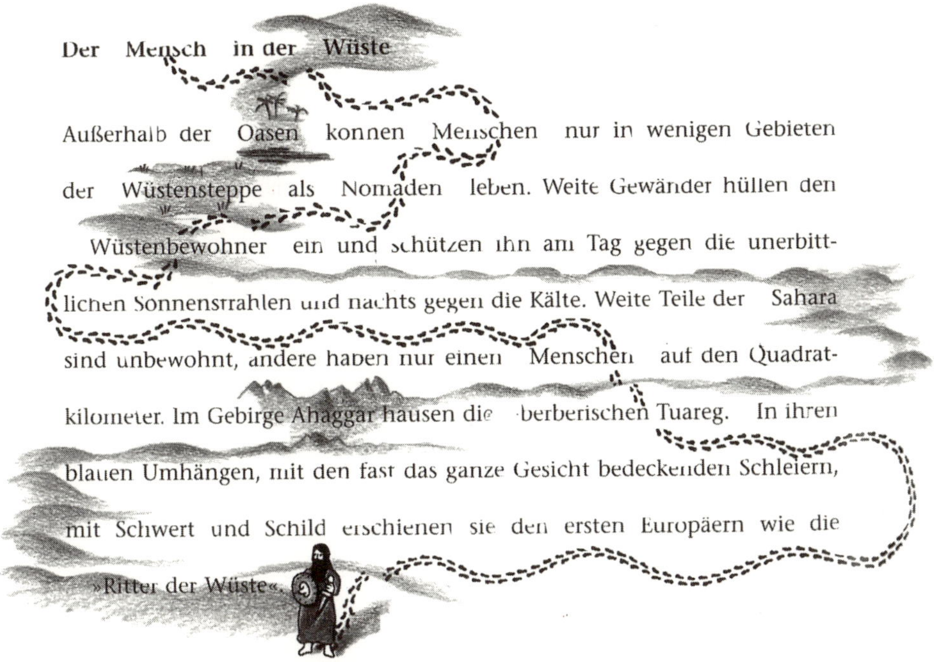

Der Mensch in der Wüste

Außerhalb der Oasen können Menschen nur in wenigen Gebieten der Wüstensteppe als Nomaden leben. Weite Gewänder hüllen den Wüstenbewohner ein und schützen ihn am Tag gegen die unerbittlichen Sonnenstrahlen und nachts gegen die Kälte. Weite Teile der Sahara sind unbewohnt, andere haben nur einen Menschen auf den Quadratkilometer. Im Gebirge Ahaggar hausen die berberischen Tuareg. In ihren blauen Umhängen, mit den fast das ganze Gesicht bedeckenden Schleiern, mit Schwert und Schild erschienen sie den ersten Europäern wie die »Ritter der Wüste«.

Ulrich, Winfried (Hrsg.) (1998): Wort – Satz – Text. Braunschweig: Westermann. S. 234.

- Welche Eigenschaft von Texten soll wohl mit der graphischen Darstellungsweise dieses Textes angedeutet werden?
- Inwiefern berühren sich unter „Themenentfaltung / thematische Progression“, „Proformen / Textkohäsion“ und „Textkohärenz“ die Arbeitsbereiche „Grammatik“ und „Aufsatz“?
- Wie unterscheiden sich Textanalyse und Textinterpretation?
- Welche textanalytischen Kenntnisse und Fähigkeiten halten Sie für besonders ergiebig im Blick auf die Förderung von Textbildungskompetenz?

25. Konjugation

Stimmt da etwas nicht?
„Die Reaktionen haben mich erschrocken." „Heil stand es um die Welt, als man die Deutschen … bei den Füßen aufhing." Der Regisseur „hat sich den nie besonders virilen Charakterkomiker Hans Diehl als Lot erkürt".
Nein, da stimmt was nicht, die Konjugation nämlich. *Erschrecken* und *hängen* gibt es doppelt, transitiv und intransitiv. Die intransitive Form wird stark konjugiert *(erschrak, hing)*, die transitive aber schwach *(jemanden erschreckt haben, etwas aufgehängt haben)*. *Küren, kürte, gekürt* ist in Ordnung, das Verb wurde in diesem Jahrhundert von *Kür* abgeleitet. Aber *erkürt*? *Erküren* war der falsche Infinitiv, der im 18. Jahrhundert zum Imperfekt *erkor* gebildet wurde. Der richtige lautete *erkiesen*. Zu dem falschen Infinitiv kam später ein passendes falsches Partizip: *erkürt*. So trat dem uralten *(er)kiesen – (er)kor – (er)koren* („prüfen", „wählen") ein doppelt falsches *erküren – erkürte – erkürt* zur Seite. Das gibt es nun zwar, aber es hört sich immer noch falsch an. „Den Himmel liebt er, der ihn auserkürt, / Die schöne Mutter, die ihn hat gebürt."

Zimmer, Dieter E.: Zeitspiegel 24. In: DIE ZEIT 25/1999.

- Sammeln Sie häufige Grammatikfehler in der Gegenwartssprache und suchen Sie nach Ursachen bzw. Erklärungen.
- Inwiefern ist der Grammatikunterricht in der Pflicht und in der Lage, Verstöße gegen die Regeln der Grammatik nicht nur zu kennzeichnen und zu korrigieren, sondern auch dauerhaft zu beseitigen?
- Welche Unterschiede der Funktion weisen der Grammatikunterricht in der Muttersprache und der Grammatikunterricht in einer Fremdsprache auf?

26. Hier stimmt etwas nicht

1. * Wer und warum kam herein?
2. * Eine Gruppe Neugieriger standen am Unfallort.
3. * Ich hatte mich mit Dirk, meinen Freund verabredet.
4. * Auf dem Eis tummelten sich groß und klein.
5. * Er fuhr in den Ferien an die Ostsee, um dort gefährlich zu erkranken.
6. * In Leipzig angekommen, hießen ihn seine Gastgeber willkommen.
7. * Herr Müller schimpfte ganz sehr mit seinem Hund, er knurrte dann ziemlich bedrohlich.
8. * Suche eine Wohnung für eine größere Familie, die frisch instand gesetzt ist.
9. * Ein junges Mädchen tanzte mit einem T-Shirt.
10. * Ein freundlicher Tisch aß graue Nelken.
11. * Vor kurzem fiel ein Gold in den März.
12. * Der tickende Tack tackte über das Tuck.
13. * Wie der Tack über das Tuck tackte, buschelten die Buschen Busche und schumten.
14. * Dieses Buch sieht ähnlich aus.
15. * Gestern besuchte er zum ersten Mal.
16. * Der das Buch legende Mann hatte viel zu tun.
17. * Kennst du den jungen Jungen da drüben?
18. * Drüben auf dem Steig der Bürger geht ein junges Mädchen.
19. * Sie stand auf, wusch sich die Zähne, reinigte ihre Nase und putzte sich den Kopf.
20. * Am Wochenende fanden wieder viele Unfälle statt.
21. * Aufmerksam beobachtete er die Bilder in der Gemäldegalerie.
22. * Vom Erzgebirgsverein erging eine Idee.
23. * Der Zug hatte einige Minuten Verzeitigung.
24. * Zum Aussichtsfelsen führte eine steinige Treppe.
25. * Er zog gegen die Wurzeln dieses Übels zu Felde.
26. * Fachärztin für Kiefernorthopädie sucht neuen Wirkungskreis.
27. * Nachdem er sich uns vorstellte, fragte er, welches Stoffgebiet wir zuletzt gehabt hätten.
28. * Entwerfe einen Text zu diesem Thema!
29. * Er hing seinen Mantel in den Schrank.

30. *Das er so spät kommen würde, hätten wir nicht gedacht.
31. *Das unter dem Text stehende hatten wir übersehen.
32. *Der Herr im Antiquariat hatte die Bücher geringgeschätzt.
33. *Ich hab dich Ungeheuer lieb.
34. *Grit's Mode-Shop wird gut besucht.

35. *Sie sagte, dass sie pünktlich zurück sei und fuhr mit dem Fahrrad davon.
36. *Wir waren zu dritt: Grit, Annette, meine Schwester und ich.

37. *Unser Nachbar, als er davon hörte, war ganz empört.
38. *Wir hatten eigentlich erwartet, dass ihr kommt viel früher.
39. *Sie isst viel Obst, weil es ist gesund.

40. *Wir handelten entsprechend seines Vorschlages.
41. *Wegen dem schlechten Wetter musste das Spiel abgesagt werden.
42. *Einbrecher in einen Kindergarten gestellt.
43. *Sie trug ein lilaes Kleid.
44. *Wir suchten an allen möglichen Örtern, fanden ihn aber nicht.
45. *Der Name dieses Musikantens fiel mir leider nicht ein.

Küttel, Hartmut: Hier stimmt etwas nicht. Originalbeitrag.

- Korrigieren Sie, was in den einzelnen Sätzen sprachlich nicht in Ordnung ist.
- Beschreiben Sie die Art der grammatischen Verstöße in den einzelnen Satzgruppen.

27. Grammatische Terminologie

Wenn der Schüler eine sprachliche Erscheinung in ihrer Funktion und Leistung erkannt hat, sollte er sie auch benennen können. Die Schulpraxis allerdings zeigt, dass oft die grammatische Terminologie vor dem Beschreiben und Erkennen Vorrang hat. Das führt dann zu einem leeren terminologischen Gerippe, bei dem die Benennungen nur noch Leistungen des Gedächtnisses unter Beweis stellen. Methodisch wird es nur einen Weg geben: die Beschreibung der grammatischen Erscheinung in ihrer jeweiligen Funktion. Und erst wenn die Beschreibung und Reflexion geleistet ist, kann und sollte benannt werden. Die Benennung erleichtert das Wiedererkennen und die rasche Verständigung über die Sache.

Die Vielfalt in der grammatischen Terminologie spiegelt nur die Vielfalt der grammatischen Theorien mit ihren verschiedenen didaktisch-methodischen Ansätzen und Verfahrensweisen. Der – vor allen Dingen von Lehrern immer wieder gehörte – Ruf nach Vereinheitlichung und Vereinfachung des „terminologischen Wirrwarrs" würde im sprachwissenschaftlichen Bereich eine Harmonisierung voraussetzen, die im politischen und gesellschaftlichen Bereich jeder als Utopie erkennt.

Ader, Dorothea: Grammatik als Sprachförderung. In: Praxis Deutsch 6/1974.

- Welche Vorteile und Nachteile weisen „sprechende" deutsche Bezeichnungen (Tuwort, Tätigkeitswort, Zeitwort) bzw. undurchsichtige lateinische Begriffe (Verb) auf?
- Unterziehen Sie den Begriff „Subjektergänzung" (aus einem Sprachbuch der 80er Jahre) einer kritischen Analyse.
- Erfordert eine pädagogisch zu rechtfertigende „Mischgrammatik" (mit Elementen aus verschiedenen linguistischen Modellen) auch eine Begriffsmischung? Welche Gefahren birgt diese?

28. Vereinheitlichung der grammatischen Terminologie

Die Diskussion um eine Vereinheitlichung nahm ihren Ausgang Mitte der 70er Jahre mit der Entwicklung neuer Lehrpläne und Schulbücher für den Unterricht. Verschiedene Theoriebildungen in der modernen Sprachwissenschaft hatten eine verwirrende Vielfalt grammatischer Termini entstehen lassen, die zum Teil in das weit gestreute Angebot neuerer Sprachbücher Eingang fanden. Dadurch kam es in der Praxis zusätzlich zu Überschneidungen mit traditionell verstandenen Termini.
Die Diskussion verschärfte sich aufgrund der öffentlichen Kritik der Schulbuchverlage an der sich unterschiedlich entwickelnden Lehrplanarbeit der einzelnen Bundesländer. Als ein besonders hervorstechendes Beispiel der Auseinanderentwicklung wurde immer wieder die unterschiedliche Verwendung grammatischer Termini in Lehrplänen hervorgehoben, die letztlich die Ursache für die Verwendung unterschiedlicher Termini in Schulbüchern seien. Gleichzeitig sei eine Verteuerung der Schulbücher wegen unterschiedlicher Ausgaben und – damit verbinden – geringerer Auflagenhöhen eingetreten.
Ernst genommen werden mussten Klagen der Eltern über Minderung der Freizügigkeit, der Vergleichbarkeit und der Durchlässigkeit im Schulwesen bei zunehmender Auseinanderentwicklung des inhaltlichen Unterrichtsangebotes. – Nicht zu unterschätzen waren die Abstimmungsschwierigkeiten in der Lehrplangestaltung innerhalb der sprachlichen Fächer.
Demzufolge schien eine Vereinheitlichung nicht nur aus
- fachdidaktischen und
- unterrichtspraktischen

Erwägungen heraus dringend geboten, sondern auch aus
- bildungspolitischen und
- ökonomischen

Gründen dringend erforderlich.
[...]

Czeczatka, D.: Vereinheitlichung der grammatischen Terminologie als schulpraktisches Problem fremdsprachlicher Fächer in der curricularen Planung. In: Raasch, A. (Hrsg.) (1983): Grammatische Terminologie. Tübingen: Narr. S. 19–22.

- In welchen Textpassagen erkennen Sie die schulpolitischen Intentionen des Vertreters eines Kultusministeriums besonders deutlich?
- Nennen Sie Beispiele für die „verwirrende Vielfalt grammatischer Termini“, die in den 70er Jahren aus der modernen Linguistik in die Sprachbücher eindrangen.

29. Verzeichnis grundlegender grammatischer Fachausdrücke

Fachausdruck	Erläuterungen
1. Lautlehre, Rechtschreibung, Zeichensetzung	
Laut Anlaut Inlaut Auslaut Umlaut Vokal (Selbstlaut) Diphthong (Zwielaut/Doppellaut) Konsonant (Mitlaut)	Die folgenden Fachausdrücke werden im Zusammenhang mit Fragen der Rechtschreibung verwendet. Zwischen Laut und Buchstabe ist zu unterscheiden.
Silbe offen – geschlossen betont – unbetont	
Akzent (Betonung) Wortakzent Satzakzent Intonation (Satzmelodie/Stimmführung)	
Satzzeichen Punkt Semikolon (Strichpunkt) Komma Fragezeichen Ausrufezeichen Doppelpunkt Gedankenstrich Anführungszeichen Bindestrich Trennungszeichen Apostroph (Auslassungszeichen)	
2. Wortlehre	
Wortbildung Stamm Ablaut Präfix Suffix	„Präfixe" und „Suffixe" sind Wortbildungselemente. „Vorsilbe" und „Nachsilbe" sind dagegen lautliche Einheiten, die deswegen nicht alternativ gebraucht werden können.

abgeleitetes Wort
zusammengesetztes Wort

Hier kann die Unterscheidung von „Bestimmungswort“ und „Grundwort“ hilfreich sein (Rechtschreibung, Wahl des Artikels).

Wortarten
Flexion
flektiert
unflektiert
Flexionsendung

(Deklination, Konjugation, Komparation)

Nomen/Substantiv

Substantive sind eine Untergruppe der Nomina. Der Fachausdruck „Nomen“ sollte aus den folgenden Gründen dem Fachausdruck „Substantiv“ vorgezogen werden:
- Weiterer Gebrauch in den Fachausdrücken: Nominalgruppe, Pronomen u. a.
- Möglichkeit der Verwechslung von Substantiv und Subjekt
- Ähnliche Fachausdrücke in den Fremdsprachen (engl.: noun; franz.: le nom)

Deklination
Genus
  maskulin
  feminin
  neutral
Numerus
  Singular (Einzahl)
  Plural (Mehrzahl)
Kasus (Fall)
  Nominativ
  Genitiv
  Dativ
  Akkusativ

Bei der Einführung kann es hilfreich sein, vom 1., 2., 3., 4. Fall oder vom Wer-, Wes-, Wem- und Wen-Fall zu sprechen.

Artikel
  bestimmt
  unbestimmt

Pronomen
Personalpronomen
Reflexivpronomen
(rückbezügliches Pronomen)
Demonstrativpronomen
(hinweisendes Pronomen)
Possessivpronomen
(besitzanzeigendes Pronomen)
Interrogativpronomen
(Fragepronomen)
Relativpronomen
Indefinitpronomen
(unbestimmtes Pronomen)

Numerale (Zahlwort)
Kardinalzahl (Grundzahl)
Ordinalzahl (Ordnungszahl)

Adjektiv (Eigenschaftswort)
flektiert/unflektiert
Komparation
Vergleichsstufen
Grundstufe/Positiv
Komparativ
Superlativ

Verb
Hilfsverben
Modalverben
Konjugation
Stammformen
regelmäßig
unregelmäßig
Personalform/finite Verbform
infinite Verbform

Infinitiv
Partizip I
Partizip II

Auf die Bezeichnung Part. Präs./Perf. wird verzichtet, weil durch die Partizipien keine Tempora zum Ausdruck gebracht werden.

Person

Numerus
Singular (Einzahl)
Plural (Mehrzahl)

Aktiv

Passiv

Modus
real
irreal
potential

Modalität wird nicht nur durch den Modus des Verbs ausgedrückt, sondern auch durch weitere sprachliche Mittel, wie Modalverben, Modaladverbien u. Ä.

Indikativ
Konjunktiv I
Konjunktiv II
Imperativ

Tempus
Präsens
Präteritum/Imperfekt
Perfekt
Plusquamperfekt
Futur I
Futur II

Zwischen grammatischen Tempora und Zeitstufen ist zu unterscheiden.

Zeitstufe
Gegenwart
Vergangenheit
Zukunft

Zeitverhältnis
gleichzeitig
vorzeitig
nachzeitig

Zeitstufen und Zeitverhältnisse werden durch verschiedene Tempora und weitere sprachliche Mittel, wie Zeitadverbien, Konjunktionen u. Ä. ausgedrückt.

Adverb

Darunter sind im Deutschen Adverbien wie „sehr", „schon", „gestern" usw. zu verstehen, nicht aber die adverbial verwendeten unflektierten Adjektive.

Präposition

Konjunktion
nebenordnend
unterordnend

Für unterordnende Konjunktionen kann auch „Subjunktion" gebraucht werden.

3. Satzlehre

Satzglied

Aus didaktisch-methodischen Gründen werden die Fachausdrücke für Satzglieder zuerst vom einfachen Satz her genommen. Satzglieder werden daher zunächst dargestellt als syntaktische Funktionen von Wörtern oder Wortgruppen.

Prädikat

Mit Prädikat ist der verbale Teil des Satzes gemeint.

Auf Fachausdrücke wie „Ergänzung" und „Angabe", die sich aus der Untersuchung der Wertigkeit des Verbs ergeben, wird verzichtet, weil hier keinem Grammatikmodell der Vorzug gegeben werden soll.

Subjekt

Objekt
Genitivobjekt
Dativobjekt
Akkusativobjekt
Präpositionalobjekt

Trotz der z. T. schwierigen Abgrenzung zwischen Präpositionalobjekt und Adverbiale wird der Ausdruck aus unterrichtspraktischen Gründen beibehalten.

Adverbiale

Im Gegensatz zur formalen Differenzierung des Objekts (s. o.) wird im Folgenden das Adverbiale nach semantischen Gesichtspunkten unterschieden. Die Einteilung berücksichtigt die üblichen Bedeutungsbereiche.

temporal (der Zeit)
lokal (des Ortes)
direktional (der Richtung)

modal (der Art und Weise und des Mittels) kausal (des Grundes) konditional (der Bedingung) konzessiv (des wirkungslosen Gegengrunds/der Einräumung) konsekutiv (der Folge) final (des Zwecks und Ziels)	
Attribut	Das Attribut ist als Erweiterung seines Bezugsworts kein Satzglied, sondern ein Satzgliedteil. Bezugswörter können z. B. Nomina, Adjektive und Adverbien sein. Auf den Fachausdruck „Apposition" wird verzichtet, weil es sich dabei nur um eine von vielen Formen des Attributs handelt.
Einfacher Satz Satzreihe Satzgefüge Hauptsatz	
Gliedsatz	Bezeichnung für alle Arten von Nebensätzen, die als Satzglied auftreten können, außer Attributsätzen (s. u.)
Subjektsatz Objektsatz Adverbialsatz	
Attributsatz	
Indirekter Fragesatz Konjunktionalsatz Relativsatz Partizipialsatz Infinitivsatz	Formale Untergliederung der Nebensätze
Satzarten Aussagesatz Fragesatz	
Wunschsatz	Darunter werden auch Aufforderungs- und Befehlssätze gefasst.
Ausrufesatz	

4. **Bedeutungslehre (Semantik)**	Die folgende Aufstellung beschränkt sich auf die gebräuchlichen semantischen Bezeichnungen im engeren Sinne und verzichtet auf alle rhetorisch-stilistischen Fachausdrücke.
Bedeutung denotative konnotative	
sprachliches Zeichen	Verbindung von Lautbild/Schriftbild und Bedeutung

Raasch, A. (Hrsg.) (1983): Grammatische Terminologie. Tübingen: Narr. S. 14–18.

- Prüfen Sie die Entscheidung für „Laut" und „Buchstabe" gegen „Phonem" und „Graphem".
- Würden Sie für die Aufnahme von „Morphem" oder „Wortbaustein" in das Verzeichnis plädieren?
- Begründen Sie an dem Wortbeispiel „Endung", dass es richtig ist, statt „Nachsilbe" den Terminus „Suffix" zu verwenden.
- kochende Suppe = Suppe, die kocht
  gekochte Suppe = Suppe, die gekocht ist, wird, worden ist
  Überprüfen Sie die Behauptung, die Partizipien enthielten keine Tempusmerkmale.
- Nennen Sie ein Beispiel für ein Genitivobjekt (nicht Genitivattribut!).
- Zeigen Sie mit Hilfe der Umstellprobe, dass Attribute „Satzgliedteile" sind.
- Suchen Sie nach Gründen dafür, dass sich der Begriff „Wunschsatz" nicht durchgesetzt hat.
- Didaktisch wichtige Begriffe aus der Pragmalinguistik und der Textlinguistik fehlen völlig. Welche würden Sie in das Verzeichnis aufnehmen?

30. Ein soziolinguistisches Varietäten-Modell

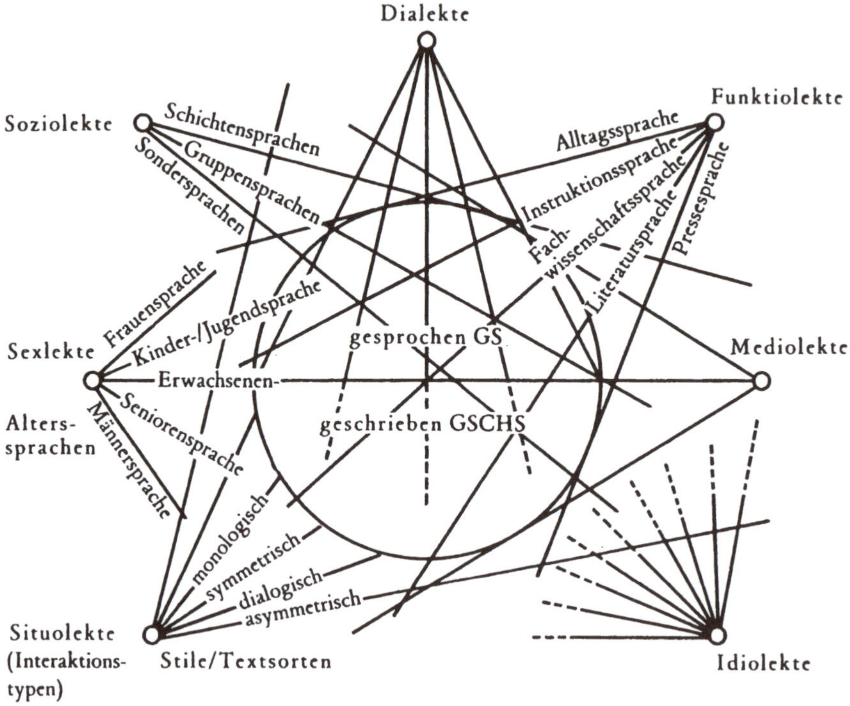

Löffler, Heinrich: Ein soziolinguistisches Varietäten-Modell. In: Ders. ([2]1994): Germanistische Soziolinguistik. Berlin: Schmidt. S. 86.

- Seit den 80er Jahren sind die „Sprachen in der Sprache" der dominierende Untersuchungsgegenstand der Soziolinguistik. Erläutern Sie das Varietätenmodell von Löffler.
- Wo ist der Platz der Standardsprache in dem Modell? Warum lassen sich Idiolekte nicht stringent zuordnen? Wo können Berufssprachen, Geheimsprachen, Schülersprache und Computersprache eingeordnet werden?
- Welche Varietäten haben sich historisch stark verändert bzw. im Laufe der Sprachgeschichte an Bedeutung eingebüßt? Welche gewinnen dagegen zunehmend an Bedeutung?
- Machen Sie Vorschläge für die Behandlung von Varietäten im Sprachunterricht.

31. Rotkäppchen auf Amtsdeutsch

Im Kinderanfall unserer Stadtgemeinde ist eine hierorts wohnhafte, noch unbeschulte Minderjährige aktenkundig, welche durch ihre unübliche Kopfbekleidung gewohnheitsrechtlich Rotkäppchen genannt zu werden pflegt. Der Mutter besagter R. wurde seitens ihrer Mutter ein Schreiben zustellig gemacht, in welchem dieselbe Mitteilung ihrer Krankheit und Pflegebedürftigkeit machte, worauf die Mutter der R. dieser die Auflage machte, der Großmutter eine Sendung von Nahrungs- und Genussmitteln zu Genesungszwecken zuzustellen.
Vor ihrer Inmarschsetzung wurde die R. seitens ihrer Mutter über das Verbot betreffs Verlassens der Waldwege auf Kreisebene belehrt. Dieselbe machte sich infolge Nichtbeachtung dieser Vorschrift straffällig und begegnete beim Übertreten des amtlichen Blumenpflückverbotes einem polizeilich nicht gemeldeten Wolf ohne festen Wohnsitz. Dieser verlangte in gesetzwidriger Amtsanmaßung Einsichtnahme in das zu Transportzwecken von Konsumgütern dienende Korbbehältnis und traf in Tötungsabsicht die Feststellung, dass die R. zu ihrer verschwägerten und verwandten, im Baumbestand angemieteten Großmutter eilend war.
Da wolfseits Verknappungen auf dem Ernährungssektor vorherrschend waren, fasste er den Entschluss, bei der Großmutter der R. unter Vorlage falscher Papiere vorsprachig zu werden. Weil dieselbe wegen Augenleidens krank geschrieben war, gelang dem in Fressvorbereitung befindlichen Untier die diesfallsige Täuschungsabsicht, worauf es unter Verschlingung der Bettlägerigen einen strafbaren Mundraub zur Durchführung brachte.
Ferner täuschte das Tier bei der später eintreffenden R. seine Identität mit der Großmutter vor, stellte Ersterer nach und in der Folge durch Zweitverschlingung der R. seinen Tötungsvorsatz erneut unter Beweis.
Der sich auf einem Dienstgang befindliche und im Forstwesen zuständige Waldbeamte B. vernahm Schnarchgeräusche und stellte deren Urheberschaft seitens des Tiermaules fest. Er reichte bei seiner vorgesetzten Dienststelle ein Tötungsgesuch ein, das dortseits zuschlägig beschieden und pro Schuss bezuschusst wurde. Nach Beschaffung einer Pulverschießvorrichtung zu Jagdzwecken gab er in wahrgenommener Einflussnahme auf das Raubwesen einen Schuss ab. Dieses wurde in Fortführung der Raubtiervernichtungsaktion auf Kreisebene nach Empfangnahme des Geschosses ablebig. Die gespreizte Beinhaltung des Totgutes weckte in dem Schussgeber die Vermutung, dass der Leichnam Menschenmaterial beinhalte. Zwecks diesbezüglicher Feststellung öffnete er unter Zuhilfenahme eines Messers den Kadaver zur Totvermarktung und stieß dabei auf die noch lebhafte R. nebst beigehefteter Großmutter. Durch die unverhoffte Wiederbelebung bemächtigte sich beider Personen ein gesteigertes, amtlich nicht zulässiges Lebensgefühl, dem sie durch groben Unfug, öffentliches Ärgernis erregenden Lärm und Nichtbeachtung anderer Polizeiverordnungen Ausdruck verliehen, was ihre Haftpflichtigmachung zur Folge hatte. Der Vorfall wurde von den kulturschaf-

fenden Gebrüdern Grimm zu Protokoll genommen und starkbekinderten Familien in Märchenform zustellig gemacht.
Wenn die Beteiligten nicht durch Hinschied abgegangen und in Fortfall gekommen sind, sind dieselben derzeitig noch lebhaft.

Troll, Thaddäus: Rotkäppchen auf Amtsdeutsch. In: Ritz, Hans ([13]2000): Die Geschichte von Rotkäppchen. Ursprünge, Analysen, Parodien eines Märchens. Göttingen: Muriverlag. S. 141 f.

- Nennen Sie in diesem Text belegbare Merkmale des „Amtsdeutsch", der Fachsprache von Verwaltungseinrichtungen, Behörden und Gerichten.
- Bewerten Sie einzelne Züge des „Amtsstils" sowohl aus der Perspektive des um Verstehen bemühten Bürgers wie auch aus der Perspektive des „Amtsschreibers".
- Übertragen Sie den Text in ein gut verständliches Standarddeutsch, ohne sich an den Märchenstil anzulehnen. Vergleichen Sie Ihren Text anschließend mit dem Volksmärchen.
- Machen Sie Vorschläge für die unterrichtliche Arbeit mit der Märchenparodie.

32. In Anbetracht der Tatsache, dass …

Über die Verehrer des Substantivs

„Kein Gesetz darf in diesem Land an Worten die Zahl der Buchstaben des Alphabets, nämlich 22, überschreiten. Aber die wenigsten erreichen tatsächlich diese Länge. Sie sind in den klarsten und einfachsten Ausdrücken gehalten, und die Leute sind nicht scharfsinnig genug, mehr als eine Auslegung dafür zu finden."
So berichtet Gulliver aus dem Lande der Riesen; und das schlichte Wesen einer Rechtsordnung, das er umreißt, gehört zum immerwährenden Kernbestand rechtspolitischer Utopie. Die Monster von Brobdingrag waren freilich ein eher naives Völkchen, mit einem Bein noch im Stande der Unschuld, der unserem Rechtsbetrieb so fern liegt wie allen anderen Lebensverhältnissen. Unsere Gesetze sind heillos kompliziert, die Auslegungstricks vielfältig, bisweilen tückisch.
Die Gesetze werden mit Blick auf den juristischen Profi abgefasst (aber natürlich bleibt es für den Bürger dabei, dass Unkenntnis ihn nicht vor Strafe oder Reinfall schützt). Die berufsmäßigen Rechtsbesorger (Anwälte) und Rechtsanwender (Richter) verfügen über spitzeste Instrumente, mit denen sie Gesetzestexte bearbeiten – was fördert nicht allein die Auslegung eines Paragraphen nach Wortsinn, Systematik, Entstehungsgeschichte und Normzweck an möglichen Bedeutungen zutage. In der fachlich geführten Auseinandersetzung verständigt man sich sodann *entre nous* darüber, was rechtens sein soll. Dass der rechtspflegende Berufsstand bei all dem seine eigenen Werte, Haltungen und Sprechweisen pflegt, kann nicht verwundern. Auch das berüchtigte Juristendeutsch ist kein Zufallsprodukt. Es hat seine Gründe; ob es gute Gründe sind, ist nicht nur eine Frage der Stilästhetik.

Der Fachmann spricht

Jede Branche besitzt und pflegt ihren Fachstil, ob Theologen, Ärzte oder Autoschlosser. Wie also sollte gerade der Juristenzunft dies verwehrt sein. Schon vom Studenten wird erwartet, dass er schnell den rechten Ton trifft.
Den Fachmann erkennt man am Jargon. Die Fachsprache ist ein Mitgliedsausweis, den man einander vorzeigt. Sie zieht die Grenze zum Laien und zu Sachansichten, die außerhalb des fachlichen Horizonts siedeln. Vor dem Versuch, anders zu reden, mit angeblich besseren Ausdrücken und in gefälligeren Sätzen, kann man jeden, der „dazugehören" will, nur warnen. Dem typischen Fachmann ist alles Externe prinzipiell verdächtig; zumindest bereitet es ihm Übersetzungsmühe, und im Grunde stellt es sogar seine Kompetenz in Frage. Dagegen ist die Fachsprache eine glatte Bahn für Argumente, der Weg des geringsten Widerstands. Der Jargon ist präzise, oder wenigstens erscheint er im Fachkreis auf Anhieb so. Man weiß, was gemeint ist; oder man weiß es zwar eigentlich nicht, wie die Nachprüfung oft und schnell offenbart, aber man hat das feste Gefühl der Kenntnis. Und von vagen

Prämissen aus findet es sich leichter zu akzeptablen Ergebnissen, als wenn erst über den eng und klar fassbaren Ausgangspunkt zu streiten wäre.
Der Fachjargon ist der Boden jeglicher Professionalität. Wer ihn verlässt, einen Adressaten zum Verlassen nötigen will, gerät leicht auf Treibsand. Der Lohn ist Missverständnis, Unverständnis und ein typischer Verruf, den mit Vorliebe die wissenschaftlichen Vertreter des Fachs für abweichenden Stil bereit halten: Da schreibe oder rede einer nicht fachlich, sondern feuilletonistisch.

Ideal der Sachlichkeit

Die erste Tugend des Juristen, nach zünftigem Selbstverständnis ebenso wie in den Erwartungen des Publikums, ist seine Sachlichkeit. Damit ist gemeint, dass er eigene Rechtsansichten zurückstellen soll hinter das geltende Recht – das aber, welch zirkelhaftes Moment, erst unter dem Streit der Fachleute Gestalt annimmt. Gleichviel: Nicht auf sich selbst baut der Jurist bei seiner Berufsarbeit, aufs Individuelle, Subjektive, sondern auf Allgemeines und Objektives. Daher meidet er Formulierungen wie: „Ich meine …“, „Ich halte für richtig …“ Ihnen gegenüber steht das sachliche „Es ist so.“.
Die Stilmittel, die der Jurist einsetzt, spiegeln sein Sachlichkeitsideal. Deshalb ist die Juristensprache so reich an Passivkonstruktionen und Substantiven.
In juristischen Texten kommt das Passiv auffallend öfter vor als in der Umgangssprache. Denn der Passivsatz blendet ein handelndes Subjekt aus. Er vermeidet den Eindruck, dass jemand verantwortlich entscheiden würde: „Ich, der Richter, verurteile den Beklagten …“ Vielmehr verhängt ein anonymes Machtwort sich quasi schicksalhaft: „Der Beklagte wird verurteilt …“ Die sprachliche Unpersönlichkeit schafft den Anschein reiner Objektivität.

Verehrer des Substantivs

Das zweite Werkzeug der Sachlichkeit ist der Nominalstil. Juristen lieben das Substantiv. Sie gebrauchen substantivische Konstruktionen anstelle des Verbs. „Es wird der Tatsache Rechnung getragen …“ statt: „Berücksichtigt wird …“ Tätigkeitswörter stellen juristisch erst etwas dar, bekommen Substanz und Gewicht, wenn sie zum Substantiv aufgestiegen sind: „Die Verbringung des Angeklagten nach …“ statt einfach: „Der Angeklagte wurde nach … gebracht.“ Das Substantiv demonstriert in einem Zug die Sachlichkeit des Sprechers und das Eigenleben und Eigengewicht der Sache.
Ein ganzes Bündel Aspekte trifft zusammen und macht die Nominalform für den Juristen interessant. Substantive vermitteln, zum Ersten, den Eindruck von Würde, Getragenheit, Macht. Der getragene Ton kann bis zur Aufgeblasenheit reichen, der Machtstil bis zur Wort*gewalt*. Es gibt Sätze, die ducken: „Nach Eintritt der Voraussetzungen für die Sicherstellung von Arbeitsleistungen müssen Wehrpflichtige … sich auf Anforderung des Arbeitsamtes melden oder vorstellen.“ Wer denkt da als Erstes an Widerspruch?

Das Substantiv sorgt, zum Zweiten, für Verdinglichung. Es stellt (grammatikalische) Subjekte und Objekte vor, also stets etwas, das schon da ist, stattfindet: etwas Wirkliches. Oder vielmehr: Das Substantiv erzeugt von sich aus den Anschein der Wirklichkeit, den Anspruch auf sie, wobei es den Unterschied zwischen bewiesener und ungeprüfter Aussage zu überspielen neigt. Gegen das Gewicht des Dingworts muss die Möglichkeit, dass alles ganz anders sein könnte, eigens gedacht werden. In einmal bewiesenen Sätzen aber erzeugt das Hauptwort erst recht Inferiorität; das Ausgesagte erscheint als vorgegeben, unentrinnbar, unüberwindlich, der Willkür entzogen. Dem Sprecher verleihen die Dingworte das Gefühl von Sicherheit und Gewissheit.
Der Nominalstil setzt dem Möglichkeitssinn Grenzen, umgeht die Last des Begründens, weist Kritik ab, blockiert die produktive Phantasie und den alternativen Einfall. Er bedeutet darum, zum Dritten, Negation von Freiheit, und das heißt zugleich: Er stellt von Verantwortung frei. Dass Verhältnisse so sind, dass Recht so und nicht anders ausfällt, entlastet den Rechtsanwender.
Ein verbreitetes sprachliches Phänomen: „Die Dinge" ereignen sich, gleichsam aus sich heraus, selbstschöpferisch. „Die Voraussetzungen treten ein." „Die Preise steigen." „Der Dollarkurs fällt." „Die Arbeitslosigkeit wächst." Die sozialen Dinge, so vermittelt, führen ihr Eigenleben, über das der Mensch, je nach Interesse und Standpunkt, sich freuen oder ärgern darf; doch nach Tätern oder gar Schuldigen zu fragen, scheint sinnlos. Schon die Grammatik errichtet Barrieren gegen gewisse Fragestellungen.
Ein letzter Gesichtspunkt, ein kleines Paradoxon: Den ontologischen Zwang im Substantiv untergräbt die – zum Nominalstil gehörige – Häufung der Nomina. „Alle Maßnahmen sind unter Beachtung der Pflicht zur Abwägung beteiligter Interessen zu treffen." Ja, so ist es; der Satz duldet keinen Zweifel daran. Nur ... wie hat das nun eigentlich zu sein, was ist gemeint?

Mit Emphase gesprochen

Vom Recht erwartet man üblicherweise, dass sein Inhalt sicher und eindeutig feststeht. Doch kein Satz eines Gesetzestextes wird jemals dem Anspruch genügen; keine Sprache, auch wenn sie zu noch so starrer Terminologie geronnen ist, hält einen Inhalt unverschiebbar, mit vollkommener Gewissheit fest. Jeder Satz ist auslegungsfähig, jede Auslegung mit ihren eigenen Methoden widerlegbar. Darum entsteht eine Gewissheitslücke, in die der professionelle Rechtsbetrieb auf eigene Weise einspringt. Zum Nominalstil addiert er den apodiktischen Gestus. Es kommt darauf an, die volle Gewissheit und strikte Verbindlichkeit des Rechts umfassend darzustellen, in Haltung und Wort. Dem Zweifel keinen Raum lassen! Ein Stilmittel dafür ist die Emphase.
Emphasen sind autoritäre Floskeln; sachleere Versatzstücke an Sprache, die keinen anderen Sinn haben als den, Nachdruck zu erzeugen: „Es ist darauf hinzuweisen ...", „Ohne dass dies hier näher ausgeführt zu werden bräuchte ...", „In Anbetracht der Tatsache, dass ..., kann nichts anderes gelten als ..."

Affektpflege

Sachlichkeit ist das eine juristische Standesideal, ein anderes widerspricht ihm offenbar. Juristen begreifen sich auch als Vermittler und Vollstrecker einer Wertordnung. Diesem Auftrag passen sie ihre Ausdrucksweise an.
Sätze im Dienst eines Wertes – etwa: der Gerechtigkeit; der freiheitlich-demokratischen Grundordnung – sollen das Wertgefühl des Adressaten erreichen. Sie verwenden Ausdrücke, die affektiv besetzt sind. Die Methode ist für den Juristen so selbstverständlich, dass er sie unbewusst anwendet statt in kühler rhetorischer Berechnung.
Ein Schulbeispiel juristischer Affektpflege bietet die Entscheidung des Bundesverfassungsgerichts über die Zulassung zum öffentlichen Dienst:
„Der Staat, der sich nicht selbst aufgeben will, mindestens nicht seine Funktionsfähigkeit, soweit sie vom Beamtenkörper abhängt, in Gefahr bringen will, muss sicherstellen, dass in den Beamtenapparat nicht Verfassungsfeinde eindringen."
Hier hat fast jedes Wort Schlagkraft, am schlagendsten ist „Verfassungsfeind". Die affektiv gemalten Wertbilder des Satzes passen gut zusammen. Da ist der „Beamtenkörper", ein lebendiges Wesen, dem „Gefahr" droht; (Verfassungs-)Feinde wollen in ihn „eindringen", ein schrecklicher Bazillus; aber das ausersehene Opfer will „sich nicht selbst aufgeben", es setzt zur Gegenwehr, Notwehr an. In eine handfeste Moral klingt die zitierte Stelle aus: „Wer dem Staate (nicht bloß dem Staat) dienen(!) will, darf nicht gegen den Staat und seine Verfassungsordnung aufbegehren(!) und anrennen(!) wollen."
Affektives Sprechen zielt auf das Wertgefühl, aber nicht notwendig, um dieses anzuheizen. So wie es aufwiegelnde Worte und Wendungen gibt, kann man sprachlich auch abwiegeln. Ein probates Mittel hierzu ist die Verwissenschaftlichung des Sprechens, die Ausbildung einer Terminologie. In ihr kühlt „Völkermord" ab zu „Genozid". Oder: Während ein Gegen-Schlagwort zu „Verfassungsfeind" den Ausschluss vom öffentlichen Dienst „Berufsverbot" nennt, lautet die kühle rechtsterminologische Fassung des Sachverhalts: Der Bewerber sei abzuweisen „wegen Fehlens einer subjektiven Voraussetzung" (nämlich der Verfassungstreue).
Verrisse des Juristenstils sind wohlfeil; nicht wenige stammen von Juristen selbst, in perfekter juristischer Diktion verfasst. Die Analyse macht klarer, weshalb Juristen gerade so sprechen. Ein Aufruf zu schönerem Deutsch beträfe die Oberfläche. Denn im Stil spiegelt sich das Sachverständnis; Ausdruck und Sache sind stets eng verschränkt.

Gast, Wolfgang: In Anbetracht der Tatsache, dass … Über die Verehrer des Substantivs. In: DIE ZEIT 36 vom 02.09.1988. S. 47.

- Überzeugt Sie die Begründung für häufige Passivkonstruktionen und für Nominalstil im Juristendeutsch? Oder können Sie (auch) andere Gründe nennen?
- Beschreiben Sie das Verhältnis von Fachsprachen und Standardsprache. Wo gibt es Überlappungen und gegenseitige Beeinflussungen? Wie steht es mit der (zu fordernden? angestrebten?) Verständlichkeit fachsprachlicher Texte, die für den Nichtfachmann wichtig, vielleicht an ihn adressiert sind?
- Sollte es zu den Lernzielen des Deutschunterrichts gehören, Schülern ein Mindestmaß fachsprachlicher Terminologie (aus den Bereichen Recht/Verwaltung, Medizin, Wirtschaft, Politik) vertraut zu machen? Wie könnte man ein solches Ziel ansteuern?

33. Jagdhund

Jagdhund, der – der zur Ausübung der Jagd verwendete Hund verschiedener Hunderassen, z. B. als Schweiß-, Vorsteh-, Stöber- und Erdhund gebräuchlich. Das Maul des Hundes heißt Fang, die Eckzähne Fänge oder Fangzähne, die Zähne Gebiss, die Nase Nase, man spricht von einer guten bzw. schlechten oder kurzen Nase, wenn der Geruchssinn des Hundes gemeint ist. Die Augen heißen Lichter, auch Augen, die Ohren Behänge, die überhängenden Lippen Lefzen, der Schwanz Rute. Bei den deutschen kurz-, draht- oder stichelhaarigen Vorstehhunden und bei den Terriern wird die Rute gekürzt oder kupiert. Die herabhängenden Haare an Rute und Läufen langhaariger Hunde nennt man Fahne. Der männliche Hund heißt Rüde, der weibliche Hündin. Die Jungen bis zu zehn Wochen bezeichnet man als Welpen, danach bis zu einem Jahr als Junghunde. Ist die Hündin begattungsbereit, so ist sie heiß, hitzig, auch läufig. Diese Zeit heißt die Laufzeit oder die Hitze. Der Hund deckt oder belegt die Hündin, wenn er sie begattet. Hund und Hündin hängen, wenn sie nach dem Begattungsakt noch eine Zeit lang verbunden bleiben. Die belegte Hündin trägt, sie ist trächtig. Bringt sie Junge zur Welt, so wirft oder wölft sie. Die Welpen fallen, wenn sie von der Hündin geworfen werden und heißen zusammen Wurf. Ein Vorstehhund steht im 1. Feld, wenn er im zweiten Lebensjahr ist, im 2. Feld, wenn er im 3. Lebensjahr ist usw. Für die Erziehung zum Gehorsam und für die Anleitung zum Jagen gilt der Ausdruck abführen oder abrichten, für die Unterweisung auf der Schweißfährte arbeiten. Der lange Riemen für die Schweißarbeit heißt Schweißriemen. Docke heißt der gerecht zusammengelegte Schweißriemen. Das Halsband nennt man Halsung. Soll der Hund frei arbeiten, wird er geschnallt, d. h. vom Riemen gelöst. Zu jeder anderen Gelegenheit wird er abgehalst, d. h. von der Halsung befreit. Der Hund fällt eine Fährte oder Spur an oder nimmt sie auf, wenn er sie findet und verfolgt. Er arbeitet die Fährte bzw. Spur aus, wenn er dabei bis zum Stück Wild gelangt. Die Schweißarbeit kann eine reine Riemenarbeit sein oder je nach Veranlagung des Hundes eine Arbeit als Totverweiser oder Totverbeller. Der Hund überschießt eine Fährte oder Spur, er fällt ab oder kommt von ihr ab, wenn er sie verliert. Er wird hochirrig und faselt, wenn er unsicher wird und z. B. mit hoher Nase weitersucht. Er schlägt oder greift vor, wenn er einen Bogen schlägt, um die verlorene Fährte bzw. Spur wieder zu finden. Der erfahrene Hund umschlägt ein Gebiet (Kartoffelschlag, Gebüsch usw.), um sich Wind zu holen und um unter günstigen Wind zu kommen. Bellt ein Hund, so gibt er Laut oder Hals, tut er dieses, wenn er Wild hetzt, so gibt er Sicht- oder Hetzlaut. Der Hund ist fährten- oder spurlaut, wenn er schon auf der Fährte bzw. Spur Laut gibt. Er tupft ein oder zeigt, wenn er mit der Nase deutlich auf der kranken Fährte den Schweiß markiert. Ein Hund, der gut an der Leine oder am Riemen geht, ohne vorzuprellen oder zurückzubleiben, ist leinen- oder riemenführig. Ist der Hund folgsam und achtet auf jeden Ruf, Wink usw. seines Führers, so hat er Appell. Verschlagen heißt ein Hund, der durch Schläge scheu geworden ist. Bei Handscheue kommt der Hund aus Angst vor Strafe nur ungern und mit Furcht zu seinem Herrn. Schusshitzig ist ein Hund, wenn er nach dem Schuss flüchtendem oder abstreichendem Wild nachprellt oder ohne Befehl sofort zum getroffenen Wild will. Schussscheu ist er, wenn er Angst vor dem Schuss hat. Der Hund hat eine gute oder flotte Suche, wenn er im Felde bei guter Ausnutzung des Windes sucht, z. B. Hühner, vor denen er dann fest vorstehen bzw. bei einem weiteren Hund sekundieren soll, bis der Jäger herankommt. Läuft das Wild (Hühner, Fasanen) vor ihm, soll er ruhig nachziehen, aber nicht nachprellen, und es herausstoßen. Er apportiert sauber, wenn er das erlegte Stück Niederwild gut aufnimmt, nicht knautscht und es im Sitzen vor seinem Führer auf den Befehl „Aus!" oder „Lass!" ausgibt. Untugenden des Hundes sind das Quetschen oder Knautschen beim Apportieren und das Anschneiden (gestrecktes Wild anfressen) oder das Vergraben (Einbuddeln von Niederwild) als so genannter Totengräber, wenn sich der Hund unbeobachtet und außer der Einwirkung des Führers fühlt.

Ludwig, Joachim ([4]1987): Wörterbuch der Weidmannssprache. Berlin: Deutscher Landwirtschaftsverlag. S. 65 f.

- Unterscheiden Sie bei diesem Ausschnitt aus dem Wortschatz der Jägersprache zwischen Ausdrücken, die man auch als Nichtfachmann verstehen oder doch erraten kann, und solchen, die nur der Jäger versteht.
- Gehen Sie davon aus, dass die Weidmannssprache noch „lebt" und die Kommunikation unter Jägern erleichtert? Oder handelt es sich bei ihrem Gebrauch nur um Traditionspflege, Abgrenzungsbemühen und Imponiergehabe?
- Viele Redensarten aus der Jägersprache sind im Verlauf der Sprachgeschichte in unsere Standardsprache übernommen worden und haben dabei ihre rein fachliche Bedeutung verloren.
  Untersuchen Sie diese Veränderungen: auf den Busch klopfen, mit allen Hunden gehetzt sein, von etwas Wind bekommen, das Fell über die Ohren ziehen, jemanden aufs Korn nehmen, Fallen stellen, ins Gehege kommen, Lunte riechen, ins Garn gehen, durchhecheln …
- Welche Lernziele könnte man mit der Reflexion über „Berufssprachen früher und heute" verfolgen?

34. Augen auf beim Hauskauf

Wer eine Wohnung oder gar ein Haus kauft, muss in sehr vielen Fällen erhebliche finanzielle Belastungen auf sich nehmen. Das verlangt aber auch, beim Kauf ganz genau hinzusehen. Denn im Kaufvertrag steht oft die Klausel „... gekauft wie es steht und liegt unter Ausschluss jeder Gewährleistung ...". Jeder Fehler, der später ans Licht kommt, geht daher zu Lasten des Käufers. Hier einige Tipps, die helfen sollen, böse Enttäuschungen zu vermeiden.

Oft läuft der Hauserwerb über einen Makler. Gegen die Einschaltung eines seriösen Maklers, der im RDM/VDM organisiert ist, bestehen überhaupt keine Bedenken. Doch sollte jede Vereinbarung schriftlich erfolgen, gegebenenfalls mit einer zeitlichen Befristung des Auftrages. So kann man bei Erfolglosigkeit einen anderen Makler beauftragen. Auch die Kündigungsfrist des Vertrages ist zu fixieren und nicht zuletzt der Punkt, wer die Provision zahlt: ob beide, also Käufer plus Verkäufer; der Käufer oder der Verkäufer allein.
Wichtig und ernüchternd dürfte es sein, die Jubelsprache mancher Inserate treffend zu würdigen. Rechtsanwalt Frank-Georg Pfeifer vom Zentralverband der Deutschen Haus-, Wohnungs- und Grundeigentümer, hat ein paar typische Beispiele dafür zusammengetragen. Sie sind bewusst überzeichnet, um klarzumachen, worauf zu achten ist. Stets sollte man aber daran denken: Es kommt nicht nur auf das an, was in der Anzeige steht; bedeutsam ist auch, was nicht drinsteht.
Ist nun, dank eines ordentlichen Maklers, ein interessantes Objekt gefunden, steht der Besichtigung am Sonnabendnachmittag nichts mehr im Wege. „Stopp", warnt Experte Pfeifer, „niemals alleine gehen! Immer jemanden mitnehmen; wenn's geht mehrere. Und mindestens einen, mit dem man weder verwandt noch verschwägert ist. Das ist nämlich wichtig, falls es später einmal auf eine Zeugenaussage vor Gericht ankommt."
Das Wichtigste am Haus ist die Lage. Das meiste ist zu ändern, nur die Lage nicht. Hier sind vor allem die nachbarlichen Emissionen von Bedeutung: Geruch, Lärm, Staub, Laub und Blüten; Pollenflug, Ruß, Qualm usw. Bei der Besichtigung ist oft alles bestens, die Welt scheint in Ordnung. Doch, man lebt ja nicht nur am Wochenende dort", sondern 365 Tage im Jahr. Daher ist nicht nur das Haus selbst genau in Augenschein zu nehmen, sondern vor allem die Nachbarschaft. Anders gesagt: Mit dem Haus kaufe ich auch zwangsläufig die Nachbarschaft.
Liegt vielleicht eine Imbissbude, eine Fischbraterei oder eine chemische Reinigung in der Nähe? Dann müssen Sie damit rechnen, dass jahrelang Fritten-Geruch das Wohnzimmer durchwabert. Oder Sie genießen Räucherfischdunst in der ganzen Wohnung. Vielleicht führen aber auch Perchloräthylen-Dämpfe aus einem schlecht gewarteten Reinigungsbetrieb zu Leberschäden. Das Industriegebiet in der Nähe sorgt für Staub, Lärm und Geruch. Kühltürme verursachen Nebelschwaden und im Winter sogar Glatteis. Vom Lieferverkehr schwerer Lastautos ganz zu schweigen. Genauso wenig schadet ein Blick auf die Höfe der Umgegend.

Kennt doch jeder den Spruch: „Vorne hui, hinten pfui!" Hinterhofwerkstätten sind am Wochenende geschlossen, werktags verursachen sie Dreck und Lärm.
Um die Qualität des Wohnumfeldes einzuschätzen, empfiehlt sich alsdann, so Pfeifer, ein Blick auf den Zustand der Bahn- und Bushaltestellen. Beschmiert und eingeferkelt? Wochenlang nicht geleerte Papierkörbe zeigen oft, dass die Stadtverwaltung hier alle Hoffnung hat fahren lassen. Sind Hauseingänge – auch der Nachbarhäuser – schmuddelig? An x-fach überklebten und neu bekritzelten Namensschildern, aufgebrochenen Briefkästen und im Fußbereich abgetretenen Haustüren lässt sich erkennen, welche Sorgfalt die dortigen Bewohner an den Tag legen. Und wer rabiat mit Sachen umgeht, ist Menschen und Tieren gegenüber meist auch wenig zimperlich. Da sind die Nachbarn von Anfang an gut einzuschätzen.
Dies sind nur einige Beispiele dafür, was bei der Sondierung eines Gebäudeangebotes zu beachten ist. Nicht vergessen sollte man Fragen nach verborgenen Altlasten im Boden und zur Bausubstanz selbst. Hier kann es böse Überraschungen geben. Darum sollte man zur Besichtigung unbedingt einen richtigen Baufachmann mitnehmen; Handwerker oder Ingenieur. Und nicht den Kunstlehrer des Lyzeums, der mal im Studium eine Maurerkelle gesehen hat. Denn als Laie übersieht man viele Baumängel, die dem Fachmann direkt ins Auge springen.
Wegen der Fülle der Fragen beim Hauskauf ist jeder gut beraten, wenn er sich von Anfang an der Hilfe des örtlichen Vereins von Haus & Grund bedient. Dessen Anschrift nennt der Zentralverband Haus & Grund Deutschland, Cecilienallee 45, 40474 Düsseldorf, Tel. 02 11/4 78 17-0.

Jubelsprache	Ist-Zustand
Baujahr wird dezent verschwiegen.	altes Haus
zentral gelegen (großstädtische Bebauung)	laut und schmutzig
lebhafte Umgebung (Hinweis „ruhige Lage" fehlt.)	Vor Lärm findet man nicht in den Schlaf.
seriöses Umfeld	Lage im Bankenviertel (abends tote Gegend)
wenige Autominuten von der Innenstadt	am Stadtrand, mit schlechter Verkehrsanbindung
gut erhalten	mehr (kaum: weniger) renovierungsbedürftig
in unberührter Natur	sozusagen mitten auf den Acker
herrlicher Blick auf den XY-See	Vom XY-See ist gerade mal ein Zipfelchen zu sehen.
jugendliches (stilvolles) Ambiente	mitten im Kneipenviertel
individuell gebaut	unmöglicher Wohnungszuschnitt
experimenteller Wohnungsbau	bautechnische Katastrophe

Rechtsanwalt Frank-Georg Pfeifer, Düsseldorf 1994.

- Nennen Sie weitere Lebensbereiche und eigene Erfahrungen mit weggelassenen Informationen und mit „Jubelsprache“.
- Bedient sich auch die Schülerbeurteilung durch Lehrkräfte bisweilen der Jubelsprache? Prüfen Sie den folgenden Zeugnisbericht:

Zeugnisbericht: Jan Müller

Jan begegnet seiner Lehrerin und seinen Mitschülern fröhlich und unbekümmert. Es fällt ihm leicht, Kontakte zu knüpfen, weil er unbefangen auf jeden zugeht. Am Unterricht nimmt er meist begeistert und lebhaft teil. Sein Mitteilungsdrang ist manchmal kaum zu bremsen. Sicher wird er bald lernen, die erarbeiteten Regeln des mündlichen Unterrichts einzuhalten.
[…]
Schriftliche Arbeiten kann er zumeist richtig ausführen. Dabei steigert er allmählich sein Tempo und benötigt immer weniger zusätzliche Hilfen. Auch bemüht er sich um Sorgfalt und Sauberkeit.
[…]
Seine Leseleistungen sind herausragend. Auch unbekannte Texte liest er flüssig und sinngestaltend. Auswendig gelernte Gedichte trägt er vor wie ein kleiner Rezitator. Es ist für alle eine Freude, ihm dabei zuzuhören, und er erhält viel Beifall.
[…]
Beim Zeichnen und Malen beweist er außerordentliche Phantasie. Seine kleinen Kunstwerke strahlen vor Farbenpracht und Formenreichtum und schmücken die Wände des Klassenzimmers.
[…]

Ulrich, Heinke: Zeugnisbericht: Jan Müller. Originalbeitrag.

- Wer benötigt, wer liefert den Schlüssel zur Dekodierung von Jubelsprache?

35. Sprecher der deutschen Sprache

Deutschland	81 000 000
Österreich	8 000 000
Schweiz	4 500 000
Frankreich	1 200 000
Polen	700 000
Rumänien	370 000
Italien (Südtirol)	280 000
Ungarn	245 000
Tschech. + Slowak. Rep.	150 000
Belgien	66 450
Russland: europ. Teil Sibirien	75 000 767 300
Niederlande	39 400
Ukraine	38 000
Liechtenstein	31 000
Dänemark	20 000
Kroatien	11 000
Moldawien	7 300
Lettland	3 780
Estland	3 460
Litauen	2 060

1.	Russisch	135 769 000
2.	Deutsch	91 473 000
3.	Französisch	58 120 000
4.	Englisch	56 390 000
5.	Italienisch	55 437 000
6.	Ukrainisch	43 235 000
7.	Polnisch	38 231 000
8.	Spanisch	28 616 000
9.	Rumänisch	23 741 000
10.	Niederländisch	20 230 000
11.	Serbokroatisch	14 604 000
12.	Ungarisch	12 425 000
13.	Portugiesisch	10 100 000
14.	Griechisch	10 075 000

Haarmann, Harald (1993): Die Sprachenwelt Europas. Frankfurt a. M.: Campus.

Innerhalb der EU		Weltweit	
Deutsch	90	Englisch	391
Englisch	62,3	Spanisch	211
Französisch	58,1	Portugiesisch	170
Italienisch	55,5	Deutsch	98
Spanisch	28,6	Französisch	72
Niederländisch	20,2	Italienisch	55,5
Portugiesisch	10,1	Niederländisch	21
Griechisch	10	Griechisch	10
Schwedisch	8,1	Schwedisch	8,1
Dänisch	4,9	Dänisch	4,9
Finnisch	4,9	Finnisch	4,9

Ammon, Ulrich: Die Stellung der deutschen Sprache in Europa und in der Welt im Verhältnis zu ihrer Stellung in den EG-Gremien. In: Sociolinguistica 5, 1991. S. 70 – 84.

- Entnehmen Sie den Tabellen die Zahlen der Muttersprachler
  a) des Deutschen in europäischen Ländern,
  b) anderer Sprachen in Europa,
  c) der EU-Amtssprachen in Europa und weltweit.
- Halten Sie das Deutsche für eine Weltsprache oder eine Regionalsprache?
- Welche Rolle sollte das Deutsche in Zukunft in einem vereinten Europa einnehmen?
- Wie könnte eine in der Schule zukünftig vermittelte „Multilingualität“ in Deutschland und in der EU aussehen?

F Lösungshinweise

F 1 Vorrede zur Deutschen Grammatik

- Jacob Grimm lehnt muttersprachlichen Grammatikunterricht in der Schule ab. Er schreibt zwar selbst eine große „Deutsche Grammatik" (1819–1837), will mit ihr aber die historische Entwicklung der germanischen Sprachen in den Bereichen Lautlehre (Ablaut, Umlaute, Lautverschiebung), Wortbildung und Satzlehre wissenschaftlich beschreiben, eine systematisch-historisch vergleichende Sprachstufengrammatik des Germanischen schaffen.
  Pädagogische Absichten liegen ihm fern. Er distanziert sich deshalb auch von Adelung (1732–1806), zu dessen wissenschaftlicher Grammatik 1782 eine gekürzte Fassung für den Schulgebrauch erschien: „Umständliches Lehrgebäude der Deutschen Sprache zur Erläuterung der Deutschen Sprachlehre für Schulen".
  Grimm hat eine sehr romantische Vorstellung vom Spracherwerb und der Sprachentwicklung beim Kind und Jugendlichen: Die sprachlichen Fähigkeiten entfalten sich wie ein Naturgewächs von ganz allein; spracherzieherische Eingriffe können den natürlichen Prozess nur stören.
- Während des kindlichen Spracherwerbs vor dem Eintritt in die Schule wird Sprache kaum objektiviert, zum Gegenstand der Betrachtung und Untersuchung gemacht. Wörter erscheinen dem naiven Sprachbenutzer eher als Eigenschaften der bezeichneten Gegenstände, Lebewesen, Vorgänge usw. Erst durch den Schriftspracherwerb, beim Lesen und Schreiben entwickelt sich eine Distanz zur Sprache. Sie erscheint „vergegenständlicht", man kann sie verändern, mit ihr experimentieren, sich ihre Formen und Funktionen bewusst machen. Das entstehende Sprachbewusstsein ermöglicht eine durch Reflexion begleitete und kontrollierte Sprachverwendung. Man kann aus dem reichhaltigen Angebot des Sprachsystems auswählen, um sich möglichst situationsangemessen auszudrücken. Das Sprachbewusstsein hebt die Sprachbeherrschung auf eine neues Niveau.
  Beim Fremdsprachenerwerb spielt das Sprachbewusstsein von Anfang an eine große Rolle. In der Muttersprache werden Sprachregeln zuerst erlernt und verinnerlicht, erst danach ins Bewusstsein gehoben. Bei der Fremdsprache wird eine Regel zuerst kognitiv erfasst (eventuell kontrastiv mit der Erstsprache verglichen), danach erst eingeübt und praktisch angewendet.
- Der „natürliche" Spracherwerb wird durch Sprachimpulse der Bezugspersonen angeregt, und diese werden rezipiert und verarbeitet, d.h. aus ihnen werden sprachliche Regeln (des Lexikons, der Grammatik) abgeleitet. Gesteuert wird dieser Lernprozess durch die sprachlichen Impulse und durch Reifungsprozesse beim Kind. Nur in geringem Umfang beteiligen sich die Eltern bewusst an der Steuerung, wenn sie z.B. die Aussprache von Wörtern korrigieren, Wortbedeutungen erklären, auf Einhaltung von Gebrauchsregeln bestehen („Sag ‚bitte'!"). Demgegenüber ist der angeleitete Sprachunterricht in hohem Grade „fremdgesteuert" und pädagogisch reflektiert. Lernziele und Lernwege sind weitgehend vorgegeben, Lernerfolge werden kontrolliert und bewertet.

F 2 Uhren

- „Im Grunde versuchen wir doch alle dasselbe zu sagen." Uhren geben nämlich die Zeit an, ob nun analog mit Zeigern, digital mit Ziffern oder mit Hilfe rinnenden Sandes. Und doch „sprechen" sie auf ganz ver-

schiedene Weisen, unter Verwendung ganz unterschiedlicher Ausdrucksmittel.
Die gilt auch für menschliche Sprache: Es kommt nicht nur auf den reinen Informationswert einer sprachlichen Äußerung an. Für den Kommunikationsprozess ist auch entscheidend, „wie“ man etwas sagt, welche Formulierungen man wählt. Und im Sprachunterricht ist es wichtig, Lernenden das vielfältige Ausdruckspotential unserer Sprache verfügbar und bewusst zu machen, die Funktionsunterschiede zu erhellen, zur angemessenen Auswahl anzuleiten.

- Je souveräner die Sprachbeherrschung, desto mehr achtet der kompetente Sprecher/Schreiber bzw. Hörer/Leser gerade auf die feinen Unterschiede zwischen inhaltlich einander nahe stehenden Formulierungen. Scheinbare Synonyme erweisen sich bei genauer Betrachtung als keineswegs bedeutungsgleich:
  Ein Arzt wird zu einem dringenden Hausbesuch gerufen. Die Tür öffnet ihm eine schluchzende Frau: „Sie sind umsonst *gekommen, Herr Doktor!“ Darauf der Arzt: „Nicht umsonst, gute Frau. Nur* vergebens.“
- Es muss ein Grammatikunterricht sein, der kein totes Wissen über Sprache vermittelt, nicht nur Grammatiktermini lernen und Regeln in ein Grammatikheft eintragen lässt, sondern der Sprache ständig in Anwendung und Funktion zeigt, der zum Vergleich verschiedener Ausdrucksweisen anregt und zum Ausprobieren von und Experimentieren mit vielen Formulierungen.

F3 Begründungen

- Diese Frage soll individuell beantwortet werden.
- Kompetenzfördernd sind im muttersprachlichen Grammatikunterricht wohl weniger das Auswendiglernen von Flexionsparadigmen (Konjugation, Deklination) und die Kenntnis der Bezeichnungen einzelner Wortformen, Wortarten, Satzglieder und Gliedsätze, sondern Handlungswissen, das bei der Rezeption und Produktion von Sprache hilft: Wie ist diese Äußerung in dieser Situation zu verstehen? Welche Absicht verfolgt mein Gesprächspartner? Wie kann ich meine Absichten klar zum Ausdruck bringen? Wie vermeide ich Missverständnisse? … Sprachliches Handeln ist auf allen Ebenen regelgeleitet. Diese Regeln sollte man nicht nur intuitiv beachten, sondern kennen, um sich ganz bewusst nach ihnen zu richten oder sie in bestimmten Fällen auch einmal bewusst zu missachten.
- Der traditionelle Lernstoff (Lautlehre, Wortlehre, Satzlehre) ist zu erweitern: Es kommen Ergebnisse aus textlinguistischer und pragmalinguistischer Forschung hinzu (Textgrammatik, Sprachhandlungstheorie).
  Methodisch ist ein streng formbezogener, zum Formalismus tendierender Grammatikunterricht abzulösen durch eine funktionale, textorientierte und situationsorientierte Sprachanalyse und Sprachreflexion.
- Das Lernen von Grammatikbegriffen darf kein Selbstzweck sein (Formalismus!). Als solches ist es abzulehnen. Es kann aber das fachsprachliche Vokabular und Rüstzeug zum Sprechen über Sprache liefern. Und eine solche metasprachliche Verständigung dient der gemeinsamen Untersuchung komplizierter sprachlicher Phänomene im Unterricht, der Textanalyse und Textinterpretation. Darüber hinaus kann man in der Alltagskommunikation Äußerungen mit metakommunikativen Kommentaren versehen, um ihre Bedeutung und Funktion zu klären, sie zu bekräftigen u. Ä.: „… Ich habe diesen Ausdruck – insbesondere das Attribut! – bewusst gewählt, wohl wissend, dass ich mich damit angreifbar mache …“
  Metakommunikative Kompetenz sichert so das Gelingen von Verständigung, wenn diese gefährdet ist (Nichtverstehen, Missverstehen).

- Eine solche siebente Begründung ist nicht nur sinnvoll, sondern möglicherweise von größerem Gewicht als alle sechs vorher genannten Begründungen.

F4 Probleme

- Berechtigt erscheint vor allem die Kritik an einer Herauslösung untersuchter Sätze (und Wörter) aus ihrem Verwendungszusammenhang, die zu einer formalen Betrachtung tendiert und zu wenig die Funktion im Text und die Situationsangemessenheit in den Blick rückt.
  Weniger überzeugend erscheint der Hinweis auf den Informationsvorsprung des Lehrers vor den Schülern, der sie daran hindert, „Unterrichtspartner" zu werden.
- Der Vorschlag einer Situationsorientierung von Sprachreflexion erscheint grundsätzlich plausibel. Schüler sollen nicht primär einzelne sprachliche Ausdrücke (Laute, Wörter, Sätze) untersuchen, sondern sprachliches Handeln als Form von Situationsbewältigung und die Funktion sprachlicher Ausdrücke im Rahmen solchen Handelns.
  Allerdings darf dies nicht zu Zufälligkeit und Beliebigkeit von Sprachreflexion im Unterricht führen. Die Lehrkraft darf sich nicht auf Situationen verlassen, die sich als Unterrichtsgegenstände von allein ergeben, sie muss in ihrer Verantwortung für fortschreitende Lernprozesse systematisch planen und die Phasen von Sprachreflexion organisieren.
- Bei Boettcher und Sitta sind vor allem (wenn nicht sogar ausschließlich) Unterrichtssituationen gemeint. Dies wäre aber eine Verengung des Begriffes „situationsorientierter Grammatikunterricht", die man unbedingt vermeiden muss. Die Schule muss Schüler befähigen, auch und vor allem außerschulische Kommunikationssituationen sprachlich angemessen zu bewältigen. Und sie kann (wie in allen anderen Schulfächern auch) Realität zumeist nur gebrochen in den Unterricht hereinholen: Auf die nur vorgestellten, die fiktiven Situationen des Alltags darf man nicht verzichten. Es kommt darauf an, solche Situationen gut vorstellbar zu machen und dann durch Simulation zu erproben und zu untersuchen. Auf „Ernstsituationen" allein (Projektunterricht) kann man sich nicht verlassen.
- Jedenfalls darf die Lehrkraft sich nicht damit begnügen, sich von allein einstellende Situationen spontan zum Unterrichtsgegenstand zu machen (Gelegenheitsunterricht). Sie muss auch für den Lernbereich Sprachreflexion einen „Stoffverteilungsplan" aufstellen und Situationen „schaffen", die sich zur Thematisierung bestimmter Reflexionsgegenstände eignen. Hilfreich können dabei Vorlagen sein wie Texte und Bilder mit analysierbaren sprachlichen Handlungsmustern. Daneben freilich ist immer auch die Untersuchung des eigenen Sprachhandelns von Schülern und Lehrkräften im Unterricht möglich.
- Sprachbücher können ein weiteres Hilfsmittel sein, wenn sie sprachhandlungsträchtige Situationen präsentieren, in die Schüler sich von ihren Erfahrungen her gut hineinversetzen können. Die Verwendung von Sprachbüchern und ein situationsorientierter Sprachunterricht schließen sich dann nicht gegenseitig aus.

F5 Funktion grammatischer Reflexion

- Der Einfluss sprachlichen Wissens auf das sprachliche Können und das tatsächliche sprachliche Handeln ist in der Tat in der Kritik der 70er Jahre zu undifferenziert beurteilt worden. Zum einen hat man damals unter sprachlichem Wissen ausschließlich Wissen im Rahmen des Systems sprachlicher Zeichen und Zeichenverknüpfungen bis hin zum Satz verstanden, nicht aber Wissen im Blick auf Textfunktion, Textstrukturen, Kommunikationssituation und Sprachhandlungsregeln. Zum anderen hat

man die Kritik damals auf einen recht formalen traditionellen Grammatikunterricht gerichtet, während heute methodisch Sprachreflexion viel mehr situations- und textorientiert erfolgt, was einen besseren Transfereffekt erworbenen Wissens auf das Handeln verspricht.
Mündliche Kommunikation ist durch Spontaneität gekennzeichnet, durch viele zulässige Abweichungen von Grammatikregeln (unvollständige Sätze usw.). Sie wird wenig mit Hilfe vorhandenen Grammatikwissens kontrolliert und korrigiert. Einflüsse der Sprachreflexion auf das Formulieren beim Sprechen wird man deshalb nur in bescheidenem Maße erwarten dürfen. Allerdings werden pragmalinguistische Grundkenntnisse (etwa von der Intentionalität allen Sprachhandelns, vom Adressatenbezug, vom Gelingen und Misslingen der Verständigung, von metakommunikativer Absicherung des Gelingens) selbst hier eine nicht geringe Rolle spielen.
Anders verhält es sich bei schriftlicher Verständigung. Die ständige Kontrolle der sprachlichen Ausdrücke beim Schreiben sorgt für direkte Auswirkungen des Sprachwissens auf das Sprachhandeln, nicht nur im Blick auf Verständlichkeit und Leserfreundlichkeit der Formulierungen, sondern auch im Blick auf Normgerechtigkeit.

- Die Frage zielt auf individuelle Erfahrungen.
- Zumeist wird im Sprachunterricht die kommunikative Kompetenz mit der produktiven Kompetenz gleichgesetzt. Es geht aber natürlich nicht nur um die Förderung der Fähigkeiten des Sprechens und Schreibens, sondern auch der rezeptiven Fähigkeiten des Hörens und Lesens. Man kann sogar feststellen: Für die rezeptive Kompetenz sind weitergehende grammatische Fähigkeiten erforderlich als für die produktive Kompetenz. Beim Hören, besonders beim Lesen muss man in der Lage sein, auch die schwierigsten sprachlichen Konstruktionen aller Textsorten zu verstehen. Man bestimmt eben den Schwierigkeitsgrad anders als beim Schreiben nicht selbst. Deshalb erscheint es durchaus sinnvoll, zwischen einer produktiven Grundgrammatik und einer umfassenderen rezeptiven Grammatik zu unterscheiden.
- In den Einzelheiten hängt das von dem jeweiligen Dialekt und seinen Merkmalen ab. Verallgemeinernd aber lässt sich feststellen, dass die deutschen Mundarten vor allem in ihrem Lautbestand von der Standardsprache und ihrer Hochlautung abweichen (besonders stark die niederdeutschen Mundarten, die von der hochdeutschen Lautverschiebung nicht erfasst worden sind) und dass es für die Verschriftlichung der Mundartentexte keine verbindliche Orthographie gibt. Mundartensprecher haben deshalb besondere Probleme beim Erwerb der Standard-Schriftsprache in der Schule. Sie können teilweise die standardsprachlichen Unterscheidungen zwischen Langvokal und Kurzvokal oder zwischen stimmhaften und stimmlosen Konsonanten (z. B. bei der bayerischen Auslautverhärtung in Wörtern wie „König") nur schwer nachvollziehen. Eine kontrastive Schulgrammatik muss auf diese Besonderheiten eingehen.
  Dialekte unterscheiden sich auch im Wortschatz, in der Wortflexion und im Satzbau mehr oder minder von der Standardsprache. Auch auf diesen Ebenen können Interferenzen auftreten und den Erwerb standardsprachlicher Kompetenz behindern (z. B. Verwechslung von Dativ und Akkusativ bei Sprechern einer niederdeutschen Mundart: „in de Schol" sowohl für „in die Schule" wie auch für „in der Schule").
- Wenn schichtenspezifische oder dialektbedingte Sprachverhaltensweisen zu „Sprachbarrieren" in der Schule führen, so ist schon einmal mit der Bewusstmachung von „Varietäten" des Deutschen durch Sprachreflexion und Metakommunikation

viel dazu beigetragen, dass die Schüler ihre Situation besser verstehen und sie ohne Einbußen im Selbstkonzept verarbeiten können. Ein häufiger Vergleich der unterschiedlichen Ausdrucksweisen veranschaulicht die Wahlmöglichkeiten, die das Sprachsystem allen Schülern bietet, regt an zum Hin-und-her-Übersetzen, stellt knappe und umständlichere Formulierungen einander gegenüber, demonstriert die Vorzüge einer differenzierten Wortwahl, demonstriert an Beispielen, in welchen Zusammenhängen parataktischer Satzbau angemessener ist und in welchen ein hypotaktischer. Von einer solchen Erhellung in der Klasse vorhandener unterschiedlicher Tendenzen sprachlichen Handelns profitieren alle Schüler, besonders aber diejenigen, die aus einem anregungsärmeren häuslichen Sprachmilieu kommen.

F 6 „Grammatik-trächtige" Situationen im Deutschunterricht

- Motivierend sind sicher Situation 3 und 11 wegen der mit betroffenen Sozialbeziehung zwischen den Schülern, Situation 5, weil sie am Höflichkeitsgrad von Äußerungen auch die Wertschätzung ablesen, die sie als Adressaten beim Sprecher genießen, Situation 6 wegen der Komik in Witzen.
  Effektiv sind wahrscheinlich Reflexionen in Situation 1 im Blick auf die „Grammatikalität" gesprochener und geschriebener Sprache, Situation 2 hinsichtlich der wichtigen Erscheinung der Mehrdeutigkeit von Sprache und der Disambiguierung durch den Kontext, Situation 6 zur Erhellung der Ursachen von Missverständnissen und der Techniken von Anspielungen, Situation 7 wegen der gar nicht oft genug durchzuführenden Vergleiche partiell synonymer Ausdrücke mit feinen Bedeutungsunterschieden.
- Zum bloßen Gelegenheitsunterricht ohne Zusammenhang der Einzelerkenntnisse darf es nicht kommen. Deshalb ist systematischer Grammatikunterricht kein Gegensatz zum situationsorientierten Unterricht, sondern sein notwendiges Korrektiv! Die einzelnen Situationen und das in ihnen erworbene Wissen über Sprache müssen systematisch ausgewählt bzw. zusammengestellt werden. Der Lehrer trägt die Verantwortung dafür, dass die Schüler nicht zusammenhangloses Einzelwissen erwerben, sondern ineinander greifende, sich ergänzende Kenntnisse. Nur dann kann sich ein zwar nie vollständiges, aber verbundenes Grundwissen einstellen.
- Ein solcher Unterricht ist notwendige Ergänzung zum „situationsorientierten Grammatikunterricht" mit „Situationen im Deutschunterricht", wie er Boettcher und Sitta vorschwebt. Mit einem Unterricht über Unterricht allein wird die Schule ihrer Aufgabe nicht gerecht, Kompetenzen zur Bewältigung von Alltagssituationen zu vermitteln.

F 7 Grammatik in Situationen und funktionaler Grammatikunterricht

- Der Grundgedanke des „situationsorientierten Grammatikunterrichts" bleibt richtig: Sprachreflexion soll sich nicht auf isolierte Wörter oder Sätze richten, sondern auf Sprache in Funktion, auf Sprachhandlungen, deren Ziele man erfasst, und auf dabei verwendete Ausdrücke, deren Wirkung erkennbar ist. Eine solche Reflexion kann Schülern plausibel gemacht und motivierend arrangiert werden.
  Man kann sich allerdings nicht auf Unterrichtssituationen und Realsituationen beschränken. Man muss auch fiktive Situationen analysieren und darf auch Sprachbücher mit heranziehen. Erst dann sind Unterrichtsplanung, systematisches Vorgehen, Entdecken von Zusammenhängen, aufeinander aufbauende Lernschritte möglich.

F8 Funktionale Grammatik

- Die These deckt sich weitgehend mit Eineckes im letzten Absatz formulierten „Ziel der Reflexion über Sprache“. Dort wird neben die Auswahl aus verschiedenen sprachlichen Formen freilich auch noch die Unterscheidung verschiedener Verwendungsweisen einer bestimmten sprachlichen Form gestellt.
- Leider ist die Darstellung des formalistischen Grammatikunterrichts keine Karikatur, sondern eine zutreffende Beschreibung von Unterricht, wie er in der Schulpraxis vielerorts anzutreffen ist. Zu Recht ist dieser Grammatikunterricht abzulehnen und durch einen funktionalen zu ersetzen. Allerdings ist es falsch (wenn auch weit verbreitete Meinung), den formalistischen Grammatikunterricht einfach mit einem systematischen gleichzusetzen, ja die Systemorientierung zur Ursache für den Formalismus zu machen. Systematischer Grammatikunterricht ist dadurch gekennzeichnet, dass er kein (noch so interessantes) zusammenhangloses Einzelwissen vermittelt, sondern besonderen Wert darauf legt, dass die Schüler Zusammenhänge erkennen, einen Überblick über einander ergänzende und miteinander konkurrierende Ausdrucksweisen erlangen (z. B. über das Modalfeld, zu dem Indikativ und Konjunktiv, Modalverben und Modaladverbien gehören: Sie meint, Heinz sei / wäre zu Hause. – Heinz dürfte / könnte / sollte zu Hause sein. – Wahrscheinlich / vielleicht / möglicherweise ist Heinz zu Hause.). Ein so verstandener systematischer Grammatikunterricht strebt nicht unbedingt Vollständigkeit an, wird auch nicht notgedrungen zur „Terminologielehre“, sondern kann sich durchaus mit dem Konzept eines funktionalen, ja auch eines text- und situationsorientierten Grammatikunterrichts verbinden.

F9 Positionen

- Die Untersuchung isolierter, aus dem Verwendungszusammenhang und Kontext herausgelöster Wörter und Wortformen, Sätze und Satzglieder kann nicht empfohlen werden. Eine Untersuchung der Erscheinungen als Konstituenten eines Textes, der in einer Situation entstanden ist und dort kommunikativ funktioniert, ist grundsätzlich der bessere Weg.
  Allerdings ist richtig, dass die im Kontext untersuchten grammatischen Erscheinungen anschließend auf den Begriff gebracht und durch eine solche Verallgemeinerung aus dem Zusammenhang, in dem sie entdeckt und untersucht wurden, herausgelöst werden. Die gewonnenen Erkenntnisse sollen schließlich auf andere Verwendungssituationen übertragbar sein.
- Beides muss sich nicht gegenseitig ausschließen: Die bei passender Gelegenheit gewonnenen Erkenntnisse müssen nur irgendwann verbunden und ergänzt werden. Was sich nicht von allein ergibt, aber als „Brücke“ zwischen Einzelkenntnissen dient, muss zum richtigen Zeitpunkt arrangiert werden. Ziel ist jedenfalls, dass die Schüler einmal einen „grammatischen Wald“ sehen und nicht nur einzelne „Bäume“.
- Das Erlernen von Grammatikbegriffen darf nie zum Ziel des Unterrichts werden. Ziel ist das genaue Kennenlernen der sprachlichen Erscheinungen und ihrer Funktionen. Die Bezeichnung dieser Erscheinungen dient als Merk- und Verständigungshilfe. Der Terminus bündelt die gewonnenen Erkenntnisse, grenzt sie von anderen ab und macht metasprachliche Kommunikation möglich.

F10 Textorientierter Grammatikunterricht

- Wo Sprache in Funktion ist, tritt sie als Text auf. Textkonstituenten wie Sätze und Wörter tragen zur Gesamtwirkung des Textes

bei und sind in der Sprachreflexion als solche zu untersuchen.
Beispiel: Auf einem Plakat wird eine Zirkusvorstellung angekündigt und zum Besuch eingeladen. Die kommunikative Funktion des Plakats, in seinen beiden Teilen Bild und sprachlicher Text, ist klar: Aufforderung, Eintrittskarten zu kaufen und in die Vorstellung zu kommen. Das Bild zeigt einen bunten und lustigen, Freude ausstrahlenden Clown. Der Text preist einzelne Attraktionen an und verwendet dabei überdurchschnittlich viele Adjektive; diese Adjektive stehen auch noch im Superlativ; viele Ausrufezeichen unterstreichen den rühmenden und werbenden Charakter der Aussagen: *Theo, der lustigste Clown der Welt! Tarro, der mutigste Löwenbändiger aller Zeiten! Sephira, die schönste Zirkusprinzessin am Trapez!* Über Form und Leistung der Wortart Adjektiv lässt sich an diesem Text manches erarbeiten, was dann abgelöst und auf andere Texte übertragen werden kann.

- „Funktionale Grammatik" will den Blick auf die inhaltliche und kommunikative Leistung sprachlicher Ausdrücke lenken, sich nicht formalistisch mit der richtigen Bestimmung und Bezeichnung zufrieden geben. Ein solcher Funktionalismus muss nicht zwingend textorientiert sein. Er kann auch an einer Reihe isolierter Beispielsätze verschiedene Funktionen einer sprachlichen Form erläutern (z. B. die Funktionen des Präsens zur Kennzeichnung von Gegenwärtigem, Zukünftigem und Jederzeitigem: Ich habe Hunger. – Morgen kommt Elsa. – Der Hund ist ein Säugetier.).
Funktionale Sprachbetrachtung hat aber eine starke Neigung zur Textorientierung; denn auf keine andere Weise lässt sich die Funktion und Wirkungsweise sprachlicher Phänomene so gut beobachten und bestimmen wie innerhalb von Texten, deren Situationseinbettung man sich klargemacht hat. Allerdings muss man dazu Texte heranziehen, in denen das zu untersuchende Phänomen nicht nur randständig vorkommt, sondern überdurchschnittlich häufig und mit einem wichtigen Beitrag zur Gesamtwirkung des Textes. Am besten ist es natürlich, Texte zu verwenden, für welche die untersuchte sprachliche Erscheinung konstitutiv ist (gelegentlich schon am Titel zu erkennen: Rudolf Otto Wiemers „Geschichte im Konjunktiv", Bertolt Brechts „Fragen eines lesenden Arbeiters").
- Texte werden immer in Verwendungssituationen produziert und rezipiert. Sie werden erst in ihrer Situationseinbettung richtig verständlich: Wer hat das mit welcher Absicht gesagt/geschrieben und an wen wendet er sich? Textorientierung führt also fast automatisch auch zur Untersuchung der Situation, ist situationsorientiert (freilich in umfassenderem Sinne als bei Boettcher und Sitta).
Die neuerdings geforderte Handlungsorientierung des Grammatikunterrichts zielt auf Experimente mit Sprache, die als Text erscheinen kann, aber nicht muss. Bastelt man dabei mit isolierten Einzelausdrücken, so muss man sich freilich Kontexte zumindest vorstellen, weil sonst die Bedeutungen und Funktionen gar nicht richtig erkennbar werden. Auf diese legt das Konzept der Handlungsorientierung aber großen Wert.

F 11 Gespräch im Zug

- „Herr Alltäglich" verwendet sprachliche Ausdrücke in einer Weise, die genau genommen nicht ganz präzise, zumindest mehrdeutig ist, was aber allgemein üblich ist und in Durchschnittsdialogen auch toleriert wird, keine Verstehens- und Verständigungsprobleme bereitet („am Fenster sitzen" im Sinne „den Fensterplatz schon eingenommen haben, auch wenn man im Augenblick nicht dort sitzt").
In „Herrn Logomann" findet er aber ein Gegenüber, das es genau nimmt, übergenau. Er leugnet die Mehrdeutigkeit und Verallgemeinerung und beruft sich mehr-

fach auf die „wörtliche" Bedeutung, die aber im Sprachgebrauch nicht die einzige ist: „Ich lese gerade ein Buch" kann sich durchaus auf einen längeren Zeitraum der Gegenwart beziehen, nicht nur auf den unmittelbaren Augenblick, sondern auf Stunden, Tage, Wochen. „Logomann" will aber offenbar missverstehen und den Gesprächspartner auf die Ungenauigkeit seiner Ausdrucksweise hinweisen, sich auch etwas über ihn lustig machen.

- Kritisiert wird wohl, dass auf das Zeitadverb „gestern" eine Verbform im Tempus Präsens folgt und nicht im Präteritum oder Perfekt. Die Kritik ist jedoch unberechtigt. Es ist im Deutschen zulässig, mit dem Präsens auch Vergangenes und Zukünftiges zu bezeichnen, besonders wenn durch andere Ausdrücke (z. B. Temporaladverbien) klar signalisiert wird, dass es nicht um gegenwärtiges Geschehen geht.
- Der Ausdruck „Zeitsparkasse" greift die beiden vorher gemachten Aussagen auf: „Zeit sparen" und „Zeit ist Geld". Sie werden über das gemeinsame Element „Zeit" in dem zusammengesetzten Wort verbunden, wobei freilich „sparen" die Lesart wechselt (von „wirtschaftlich mit etwas umgehen" zu „Geld nicht ausgeben, sondern auf Konto einzahlen"). Natürlich kann man aber Zeit nicht wie Geld behandeln und auf einer Sparkasse einzahlen. Die Vorstellung wirkt komisch und soll auch der Verspottung dienen, wie der Anschlussausdruck „Zeitsparkassendirektor" zeigt.
- Es gibt in der Kinder- und Jugendliteratur, aber auch in der Erwachsenenliteratur (Dichtung und Gebrauchstexte) eine große Zahl sprachspielerischer Texte, in denen sprachliche Regeln experimentell außer Kraft gesetzt werden. Solche Texte eignen sich sehr gut für „regelentdeckendes Lernen" im Grammatikunterricht. Viele Gedichte der konkreten Poesie gehören dazu (z. B. von Ernst Jandl).

F 12 Ich möchte mal auf einem Seepferd reiten

- Der Konjunktiv II (formale Anlehnung an das Präteritum) bringt in diesem Gedicht die Modalität der eingeschränkten Geltung, genauer: des Nicht-Faktischen zum Ausdruck. Das dargestellte Geschehen ist in einer nur vorgestellten Welt lokalisiert, nicht in der realen Erfahrungswelt von Autor und Leser.
  Der Gebrauch von Modalverben („ich möchte") unterstreicht den restriktiven Charakter des Konjunktivs: Die Einschränkung der Geltung manifestiert sich als Wunsch. Der Verwirklichung des Wunsches stehen Hindernisse entgegen, die weggewünscht werden, aber nur in der Phantasie, in der Welt der Poesie, nicht in der Erfahrungswelt überwindbar sind.
- Der Konjunktiv I lehnt sich an die Präsensformen des finiten Verbs an, der Konjunktiv II an die Präteritalformen (Stammvokal, oft umgelautet, eventuell Ablaut), die Umschreibung verbindet den Infinitiv mit einem Modalverb.
  Im Unterschied zum Indikativ signalisiert der Konjunktiv, dass der Hörer/Leser sich nicht unbedingt auf die Geltung einer Aussage verlassen kann. Es findet eine „Brechung" des für alles sprachliche Handeln typischen Doppelbezugs auf einen Sprecher/Schreiber und eine Welt statt. Bei Verwendung des Konjunktivs gilt also gerade nicht die doppelte Zusicherung „So ist es" und „Ich sage das".
  Der Konjunktiv I zeigt Brechung vor allem in Bezug auf die Sprecherversicherung und signalisiert Indirektheit (indirekte Rede, Zitat). Der Konjunktiv II zeigt Brechung vor allem in Bezug auf die vorfindliche Welt und signalisiert Modalität mit unterschiedlichen Verhältnissen zwischen aktualer und nur möglicher Welt: Im „Potentialis" gilt etwas nicht, erscheint aber möglich; im „Irrealis" gilt etwas nicht und kann auch nicht gelten.

- Die Modalverben bringen zum Ausdruck: Aufforderung, Zwang (sollen, müssen, nicht dürfen), Möglichkeit (können, dürfen), Wunsch (mögen, wollen), Vermutung, Annahme (werden, dürfen, können, sollen).
- Wunsch: hoffentlich, leider, bedauerlicherweise;
  Zwang: notwendigerweise;
  Möglichkeit: vielleicht, möglicherweise;
  Unmöglichkeit: keineswegs, mitnichten;
  Vermutung: wahrscheinlich, sicherlich, schwerlich, anscheinend.

F13 Hilfsverben

- Die erste Zeile beginnt mit dem sehr verbreiteten „Höflichkeitskonjunktiv" („ich würde sagen"), bei dem es nur so scheint, als wäre das Geschehen nicht faktisch (das „ich" „sagt" ja tatsächlich etwas). Der Faktizitätsanspruch wird im Vergleich mit dem Indikativ nur leicht abgeschwächt, um gegenüber dem Hörer eine gewisse Verbindlichkeit zu erreichen („wenn mich jemand fragte, würde ich sagen").
  Anschließend verbinden sich Geltungseinschränkungen (durch umschreibende Konjunktive mit und ohne Modalverben) und Indirektheitsaussagen (indirekte Rede und indirekte Gedankenführung und Einstellungspräsentation) zu Modalitätsüberlappungen, die eine extrem gesteigerte Unverbindlichkeit zum Ausdruck bringen.
- Beide Ausdrucksweisen schränken die faktische Geltung der anvisierten Aussagen (etwa „ich sage, wir haben...") sich gegenseitig verstärkend ein. Hinzu kommt, dass die Einzelsätze alle auf die Modalverben keine Vollverben im Infinitiv folgen lassen, so dass der Aussageinhalt im Dunkeln bleibt.
- Zum Modus Konjunktiv und den Modalverben kommen Modalpartikel/Abtönungspartikel (vermutlich, vielleicht, wohl ...) und Modalsätze (Ich vermute, dass ...) hinzu.
- Wenn es im Grammatikunterricht darum geht, (grammatische, lexikalische und stilistische) Ausdrucksvarianten für einen ähnlichen Aussageinhalt zusammenzustellen, zu vergleichen und differenziert zu nutzen, dann erscheint es sehr sinnvoll, nicht nur Wortfelder/lexikalische Felder, sondern auch grammatische Felder zu analysieren: Welche Ausdrucksnuancen ergeben sich z. B. bei unterschiedlichen Formen der Verneinung? Ich hatte keinen Erfolg. – Ich blieb erfolglos. – Erfolg hatte ich nicht. – Ich war ohne Erfolg. – Ich war nicht erfolgreich. – Es war ein Misserfolg. ...

F14 scheinsubjekt

- Die Überschrift deutet es an: Das unpersönliche Pronomen ist zwar grammatisches Subjekt, aber eigentlich mehr ein Subjektersatz, weil man den Verursacher des Geschehens wie bei anderen Witterungsverben auch (schneien, hageln, blitzen, donnern, nebeln ...) nicht nennen kann. Im zitierten Kinderspruch ist „gott" der Verursacher.
  Die Übertragung dieser syntaktischen Konstruktion auf andere zum großen Teil neu gebildete Verben transferiert auch das (scheinbare) Fehlen von Verursachern und Tätern: Die kriegerischen Auseinandersetzungen in allen Krisengebieten der Welt fallen als Naturgeschehen vom Himmel; niemand ist offenbar für sie verantwortlich zu machen; deshalb scheinen sie auch unvermeidbar. Diese ironische Feststellung gipfelt zum Schluss in einer Beruhigungsgeste, in der das unpersönliche „Scheinsubjekt" sich mit dem ebenfalls unpersönlichen Reflexivverb „sich regeln" verbindet und in eine „täterverschweigende" unpersönliche Passivkonstruktion ausläuft.
- Das „grammatische Subjekt" in einem Satz ist durch die formale Korrespondenz mit dem Prädikat gekennzeichnet (Kongruenz zwischen Subjekt und finiter Verbform nach Person und Numerus). Es ist nämlich

als Satzglied die Ausgangsstelle für das verbale Geschehen, das durch das Prädikat bezeichnet wird.
Manche Grammatiker haben sich bemüht, an der traditionellen Zweiteilung des Satzes in Subjekt und Prädikat auch dort festzuhalten, wo es kein grammatisches Subjekt gibt (z. B. „Mich friert.“). Unter einem „logischen“ oder „semantischen“ Subjekt (auch „Agens“) verstehen sie den natürlichen Träger der Verbalhandlung, auch in einem Passivsatz. Danach ist in dem Satz „Das Geld wurde von einem Dieb gestohlen.“ das logische Subjekt „von einem Dieb“. Andere bezeichnen als logisches Subjekt einen Nominalausdruck, der zwar nicht im Nominativ steht, aber durch leichte Umgestaltung des Satzes in das grammatische Subjekt umgewandelt werden kann: „Dem König ist nicht wohl.“
Die vorgenommene Unterscheidung erscheint nur sinnvoll, wenn man sich vollständig einer semantisch begründeten tiefenstrukturellen „Kasus-Grammatik“ zuwendet, in der es neben dem „Agens“ (Verursacher einer Handlung) auch andere semantische Kasusrollen gibt wie „Instrumental“ (unbelebte, das Geschehen auslösende Kraft), „Experiencer“ (belebtes Objekt, in dem ein psychologischer Vorgang ausgelöst wird), „Lokativ“ (Ausdruck einer räumlichen Relation zum Geschehen) usw.

- Ein grammatisches Subjekt fehlt. Als Platzhalter für das Subjekt könnte man das unpersönliche Pronomen „es“ ergänzen: „Es wurde gestern gewählt.“ Das logische Subjekt ist im Prädikat enthalten: die Wähler.
- Wenn man die These, jeder vollständige Satz enthalte Subjekt und Prädikat, aufgibt, kann man sich auf das grammatische Subjekt konzentrieren. Es ist die formale und funktionale Ansatzstelle für das Geschehen, das im Prädikat zum Ausdruck gebracht wird. Deshalb weisen beide Satzglieder Kongruenz auf, und das Subjekt steht grundsätzlich im Nominativ. Bestimmen lässt es sich durch die Infinitivprobe (das aus der verbalen Wortkette herausfallende Glied ist das Subjekt), die Kongruenzprobe (Ersetzen der Singularform des finiten Verbs in die Pluralform oder umgekehrt: das ebenfalls den Numerus wechselnde Glied ist das Subjekt) oder die Passivprobe (das im Passivsatz durch „von“ oder „durch“ eingeleitete Glied ist das Subjekt des Aktivsatzes).

F 15 Eine Vorstellung

- Manz formuliert diesen Gedanken so: „Jede Sprache ist also das Werkzeug einer Absicht.“ Allerdings beschreibt er, typisch für die frühen 70er Jahre mit ihrer Neigung zu „Konfliktpädagogik“ und „verbaler Konfliktlösung“, ausschließlich Beispiele aggressiven Sprachhandelns Erwachsener gegenüber Kindern und ruft die Kinder auf, sich zu wehren. Das ist eine sehr einseitige, negativ gefärbte Betrachtung, bei der Sprache fast ausschließlich als Instrument einer Kommunikation erscheint, bei der ein Partner dem anderen übel mitspielen will.
- Die neue Sprachlehre ist lebens- und erfahrungsnah. Sie lässt Schüler besser verstehen, wie Sprache Sozialbeziehungen prägt und verändern kann. Solche Erkenntnisse sind unmittelbar hilfreich bei der Entwicklung von Sprachhandlungsstrategien.
- Gemeint sind möglicherweise die traditionellen Gegenstände des Grammatikunterrichts, also Syntax, Orthographie, die Manz in die zweite Reihe stellt. Vielleicht meint er aber auch die Regeln aggressiven, den Hörer niedermachenden Sprachhandelns.
- Manz ist noch ganz von einer „emanzipatorischen“ Konzeption des Sprachunterrichts fasziniert: Die stets den Erwachsenen unterlegenen Kinder/Schüler sollen lernen, sich gegen Formen der sprachlichen Unterdrückung zu wehren und ihre Interessen zu verteidigen. Damit propagiert er aber weiterhin den Einsatz der Sprache zur

Durchsetzung der eigenen Interessen und zur Erlangung des eigenen Vorteils.
Eine kommunikative Ethik müsste dagegen deutlich machen, dass Sprache Sozialbeziehungen auch positiv und harmonisch prägen kann, dass Sprache helfend, unterstützend, aufbauend wirken kann. Als Vorbild sollte nicht derjenige herausgestellt werden, der seine kommunikativen Fähigkeiten ohne Rücksicht auf andere stets zu seinem Vorteil einsetzt, sondern derjenige, der auch einmal darauf verzichtet, seine Überlegenheit auszuspielen, der sich auch für Schwächere einsetzt usw.

- Schülern nicht nur Wissen und Fähigkeiten zu vermitteln, sie nicht nur zu motivieren und emotional zu stärken, sie nicht nur zur Kooperation anzuleiten, sondern ihnen über all das hinaus auch noch Wertvorstellungen nahe zu bringen und sie zu sittlichem Handeln anzuregen ist eine Aufgabe, mit der Schule und Lehrkräfte oft überfordert sind. Versuche in dieser Richtung können durch die Wahl geeigneter Lektüre im Literaturunterricht, durch Diskussion und schriftliche Erörterung ethischer Grundfragen, nicht zuletzt aber durch das Vorleben einer überzeugenden Gesinnung unternommen werden.

F 16 Lernziele

- (1) Die Sprache gehört zu den wichtigsten Bestandteilen unseres (sozialen) Lebens. Schule soll die Wirklichkeit, in der Schüler leben, besser verständlich machen. Also muss sie auch Sprache untersuchen, beschreiben, erproben, auch die Sprache vergangener Literaturepochen.
Beispiel: Sprache der Werbung, der Nachrichtensendungen …
(2) Beispiel: Vergleich der im Deutschen freien Stellung der Satzglieder mit der festen Ordnung S P O (Subjekt – Prädikat – Objekt) im Englischen.
(3) Begriffsbildung (Ober-, Unter- und Nebenbegriffe) und die Beherrschung logisch-syntaktischer Verknüpfungen durch Konjunktionen sind notwendige Voraussetzungen für höheres kognitives Handeln.
Beispiel: Erarbeitung der in den ersten Grundschuljahren noch nicht voll beherrschten „konzessiven" Beziehung mit „obwohl" und „obgleich".
(4) Beispiel: Diskussion der Rechtschreibreform und Beschreibung ihres Verlaufs erhellen den Prozess der Vereinbarung und Änderung von Konventionen, aber auch ihre wichtige normierende Funktion.
(5) Beispiel: Untersuchung der Ursachen von Missverständnissen (Mehrdeutigkeiten), der Möglichkeiten ihrer Vermeidung und ihrer nachträglichen Beseitigung, der Folgen bei Nichterkennung.
(6) Beispiel: Sensibilisierung für Mehrdeutigkeiten in der Dichtung, für die Entstehung und Funktion von Metaphern.
(7) Beispiel: Nachzeichnen semantischer Strukturen des Lexikons (Synonymie, Antonymie, Hyponymie) zur Erweiterung des rezeptiven und des produktiven Wortschatzes.
- Hinzufügen könnte man zumindest:
8. Der Schüler soll lernen, Gefahren des Misslingens von Verständigung (Nichtverstehen, Missverstehen) zu erkennen und ihnen mit metakommunikativen Kommentaren zu begegnen (Transfer in die metakommunikative Kompetenz).
- Die Behandlung von Polysemie kann den Lernzielkomplexen 1, 5 und 8 zugeordnet werden.
Die Untersuchung des Modalfeldes weist eine Nähe zu 1, 2, 5, 6 und besonders 7 auf.
Die Wortbildungslehre kann ihren Platz als solche in 1 und 7 finden, als Hilfe in Fragen der Orthographie aber in 2.

F 17 Sprachlehre – Sprachkunde

- Der traditionelle Stoffbereich wird heute erweitert um die Komplexe „Textgrammatik" (Textkonstitution, Textstruktur, Textkohäsion, Textkohärenz, thematische Progression) und „Kommunikationsanalyse" (Situation, Adressatenbezug, Intentionalität, Strategien und Handlungsmuster).

- Es geht vor allem um Wissensvermittlung mit bildungstheoretischem Hintergrund: Es gehört zu der in der Schule zu erwerbenden Allgemeinbildung, Sprache nicht nur wie selbstverständlich als Verständigungsmittel zu verwenden, sondern auch Einsichten in die Struktur des Systems von Zeichen und Regeln zu ihrer Verknüpfung („Bau"), in deren Bedeutungen und Funktionen („Inhalte") sowie in deren geschichtliche Veränderungen („Wandlungen") gewonnen zu haben.
  Dabei stehen zwei Bereiche deutlich im Vordergrund: Syntax (Regeln des Satzbaus) und Lexikon (Strukturen des Wortschatzes). Schüler sollen die verschiedenen Satzarten, verschiedene Satzbaupläne mit ihren Satzgliedern, die verschiedenen Wortarten und ihre Rollen im Satz, die Flexion der Wörter kennen. Sie sollen die Bedeutungen von Wörtern und Wendungen (heute und in früheren Zeiten) kennen und bestimmen können; sie sollen auch die semantischen (und morphologischen) Beziehungen zwischen den Elementen des Lexikons kennen (ganz besonders die partiellen Synonyme eines „Wortfeldes" und die etymologisch verwandten Wörter einer „Wortfamilie").
- Die beiden Entscheidungsfragen verleiten zu einseitigen Stellungnahmen. Natürlich darf die Vermittlung sprachtheoretischen Wissens nicht ausschließlich Selbstzweck sein. Sie muss andererseits aber auch nicht in jedem Detail funktional gerechtfertigt werden. Primär hat sie dienende Funktion und soll im weitesten Sinne sprachliche Handlungskompetenz fördern (auch im Sinne eines „bewussteren" Sprachhandelns). Das ändert aber nichts daran, dass man sprachlichem Wissen auch einen allgemeinen Bildungswert zusprechen kann. Die Behandlung sprachgeschichtlicher Themen („Bedeutungswandel"), lässt sich vor allem damit begründen, weniger als Hilfe zum Verstehen älterer Literatur.
- Die „Sprachlehre" erscheint stark formbezogen (Wortart, Wortflexion, Satzart, Satzglied), die „Sprachkunde" vor allem inhaltsbezogen. Auf die kognitiven und kommunikativen Leistungen sprachlicher Ausdrücke geht Glinz in diesem Textauszug nicht ein.

F 18 Sprachproben

- (1) Das Sprichwort ist selbst ein Minimal-„Text", so dass die Erkennung des Satzes als Textkonstituente durch Klangprobe nicht möglich ist. Auch ist das Sprichwort nicht mehrdeutig und in beiden „Lesarten" unterschiedlich zum Klingen zu bringen („Sie ging nach dem Streit PAUSE mit ihrem Mann in die Stadt." – „Sie ging nach dem Streit mit ihrem Mann PAUSE in die Stadt.").
  Dennoch können durch probeweise Verlagerung des Satzakzentes Bedeutungsnuancen entwickelt werden.
  Auf einen groben Klotz gehört ein grober Keil. – Nicht etwa darunter oder daneben!
  Auf *einen* groben Klotz gehört ein grober Keil. – Nicht auf mehrere.
  Auf einen *groben* Klotz gehört ein grober Keil. – Nicht auf jeden und nicht auf einen fein bearbeiteten.
  Auf einen groben *Klotz* gehört ein grober Keil. – Nicht eine grobe Hand.
  Auf einen groben Klotz *gehört* ein grober Keil. – Der passt dazu! Das muss so sein!
  Auf einen groben Klotz gehört ein *grober* Keil. – Er muss ihm entsprechen.
  Auf einen groben Klotz gehört ein grober *Keil.* – Kein feines Schnitzmesser, d.h. dem ungehobelten Menschen soll man nicht mit Höflichkeit begegnen, sondern mit Grobheiten antworten.
  (2) Ein grober Keil / gehört / auf einen groben Klotz.
  (3) Auf einen ungehobelten Klotz (wohin?) / passt / ein großer, schwerer Keil (wer?).

(4) Auf einen Klotz gehört ein Keil.
(5) Auf einen groben, ungehobelten Klotz gehört immer ein ganz besonders grober, zum Klotz passender Keil.
(6) Wenn man einen groben Klotz vor sich hat, dann soll man zu einem groben Keil greifen.
Grobheit muss mit Grobheit beantwortet werden.

- Bei der „Ersatzprobe" werden unter Beibehaltung der Satzkonstruktion einzelne Wörter oder Wortgruppen ausgetauscht, wobei die Satzbedeutung sich ändern darf. Bei der Umformungsprobe muss die Bedeutung erhalten bleiben; es können aber auch strukturell ganz verschiedene Ausdrucksweisen dafür gewählt werden.

F19 wortarten

- Der Autor deutet einige Wortartbezeichnungen um, indem er sie semantisch „wörtlich" nimmt, durchsichtig macht und aus ihrem fachterminologischen Grammatik-Kontext herauslöst. Bereits die Neubildung „Wortunart" greift auf eine andere Bedeutung des Morphems/art/zurück, als sie in „Wortart" vorliegt („Verhaltensweise, Benehmen" statt „Sorte"). Das „Tätigkeitswort" ist keine Entsprechung zu „Verb" mehr, sondern allgemein ein Wort, das Tätigkeiten bezeichnet, wie das „Bindewort" Aktivitäten des Verknüpfens und das „Verhältniswort" zwischenmenschliche Beziehungen.
  In umgekehrter Richtung werden neue Grammatikbegriffe mit einem etymologischen Trick geprägt („verba numeralia" und „verba pseudonumeralia"). Und das ganze Spiel mit Wortarten wird in die Nähe von Sprachkunst gerückt („word arts").
- Man klassifiziert die Wörter nach Worarten, gelangt aber in verschiedenen Grammatiken zu unterschiedlicher Anzahl, Ordnung und Bezeichnung der Wortarten.
  Man bestimmt sie in dreifacher Weise: nach ihrer Bedeutung, nach ihrer Funktion im Satz, nach ihrer Flexion (Konjugation, Deklination, Steigerung, keine Flexion). Man verwendet nebeneinander (nicht immer deckungsgleiche) lateinische und deutsche Bezeichnungen.
  Meist kommt man auf zehn Wortarten:
  1. Nomen/Substantiv (Ding-, Haupt-, Namenwort), das zur Bezeichnung von Sachen, Lebewesen, Gefühlen, Ideen … dient, im Satz die Funktionen Subjekt und Objekt übernehmen kann und dekliniert wird (vier Kasus im Singular und im Plural).
  2. Verb (Tätigkeits-, Tu-, Zeitwort), das Vorgänge, Handlungen und Zustände bezeichnet, im Satz den Kern des Prädikats bildet und konjugiert wird (Wortformen nach Person, Numerus, Tempus, Genus verbi und Modus).
  3. Adjektiv (Eigenschafts-, Wiewort), das Eigenschaften, Merkmale bezeichnet, im Satz als Attribut und als Prädikat (zusammen mit „sein") erscheint oder wie ein Adverb gebraucht wird, gesteigert und (attributiv) dekliniert werden kann.
  4. Adverb (Umstandswort), das Umstände von Geschehnissen nach Ort, Zeit, Art und Weise bezeichnet, im Satz überwiegend als adverbiale Bestimmung erscheint und nicht flektiert wird.
  5. Artikel (Geschlechtswort), das als Begleiter von Nomen auftritt und dekliniert wird.
  6. Pronomen (Fürwort), das an die Stelle von Nomen tritt oder diese begleitet und dekliniert wird.
  7. Numeral (Zahlwort), das Zahlen wiedergibt und Angaben zu Anzahl und Reihenfolge macht und zum Teil dekliniert wird.
  8. Präposition (Verhältnis-, Fügewort), die Beziehungsverhältnisse bezeichnet, zumeist einen bestimmten Kasus fordert und nicht flektiert wird.
  9. Konjunktion (Bindewort), die Wörter, Satzglieder und Sätze (beiordnend oder unterordnend) miteinander verbindet und nicht flektiert wird.
  10. Interjektion (Ausrufewort), die zumeist eine Empfindung zum Ausdruck bringt und nicht flektiert wird.

„Partikel“ ist eine oft verwendete Sammelbezeichnung und fasst die unflektierbaren Wortarten (Adverb, Präposition, Konjunktion, Interjektion) zusammen.

- Obwohl die Einteilung der Wörter (Lexeme als Elemente des Lexikons) nach Wortarten wegen der Uneinheitlichkeit der verwendeten Kriterien und der mangelnden Trennschärfe der einzelnen Klassen immer wieder kritisiert worden ist, bildet sie bis heute das grundlegende Gliederungsprinzip aller Grammatiken. Im Unterricht ist eine Behandlung der Wortarten unentbehrlich im Blick auf die Untersuchung der Satzbildung (Funktion im Satz, Valenz) und der grammatisch korrekten Formulierung von Aussagen überhaupt (Prädikationen). Dabei kann auch die Unterscheidung von „Inhaltswörtern“ (Autosemantica) mit klarem Referenzbezug, d.h. „Vollwörtern“ mit selbstständiger lexikalischer Bedeutung (die vier großen Wortarten Nomen, Verb, Adjektiv, Adverb) einerseits und „Leerwörtern“ oder „Strukturwörtern“ (Synsemantica) ohne selbständige lexikalische Bedeutung, aber mit grammatischer Funktion im Satz andererseits nützlich sein.

Bereits in der Grundschule wird eine semantisch begründete Klassifizierung durchgeführt, die am leichtesten durchzuführen ist (oder zu sein scheint): Dingwort, Tuwort, Wiewort. Dadurch wird der unterschiedliche Bezeichnungszugriff des Menschen auf die ihn umgebende Wirklichkeit transparent. Auch wird die Unterscheidung früh benötigt, um die in der deutschen Orthographie geltenden Regelungen der Groß- und Kleinschreibung zu vermitteln.

Reflexionswürdig sind aber auch die Begriffsvielfalt und die Begriffskonkurrenz. So kann man im Unterricht z.B. auf anspruchsvolle Weise der Frage nachgehen, weshalb z.B. einzelne Bundesländer bis heute in einem Punkt von der Vereinbarung der Kultusminister zur Vereinheitlichung der Grammatikterminologie abweichen: Sie weigern sich, den Begriff „Nomen“ (lat. nomen = Name) zu übernehmen (er stelle eine Sammelbezeichnung für Substantive und Adjektive dar, nach dem Kriterium der Deklinierbarkeit sogar auch noch für Pronomen und Numerale) und verwenden den in der Linguistik nicht umstrittenen Begriff „Substantiv“ (lat. substantivum = aus sich selbst Bestand habend). Man kann der Etymologie der lateinischen Bezeichnungen und „sprechender“ deutscher Termini nachgehen (Hauptwort, Dingwort, Gegenstandswort, Namenwort, Nennwort) und deren Berechtigung und Geltungsbereich kritisch prüfen. Man kann schließlich den Wortartwechsel bei Ableitungen auf die inhaltliche Beziehung zwischen Grundwort und Ableitung hin untersuchen: Schreiber = jemand der schreibt (Nomen agentis), aber auch etwas, mit dem man schreibt (Nomen instrumenti); Schreiben = Vorgang des Schreibens (Nomen actionis), aber auch Produkt des Schreibens (Nomen acti). Und selbst auf sprachgeschichtlichen Bedeutungswandel können solche Untersuchungen ausgedehnt werden, wie ein Blick auf „Werk“ als Ableitung von „wirken“ im Kirchenlied des 16. Jahrhunderts zeigt: „Gott will nicht nur gut Mundwerk han, / wiewohl das mancher auch nicht kann, / sondern bei Gottes Namen flucht.“ Das „Mundwerk“ bezeichnet noch die Tätigkeit des Redens (Wirken mit dem Mund), nicht wie heute den Mund oder die Fähigkeit, schnell und schlagfertig zu sprechen. Historisch sind die Anteile des dynamischen Verbalinhalts von statischen Substantivinhaltskomponenten zurückgedrängt worden (eine Tendenz bei vielen Verbalableitungen).

F20 Vier Gedichte

- In allen vier Beispielen geht eine Wortflexion unmerklich in ein syntaktisch gefügtes Sprachgebilde über, wird zum Text mit einer inhaltlichen Aussage: Für Finck ist der Mut des Mutes, also der eigentliche, der größte Mut die Demut! Jandl wünscht sich den Tod, das Verschwinden des Todes herbei; er wünscht „dem Tod den Tod". Reding bettet ein volles Flexionsparadigma von „der Verräter" im Singular in einen Satzrahmen ein. Und Steinmetz kehrt die Form der 3. Person Singular, Präsens, Aktiv, Indikativ von „gehen" durch schlichte Umstellung in eine Frage um und lässt den Text in eine häufig verwendete Antwort auf die Frage nach dem Befinden auslaufen.
- Im eigensprachlichen Unterricht kann man davon ausgehen, dass die Schüler bereits im vorschulischen kindlichen Spracherwerb die Regeln der Wortflexion gelernt und verinnerlicht haben. Im Grammatikunterricht geht es deshalb vor allem darum, diese Regelkenntnis ins Bewusstsein zu heben (kein Paradigmenpauken!), für Sprachuntersuchungen bereitzuhalten und für einen kontrastiven Fremdsprachenunterricht bereitzustellen.
  Im fremdsprachlichen Unterricht müssen die Flexionsmuster dagegen erst richtig gelernt werden. Dies geschieht entweder deduktiv durch Vorgabe der Paradigmen, ihr Auswendiglernen und ihre Anwendung in Übungen oder induktiv bei Anwendung der direkten Methode des Fremdsprachenerwerbs. In jedem Fall spielt die bewusste Erfassung der Regeln hier vor und während der Sprachproduktion eine viel größere Rolle.

F21 Wortarten im Überblick

- Die Behandlung der Wortarten bildet die Brücke zwischen der Untersuchung des Wortschatzes (Einheiten des Lexikons) und der Untersuchung der Satzbildung (Regeln der Wortverknüpfung, der Grammatik). Die Angehörigen einer Wortart weisen gemeinsame semantisch-syntaktische Merkmale auf (Verb: Bezeichnung von Tätigkeiten, Vorgängen, Zuständen, also Erscheinungen von zeitlicher Dauer – Funktion als Satzkern/Prädikat mit Festlegung der Zahl und Art von Ergänzungen – Flexion mit Subjektkongruenz und Informationen zur Zeitstufe des Geschehens).
  Ohne Kenntnis der Wortarten und ihrer Grundleistungen ist Grammatikunterricht unmöglich.
- Schüler sollten einen vollständigen Überblick über die verschiedenen Wortarten erhalten. Das heißt nicht, dass sie in die Schwierigkeiten einer Zuordnung in linguistisch strittigen Bereichen eingeführt werden müssen oder dass sie auch nur alle Wörter in einem vorgegeben Text den Wortarten zuordnen können sollten. Die Beschränkung hängt natürlich davon ab, welches System mit wie vielen Wortarten der Reflexion überhaupt zugrunde gelegt wird.
- Man neigt heute dazu, die semantischen Kriterien der Wortartzuordnung hinter den syntaktischen zurücktreten zu lassen.
- Oft werden die Wortarten Artikel und Pronomen getrennt geführt und durch zwei weitere ergänzt: Numeralia und Interjektionen. Es gibt aber auch Einteilungen, bei denen alle nicht flektierbaren Wörter zu Partikeln zusammengefasst werden.

F22 Induktiv einführen – Mögliche Methodenschritte

- Ein induktives Vorgehen wird der Normalfall sein: Ausgehen von Beispielen, Bestimmung von Merkmalen, Verallgemeinerung in Form einer Regel, Anwendung der Regel auf weitere Beispiele.
  In besonderen Fällen kann aber auch einmal ein deduktives Vorgehen sinnvoll sein, bei dem die Regel als Verallgemeinerung eines Sachverhalts am Anfang steht und

man von diesem Allgemeinen zum Einzelnen und Besonderen übergeht. Zum Beispiel kann ein solches Vorgehen bei Wiederholungen bereits behandelter Themen Zeit sparen. Auch kann die Vorgabe einer die Schüler verblüffenden Regel provozieren, zur Überprüfung und zu eventuellem Widerspruch herausfordern.

- Der Wechsel von einer zunächst rein inhaltlichen Betrachtung zu einer formalen (4) ist nicht die beste Lösung; besser ist eine Zusammenschau von Anfang an (inhaltliche Leistung gewisser Formelemente).
  Statt vor der Formulierung einer Regel kann die Benennung des Phänomens auch nachher erfolgen.
  Die „Reflexion" (9) darf nicht erst so spät einsetzen, sondern sie begleitet den ganzen Untersuchungsvorgang vom Anfang bis zum Ende.
- Die „Kontextuierung" (1), „Reflexion" (9) und „Anwendung" (10) deuten auf Textorientierung und Situationsorientierung und damit auf eine Integration des Grammatikunterrichts in die anderen Lernbereiche.

F 23 Satzglieder und Satzgliedteile

- Die bebilderte Darstellung ist inhaltlich knapper (keine Beispielsätze für die verschiedenen Objekte und Adverbialbestimmungen), aber übersichtlicher (die Zuordnung der Objekte zum Prädikat ist wegen des Wechsels der Leserichtung in der Grammatik nicht so klar) und anschaulicher (die Zeichnungen parallelisieren den Satzinhalt in Leserichtung und „fokussieren" das jeweilige Satzglied). Die Anschaulichkeit ist jedenfalls bei jüngeren Schülern ein Vorteil. Allerdings macht die Übersicht in der Grammatik diesen Nachteil mangelnder Anschaulichkeit dadurch wett, dass die Schüler mehr Beispielsätze vorfinden und diese nicht erst selbst suchen müssen (z. B.: Was ist eine „konzessive" Adverbialbestimmung?).
- Für die zentrale Rolle der Satzlehre spricht: Wer sich sprachlich äußert, tut dieses nicht mit einem Wort, sondern mit mehreren Wörtern, die zu einem Satz als inhaltlich relativ selbstständiger und abgeschlossener Äußerungseinheit zusammengeschlossen sind. Jahrhundertelang galt der Satz als die größte grammatisch zu untersuchende sprachliche Einheit überhaupt. Heute ist der Satz eine Konstituente der größeren Einheit Text.
  Auch neuere Grammatiken sehen die Syntax als zentralen Bereich der Sprachbeschreibung und Sprachtheorie an: Konstituentenstruktur-Grammatik, Generative Transformationsgrammatik, Dependenz-Grammatik.
  Gegen die zentrale Rolle der Satzlehre spricht:
  Die „natürliche" Erscheinungsweise von Sprache ist der Text, nicht der Satz.
  Die Textlinguistik bietet Erkenntnisse, die auch in einer „Textgrammatik für die Schule" ihren Platz finden können.
  Syntax hat einen Zug zum Formalen, während Sprachreflexion immer dann interessant wird, wenn es um Bedeutungen (Semantik) und Wirkungen geht.
- Man sollte den Blick stets auf Satzinhalte und die kommunikative Funktion von Sätzen und Satzelementen richten: Einer Erscheinung der außersprachlichen Wirklichkeit, auf die man sich mit einem Wort bezieht („Schüler") und die im Satz durch das Subjekt bezeichnet wird („der Schüler"), werden im Prädikat und in den Objekten bezeichnete Eigenschaften zu- oder abgesprochen („spielt / Volleyball"). Mit der Prädikation (= Zusprechen von Eigenschaften) behauptet ein Sprecher/Schreiber einen bestimmten Sachverhalt, ein Geschehen, einen Zustand. Er kann dieser Behauptung weitere präzisierende Einzelaussagen hinzufügen („er tut das jeden Montag") und („er ist sportbegeistert"), in Form von Adverbialbestimmungen („jeden Montag") und Attributen („sportbe-

geistert“): „Der sportbegeisterte Schüler / spielt / jeden Montag / Volleyball.“

- In Satzreihen, vor allem aber in Satzgefügen werden Einzelaussagen in Form von Teilsätzen eng miteinander in Beziehung gebracht. Die syntaktischen Beziehungen entsprechen logischen Beziehungen (Begründung, Folge, Ziel ...) und geben komplexe Gedankengänge wieder. Solche Beziehungen können implizit vorhanden sein („Ich habe Hunger; ich habe heute seit dem Frühstück noch nichts gegessen.“), sie können auch durch Konjunktionen explizit gemacht, verdeutlicht werden („Ich habe Hunger, weil ich heute seit dem Frühstück noch nichts gegessen habe.“). In komplexen Satzgefügen mit parataktisch gereihten und hypotaktisch untergeordneten Teilsätzen können sehr verschlungene Gedankenführungen versprachlicht werden. Übungen zur Rezeption und Produktion solcher Satzgefüge fördern die kognitiven und kommunikativen Fähigkeiten der Schüler.

F 24 „Rote Fäden“ im Text

- In einem Text wird ein Thema sukzessiv behandelt. Dabei spricht/schreibt man nicht immer von etwas anderem, sondern bleibt beim Thema, bezieht sich auf eine Erscheinung (Person, Gegenstand, Vorgang) nicht nur einmal, sondern wiederholt. Man spricht ihr immer neue Eigenschaften zu (wie sie wahrzunehmen ist, was sie tut oder was mit ihr geschieht ...) und bezieht sich bei einer solchen „thematischen Progression“ notwendigerweise mehrmals mit Wörtern auf sie, entweder durch Wiederholung eines schon verwendeten Wortes oder durch andere Wörter (Proformen). Diese Wortreihe mit Verweis auf dieselbe Erscheinung (Ko-Referenz) bildet einen „roten Faden“, der sich durch den Text zieht. Solche Wortreihen halten den Text über Satzgrenzen hinweg zusammen und machen ihn in sich stimmig (kohärent). Die Einzelwörter der Reihe verweisen auch gegenseitig aufeinander, entweder nach vorn im Text (Vorverweis) oder nach hinten (Rückverweis). Von solchen Wortreihen (Isotopieketten) gibt es in einem Text zumeist nicht nur eine einzige, sondern mehrere.
  Im Beispieltext werden die beiden Wortreihen „Mensch“ und „Wüste“ mit ihren Proformen graphisch hervorgehoben.
- Zu einem modernen Grammatikunterricht gehört die linguistische Textanalyse. Bei solcher Textrezeption gewonnene Erkenntnisse, die sich auf inhaltliche und formale Textstrukturen beziehen (Was macht einen Text eigentlich zum Text?), kommen den Schülern als Textbildungsregeln bei der Textproduktion im Aufsatzunterricht zugute.
- Textanalyse bezieht sich auf das Allgemeine, Regelhafte im Text (Was hat dieser Text mit anderen Texten gemeinsam? Wo weicht er von ihnen ab?), während Textinterpretation stets das Einmalige und Besondere des individuellen Textes herausarbeitet (Wie ist gerade dieser Text als Äußerung eines bestimmten Menschen zu bestimmter Zeit zu verstehen?).
- Sehr wichtig sind Kenntnisse davon, was einen Text kohärent macht, damit man beim Textverfassen selbst Kohärenzverstöße möglichst vermeidet, seinen Text lückenlos, widerspruchsfrei, gut verständlich und leserfreundlich formuliert.
  Wichtig ist ebenfalls die Kenntnis unterschiedlicher Formen thematischer Progression, damit man beim Schreiben deutliche Anfangs- und Schlusssignale setzt und je nach Thema einen einfachen linearen Informationsaufbau oder aber kompliziertere Formen des Textfortschritts wählen kann (mit Verzweigungen, Gegenüberstellungen, Rückverweisen, Vorwegnahmen usw.).

F 25 Konjugation

- Sehr häufig sind die bekannten (Noch-?) Fehler „wie“ nach dem Komparativ, „brauchen“ ohne „zu“, „weil“ als Einleitung eines nebengeordneten Hauptsatzes, „trotzdem“ als Einleitung eines untergeordneten Nebensatzes.
  Die Ursachen sind schwer auszumachen. Die Regeln des Sprachsystems sind grundsätzlich in Bewegung und verändern sich im Laufe der Zeit. Die noch sehr junge Erscheinung, dass „weil“ nebenordnend verwendet wird, erklärt sich vielleicht aus einem von langsamer Reflexion begleiteten Sprechen, bei dem eine bereits gemachte Feststellung noch begründet werden soll und als Ankündigung der Begründung schon einmal die Konjunktion erscheint. Danach tritt eine kleine Pause ein, in der die Begründung bedacht und innerlich vorformuliert wird. Wird sie dann tatsächlich ausgesprochen, so hat sich der Zusammenhang mit dem vorangehenden Teilsatz bereits gelockert und die Begründung erscheint als vergleichsweise selbstständiger Hauptsatz: „Ich komme, weil *Pause* ich habe es dir versprochen!“
- Anders als die Sprachwissenschaftler, die Sprache als gegeben hinnehmen und wertfrei beschreiben (deskriptives Verhalten), müssen Sprachdidaktiker und Sprachlehrer auf Einhaltung gültiger Normen Wert legen und dies fordern (präskriptives Verhalten). Regelverstöße durch Schüler müssen sie feststellen und zu beseitigen versuchen, denn diese stören und behindern Kommunikationsprozesse. Dass sie dies mit ihren Bemühungen im Unterricht schaffen, ist allerdings nicht sicher. „Grammatikfehler“ sind oft Ausdruck konkurrierender häuslicher Grammatiken, die von der Standardsprache abweichen. Gegen solche tägliche Bestätigung von Abweichungen kämpft der Lehrer zumeist vergebens an. Das gilt jedenfalls für die wenig kontrollierte spontane mündliche Verständigung. Beim viel stärker kontrollierten Schreiben von Texten wirken sich entsprechende Unterrichtsbemühungen eher aus.
- In der Muttersprache sind „Grammatikfehler“ im Vergleich mit der großen Zahl beherrschter Regeln selten. Hauptaufgabe ist dort nicht die Fehlerbeseitigung, sondern die Bewusstmachung der bereits verinnerlichten Grammatik. In der Fremdsprache müssen Regeln dagegen erst gelernt werden. Dies geschieht beim Zweitspracherwerb vor dem Hintergrund und im Vergleich mit der internalisierten Erstsprachgrammatik.

F 26 Hier stimmt etwas nicht

- 1. Wer kam herein und warum?
  2. Eine Gruppe Neugieriger stand am Unfallort.
  3. Ich hatte mich mit Dirk, meinem Freund, verabredet.
  4. Auf dem Eis tummelte sich Groß und Klein.
  5. Er fuhr in den Ferien an die Ostsee und erkrankte dort gefährlich.
  6. Als er in Leipzig angekommen war, hießen ihn seine Gastgeber willkommen.
  7. Herr Müller schimpfte sehr mit seinem Hund, der dann drohend knurrte.
  8. Suche für eine größere Familie eine Wohnung, die frisch instand gesetzt ist.
  9. Ein junges Mädchen mit einem T-Shirt tanzte.
  10. Ein freundlicher Mann aß grüne Bohnen.
  11. Vor kurzem fiel ein Stein in den Brunnen.
  12. Der hinkende Hans stolperte über das Brett.
  13. Wie der Hans über das Brett stolperte, bellten die hungrigen Hunde und jaulten.
  14. Dieses Buch sieht so ähnlich aus.
  15. Gestern besuchte er mich zum ersten Mal.
  16. Der das Buch weglegende Mann hatte viel zu tun.
  17. Kennst du den kleinen Jungen da drüben?

18. Drüben auf dem Bürgersteig geht ein junges Mädchen.
19. Sie stand auf, putzte sich ihre Nase, reinigte sich die Zähne und wusch sich den Kopf.
20. Am Wochenende hat es wieder viele Unfälle gegeben.
21. Aufmerksam betrachtete er die Bilder in der Gemäldegalerie.
22. Der Erzgebirgsverein kam auf eine Idee.
23. Der Zug hatte einige Minuten Verspätung.
24. Zum Aussichtsfelsen führte eine steinerne Treppe.
25. Er packte das Übel an der Wurzel.
26. Fachärztin für Kieferorthopädie sucht neuen Wirkungskreis.
27. Nachdem er sich uns vorgestellt hatte, fragte er, welches Stoffgebiet wir zuletzt behandelt hätten.
28. Entwirf einen Text zu diesem Thema!
29. Er hängte seinen Mantel in den Schrank.
30. Dass er so spät kommen würde, hätten wir nicht gedacht.
31. Das unter dem Text Stehende hatten wir übersehen.
32. Der Herr im Antiquariat hatte die Bücher gering geschätzt.
33. Ich hab dich ungeheuer lieb.
34. Grits Mode-Shop wird gut besucht.
35. Sie sagte, dass sie pünktlich zurück sei, und fuhr mit dem Fahrrad davon.
36. Wir waren zu dritt: Grit, Annette, meine Schwester, und ich.
37. Unser Nachbar war ganz empört, als er davon hörte.
38. Wir hatten eigentlich erwartet, dass ihr viel früher kommen würdet.
39. Sie isst viel Obst, weil es gesund ist.
40. Wir handelten seinem Vorschlag entsprechend.
41. Wegen des schlechten Wetters musste das Spiel abgesagt werden.
42. Einbrecher in einem Kindergarten gestellt.
43. Sie trug ein lila Kleid.
44. Wir suchten an allen möglichen Orten, fanden ihn aber nicht.
45. Der Name dieses Musikanten fiel mir leider nicht ein.

- Es handelt sich um eine Ansammlung recht verschiedener Verstöße: Mischung zweier Fragen, fehlende Kongruenz von Subjekt und Prädikat, falsche Bezüge im Satz durch falsche Wortstellung, Unverträglichkeiten im Satz, Verwendung von nicht lexikalisierten Platzhaltern im Satz, Wortauslassungen, falsche Wortverknüpfungen, unangemessene Wortwahl, fehlerhafte Wortbildung, veränderte Redewendung, Tempuswahl bei Vorzeitigkeit, falsche Flexionsformen beim Verb, Rechtschreibfehler, Kommafehler, Nebenordnung statt Unterordnung, falscher Kasus, falsche Flexion von Adjektiven und Substantiven.

F27 Grammatische Terminologie

- Die durchsichtigen „sprechenden" deutschen Bezeichnungen haben zunächst den großen Vorteil, dass sie etwas über die Leistung der sprachlichen Erscheinung aussagen und damit als „Merkwörter" keine leeren Begriffe sind. Solche deutschen Grammatikbegriffe sind deshalb besonders in der Grundschule beliebt. Der Vorteil erweist sich aber als Problem, sobald man mit den Schülern etwas tiefer in die Sache eindringt. Dann hemmen Bezeichnungen wie „Tätigkeitswort, Dingwort, Gegenwart, Leideform" einen Erkenntniszuwachs, weil die sprachlichen Erscheinungen aus dem eng gezogenen Kreis ausbrechen: Bezeichnen „liegen" und „heißen" Tätigkeiten, „Angst" ein Ding, „Menschen sind sterblich" etwas Gegenwärtiges und „Ich werde gelobt" ein Erleiden?
  Solchen Problemen geht man aus dem Wege wenn man im Unterricht von Anfang an undurchsichtigen Fremdwörtern wie Verb, Substantiv/Nomen, Präsens, Passiv den Vorzug gibt oder rechtzeitig auf diese übergeht. Sie enthalten keine Merkhilfe,

sondern müssen als Fachbegriffe (im notwendigen Umfang) gelernt werden; sie verleiten dafür auch nicht zu Missverständnissen.

- Der Begriff vermengt in unzulässiger Weise Vorstellungen aus zwei miteinander konkurrierenden Syntaxtheorien. „Subjekt" ist ein Begriff aus der lateinischen Grammatik, die auch in ihrer Anwendung auf das Deutsche von der Zweigliedrigkeit jedes Satzes ausgeht, von einer strukturellen Gleichgewichtigkeit der beiden notwendigen Satzteile Subjekt und Prädikat.
  „Ergänzung" ist ein Begriff aus der Valenz- oder Dependenz-/Abhängigkeitsgrammatik, die von der klaren Dominanz des einen Satzteiles Satzkern (verbaler Teil) ausgeht statt von zwei gleichgewichtigen Satzteilen. Von der Wahl eines bestimmten Satzkerns hängen die Zahl und die Art der untergeordneten Ergänzungen/Aktanten/Mitspieler ab. Zu diesen abhängigen Ergänzungen zählen neben Nomen und Nominalgruppen im Akkusativ, Dativ und Genitiv auch solche im Nominativ.
  Die beiden Modellvorstellungen von dem, was ein Satz ist, vertragen sich nicht miteinander; deshalb darf man auch ihre Begriffe nicht mischen oder kombinieren.
- „Mischgrammatiken" sind im Unterricht zulässig, wenn bei genauer Prüfung der Verträglichkeit Elemente aus verschiedenen deskriptiven wissenschaftlichen Modellen wegen ihrer Einfachheit, Anschaulichkeit und guten Lehrbarkeit in eine didaktisch konzipierte Schulgrammatik übernommen werden. Eine Übernahme und Mischung der Begrifflichkeit ist dabei nicht unbedingt erforderlich. Mischung der Begriffe oder gar Mischbegriffe führen bei genauerer Untersuchung zu Verwirrungen und zur Verwischung der Konturen.

F 28 Vereinheitlichung der grammatischen Terminologie

- Es sind die Bemerkungen über Lehrpläne und Schulbücher (von den Ministerien erlassen bzw. zugelassen) sowie über Durchlässigkeit des Schulwesens und Freizügigkeit über Ländergrenzen hinweg.
- Solche Beispiele sind: Zeichen, Bezeichnetes, Konnotation, semantisches Merkmal, Kommunikationsmodell, Situation, Sprachkode, Verbalphrase, Nominalphrase, Konstituente, Transformation, Einbettung, Satzkern, Wertigkeit, Akkusativ-Ergänzung, Angaben, Morphem, Phonem, Graphem.

F 29 Verzeichnis grundlegender grammatischer Fachausdrücke

- „Phonem" und „Graphem" wurden offensichtlich als zu fremdartig, exotisch empfunden, während „Laut" und „Buchstabe" nicht nur auf eine lange Tradition zurückblicken, sondern auch in der Standardsprache ihren Platz haben. Die geringere Präzision der Bezeichnungen wurde in Kauf genommen: Wenn man „Laut" sagt, meint man eigentlich eine ganze „Lautklasse" mit gleicher bedeutungsunterscheidender Funktion. Ihre Entsprechungen in der Schrift sind nicht immer Buchstaben, sondern auch Buchstabenverbindungen (ei, sch, oo).
- Bei der großen Bedeutung, die der Wortbildungslehre im Unterricht zukommt, muss man die Frage klar mit Ja beantworten.
- Das Wort „Endung" belegt, dass die Grenze zwischen den Sprechsilben (En-dung) oft nicht identisch ist mit der Grenze zwischen den bedeutungtragenden Wortbausteinen (End-ung). Ein dem Stammmorphem nachgestelltes Morphem als (Nach-) Silbe zu bezeichnen, ist deshalb irreführend.
- Die Belege zeigen, dass eine solche Behauptung nicht ganz zutreffend ist. Zeitstufenreferenz ist jedenfalls unübersehbar:

Das Partizip I bezeichnet durchaus gegenwärtiges Geschehen, das Partizip II vergangenes.

- „Wir gedenken der Opfer des Krieges." Das vom Prädikat abhängige Genitivobjekt („der Opfer des Krieges") enthält seinerseits ein Genitivattribut („des Krieges").
- Die Umstellprobe ergibt die grammatisch korrekten Sätze „Der Opfer des Krieges gedenken wir." und „Gedenken wir der Opfer des Krieges?" sowie in Nebensatzform „...(dass) wir der Opfer des Krieges gedenken.", nicht aber „*Wir der Opfer gedenken des Krieges." Als verschiebbare Wortgruppen ergeben sich die drei Satzglieder „wir", „gedenken" und „der Opfer des Krieges". Die nicht verschiebbare Wortgruppe „des Krieges" ist kein Satzglied, sondern nur Teil des Objekts.
  Vergleiche auch: Ihr gefällt das rote Kleid. – Das rote Kleid gefällt ihr. – Gefällt ihr das rote Kleid? – ..., (dass) ihr das rote Kleid gefällt. – *Das Kleid gefällt ihr rote.
- Vermutlich spielt auch hier die Beharrungskraft der Tradition ein Rolle: „Aufforderungssatz" und „Befehlssatz" sind lange und fest etabliert, werden weitgehend synonym verwendet. Wo „Befehl" zu barsch erscheint, wird „Aufforderungssatz" vorgezogen. Gestützt wird der Begriff „Befehlssatz" dagegen durch den Begriff „Befehlsform" für Imperativ.
  Es kommt hinzu, dass „Wunschsatz" in der Sprachwissenschaft keineswegs bedeutungsgleich mit „Aufforderungssatz", sondern als Synonym von „Heischesatz" verwendet wird und dann jeden Satz bezeichnet, der die Forderung nach Realisierung eines Sachverhaltes ausdrückt, also neben Aufforderungssätzen auch Sätze mit heischendem Konjunktiv („Gott sei gelobt und gepriesen!") und Optativ („Dass ihn der Teufel hole!" – „Käme er doch!").
- Zumindest: (Sprech-/Schreib-/Kommunikations-)Situation, Intention / Absicht, Sprachhandlung, Referenz, Prädikation, Illokution, Themenentfaltung, Kohärenz, Proformen.

F 30 Ein soziolinguistisches Varietäten-Modell

- Das Modell veranschaulicht die Überlegung, dass Varietäten sich zwar durch spezifische Besonderheiten von der Standard- oder Gemeinsprache abheben und sich so gleichsam außerhalb von ihr befinden (die kleinen Kreise der Abbildung), dass sie gleichwohl an der Standardsprache teilhaben und auch mit ihren Besonderheiten auf sie zurückwirken (Linien). Dabei nehmen die Idiolekte als individuelle Sprachvarietäten eine Sonderstellung ein, da sie nicht von weiteren Personen verwendet werden (gestrichelte Linien).
- Die Standardsprache ist in dem großen Kreis angesiedelt, in den beiden Formen gesprochener und geschriebener Standardsprache.
  Es ist zwar anzunehmen, dass die individuelle Sprechweise eines Individuums z. B. durch besondere Aussprache und Wortschatzkenntnisse gekennzeichnet ist. Da der empirische Nachweis äußerst schwierig ist, bleibt der Idiolekt aber eher ein hypothetisches Konstrukt.
  Berufssprachen sind den Funktiolekten zuzuordnen, Geheimsprachen den Soziolekten, Schülersprache den Soziolekten oder Alterssprachen, die Computersprache den Funktiolekten oder Mediolekten.
- Die Dialekte / regionalen Mundarten haben sich nicht nur laufend verändert, sondern sind heute auch im Zeitalter der standardsprachlich beherrschten Massenmedien und durch die große Mobilität der Bevölkerung von geringer Bedeutung. Dagegen wächst die Bedeutung der Funktiolekte, insbesondere der vielen Fachsprachen in einem gewaltigen Ausmaß. Dabei nimmt die Gefahr von Verständigungsbarrieren und Verständigungsschwierigkeiten zwischen verschiedenen Teilen der Sprachgemeinschaft zu.
- Zum einen geht es um Wissensvermittlung im Blick auf die vorhandenen Varietäten, die Ursachen ihrer Entstehung, ihre Besonderheiten

derheiten und ihre Funktion und Bedeutung in unserer Sprachgemeinschaft. Zum anderen geht es um den Erwerb von Varietäten-Teilkompetenz durch die Schüler: Welche Lexeme unterschiedlicher Fachsprachen (Medizin, Recht und Verwaltung, Wirtschaft, Politik …) benötigt der Nichtfachmann heute zumindest rezeptiv zur Bewältigung von Alltagssituationen, so dass sie der Allgemeinbildung zugerechnet werden müssen?

F 31 Rotkäppchen auf Amtsdeutsch

- Nominalstil („Sendung von Nahrungs- und Genussmitteln zu Genesungszwecken zuzustellen", „vor ihrer Inmarschsetzung", „beim Übertreten des amtlichen Blumenpflückverbotes"), verbunden mit spezifischen Präpositionen („seitens", „betreffs", „infolge", „nebst", „zwecks") und Streckformen („zur Durchführung bringen", „Ausdruck verleihen", „in Fortfall kommen"), sehr verdichtete syntaktische Konstruktionen („Einsichtnahme in das zu Transportzwecken von Konsumgütern dienende Korbbehältnis"), komplexe Wortbildungen („Zweitverschlingung", „Fressvorbereitung", „Pulverschießvorrichtung", „Raubtiervernichtungsaktion", „Haftpflichtigmachung", „diesfallsig"), Anhäufung von Attributen, oft mit Partizipien gebildet („eine hierorts wohnhafte, noch unbeschulte Minderjährige", „der sich auf einem Dienstgang befindliche und im Forstwesen zuständige Waldbeamte", „öffentliches Ärgernis erregender Lärm"), umständliche Deixis („dieselbe", „hierorts", „erstere", „diesbezüglich"), häufiges Passiv und gespreizt wirkender Gebrauch von prädikativen Adjektiven („aktenkundig sein", „eilend sein", „vorherrschend sein", „lebhaft sein") und vergleichbaren Prädikaten („zustellig machen", „sich straffällig machen", „vorsprachig werden", „ablebig werden")
- Der Bürger wird den gedrängten, abstrakten, trockenen und altmodisch klingenden Stil wenig schätzen und auch nur mit besonderer Mühe verstehen. Der Amtsschreiber aber hat ihn (wenn auch nicht in dieser Übertreibung) zumeist als professionelles Sprachverhalten verinnerlicht, ist in ihm zu Hause und wird ihn damit zu rechtfertigen suchen, dass er sich mit vielen direkten und indirekten Zitaten an die Texte geltender (oft schon sehr alter) Gesetze und Vorschriften anlehnt, wodurch die Formulierungen seltsam klingen, aber juristisch präzise und gut auslegbar sind.
- Unter den in unserer Gemeinde lebenden Kindern, die noch nicht zur Schule gehen, ist ein Mädchen besonders aufgefallen, das stets eine rote Mütze trägt und deswegen Rotkäppchen genannt wird. …
- Vor allem liegt es nahe, den Text im Literaturunterricht zu behandeln, ihn mit dem Märchen und anderen „Umdichtungen" von Märchen zu vergleichen. Im produktiven Literaturunterricht kann er als Anstoß zur Parodierung anderer Märchen dienen. Im Sprachunterricht kann man Stilmerkmale des Amtsstubendeutsch an den Übertreibungen gut ablesen und zusammenstellen, auch nach deren Ursachen fragen und über ihre Funktionen reflektieren. Man kann auch Texte und Textteile in beide Richtungen übertragen: vom Amtsdeutsch in gut verständliche Standardsprache und umgekehrt. Dabei werden die Stilmerkmale besonders deutlich und die Schüler für trockenes Papierdeutsch sensibilisiert.

F 32 In Anbetracht der Tatsache, dass …

- Die angestrebte „Sachlichkeit" ist sicher eine Ursache für die vielen Passivkonstruktionen und Substantive. Die Bemühung um Informationsverdichtung (zusammengesetzte und abgeleitete Substantive fassen oft den Inhalt eines ganzen Satzes zusammen und erlauben, diesen dann in einen anderen Satz einzubetten) und das Streben nach (dem Gesetz und der Rechtsprechung angemessener) Feierlichkeit und Würde des sprachlichen Auftretens kommen aber wohl hinzu. Auch die Passivkonstruktionen in Gesetzestexten („Wer ..., wird mit Gefängnis bestraft.") und die oft altertümlichen Wörter und Wendungen dieser Texte („Nießbrauch", „in der Gemarkung belegenes Grundstück") mögen auf die Reden und Schriftstücke der Juristen abfärben.

- Fachsprachen bilden sich auf der Grundlage der Standardsprache als Verständigungsmittel unter Experten aus. Sie entwickeln bald eine besondere Lexik, entweder aus Wörtern bestehend, die es in der Standardsprache gar nicht gibt (Fremdwörter, neue Wortbildungen, Kürzel wie Kurzwörter, Initialwörter und Abkürzungen), oder aus Wörtern der Standardsprache, denen eine fachspezifische Sonderbedeutung zugewiesen wird. In geringerem Umfang kann sich auch die Syntax Besonderheiten zulegen oder bestimmte Konstruktionen bevorzugen. Unter Fachleuten vereinfacht und beschleunigt die Verwendung von Fachsprachen wegen des gemeinsamen Wissens die Kommunikation.
  Der Laie dagegen hat schon wegen geringer Sachkenntnis Verstehensprobleme, wenn er für ihn wichtige Äußerungen von Verwaltungsfachleuten, Medizinern, Ingenieuren usw. hört oder liest. Die Schwierigkeiten werden durch die dem Laien fremde Fachsprache noch gesteigert. Für das Alltagsleben besonders wichtige Ausdrücke werden ihm allerdings erklärt. Sie können durch häufigen Gebrauch in die Standardsprache eindringen und zu einer Überlappung von standardsprachlichem und fachsprachlichem Wortschatz führen.
- Dies ist ein sinnvolles Lernziel. Damit es im Unterricht angesteuert werden kann, müssen aber noch wichtige Vorarbeiten geleistet werden (z. B. Zusammenstellung eines Glossars oder Wörterbuches der wichtigsten fachsprachlichen Wörter und Wendungen im Deutschen).

F 33 Jagdhund

- Für den Laien verständlich: Stöberhund, Erdhund, Fangzähne, Rute, Welpen, läufig, trächtig, werfen, abrichten, Fährte ...
  Für den Laien unverständlich: Schweißhund, Behänge, Fahne, belegen, hängen, wölfen, Docke, Halsung, faseln, umschlagen, eintupfen, nachprellen, anschneiden ...
- Es spielt heute wahrscheinlich beides eine Rolle.
- Die in der Jägersprache noch sehr konkreten und anschaulichen Redewendungen sind beim Übergang in die Standardsprache verallgemeinert und vom Tier auf den Menschen übertragen worden (metaphorischer Gebrauch). Wurde früher der Hirsch oder der Fuchs mit allen Hunden gehetzt, so fühlt sich heute ein Mensch manchmal von all seinen Feinden in ähnlicher Weise verfolgt.
- Man kann ein neues Verhältnis zur Sprache gewinnen (Spiegel kulturgeschichtlicher Veränderungen), wenn man der Herkunft vieler heute gebräuchlicher Redewendungen aus Fachsprachen (besonders der Landwirtschaft und des Handwerks) nachgeht und ihre ursprüngliche Bildhaftigkeit wiederbelebt (leeres Stroh dreschen, alles über einen Leisten schlagen, etwas auf dem Kerbholz haben ...).

F 34 Augen auf beim Hauskauf

- Ziemlich häufig ist Jubelsprache in Prospekten von Reiseunternehmen und in Arbeitszeugnissen für aus einem Betrieb ausscheidende Arbeitnehmer zu finden. In beiden Fällen achtet der erfahrene Leser besonders auf Aussagen, die fehlen, aber üblicherweise zu erwarten wären.
- Berichtszeugnisse sollen im Gegensatz zu Ziffernnoten Einzelleistungen und spezielle Fähigkeiten bewerten, Fortschritte anzeigen und insgesamt ermutigen. Diese Funktion verbietet klare Benennung von Defiziten und Leistungsschwächen. Das führt

zum Herausstreichen und gelegentlichen Überakzentuieren von (auch bescheidenen) Erfolgen („Leseleistungen sind herausragend“, „wie ein kleiner Rezitator“, „kleine Kunstwerke“) sowie zum Verschweigen oder vorsichtigen Andeuten von Misserfolgen und ausgebliebenen Leistungen („sicher wird er bald lernen“, „steigert allmählich sein Tempo“, „bemüht sich um“) und auch von Schwächen im Sozialverhalten und in der Lernhaltung („Mitteilungsdrang ist manchmal kaum zu bremsen“, „Regeln des mündlichen Unterrichts einzuhalten“).

Da ein verbindliches, klar abgestuftes System von Beurteilungsformulierungen (wie bei der Verbalisierung von Ziffernnoten: 1 = sehr gut, 2 = gut …) nicht existiert oder Eltern und Schülern jedenfalls nicht bekannt ist, haben diese große Schwierigkeiten beim Verstehen der Berichtszeugnisse und bei der Einschätzung der tatsächlichen Leistungen ihrer Kinder, gemessen an dem, was eigentlich erwartet wird. Deshalb müssen zumeist die Lehrkräfte in längeren Elterngesprächen Interpretationen der Berichtszeugnisse vornehmen.

- Bei Berichtszeugnissen benötigen Eltern und Schüler „Übersetzungen“, liefern können sie nur die Verfasser der Texte selbst.
  Beim Hauskauf tut der Käufer gut daran, Experten in den Hausbesitzervereinen oder Verbraucherzentralen um Interpretationshilfe zu bitten, eventuell auch gegen Gebühr Rat gebende Makler und schließlich auch den beurkundenden Notar (in Rechtsfragen).
  In den Personalbüros der Wirtschaftsunternehmen kennt man sich dagegen aus: In diesem Bereich entfaltet die Jubelsprache ihre verschleiernde Funktion nur gegenüber dem Beurteilten (der so möglicherweise von Protest und Klage gegen das Arbeitszeugnis abgehalten wird). Die Zeugnisschreiber sind auch die Zeugnisleser und haben gut klingende, aber dennoch für den Eingeweihten eindeutige Formulierungen vereinbart.

F35 Sprecher der deutschen Sprache

- a) 91 473 000
  b) Nur das Russische ist noch stärker verbreitet: 135 769 000. Französisch, Englisch und Italienisch folgen dem Deutschen mit sehr großem Abstand (etwa ⅔).
  c) Offizielle EU-Amtssprachen sind (Stand 2000) nur Englisch und Französisch, von denen weltweit das Englische mit 391 Millionen Sprechern unangefochten an der Spitze liegt, das Französische dagegen mit 72 Millionen erst nach dem Deutschen (98 Millionen) folgt.
- Die Sprache, die weltweit in ziemlich allen Ländern von einer beträchtlichen Anzahl von Menschen verwendet wird, ist allein das Englische.
  Dehnt man den Begriff „Weltsprache“ aus auf Sprachen, die in Schulen oder Hochschulen der meisten Länder gelernt werden, kann man auch an Spanisch, Französisch und Deutsch denken.
  Es spricht aber mehr dafür, das Deutsche als wichtige europäische Regionalsprache anzusehen.
- Es wäre nicht unangemessen, das Deutsche aufgrund seiner Verbreitung zur dritten Amtssprache in der EU zu machen (die deutsche und die österreichische Regierung bemühen sich darum). Das würde der Sprache in ihrer derzeitigen Konkurrenzsituation beim Erwerb von Zweitsprachen (besonders in Osteuropa ist das Deutsche traditionell sehr stark) gegenüber dem dominierenden Englisch vermutlich eine angemessene zweite Position verschaffen.
- Alle Schüler sollten neben der jeweiligen Landessprache als Muttersprache von Schulbeginn an Englisch als Zweitsprache erlernen und zweisprachig aufwachsen.

G Wortschatzarbeit

Einleitung

Die Sicherung und **Erweiterung des Wortschatzes** der Kinder und Jugendlichen wird in den Lehrplänen nicht als selbstständiger Lernbereich geführt. Die Untersuchung der Strukturen des Lexikons ist dem Bereich Sprachreflexion zugeordnet (in Fortführung der „Sprachkunde“ als Teil des traditionellen Grammatikunterrichts). Anders als im Fremdsprachenunterricht (Vokabeln lernen) wird der Wortschatzarbeit im muttersprachlichen Deutschunterricht bislang nur ein geringer Stellenwert beigemessen, obwohl in Schule und Öffentlichkeit immer wieder über das niedrige Niveau sprachlicher Ausdrucksfähigkeit bei Schülern, Lehrlingen, Berufsanfängern und Studierenden geklagt wird. Es gäbe also gute Gründe, der Arbeit am Wortschatz, dem Ausbau und der **Strukturierung des mentalen Lexikons** der Schüler mehr Aufmerksamkeit und mehr Unterrichtszeit zuzuwenden.

Für den Aufbau des lexikalischen Speichers ist entscheidend, ob es sich bei den gespeicherten Sprachzeichen, den Lexemen, um einfache Wörter, komplexe Wörter oder Wortgruppen handelt.

Einfache Wörter bestehen aus einem einzigen freien Morphem (Kopf, klug, denk-, wir, vor ...), an das allenfalls „Endungen“ als grammatische Flexionsmorpheme angehängt werden. Diese einfachen Wörter sind mit wenigen lautmalerischen Ausnahmen (z. B. Kuckuck) unmotiviert. Es ist kein kausaler Zusammenhang zwischen einer bestimmten Lautfolge einerseits und der Wortbedeutung bzw. dem gemeinten Gegenstand oder Sachverhalt andererseits zu erkennen. Die Verknüpfung von Lautkörper und Lautinhalt ist an sich beliebig, sie ist allerdings irgendwann vereinbart worden und dann historisch überliefert. Vor diesem sachlichen Hintergrund erlernt man einen Großteil der Wörter seiner Muttersprache: Man muss sich die lexikalischen Konventionen einprägen (z. B. die Konvention, dass mit dem Diphthong [ae] im Deutschen auf ein Vogel-Ei verwiesen wird, im Englischen auf den Sprecher selbst in der 1. Person Singular des Personalpronomens „I“). Besondere Merkhilfen bietet die Wortgestalt dafür nicht.
Das „Wörterlernen“ im natürlichen Spracherwerb des Kleinkindes findet über die verstehende Aufnahme sprachlicher Äußerungen statt, bei der die Situation und der sprachliche Kontext die Informationen liefern, die man benötigt, um ein vorher noch nicht gehörtes Wort zunächst vage, bei wiederholtem Auftreten dann immer präziser zu verstehen. Ein zunächst noch blasses Bedeutungskonzept gewinnt allmählich an Deutlichkeit und Schärfe und wird so in den **rezeptiven Wortschatz** (= alle Lexeme, die verstanden werden) aufgenommen und dort gegenüber bedeutungsähnlichen Wörtern abgegrenzt. Je nach Auftretenshäufigkeit eines Wortes und nach Stärke des individuellen Äußerungsverlangens oder Äußerungsdrucks kann es dann schnell ge-

hen oder lange dauern, bis das nun verstandene Wort auch benutzt wird, um sich anderen gegenüber verständlich zu machen. Erst dann ist das Lexem aus dem umfassenderen rezeptiven Lexikon auch in das schmalere produktive Lexikon, den **produktiven Wortschatz** (= alle Lexeme, die in eigenen Äußerungen auftauchen) übernommen worden.
Neben die Situations- und Kontextinformation beim Erlernen neuer Wörter können auch metasprachliche Kommentare treten und die Bedeutungserfassung fördern. Die Frage des Lernenden an einen schon Wissenden, was ein Wort bedeutet (Eltern-Kind-Gespräche besonders während des kindlichen Fragealters), oder auch die angebotene Erläuterung einer Bedeutung ohne vorausgehende Frage sind für den natürlichen Wortschatzerwerb typisch. Sie bilden auch den Anknüpfungspunkt für einen zielbewusst gesteuerten Sprachunterricht, der die außerhalb der Schule mehr zufällige metasprachliche Kommentierung erheblich verstärken und verbessern kann. Der Unterricht sollte sich dabei von einer Doppelstrategie leiten lassen: einerseits vielfältige Kontextualisierung der zu lernenden Wörter mit häufiger Wiederholung, andererseits Anregung zu metasprachlicher Erläuterung von „schwierigen" Wortinhalten durch Umschreibungen und durch die Bestimmung des Verhältnisses zu anderen Wörtern.

Komplexe Wörter bestehen aus zwei oder mehr fest miteinander verbundenen Morphemen (Haustür, steinig, unklug, Sportvereinsvorsitzender ...). Sie sind Produkte der Wortbildung, bei der auf sehr ökonomische Weise unter Rückgriff auf den bereits vorhandenen Wortbestand zusätzliche „neue" Wörter mit eigenen Bedeutungen geschaffen werden. Als Alternative würde die „Wortschöpfung", die Vermehrung der unmotivierten einfachen Wörter das Gedächtnis mit wachsender Wortzahl erheblich belasten. Die komplexen Wörter zeichnen sich demgegenüber durch sekundäre Motivation aus: Ihre Bedeutungen werden durch die (bereits bekannten) Bedeutungen ihrer Bestandteile gestützt. Das erleichtert das Lernen komplexer Wörter sehr. Wer schon weiß, was ein „Haus" und eine „Tür" sind, kann sich auch unter „Haustür" etwas vorstellen. Wer das Adjektiv „klug" kennt und die verneinende Funktion des Präfixes „un-", hat auf Anhieb ein Bedeutungskonzept von „unklug".
Effektive Wortschatzarbeit wird deshalb großen Wert auf die Vermittlung von rezeptiver und produktiver **Wortbildungskompetenz** legen. Gerade die deutsche Sprache macht von den Möglichkeiten der Wortbildung intensiven Gebrauch. Sie ist neben der Bedeutungserweiterung vorhandener Wörter und der Übernahme von Fremdwörtern das Mittel schlechthin für den ständig notwendigen Ausbau des Wortschatzes in einer Welt, in der vorher nicht gekannte Erscheinungen eine Bezeichnung benötigen und schon bekannte Erscheinungen neu gesehen werden und umbezeichnet werden müssen.
Längst erprobt und bewährt ist die Zusammenstellung etymologisch verwandter Wörter zu Wortfamilien. Deren Analyse erhellt die morphologische und semantische Bauweise der Wörter, mit Hilfe eines Wörterbuches sogar dann, wenn eine historische Verdunkelung stattgefunden hat (Adler = edel Ar; Förde = befahrbare Meeresbucht; fertig = zur Fahrt bereit; Himbeere = Beere der Hinde, des weiblichen Hirsches).

Wortbildungskompetenz erwerben heißt aber auch Analogiebildungen erfassen und als semantische Gedächtnisstütze nutzen. Es kommt darauf an, Muster zu erkennen, auch miteinander konkurrierende Muster (z.B. „un-" als Negationsmorphem in Unschuld, Unruhe, Ungehorsam, aber auch als Verstärkungsmorphem in Unmenge, Unzahl, Unsumme). Besonders müssen heute noch aktive Wortbildungsmittel beherrscht werden (z.B. Ableitungen auf -er, -ung, -heit, -ig, -lich). Es ist aber auch vor modisch-inflationärem massenhaften Gebrauch bestimmter Wortbildungselemente zu warnen (Entleerung von „-mäßig" in vielen Neuwörtern besonders der Jugendsprache). Kreative Wortbildungen als Augenblicksbildungen, die nicht allgemein üblich sind, begegnen uns heute in vielen Sprachspielen z.B. der Werbung (Ohne Zeitungsanzeigen wären wir ganz schön inseratlos!), aber auch anderer Textsorten (Der Zug schneckt durch die Landschaft.). Sie sind eine als reizvoll akzeptierte Ad-hoc-Erweiterung unseres Ausdruckspotentials, die gut im Unterricht eingesetzt werden kann.

Wortgruppenlexeme sind Redewendungen, idiomatische Wendungen, Gruppen syntaktisch und semantisch fest miteinander verbundener Wörter („sich etwas hinter die Ohren schreiben" = sich etwas gut merken). Wie komplexe Wörter sind sie sekundär motiviert, müssen aber in ihrer Bedeutung extra gelernt und als selbstständige Wortschatzeinheiten in das innere Lexikon aufgenommen werden. Ihre Bedeutung hängt zwar mit den Bedeutungen ihrer Einzelwörter zusammen, lässt sich aber nicht wie ein Satzinhalt einfach aus ihnen herleiten.
Häufig sind die Wortgruppenlexeme Metaphern, die man nicht „wörtlich" nehmen darf, aber keineswegs immer („etwas mit Kusshand nehmen" = etwas sehr gern nehmen). Im Deutschen sehr verbreitet sind „Zwillingsformeln", oft mit Alliteration (frank und frei, über Stock und Stein) oder Endreim (recht und schlecht, gehen und stehen) versehene Wortpaare, die sich wegen Bedeutungsähnlichkeit gegenseitig verstärken (nie und nimmer, Feuer und Flamme, Zank und Streit, zittern und zagen) oder bei Bedeutungsgegensatz und Bedeutungsergänzung eine zusammenfassende Funktion übernehmen (Freund und Feind, durch Berg und Tal, mit Mann und Maus, auf Biegen oder Brechen). Das Sammeln und Analysieren von Wortgruppenlexemen schärft jedenfalls die Bedeutungsprofile und verhindert vielleicht verbreitete Fehlinterpretationen wie bei „mit Kind und Kegel" (= mit ehelichen und unehelichen Nachkommen; nicht etwa: mit Familie und Hausrat).

Die Speicherung der verschiedenen Lexeme im mentalen Lexikon erfolgt geordnet. Die Ordnung folgt aber natürlich nicht wie in einem Wörterbuch dem Alphabet, sondern der morphologischen und semantischen Nähe oder Ferne der Lexikonelemente zueinander. Bei diesen Beziehungen sind paradigmatische und syntagmatische Relationen zu unterscheiden. In einem paradigmatischen Verhältnis stehen Wörter, die im Satz austauschbar sind, von denen eines an die Stelle des anderen treten kann, z.B. „Brot", „Brötchen", „Hörnchen" in dem Satz „Reich mir bitte mal das Brot." In einem syntagmatischen Verhältnis stehen dagegen alle Wörter, die in einem Satz nebeneinander vorkommen können, in dem Beispielsatz also „Brot" und „reichen".

Paradigmatische Beziehungen sind in der Lexikologie recht ausführlich untersucht und beschrieben worden. Auf diese Ergebnisse kann man bei der Wortschatzarbeit zurückgreifen, wenn Synonyme (Apfelsine – Orange) oder auch nur bedeutungsähnliche Wörter (Teich, See, Weiher, Tümpel, Pfütze) zu „Wortfeldern" zusammengestellt werden, wenn Antonyme einander zugeordnet werden (arm – reich, kommen – gehen, Tod – Leben), wenn mit Ober- und Unter- wie Nebenbegriffen hierarchische Strukturen entwickelt werden (Lebewesen; Mensch, Tier, Pflanze; Baum, Strauch, Staude; Nadelbaum, Laubbaum ...), wenn Teil und Ganzes in den Blick geraten (Dach – Haus; Scheibe – Fenster) oder sachlich Zusammengehörendes (Nadel – Faden; Pinsel – Farbe; Hammer – Nagel).

Syntagmatische Beziehungen sind erkennbar, wenn man prüft, welche Wörter aufgrund ihrer Gebrauchsbedingungen unverträglich sind (*Das Haus bellt. – *Der Hund wird gebaut.) und welche sich sehr gut vertragen, sich geradezu gegenseitig herbeirufen: Der Hund bellt. Man hat in solchen Fällen wie „bellen" und „Hund", „schnattern" und „Ente" oder „blond" und „Haar" auch von „lexikalischen Solidaritäten" gesprochen, um die enge Beziehung zwischen diesen Wörtern zum Ausdruck zu bringen.

Assoziationstests haben ergeben, dass Kinder mehr syntagmatische Wortreihen bilden, während Erwachsene mehr paradigmatisch verbundene Wörter zusammenstellen. Dies gibt einen Hinweis auf die unterschiedlichen Aneignungsvorgänge. Wörter mit syntagmatischer Beziehung kommen in vielen Äußerungen zusammen vor, werden gemeinsam rezipiert und als gut miteinander verwendbar gespeichert, besonders wenn sie auf Erscheinungen verweisen, die auch in der Welt der Realien häufig miteinander vorkommen. Oft sind es, syntaktisch ausgedrückt, Subjekt-Prädikat-Beziehungen (Hund – bellen), Prädikat-Objekt-Beziehungen (Apfel essen) und attributive Beziehungen (blond – Haar). Das Kind lernt relativ schnell, in seinen eigenen Äußerungen das zusammenzubringen, was zusammen vorkommt und offensichtlich zusammengehört.
Im Vergleich damit sind die paradigmatischen Beziehungen viel abstrakter. Die Wörter bieten sich dem Sprecher oder Schreiber hier wahlweise an. Er muss in Alternativen denken und sprachlich planen, was voraussetzt, dass ihm logische Beziehungen wie Übereinstimmung (bei Synonymen), Gegensatz (bei Antonymen), Komplementarität (bei Antonymen), Analogie (bei Nebenbegriffen), Implikation (bei Ober- und Unterbegriffen) vertraut sind. Es leuchtet ein, dass es schwieriger ist, sich bei der Satzbildung für den einen oder anderen Ausdruck zu entscheiden, als oft miteinander vorkommende Ausdrücke nebeneinander zu verwenden.

Wenn man sich der **Methodik** der Wortschatzarbeit zuwendet, so muss man zwischen systematischer und unsystematischer Vorgehensweise unterscheiden. Der vorschulische Wortschatzerwerb ist ganz situationsabhängiges Gelegenheitslernen. Seine unmittelbare Fortsetzung ist die **unsystematische Wortschatzvermittlung** im Unterricht. Bei der ständigen Rezeption mündlicher und schriftlicher Texte begegnen die Schüler mehr oder weniger zufällig neuen, noch gar nicht oder nur wenig bekannten Lexemen und lernen sie allmählich kennen, verstehen und selbst verwenden. Manchmal wird diese Wortschatzerweiterung auch von metasprachlichen Kommentaren begleitet.

Gegen diese Form der Ergänzung des Lexeminventars ist nichts einzuwenden. Sie sollte allerdings nicht die einzige bleiben, sondern es sollte eine **systematische Wortschatzarbeit** hinzukommen. In ihr werden planvoll und zielbewusst lexikalische Strukturen des Sprachsystems „nachgezeichnet“ und damit ins Bewusstsein gehoben. Dies geschieht in der zweifachen Annahme, dass Lexeme mit hohem gegenseitigen Assoziationswert im mentalen Lexikon wohl auch in enger Vernetzung gespeichert werden und dass Erhellung und Bewusstmachung der wichtigsten Ordnungsprinzipien des Lexikons das Erlernen weiterer Lexeme erleichtern und sichern, indem sie diese in das Beziehungsgeflecht schon vorhandener Lexeme eingliedern.

Zu den **Arbeits- und Übungsformen** zählt nicht nur die Untersuchung aus dem Kontext herausgelöster Einzelwörter wie bei der Zusammenstellung und Analyse von mehrdeutigen Lexemen (Polysemie), von Wortfamilien (Wortnestern) oder von Wortständen und Wortbildungsmustern, von Antonympaaren und von Hyponymiehierarchien. Man kann Wortschatzarbeit auch mit Arbeit am Text verbinden und sie so aus dem Bereich bloßer Sprachreflexion heraus in Sprachhandlungstraining hineinführen. Die Überarbeitung von didaktisch „präparierten“ Textvorlagen mit eingebauten Lücken, die zu schließen sind, und mit eingebauten Kohärenzverstößen, die durch Austausch von unpassenden Ausdrücken zu beseitigen sind, ist ein ausgezeichnetes Mittel zur Sensibilisierung für eine kontextangemessene Ausdrucksweise. Wer als Leser über Inkohärenzen in Fremdtexten stolpert und diese korrigiert, wird beim Verfassen von Eigentexten auf ein semantisch und stilistisch präzises Ausdruckspotential zurückgreifen und solche Inkohärenzen vermeiden können.

Wortschatzarbeit verweist prinzipiell auf Wörterbücher als notwendige Nachschlagewerke. Die Benutzung von Wörterbüchern ist heute zumeist noch auf den Rechtschreibunterricht eingeengt. Das sollte sich bei der Entwicklung einer **Wörterbuchdidaktik** im umfassenden Sinne ändern. Lehrern und Schülern ist häufig gar nicht genug bekannt, welche Wörterbücher es überhaupt gibt und was man beim Nachschlagen in ihnen erfahren kann. Insbesondere Schülerwörterbücher können aber auch noch verbessert, für ihren Zweck brauchbarer und benutzerfreundlicher gemacht werden. Das gilt nicht nur für Lexeminventare in Buchform, sondern im Zeitalter der Computer natürlich erst recht für leicht zugängliche und im Blick auf die Speicherkapazität konkurrenzlose Lexika auf CD-ROM.

1. Das Sterben der Sprache

Der Wortschatz von Kindern ist erschreckend geschrumpft. Kein Wunder, wenn selbst Lehrer keine guten Vorbilder mehr sind

Schon vor vielen Jahren beklagte der Amerikaner Neil Postman das „Verschwinden der Kindheit“, weil immer mehr Kinder die für sie so wichtigen Bewegungs-, Spiel- und Sprachentwicklungsstufen schlichtweg überspringen. Sie sitzen zu viel, toben zu wenig draußen, sie werden zu selten angesprochen, und ihnen wird zu wenig zugehört.
Gleichzeitig wollen sie nicht mehr so gern Kind sein, weil sie das als Kindischsein empfinden, sie wollen in immer jüngeren Altersstufen schon wie Jugendliche und Erwachsene leben, konsumieren, sich kleiden und fernsehen. Das neue Buch von Neil Postman „Keine Götter mehr“ hat deshalb auch den apokalyptischen Untertitel „Das Ende der Erziehung“.
Deutsche Kinderärzte, Psychologen und Pädagogen beklagen mittlerweile immer häufiger die dramatische Zunahme von sinnesgeschwächten, fehlernährten, hyperaktiven, kranken und aggressiven jungen Menschen, die nicht mehr rückwärtsgehen und rechnen können, die Kräfte, Geschwindigkeiten und Entfernungen nicht mehr richtig einschätzen können und deshalb unfallgefährdeter sind, die nicht mehr links und rechts unterscheiden können und nicht mehr so leicht wie früher das Fahrradfahren zu lernen vermögen, weil sie Gleichgewichtsprobleme haben. Parallel dazu wird neuerdings eine deutliche Abnahme der Sprachkompetenz bei Kindern und Jugendlichen diagnostiziert.
Die starke Beugung von Verben und der Genitiv sterben zur Zeit rasch und ganz besonders bei Kindern. „Wegen dem“ oder „wegen ihm“ hat sich in der Kinder- und Jugendsprache so weit durchgesetzt, dass viele Lehrer resigniert haben und nicht mehr korrigierend eingreifen. Das gilt auch für den Unterschied von „dasselbe“ und „das gleiche“, von „mir“ und „mich“ und von „zu“ und „nach“. „Ich geh jetzt nach Herr Meyer“ ist kein sonderlich schwieriger Satz, er birgt aber immerhin drei Fehler, die sich schon im Kindergarten und in der Grundschule massenhaft multiplizieren.
In einer 5. Klasse einer Hamburger Schule musste ein Lehrer neulich folgende Episode aushalten: „Herr Becker, darf ich mal eben nach Herr Krause?“ „Das heißt, ‚zu Herrn Krause‘.“ „Ach bitte, Herrn Becker, darf ich mal eben zu Herrn Krause?“ Offenbar stirbt nicht nur der Genitiv, es stirbt auch das „t“ am Wortende („jetz“, „du gibs“), das „zu“ wird durch „nach“ ersetzt, aber „geschlossen“ wiederum durch „zu“. Das Wort „vergeblich“ scheint mittlerweile ganz durch das Wort „umsonst“ verdrängt worden zu sein, obwohl „Ich bin vergeblich zu ihm gefahren“ etwas völlig anderes meint als „Ich bin umsonst dahin gefahren“.
Die oft sehr gute Integrationsarbeit in Grundschulklassen mit hohem Ausländeranteil bringt nicht selten auch ungewollte Nebenwirkungen folgender Art mit

sich: Ein zehnjähriger deutscher Junge sagt zu seinem Nachbarn: „Du mir mal geben Buch." oder „Du gib sofort mir jetz Buch!"
Amerikanismen haben viele deutsche Wörter ersetzt. Globalisierung gibt es auch in der Sprache, zumal in Bezug auf Sport, Informatik und Bekleidungstrends. Aber der aktive Wortschatz unserer „Kids" ist doch zugleich erschreckend geschrumpft. Sie versuchen, sich mit „Ding", „machen" und „tun" über die kommunikativen Hürden zu retten, bestätigen mit „okay" statt „ja", bevorzugen „roger" statt „in Ordnung", sind aber auch kreativ, witzig und „trendy", wenn sie „oberaffengeil" als „out" bewerten und „grottenschlecht" für „in" erklären.
Sprache trägt erheblich dazu bei, die Welt im Kopf und im Herzen des Kindes zu ordnen; sie transportiert Werte, erleichtert Orientierung und sorgt für Verstehen und Verständnis. Sprache ist das Medium, das Anbindung an Kultur und Traditionen schafft, Sprache ist aber auch verräterisch. Sie entlarvt den Lehrer, der sich Beliebtheit durch Anbiederung in Form von Jugendsprache erkaufen will, obwohl er doch auch die Verantwortung dafür trägt, junge Menschen lebenstüchtig zu machen, indem er sie für ihre Zukunft mit einem reichen Wortschatz, mit einer stimmigen Grammatik und mit kommunikativem Geschick ausstattet. Am besten kann er das (außer mit einer sprachlich perfekten Computersoftware und mit guten Büchern) mit seinem Vorbild schaffen, das über Modell- bzw. Imitationslernen wirkt. Schüler, die jahrelang viel Unterricht bei ihrem Klassenlehrer hatten, sprechen am Ende auch so ähnlich wie er; das gilt positiv wie negativ. Wenn ein Lehrer mit den ihm anvertrauten Schülern kultiviert spricht, fühlen sie sich von ihm mehr respektiert, und sie werden dann auch sprachlich von ihm herausgefordert und gefördert. Das gilt übrigens auch für die Wörter „bitte" und „danke", die ebenfalls vom Aussterben bedroht sind.
Seitdem die norwegischen Schulen vor einigen Jahren das Prinzip Höflichkeitserziehung einführten, mit dem die Lehrer jeden Schüler am Beginn des Unterrichtstages mit Handschlag begrüßen und am Ende mit Handschlag verabschieden, ist der Umgang der Schüler untereinander deutlich besser geworden. Vielleicht ist das auch der Grund dafür, dass die norwegische Fußballnationalmannschaft bei der Weltmeisterschaft in Frankreich dadurch auffiel, dass ihre Spieler sich nach jedem Foul bei ihrem Opfer entschuldigten und ihm wieder durch Handausstrecken auf die Beine halfen.
Aber wie wollen wir es in Deutschland bewerkstelligen, dass unsere Lehrer wieder mitreißende sprachliche Vorbilder werden? In einem dreistündigen Seminar mit fast 80 Lehrerstudenten konnte ich jedenfalls jüngst folgende Schrecklichkeiten auszählen: 53-mal wurden die Floskeln „ich denke", „denke ich", „ich denke mal" und „ich sag einfach mal so" benutzt, 48-mal wurde das Wörtchen „halt" in einen Satz eingebaut, 37-mal kam „äh" vor, und elfmal wurde eine Äußerung mit dem so verbreiteten „und so" abgeschlossen.

Struck, Peter: Das Sterben der Sprache. In: WELT am SONNTAG 28 vom 12.07.1998.

- Setzen Sie sich kritisch mit diesem Text des Erziehungswissenschaftlers Struck auseinander. Welche Auffassungen teilen Sie? Gegen welche Behauptungen haben Sie Vorbehalte? Begründen Sie Ihre Aussagen.
- Beschreiben Sie Konsequenzen, die man (insbesondere als Deutschlehrer) aus der Tatsache ableiten muss, dass die Lehrersprache eine große Prägekraft besitzt.
- Die Klage über den immer ärmer werdenden Wortschatz der Kinder (und Erwachsenen) ist alt und immer wieder zu hören. Welche Gegebenheiten werden dafür verantwortlich gemacht?
  Halten Sie es für möglich, dass sich der Wortschatz bei der jüngeren Generation nur anders zusammensetzt als bei der älteren?
- Was wissen Sie über die Entwicklung des kindlichen Wortschatzes im Verlauf des natürlichen Spracherwerbs?

2. Schubläden im Hirn

Das Sprachzentrum im menschlichen Gehirn ist offenbar streng nach Kategorien organisiert: Wollen wir Gegenstände beim Namen nennen, schlagen wir vorher in Gedanken die Kategorie nach, beispielsweise Tiere, Fußballer, Pflanzen oder Nahrungsmittel.
Psychologen und Neurologen aus Baltimore im amerikanischen Bundesstaat Maryland beschrieben kürzlich den Fall eines 34 Jahre alten Systemanalytikers, der nach einem Unfall unter schweren Sprachstörungen und einer leichten halbseitigen Lähmung litt. Später stellten sich Hirndurchblutungsstörungen ein, die die Ärzte mit Hilfe einer so genannten Bypass-Operation bekämpften. Dabei überbrückten sie eine verstopfte Arterie durch ein künstliches Blutgefäß.
Als sich der Zustand des Patienten danach allmählich normalisierte, blieb ein bemerkenswertes Symptom zurück: Der Mann hatte große Schwierigkeiten, Früchte und Gemüse beim Namen zu nennen, während er andere Objekte sicher identifizierte und benannte. Pfirsiche und Orangen zu bezeichnen, fiel ihm schwerer als weniger alltägliche Dinge wie einen Abakus oder die Sphinx mit dem richtigen Wort zu bezeichnen. Im Prinzip hatte der Patient allerdings nicht vergessen, was Gemüse und was Obst ist: Seine Schwierigkeiten traten nur auf, wenn er das eine oder das andere mit einem Wort belegen sollte. Nannte man ihm jedoch den Namen einer bestimmten Frucht, so konnte er sie unter anderen Früchten mit großer Sicherheit identifizieren.
Anscheinend sind Namenserkennung und Namensabruf gedankliche Prozesse, die das Gehirn getrennt voneinander bewältigt. Ferner hält es offenbar die unterschiedlichen Begriffskategorien erstaunlich streng auseinander.

Schubläden im Hirn. In: GEO 2/1986.

- Unterscheiden Sie den rezeptiven und den produktiven Wortschatz eines Menschen nach Umfang, Entwicklung und Gebrauch.
- Das Verhältnis Oberbegriff zu Unterbegriff (Hyponymie) ist nur ein Beispiel für die semantischen Strukturen des mentalen Lexikons. Nennen Sie weitere.
- Unterscheiden Sie bei der Vernetzung der Lexeme im mentalen Lexikon paradigmatische und syntagmatische Beziehungen.
- Welche Hilfsmittel stehen uns bei „Wortfindungsschwierigkeiten“ und „Ausdrucksnot“ zur Verfügung?

3. Das mentale Lexikon

Eine grobe Landkarte

Grob gesprochen besteht das mentale Lexikon aus zwei Hauptkomponenten – der semantisch-syntaktischen und der phonologischen. Diese Komponenten kann man sich als Städte auf einer Landkarte vorstellen. Zunächst ist da Semstadt, die die Bedeutungen sowie die Angaben über die Wortart (die Lemmata) beheimatet, und dann Phonstadt, in der die Laute (die Wortformen) zu Hause sind. Beide haben eine Verbindung zu Neustadt, in der neue Wörter produziert werden.

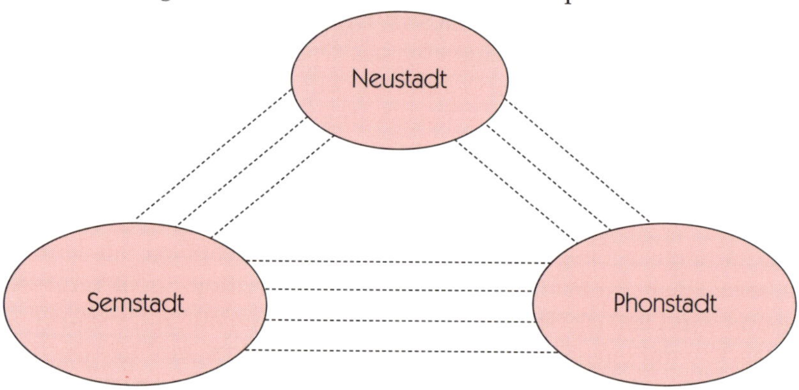

Die Komponenten des mentalen Lexikons

Nur ein kleiner Teil der Städte ist oberirdisch – größtenteils bestehen sie aus einem riesigen unterirdischen Netz. Auf der Oberfläche finden sich grobe Wegweiser: die semantischen Felder in Semstadt und die phonologischen „Vorwahlnummern“ in Phonstadt. Diese markieren die Eingänge zu dem unterirdischen Netz. Dann kann man immer tiefer hinabsteigen, bis man detailliert die gewünschten Informationen erhält. Je weiter man sich in diesen unterirdischen Tunneln bewegt, desto mehr Informationen findet man. Einige Tunnel sind gut ausgebaut und hell erleuchtet, andere müssen erst noch gegraben werden.

Die Tunnel führen nicht nur in die Tiefe, sondern erstrecken sich auch seitwärts, wo sie in Tunnel aus anderen „Städten“ münden. Die Tunnel aus Semstadt vereinigen sich mit Tunneln, die zu den allgemeinen kognitiven Fähigkeiten einer Person führen, und ermöglichen so den Zugang zu einer riesigen Menge an Allgemeinwissen und Erinnerungen. Weil sich die Tunnel treffen, mündet ein Tunnel, der in Semstadt beginnt, möglicherweise in einen Tunnel, der bis zu einem Gedächtnisbereich verläuft. Es läßt sich daher nicht sagen, wo die „Bedeutung“ eines Wortes endet und das Allgemeinwissen beginnt. Andere Tunnel aus Semstadt verbinden sich mit der Syntax der Sprache, wobei insbesondere die Verben zahlreiche Verknüpfungen mit den generellen syntaktischen Regeln herstellen. Darüber hinaus haben alle Bereiche einen Zugang zum „Nebenspeicher“, wo gezeigt wird, wie Wörter in Morpheme aufzuspalten sind, und über diesen zum lexikalischen Werkzeugkasten, der Verfahren zum Erzeugen neuer Wörter enthält.

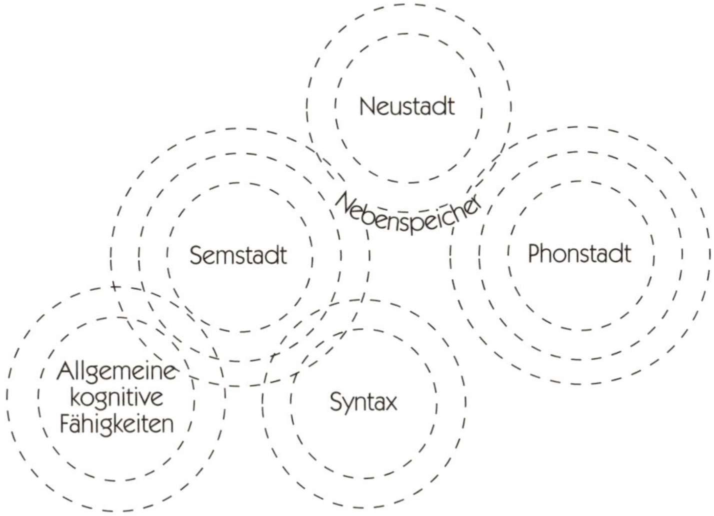

Ein „Luftbild" der Verbindungen zu anderen Komponenten

Beim Suchen eines Wortes im mentalen Lexikon folgt man sozusagen einem Pfad durch dieses komplexe Netz, wobei einige Verbindungen im Netzwerk stabiler sind als andere. Bei gut bekannten, gebräuchlichen Wörtern sind die Pfade gut ausgetreten, und man kommt schnell vorwärts. Doch bei nur gelegentlich verwendeten Wörtern sind die Pfade eng und schlecht beleuchtet. Währenddessen werden ständig neue Tunnel gegraben. Auch die Wörter an sich sind nicht rundum abgeschlossen. Da jedes Wort Verbindungen mit so vielen anderen Wörtern und den Informationen aus dem allgemeinen Gedächtnis besitzt, sind alle diese Verbindungen gewissermaßen ein Teil der Gesamtheit „Wort".

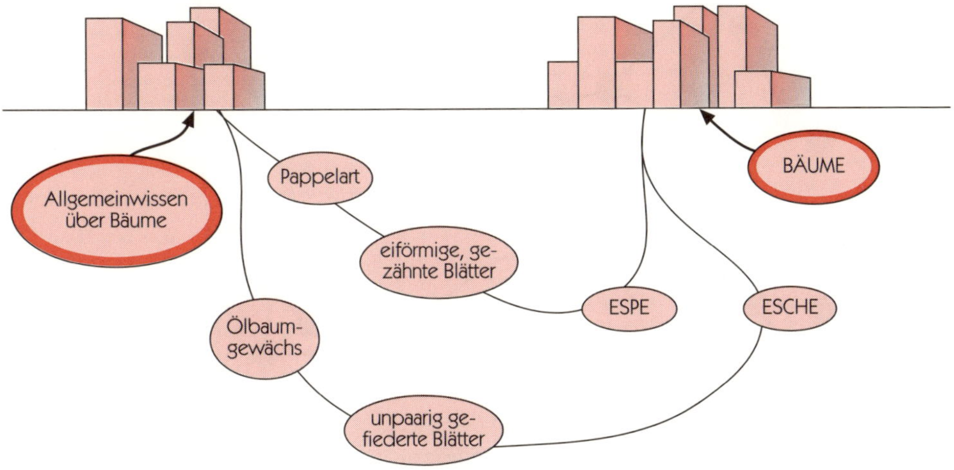

„Unterirdischer" Blick auf einige Verbindungen in Semstadt

Das Bild der „Städte“ und „Tunnel“ ist nützlich, weil es den multi-dimensionalen Charakter der Verbindungen unterstreicht. Es verdeutlicht auch, daß sich, wie bei wirklichen Städten, schwer bestimmen läßt, wo die eine Stadt aufhört und die nächste beginnt. Es ist leichter, sie anhand ihres Zentrums zu identifizieren als anhand ihrer Grenzen. Ungünstigerweise vermittelt es aber den Eindruck, die Gebäude und Tunnel seien festgefügte Strukturen, deren Standorte sich genau bezeichnen ließen. Dies kann zu Mißverständnissen führen, weil die Qualität der Verbindungen in beiden Fällen vermutlich wichtiger ist als der exakte Ort der verschiedenen Informationen. Die Situation ist in gewisser Weise mit der Intensivstation eines Krankenhauses vergleichbar: Entscheidend ist, wie gut die Pumpen und Schläuche arbeiten, über die der Patient Blut und Sauerstoff erhält. Wo genau sich die Geräte befinden, von denen die Schläuche ausgehen, ist weniger wichtig.

Es gibt daher noch eine andere Möglichkeit, sich die Verbindungen zwischen den „Lexikonstädten“ vorzustellen. Man betrachtet nicht stabile Bauwerke, sondern die Einwohner. Jede Stadt im wirklichen Leben besitzt „soziale Netze“, also Gruppen von Personen, die sich kennen und relativ viel miteinander zu tun haben. Manchmal sind diese Netze dicht und vielgestaltig, da dieselbe Personengruppe zusammen lebt, arbeitet und spielt. Doch selbst in dichten Netzen besitzen einige Mitglieder wahrscheinlich Verbindungen zu Personen außerhalb ihrer sozialen Gruppe, wenn auch weniger enge. Dieses Bild läßt sich auf das mentale Lexikon übertragen. Jede „Lexikonstadt“ enthält zahlreiche Gruppen von Wörtern, die eng miteinander verbunden sind, doch jede Gruppe besitzt auch Verbindungen, wenngleich schwächere, zu anderen Gruppen. Darüber hinaus gibt es (noch schwäche-

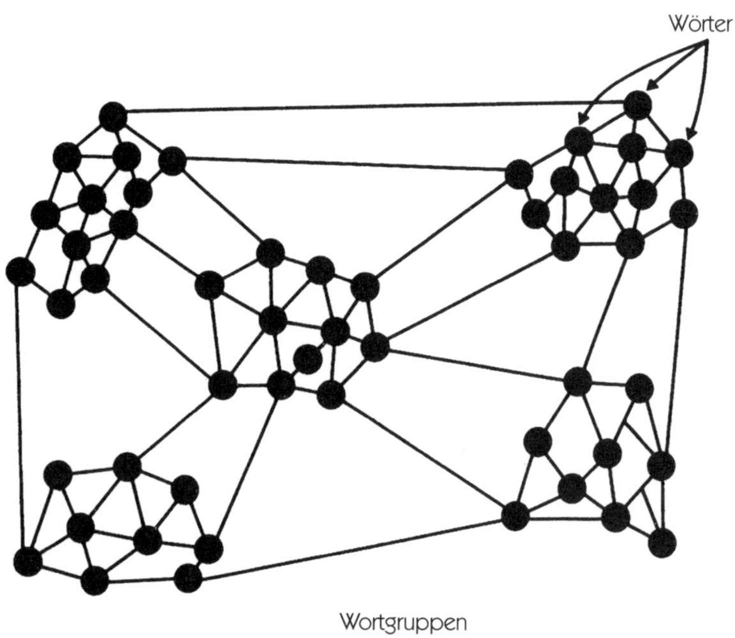

re) Verbindungen zwischen Individuen aus verschiedenen Städten. Wie soziale Bindungen verändern sich diese Bindungen ständig. Der bedeutendste Unterschied zwischen lexikalischen und sozialen Netzen besteht vielleicht darin, daß die Verbindungen zwischen den Wörtern wohl weitaus zahlreicher sind als die sozialen Bande, die ein Mensch je knüpfen könnte.

Aitchison, Jean: Wörter im Kopf. Eine Einführung in das mentale Lexikon. Aus dem Englischen von Martina Wiese. Tübingen: Niemeyer, 1997. S. 294–298.

- Fassen Sie die wichtigsten Aussagen über die Elemente, Strukturen und Arbeitsweisen des „mentalen Lexikons“ kurz zusammen. Versuchen Sie sich dabei von den bildhaften Vergleichen mit „Städten“ zu lösen.
- Demonstrieren Sie an einem beliebigen Beispiel, dass sich Wortbedeutungen im semantischen Gedächtnis nicht klar vom allgemeinen Weltwissen abgrenzen lassen.
- Führen Sie einen Assoziationstest durch, um der Vernetzung der Wörter im mentalen Lexikon auf die Spur zu kommen. Schreiben Sie ohne Zögern auf, welche Wörter Ihnen spontan zu diesen Wörtern jeweils einfallen: „Farbe“, „Blume“, „bellen“, „essen“, „doof“, „blond“.
- Wie erklären Sie sich gelegentlich auftretende Schwierigkeiten bei der „Wortfindung“, wenn einem das Gesuchte schon „auf der Zunge liegt“?

4. Gattungsbezeichnungen – Eigennamen

Jeder von uns kennt die Bedeutung vieler heute gebräuchlicher Gattungsbezeichnungen. So ist allgemein bekannt, dass ein *Buch* für einen bestimmten Zweck auf eine bestimmte Art und Weise bedrucktes Papier in einem bestimmten Format mit einem bestimmten Einband ist, das von Menschen geschaffen wurde und vor allem für die Vermittlung von Wissen und zur Unterhaltung bestimmt ist. Das Wort *Buch* enthält also einen begrifflichen Kern, der auf der Erkenntnis der allgemeinen, wesentlichen Merkmale und Eigenschaften all jener Erscheinungen beruht, die gemeinhin als *Buch* bezeichnet werden. Durch diesen begrifflichen Kern wird einerseits garantiert, dass eine Verständigung innerhalb einer sozial differenzierten Sprachgemeinschaft erfolgen kann; denn dieser stimmt bei allen weitgehend überein und ist stets an das gleiche sprachliche Zeichen gebunden. Andererseits wird durch den begrifflichen Kern auch weitgehend festgelegt, mit welchem Sinn, mit welcher Bedeutung das Wort *Buch* in einem gesprochenen oder geschriebenen Satz verwendet werden kann.

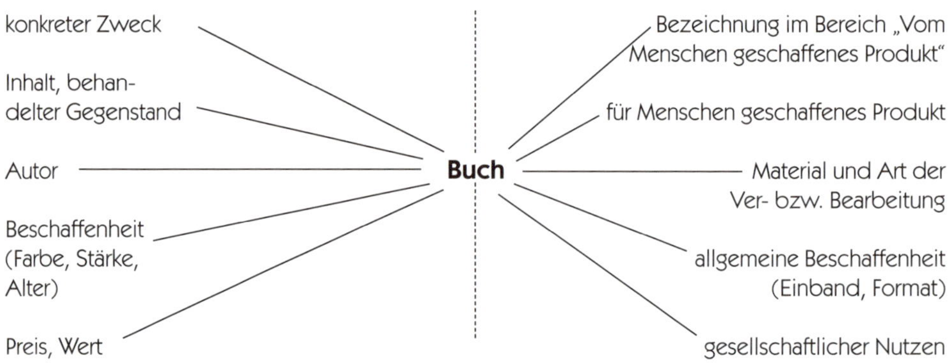

Die wesentlichen Merkmale, die in unserer Abbildung rechts von der gestrichelten Linie verzeichnet sind, gelten grundsätzlich für alle Objekte, die als Buch bezeichnet werden können. Sie machen auch den begrifflichen Kern aus. Die anderen Merkmale – links der gestrichelten Linie – gehören zwar auch zur Bestimmung der Bedeutung des Wortes *Buch*, aber eben nur als allgemeine Bestimmungsgrößen. Sie werden für jeden Einzelfall konkretisiert (das Buch, ein [Unterhaltungs-]Roman über eine unglückliche Liebe von dem bekannten Autor NN mit einem Umfang von 200 Seiten zum Preis von ...); sie sind aber für die Festlegung der Bedeutung des Wortes *Buch* nicht erforderlich.

Ähnlich ist das bei der Berufsbezeichnung „der Müller“:

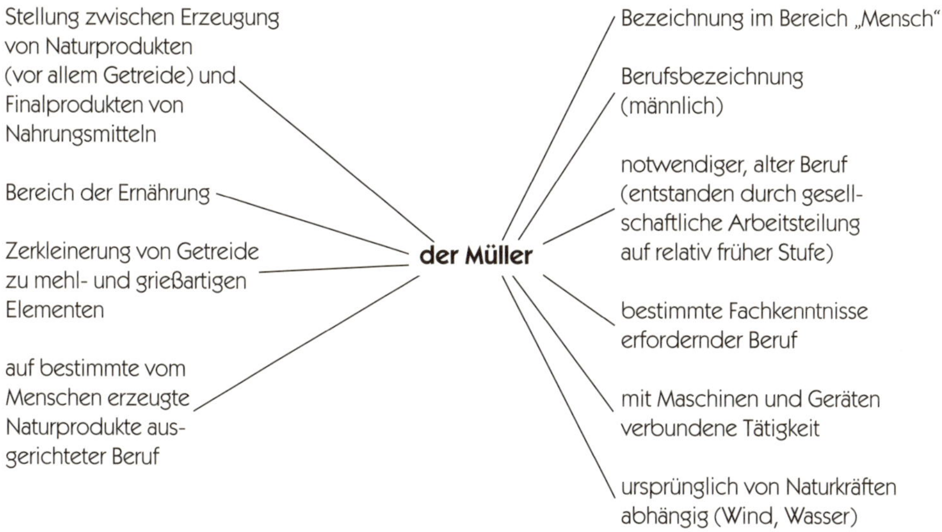

In jedem Wort wirkt also eine ganze Reihe von Bedeutungselementen zusammen. Für jedes einzelne Wort lässt sich eine ähnliche Anordnung der Bedeutungselemente vornehmen, wie wir das für *Buch* und *der Müller* aufgezeigt haben. Zu diesen Elementen kommen noch weitere hinzu, so etwa bei einer erweiterten oder übertragenen Bedeutung: *das Buch der Liebe – ein Buch mit sieben Siegeln/Wenn das stimmt, bin ich ein Müller.* […]

Wie sieht das nun bei den Eigennamen aus. Bei ihnen sind keine Bedeutungselemente festzustellen, die unter bestimmten Bedingungen für einen bestimmten Zweck genutzt werden können und die eine Unterscheidung von zwei ähnlichen Erscheinungen auf Grund verschiedenartiger Bedeutungselemente ermöglichen, wie dies für *Buch/Heft* und für *der Müller/der Brennmeister* gilt. Hier kann sich auch die Bedeutung nicht verändern, denn der Eigenname ist fest an ein einmaliges Objekt (Ort oder Person) gebunden. Die in der rechten Hälfte der Abbildung [auf S. 116] dem Eigennamen *Erich Müller* zugeordneten Merkmale sind nicht mit den Bedeutungselementen vergleichbar, die für *Buch* und *der Müller* zusammengetragen wurden. Obgleich zwischen den beiden jeweils ersten, sehr allgemein gehaltenen Bestimmungselementen „Bezeichnung im Bereich ‚Mensch‘“/“Name für einen Menschen“ sehr enge Beziehungen bestehen, gibt es vom nächsten Bestimmungselement an keinerlei Beziehungen und Übereinstimmungen mehr. Die allgemein gehaltenen Bestimmungselemente, die in der Abbildung rechts von der gestrichelten Linie zu finden sind, werden von oben nach unten in ihren Angaben immer konkreter, immer individueller. Diese zunehmende Konkretheit findet im offiziellen Gebrauch ihre am stärksten ausgeprägte Form bei der amtlichen Registrierung, wo neben Wohnort, Straße und Hausnummer auch noch Geburtstag,

-monat, -jahr, Art der Verwandtschaftsbeziehungen usw. mit aufgezeichnet werden. Die links von der gestrichelten Linie aufgeführten Merkmale sind in ihrer Gesamtheit im Wesentlichen als individuelle Merkmale dem *Erich Müller* eigen. Aber auch hier gibt es Bestimmungselemente allgemeiner Art (männlichen Geschlechts, mit früher häufig vorkommendem Vornamen benannt, wahrscheinlich vor 1930 geboren), die vom Namen her erklärbar sind, und andererseits individuelle Gegebenheiten, über die der Eigenname nichts aussagt.

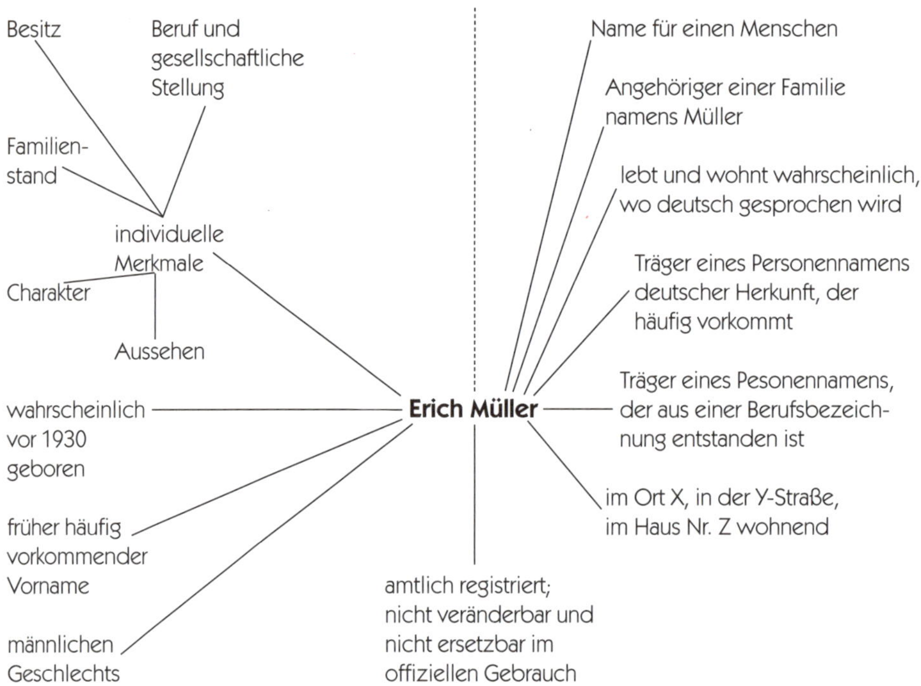

Naumann, Horst, u. a. ([3]1988): Vornamen heute. Leipzig: Bibliographisches Institut. S. 18–21.

- Welche Verfahren der Beschreibung von Bedeutungen sprachlicher Zeichen kennen Sie?
- Welche Wege gibt es, Schüler zur Reflexion über Wortbedeutungen und zu deren Beschreibung anzuregen?
- Was verspricht man sich didaktisch von semantischen Untersuchungen zum Wortschatz im Unterricht?
- Geben Sie die wichtigsten Unterschiede zwischen Gattungsbezeichnungen (Nomina appellativa) und Eigennamen (Nomina propria) an.

5. Bedeutungsleistungen der Nomen

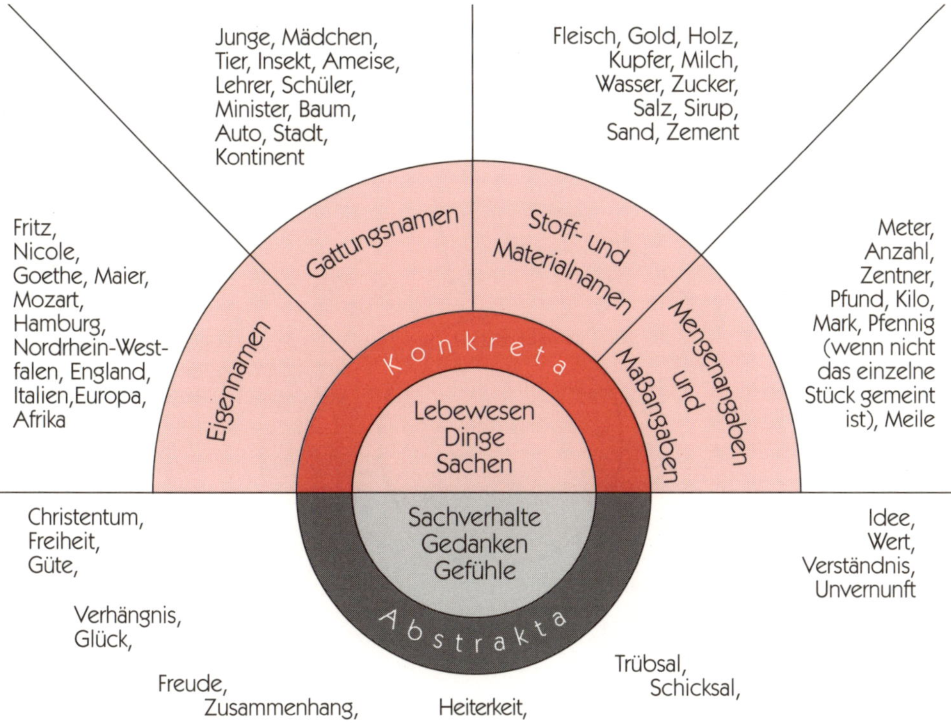

Bünting, Karl-Dieter / Eichler, Wolfgang ([5]1999): Grammatiklexikon. Kompaktwissen für Schule, Ausbildung, Beruf. Berlin: Cornelsen Verlag Scriptor. S. 113.

- Zeigen Sie, dass die Unterscheidung zwischen „Konkreta", die „Gegenständliches" bezeichnen, und „Abstrakta", die „Nicht-Gegenständliches" bezeichnen, problematisch ist. Abgesehen von den Eigennamen bezeichnen auch Konkreta keine Einzelerscheinungen, sondern durch Verallgemeinerung (= Abstraktion) gewonnene Klassen von Erscheinungen („Pfiffi" ↔ „Hund").
- Überprüfen Sie die angegebenen Bedeutungsgruppen der Abstrakta. Ziehen Sie dabei auch folgende Kategorien in Betracht: Eigenschaften (Fleiß), Zustände (Ruhe), Vorgänge (Bewegung).
- Welche Verfahren würden Sie Schüler lehren, mit deren Hilfe diese feststellen können, ob ein Wort zur Wortart Nomen gehört?

6. Bedeutungsstern zu Aktionsarten

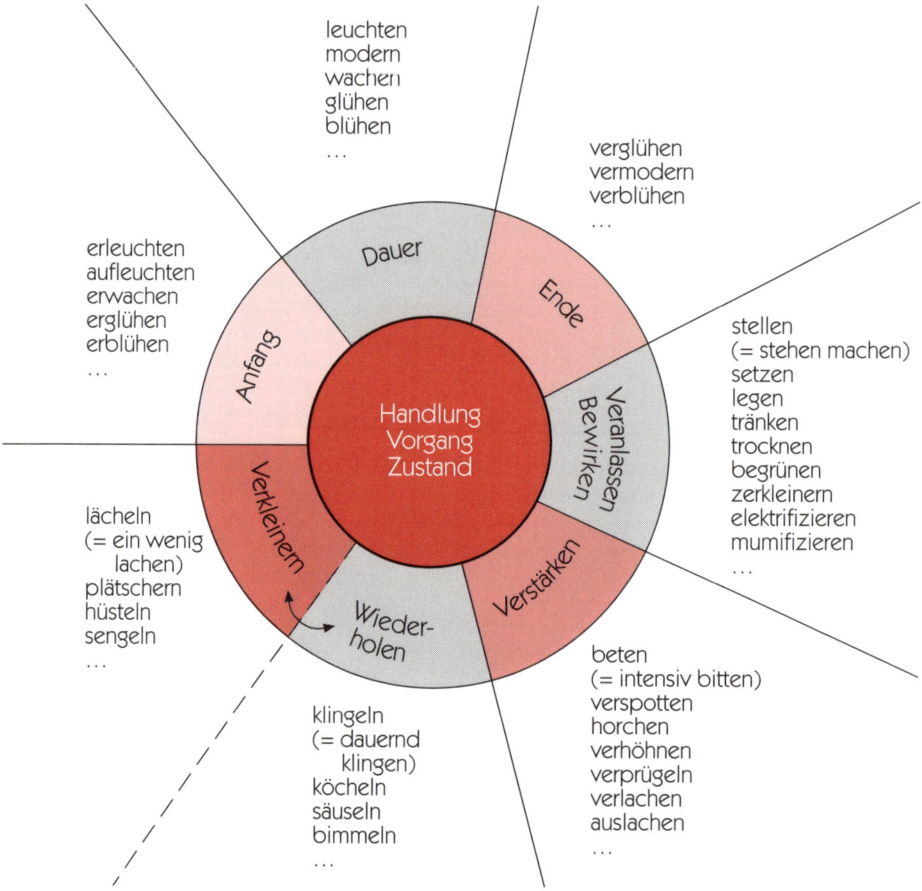

Bünting, Karl-Dieter / Eichler, Wolfgang ([5]1999): Grammatiklexikon. Kompaktwissen für Schule, Ausbildung, Beruf. Berlin: Cornelsen Verlag Scriptor. S. 21.

- Zeigen Sie, wie in den Verben die Bedeutungen des im Stammmorphem bezeichneten Zustands oder Vorgangs in spezifischer Weise modifiziert werden: blühen – erblühen – verblühen.
- Zu welchen Verbgruppen gehören „kritzeln (kratzen)“, „henken (hängen)“, „kränkeln“, „versinken“, „wecken (wachen)“, „schnitzen (schneiden)“?
- Erweitern Sie die Wortlisten in den einzelnen Sektoren.
- Zu welchem Zweck könnte man „Aktionsarten“ im Unterricht behandeln?

7. Samstag oder Sonnabend? – Sprachforscher für Nebeneinander

Wiesbaden (dpa) – „Samstag" oder „Sonnabend" – das ist hier die Frage. Für die Verwendung beider Worte als Bezeichnung des Wochentages hat sich die Gesellschaft für deutsche Sprache (GfdS) in Wiesbaden ausgesprochen. Ein Nebeneinander beider Ausdrücke sei im Sinne der Vielfalt der Sprache gerechtfertigt, antwortete die Gesellschaft einem Leser in der neuen Ausgabe ihres „Sprachdienstes". Der Einsender aus Hamburg hatte bedauert, dass sich in zunehmendem Maße über die Medien die Bezeichnung Samstag anstelle von Sonnabend einschleiche. Inzwischen hätten auch Institutionen wie die Post „diese süddeutsche Wochentagsbezeichnung" übernommen.
Er vermute, dass sich die „Mode" dadurch erklären lasse, dass die Spitzenpositionen in Politik und Gesellschaft weitgehend von Persönlichkeiten aus dem rheinländischen Sprachbereich eingenommen würden und diese bei ihrem Auftreten in den Medien ihre heimische Mundart verwendeten. Der Einsender an die Sprachgesellschaft: „Da hier in Hamburg wie übrigens auch im Sprachbereich der ehemaligen DDR nur das Wort Sonnabend richtig verstanden wird, möchte ich Sie bitten, sich um eine Korrektur dieses Prozesses zu bemühen."
Die Wiesbadener Sprachforscher weisen in ihrer Antwort darauf hin, dass dieses Sprachproblem bis in die 60er Jahre zurückreiche. Die Post habe seinerzeit aus Gründen der Kürze die Angabe „Sonnabend/Samstag" bei den Leerzeiten ihrer Briefkästen vermeiden wollen. Die Entscheidung sei zugunsten von Samstag gefallen, weil sich die erforderliche Zwei-Buchstaben-Abkürzung Sa. für Samstag von der Abkürzung So. für Sonntag deutlich unterscheide. Seit der Wiedervereinigung habe die Bundesrepublik tatsächlich ein großes Sonnabend-Gebiet hinzubekommen. Im Osten gebe es einen gewissen emotionalen Widerstand gegen den Samstag. Die Gesellschaft für deutsche Sprache favorisiere weder Samstag noch Sonnabend, sondern werbe dafür, dass die unterschiedlichen Ausdrücke in den Landschaften wenigstens passiv beherrscht würden.

Deutsche Presse Agentur: Samstag oder Sonnabend? – Sprachforscher für Nebeneinander. In: dpa-Dienst für Kulturpolitik 18/1998. S. 15 f.

- Nehmen Sie zu dem angesprochenen Sprachproblem Stellung.
- Warum sind Synonyme (Apfelsine/Orange, Schubfach/Schublade, Brötchen/Schrippe/Semmel, Freitod/Selbstmord, fast/beinahe) kein überflüssiger Luxus der Sprache?
- Wie kann man die feinen Gebrauchs- und Bedeutungsunterschiede im Unterricht herausarbeiten (z. B.: Mut/Tapferkeit/Schneid/Beherztheit/Kühnheit)?
- Die Wahl des „treffenden Wortes": Wie kann man im Sprachunterricht die „stilistische Kompetenz" der Schüler fördern?

8. Aufhören des Lebens

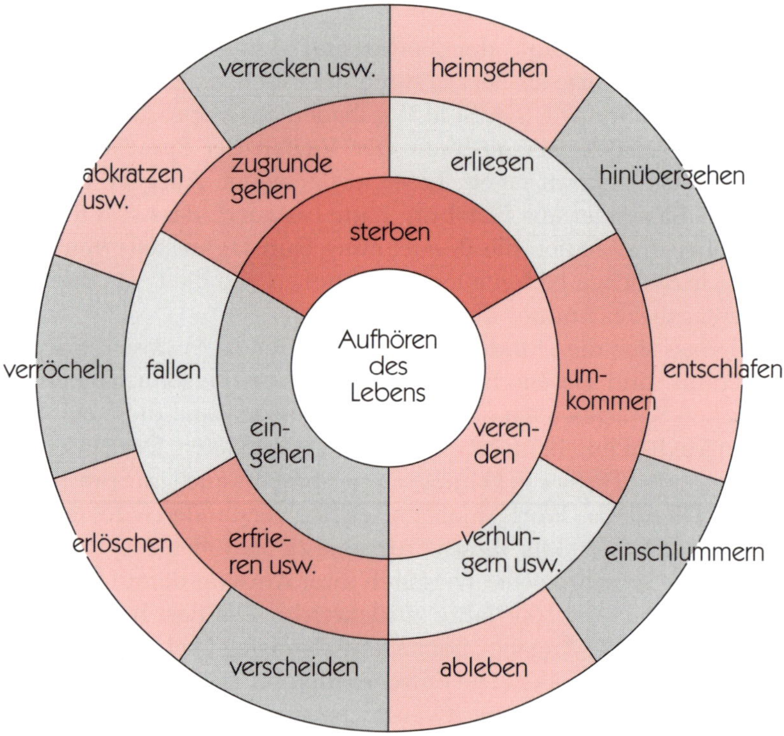

Weisgerber, Leo ([3]1962): Grundzüge der inhaltsbezogenen Grammatik. Düsseldorf: Schwann. S. 184.

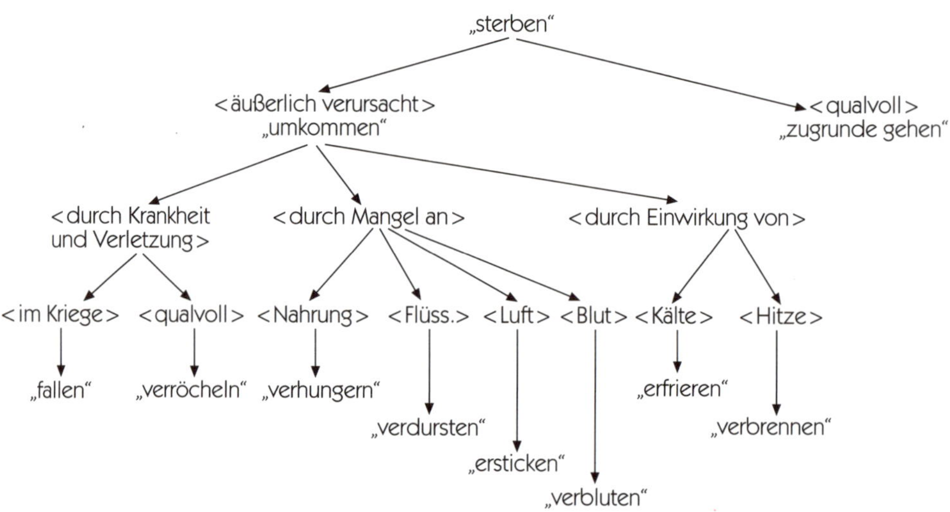

Baumgärtner, Klaus (1967): Die Struktur des Bedeutungsfeldes. In: Sprache der Gegenwart. Band 1: Satz und Wort im heutigen Deutsch. Jahrbuch 1965/66 des Instituts für deutsche Sprache. Düsseldorf: Schwann. S. 191.

- Vergleichen Sie die beiden Veranschaulichungen der Struktur eines Wortfeldes (Wörter im Sinnbereich des „Aufhörens des Lebens").
- Bilden Sie sich ein eigenes Urteil:
  Entspricht die Dreigliederung „sterben" (Menschen), „verenden" (Tiere), „eingehen" (Pflanzen) Ihrem Sprachgebrauch? Kann man „verbluten" über das Merkmal <durch Mangel an> in eine Reihe stellen mit „verhungern, verdursten, ersticken"?
- Denken Sie über eine dritte Form der Veranschaulichung nach.
- Prüfen Sie die Möglichkeit einer dreidimensionalen Vernetzung bedeutungsähnlicher Wörter in unserem mentalen Lexikon.
- Sammeln Sie die Wörter eines anderen größeren Wortfeldes und versuchen Sie, es zu strukturieren.

9. Sie sind tätig

Sie sind tätig.
Wir arbeiten.
Sie begeben sich.
Wir gehen.
Sie weilen.
Wir sind.
Sie speisen.
Wir essen.
Sie bedürfen.
Wir brauchen.
Sie vermögen.
Wir können.
Sie verfügen.
Wir haben.
Sie äußern.
Wir sagen.
Sie differenzieren.
Wir sehen den kleinen Unterschied.

Höss, Dieter: Sie sind tätig. In: Süddeutsche Zeitung vom 07.02.1975.

- Bestimmen Sie das semantische Verhältnis zwischen den Ausdrücken mit „kleinem Unterschied“.
- Erläutern Sie an den Beispielen die Begriffe „denotative Bedeutung“ und „konnotative Bedeutung“.
- Zeigen Sie, welcher Zusammenhang zwischen Wortschatzübungen und stilistischen Übungen im Sprachunterricht besteht.

10. Wörter sind nicht schuld

Neue Namen löschen alte Diskriminierung nicht

Dürfen wir einen Mohammedaner noch einen Mohammedaner nennen, einen Juden einen Juden, einen Neger einen Neger und einen Zigeuner einen Zigeuner? Gewiss wäre es in manchen Fällen genauer zu sagen: Türke – Israeli – Ghanese – Roma. Wo das so stimmt, sollten wir uns so ausdrücken – um der Genauigkeit willen.

Aber meistens stimmt es so nicht. Und wer genau sein will, wird sich gerade deswegen vor Umschreibungen hüten wie: ein Araber, ein Bürger mosaischen Glaubens, ein Westinder, ein Angehöriger des fahrenden Volkes.

Es ist gewiss, dass Mohammedanern, Juden, Negern und Zigeunern viel Unrecht widerfahren ist, einmal eher selten, ein andermal eher in erster Linie von Deutschen.

Aber es soll doch nur ja niemand glauben, er könne Schuld löschen dadurch, dass er Namen austauscht. Was wird denn wirklich besser, wenn wir den Schimpf dadurch beseitigen wollen, dass wir Wörter zu Schimpfwörtern machen? Die Wörter können nichts dafür. Und wenn sie zeitweilig als Schimpfwörter missbraucht worden sind, so reicht ihre Tradition doch weiter zurück und gibt ihnen eine eigene Würde. Der Stolz des Zigeunerbarons ist gebrochen, wenn wir ihn Sintibaron nennen (weil das Wort „Zigeuner" dann vielleicht keiner mehr versteht).

Warum und mit welchem Recht erwartet ein Mohammedaner, „Moslem" genannt zu werden? Als Substantiv bietet sich das Wort ja um des Klanges und der Kürze willen sogar an. Bei der Adjektivbildung wird es peinlich. „Moslemisch" klingt mir böhmisch, obwohl das eher bei den Zigeunern (französisch: bohémiens) am Platze wäre. Also retten wir uns in „muselmanisch" (und hören, die Älteren unter uns, eine Stimme: „Sei doch kein Muselmann, der das nicht lassen kann").

Dabei „bedeuten" die Wörter Moslem und Mohammedaner genau das Gleiche. Im zuverlässigsten Lexikon der Welt, dem Oxford Dictionary, steht es so: „Moslem: einer, der sich zum Islam bekennt; ein Mohammedaner". Was da wem einmal in die falsche Kehle gekommen ist – ich weiß es nicht.

Die meisten Juden, die ich kenne, nennen sich „Juden", und das nicht ohne Stolz. Wie denn auch sonst? „Israelis" sind ja nur wenige von ihnen; „Israeliten" klingt allzu weit hergeholt biblisch; und „Bürger mosaischen Glaubens" ist eine ebenso schreckliche wie häufig falsche Verlegenheitsformel (Heine hat sich trotz christlicher Taufe immer als Jude gefühlt; aber „mosaischen Glaubens" war er gewiss nicht).

Wollten wir denn wirklich das Wort „Jude" ersetzen auch in überlieferten Aussprüchen, die manchen von uns lieb sind? Einer stammt von dem als Antisemiten doch wohl falsch verstandenen Luther, der, wo es um den für ihn wichtigsten Text ging, sagte: „Die Juden trinken aus den Quellen, die Griechen aus dem Ablauf und die Römer oder Lateiner aus den Pfützen."

Drei Sätze gab Friedrich Nietzsche zu Protokoll, auch so ein angeblicher Vorläufer des Faschismus. „Welche Wohltat ist ein Jude unter Deutschen!“, „In Europa sind die Juden die älteste und reinste Rasse. Deshalb ist die Schönheit der Jüdinnen die höchste.“ Nietzsche wusste, wovon er sprach. Er hat trotzdem nicht ganz Recht. Mischlinge sind meistens schöner als „Reinrassige“ (falls es so etwas überhaupt außerhalb Grönlands noch gibt).

Mit den Negern habe ich in den letzten Wochen, als ich über Rassen schrieb, die wir verlegenheitshalber „ethnische Minoritäten“ nennen, einigen Kummer gehabt. Nicht mit ihnen selber, versteht sich; sondern mit deutschen Lesern, die mir daraufhin „Rassismus“ unterstellen wollten. Werft mir vor, was ihr wollt, Freunde: das nicht!

Da sie mir von einem jüdischen Freund erzählt wurde, nehme ich mir das Recht, die Geschichte weiterzuerzählen von dem schwarzen Mann, der in der New Yorker Untergrundbahn eine hebräische Zeitschrift las und dem ein amerikanischer Typ, eher wohlwollend, auf die Schulter klopfte: „Heh, Neger sein genügt wohl nicht?“ Würde dieser nicht ganz stubenreine Scherz an Schärfe verlieren, wenn der Typ gefragt hätte: „Puertoricaner zu sein genügt wohl nicht?“

Aber die „schwarzen Männer“, mit denen wir es in Großbritannien wie in Frankreich und ein bisschen auch in der Bundesrepublik zu tun haben, sind ja keine Puertoricaner. Auch „Afrikaner“, ein von den Betroffenen vor kurzem noch sehr bevorzugter Ausdruck, sind sie keineswegs alle. Also „Schwarze“? In Amerika sind die Bürgerrechtler da hartnäckig: Ja, „blacks“ wollen sie sein. Sie haben es freilich noch nicht so weit getrieben, auch von „black spirituals“ zu sprechen; die heißen sogar bei den Schwarzen Amerikas nach wie vor „negro spirituals“.

Das lateinische „niger“, aus dem auf dem Umweg über das Portugiesische unser „Neger“ geworden ist, bedeutet nun freilich ganz das Gleiche: black, schwarz. Es hat darüber hinaus den Vorzug, dass die rapide abnehmende klassische Bildung eine hier wünschenswerte sprachliche Distanz schafft. Das Schwarz wird nicht mehr ganz deutlich als Farbe gesehen. Es gibt ja hellere und dunklere „Schwarze“ – worauf gerade in Nordafrika großer Wert gelegt wird.

Der „Neger“ löste in Europa den „Mohren“ ab, jenen, der bei Schiller seine Arbeit getan hat und der im „Struwwelpeter“ kohlpechrabenschwarz um des Reimes willen vor dem Tor geht. Viel Geist wurde darauf verschwendet, Shakespeares „Mohr“ Othello als „Mauren“ und daher keineswegs ganz schwarz zu erklären. Für Shakespeare war er schwarz. Für die meisten seiner Regisseure auch. Warum sollte die Farbe auf einmal eine Schande sein, der die meisten europäischen Urlauber an den Stränden des Mittelmeeres zustreben?

Die Denunziation des Negers (als sprachlicher Ausdruck) kommt vom englischen „negro“, von dem freilich auch das Wort „negrophil“ (negerfreundlich) abgeleitet wurde, also das Gegenteil einer Beleidigung. Aber dann kamen die Sklaven der amerikanischen Südstaaten und die Sezessionskriege, und aus Onkel Toms Brüdern wurden die geschimpften „nigger“.

Dass die amerikanischen „negros“ noch den „nigger“ im Ohr haben, kann man verstehen. Aber wer, außer Austauschstudenten, könnte die gleiche Verachtung aus dem deutschen Wort „Neger“ heraushören? Es gab nie Negersklaven in Deutschland und keinen Grund zur Geringschätzung. Als ich noch sehr jung war, hieß eines meiner Lieblingsbücher „Lebensgeschichte eines Negerhäuptlings“. Es war geschrieben von einem Afrikaner Akiki Nyabongo. Aber auch an den „schwarzen Mann“ erinnere ich mich noch deutlich. Er sollte die Kinder holen, wenn sie nicht artig waren. Warum dann sollten für uns „Schwarze“ besseres Deutsch, freier von Rassismus sein als „Neger“? Was wird, außer Traditionsverlust, Unklarheit und bewusster Vernebelung, gewonnen mit diesem Wortfetischismus?
Dessen ich nun leider auch meine Freunde, die Zigeuner, zeihen muss. Vorwurfsvoll schrieb mir eine Leserin, ich sagte zwar „Neger“, aber von „Zigeunern“ spräche ja nun glücklicherweise niemand mehr.
Wo dieses Glück liegen soll, entgeht mir. Ich habe zur Kenntnis genommen, dass sich Zigeuner (was vermutlich doch, wie das französische „gitanes“, eine Verballhornung von „Ägypter“ ist) heute lieber nach ihrem indischen Herkunftsland „Sinti“ nennen lassen oder „Roma“, was in ihrer eigenen Sprache schlicht „Menschen“ bedeuten soll. Ich weiß nicht, ob sie da gut beraten sind.
Es lässt sich nicht leugnen, dass „Zigeuner“ oder auch „herumzigeunern“ im Deutschen als Schimpfwort verwendet werden kann. Ob die nun klauen und betrügen, wie das Vorurteil es will, hat aber doch mit dem Namen überhaupt nichts zu tun. Ob da einer von einer Roma oder einer Zigeunerin sich aus der Hand lesen lässt – wo ist der Unterschied?
Die Sinti und die Roma und ihre eher politisch eifernden als über Sprachtradition nachdenkenden Gefolgsleute vergessen eines: die (gar nicht immer unberechtigten) Sorgen deutscher Kleinstadtbürgermeister wegen jener Fahrenden, die weder vom Einwohnermelde- noch vom Finanzamt sich erfassen lassen wollen und auch sonst zuweilen für Turbulenzen sorgen: Sie sind nicht an den Namen „Zigeuner“ gebunden.
Aber die Liebe in Bizets „Carmen“ stammt eben nicht von Sinti oder Roma, sondern „von Zigeunern“. Was gäben wir darum, wenn ein Librettist einem großen Komponisten hätte suggerieren können: Die Liebe von den Deutschen stammt… Das hätte sich leider wegen äußerster Unwahrscheinlichkeit nicht durchgesetzt.
Muss man denn, so frage ich mich manchmal, ein alter Mann („Senior“?) sein, um von Zigeunern und Mohammedanern und Juden und Negern ein Bild zu haben, das durch die geraden und direkten Benennungen mehr gewinnt als verliert, das von den Verlegenheitsumschreibungen nur getrübt wird?
Eines meiner Lieblingsgedichte von Nikolaus Lenau ist nicht den Sinti oder den Roma gewidmet, sondern den Zigeunern. Es wurde 1860 von Franz Liszt vertont und 1909 noch einmal von Othmar Schoeck. Ganz können wir es nicht, aber drei Strophen (von sieben) wollen wir abdrucken:

Drei Zigeuner fand ich einmal
Liegen an einer Weide,
Als mein Fuhrwerk mit müder Qual
Schlich durch die sandige Heide.

An den Kleidern trugen die drei
Löcher und bunte Flicken,
Aber sie boten trotzig frei
Spott den Erdengeschicken.

Dreifach haben sie mir gezeigt,
Wenn das Leben uns nachtet,
Wie man's verraucht, verschläft, vergeigt,
Und es dreimal verachtet.

Der Weg, sich aus Ungemach in neue Wörter zu flüchten, führt zu nichts. Die alten Vorurteile werden doch mitgenommen. Ich plädiere für die ehrlichen deutschen Wörter: Neger, Zigeuner, Juden, Mohammedaner. Und mein Zeuge ist eine Stilregel, die leider gerade in Deutschland viel zu wenig befolgt wird: Man soll immer so genau wie möglich das sagen, was man meint. Und wo das nicht möglich ist, soll man gar nichts sagen.

Leonhardt, Rudolf Walter: Wörter sind nicht schuld. Neue Namen löschen alte Diskriminierung nicht. In: DIE ZEIT 46 vom 08.11.1985. S. 76 f.

- Wie stehen Sie zu der Auffassung des Autors?
- Kennen Sie weitere Beispiele für Tabuwörter und „political correctness" in der Sprache?
- Wie kann man dieses Thema im Sprachunterricht behandeln?

11. Sprachsoziologisch-semantische Betrachtungen im Bereich der Berufsbezeichnungen

[…]
Die Dynamik der Sprache äußert sich besonders nach dem zweiten Weltkrieg in zahlreichen Neubildungen, nicht nur für neue Berufe, sondern auch für Fälle, wo schon seit mehreren Jahrhunderten feste Bezeichnungen vorherrschen: *Tapezierer, Blumenbinder, Dienstmädchen*. Es sind vor allem die Dienstleistungsgebiete, bei denen man feststellen kann, dass die neuen Wörter eine Umwertung, sehr häufig eine Abwertung, der früheren Berufsbezeichnung hervorgerufen haben. *Innenarchitekt* und *Raumausstatter* treten neben den *Tapezierer, Raumpflegerin* konkurriert mit der *Putzfrau*. Die *Fürsorgerin* ist nicht nur *Sozialarbeiterin*, sondern auch *Wohlfahrtspflegerin* geworden. Die Skala: *Magd – Dienstmädchen – Hausgehilfin – Hausangestellte – Hausassistentin* bietet ein anschauliches Beispiel für derartige Prozesse.
Die in der Sprachgeschichte wiederkehrende Erscheinung der Auf- und Abwertungen kann für neue Untersuchungsrichtungen fruchtbar gemacht werden. Sie bietet nämlich eine gute Möglichkeit, die bisher wenig beachtete soziale Dimension der linguistischen Variation festzustellen. Denn es ist weder sozialpsychologisch noch semantisch gleichgültig, wie jemand in seiner Erwerbstätigkeit bezeichnet wird und sich selbst bezeichnet: ob als *Laufbursche, Bürobote* oder *Bürokraft*; als *Pedell, Hausmeister* oder *Verwaltungsassistent*. Es ist auch nicht dasselbe, wenn jemand als *Formgeber, Entwerfer, Konstrukteur* oder *Designer* gilt oder als *Industrieller, Manager, Unternehmer* oder *Fabrikant* auftritt. Die Konnotationen können voneinander derartig abweichen, dass man von verschiedenen Sehweisen sprechen kann. Aber auch bei ein und derselben Bezeichnung sind sie nicht konstant. Das Wort *Beamter* erweckt z. B. andere Assoziationen bei anderen Berufsgruppen als bei den Beamten. Die Bezeichnungen *Politiker, Künstler, Journalist* sind bei jüngeren Erwachsenen heute mit positiveren Konnotationen verbunden als bei den älteren. Mit Hilfe der Polaritätsprofile Osgoods und der Faktorenanalyse können nicht nur derartige Tendenzen, sondern auch die Unterschiede der konkurrierenden Bildungen exakter festgestellt werden und die Autostereotype und Heterostereotype der verschiedenen Berufsgruppen verglichen werden.
Da die verschiedenen Bezeichnungen aber nicht nur Etiketten für „ein und dieselbe Sache“ sind – denn bei unseren Wertungen spielt auch die Sprache eine Rolle (niemand in der höheren Finanz will z. B. heute *Manager* heißen!) – ist ein Aufweisen und eine Analyse der Lagerung der verschiedenen Bildungen methodisch ein Weg, der sozialen Wirklichkeit durch die Sprache näher zu kommen und die Rolle der Sprache als gruppenbildenden Faktor zu beobachten. Denn einerseits gibt es Bezeichnungen, die sich in ihrer Funktion jahrhundertelang erhalten haben: *Richter, Arzt, Bierbrauer, Direktor, Schmied,* auch *Koch* und *Köchin*, um nur einige zu nennen. Andererseits begegnen wir in gewissen Gebieten, wie schon erwähnt, konkurrierenden Synonymen und Inhalts- und Funktionsveränderungen der einzelnen Bezeichnungen. Außerdem gibt es in den Spitzen der oberen Ge-

schäftswelt Fälle, wo die sprachlichen Mittel kaum ausreichen. „Ich bin kein Direktor, ich ernenne Direktoren." Hinter diesen Worten des Vorstandssprechers der Deutschen Bank liegt mehr als geistreiche Originalität.

Das Wort, das in einer gegebenen Situation am besten seine Funktion erfüllt, wird in unserem Bereich vor allem von dem Gesichtspunkt aus gewählt, welchen der Sprecher in Betracht des Tatbestandes einnimmt, und nicht direkt vom Tatbestande selbst. Man kann besonders in der heutigen Sprache, wie wir sehen werden, zahlreiche vom früheren Gebrauch abweichende Phänomene in der Wortwahl und Wortprägung feststellen, die aus taktischen Gründen einer Gruppe der Sprachgemeinschaft entstanden sind; ein Umstand, der uns hier eine Perspektive der Kybernetik im eigentlichen Sinne des Wortes eröffnet. Die morphosemantische Struktur mehrerer neuerer Berufsbezeichnungen wie *Dorfhelferin, Kongresshelferin, Krankenhaushelferin, Familienpflegerin, Haushaltshilfe* lässt einen psychologisch gezielten Appell von der Leistung her durchblicken. *Hilfe* und *Pflege* braucht jemand, der ohne dies nicht auskommt und dadurch auch im Abhängigkeitsverhältnis steht, was sprachlich eine ganz andere Relation zwischen Arbeitgeber und Arbeitnehmer hervorruft als z. B. die Ausdrücke mit *Dienen* als einem Glied.

Man vergleiche auch z. B. die verschiedenen Perspektiven, die sich ergeben, wenn man *Arbeitskräfte freisetzt* oder *Arbeiter entlässt*, oder wenn man *Lohnangleichung* statt *Lohnerhöhung* fordert. Man ist geneigt, Morgenstern zuzustimmen, wenn er behauptet: „Es gibt keine Worte, die bloß Worte wären; sondern jedes Wort ist von vornherein – ein höchst individuelles Urteil." Dass die Urteile hier wie auch auf anderen Gebieten der Gesellschaft schnell korrigiert werden können, davon zeugt der Wechsel von der Bezeichnung *unterentwickelte Länder* über *entwicklungsfähige Länder* zu *Entwicklungsländer* oder das Vermeiden der Prägung *Fremdarbeiter* zugunsten des *Gastarbeiters*, ebenso wie der Übergang vom *Irrenhaus* zur *Heil- und Pflegeanstalt* und zum *Landeskrankenhaus*.

[…]

Oksaar, Els (1967): Sprachsoziologisch-semantische Betrachtungen im Bereich der Berufsbezeichnungen. In: Sprache der Gegenwart. Band 1: Satz und Wort im heutigen Deutsch. Jahrbuch 1965/66 des Instituts für deutsche Sprache. Düsseldorf: Schwann.

- Vergleichen Sie „Putzfrau" und „Raumpflegerin" auch mit „Reinemachefrau", „Scheuerfrau", „Haushaltshilfe", „Parkettmasseuse", „Aufwartefrau", „Stundenfrau", „Zugehfrau", „Hilfe".
- Untersuchen Sie auch die Ablösung von „Lehrling" durch „Auszubildender", von „Gefängnis" durch „Strafvollzugsanstalt", von „Fürsorge-" durch „Sozialhilfeempfänger", von „Hilfsschule" durch „Sonderschule", von „Raubvogel" durch „Greifvogel".
- Welche anderen konkurrierenden Bezeichnungen geben deutlich verschiedenen Bewertungen und Beurteilungen Ausdruck?

- Welche Rolle spielen wertende Konnotationen in unserem täglichen Sprachgebrauch?
- Durch welche Übungen kann man Schülern helfen, Konnotationen zu erfassen und zu beachten?

12. Schön verlogen

Was hässlich klingt, wird sprachlich befördert und verbrämt

Einer der zugkräftigsten Motoren allen Sprachwandels ist allezeit der Hang zur Verschönerung gewesen. Das Unscheinbare – es soll wenigstens sprachlich aufgewertet, das Unangenehme – es soll wenigstens sprachlich weniger anstößig gemacht werden. Das Erste führt zu den Renommier-, das Zweite zu den Verbrämungs-Euphemismen.

Schiere Renommiersucht erhebt die Wohnung zur *Residenz* und noch die letzte Klitsche zur *Zentrale*, zum *Center* oder zum *Studio*. Es gibt daneben aber auch ein Renommieren durch ironische sprachliche Herabsetzung, das etwa besagt: Seht, so achtlos gehen wir mit den begehrten Gütern dieser Welt um! Die Dame der Schickeria trägt kein Kleid, sondern einen *Fummel*. In ihren Kreisen nächtigt man in keinem Luxushotel, sondern in einer schlichten *Herberge* (oder, im *Spiegel*-Deutsch, einer *Nobelherberge*). Man nimmt nicht das Flugzeug, sondern den *Flieger*. Man fährt nicht mit dem Auto, sondern allenfalls mit dem *Wagen*, besser und unscheinbar-auffälliger aber noch mit der *Fahrmaschine* oder *Karosse*, vielleicht aber auch schlicht und ergreifend mit dem *Turbo*, in dem natürlich kein ordinärer Motor steckt, sondern ein *Triebwerk*.

Kein Laden mag sich heute noch Laden nennen. Selbst der kleine Lebensmittelladen an der Straßenecke, bei dem der Kunde seine Milchtüte selber aus der Kühltruhe nehmen darf, ist nichts Geringeres als ein *Supermarkt*. Im Französischen wurden die ursprünglichen Supermärkte durch den inflationären Gebrauch des Wortes dermaßen abgewertet, dass sie sich inzwischen gern *Hypermarkt* nennen – größer wird es dann aber nicht gehen. Laden nennt sich heute nur, was über jeden Verdacht erhaben ist, ein ordinärer Laden zu sein: der *Kinderladen*, der *Kontaktladen*, der *Frauenladen*, der *Kulturladen*. Natürlich auch der *Bioladen*, um anzuzeigen, dass er ein Stück – „naturnahe" – Vergangenheit verkörpern möchte. Die Klempnerei firmiert als *Abflusszentrale* (und gibt damit möglicherweise auch gleich noch zu verstehen, dass ihre Leute zu den höheren Künsten des Klempnerhandwerks, dem Dichten eines lecken Wasserhahns beispielsweise, außerstande sind, so wie die Raubritter vom ambulanten *Schlüsselservice* mit wahren Schlosserarbeiten zumeist heillos überfordert wären). Die Tankstelle ist ein *Servicecenter*, der Massagesalon ein *Gesundheitsstudio*, die Zoohandlung ein *Cat-Shop*, die Imbissbude ein *Grill-Shop*, der Blumenladen ein *Floristiktreff*, ein *Blütenatelier* oder eine *Plant-Farm*. Die Umbenennung des Puffs in *Eroscenter* erforderte anfangs wohl eine ziemliche Dreistigkeit; indessen, auch sie gelang. Besonders veredelungsbedürftig sind Friseure. Sie nennen sich heute: *Coiffeur, Hairstylist, Frisurenstudio, Hair-Station, Hair-Inn, Hair-Dresser, Beauty Shop, Barber Shop* – oder, gleichsam in Anführungszeichen, nun gerade *Frisör*. Das nämlich ist „nostalgisch“ und bringt den empfehlenden Hauch von Anno dazumal.

Sprachliche Beförderung wurde auch einigen Berufen zuteil. Natürlich waren es die weniger angesehenen Berufe, die anderen haben keine Beschönigung nötig, und es war und ist das schlechte Gewissen der Sprachgemeinschaft, die dieser Vokabelkosmetik Vorschub leistete. Die *Raumpflegerin* als Bezeichnung für die Putzfrau war zunächst scherzhaft gemeint, so wie in den zwanziger Jahren schon die *Besenartistin* und nach dem Krieg dann die *Parkettmasseuse* oder *Fußbodenkosmetikerin* oder *Staubsaugerpilotin*, aber da ihre Dienstleistung sehr begehrt war und die *Herrschaften* ihre herrschaftlichen Allüren gerne abstreiften, wurde aus dem Witz Ernst, und als eine Art Gratisprämie erhielt sie die Namensaufbesserung. Müllmänner wurden zu *Müllwerkern*, Straßenfeger zu *Betriebshelfern (der Straßenreinigung)* oder allenfalls zu *Straßenreinigern* (der *Besengardist* des neunzehnten Jahrhunderts hörte sich denn wohl doch zu ironisch an). Aus dem Stallknecht wurde ein *Pferdewirt*, aus dem Waldarbeiter ein *Forstwirt*. Der Vertreter erhob sich zum *Repräsentanten*, der Reisevertreter zum *Repräsentanten im Außendienst*, der Medikamentenvertreter zum *Pharmareferenten*. Der Verkäufer, der etwas Besseres sein soll, ist *Verkaufsberater*. Die studierte Hauswirtschafterin ist *Ökotrophologin*, die Hebamme *Entbindungspflegerin*, der Schneider versucht es als *Anzugspezialist*, und der Kellner soll zum *Restaurantfachmann* befördert werden.

Schopenhauer hat das Nötige dazu gesagt: „… wenn eine an sich unverfängliche Benennung diskreditabel wird; so liegt das nicht an der Benennung, sondern am Benannten, und da wird die neue bald das Schicksal der alten haben. Es ist mit ganzen Klassen wie mit dem Einzelnen: Wenn einer seinen Namen ändert, so kommt es daher, dass er den früheren nicht mehr in Ehren tragen kann; aber er bleibt derselbe und wird dem neuen Namen nicht mehr Ehre machen als dem alten.“ In der Sprache unseres Jahrhunderts: All diesen kostbaren Erhöhungen steht die Abwertung bevor, bis sie wieder ebenso gewöhnlich sind wie die Wörter, die sie einst ersetzt haben.

Die künstliche Wurstpelle bleibt auch als *Natursaitling* Pelle. Die Luftverpestung wird nicht harmloser, kommt sie als *Schadstoffemission* daher. Dass sich hinter der *Dünnsäureverklappung* die Vergiftung des Meeres durch Salzsäure versteckt, hat sich herumgesprochen. Wenn sich die Atommüllbeseitigung *Entsorgung* nennt, verheißt sie sozusagen ein Ende aller Sorgen. Wo findet sie statt? Im *Entsorgungspark*, der eine Art Garten Eden zu sein scheint. Die *Gegenkultur* der *Autonomen* – denn ihre Euphemismen hat auch die Protestszene – ruft zu undurchsichtigen *Aktionen* oder zu *Spaziergängen* auf, wo an Randale gedacht ist. Schwer nachzuvollziehen, dass sich noch vor wenigen Jahren zwei Welten daran schieden, ob man jene terroristische Formation *Baader-Meinhof-Bande* oder *Baader-Meinhof-Gruppe* nannte – alle Progressiven bestanden auf *Gruppe*. Durchgesetzt aber hat sich der Name, den sie sich in leichter Verkennung der Tatsachen selber gegeben hatte: *RAF, „Rote Armee Fraktion"*. Einen besonders unverfrorenen Verbrämungs-Euphemismus hat sich die Polizei einfallen lassen, als sie den gezielten Todesschuss in *finalen Rettungsschuss* umtaufte, so als müsse es geradezu eine Ehre und Freude sein, von dem getroffen zu werden.

Niemand will heute mehr alt genannt werden. *Ich sehe ganz schön alt aus* heißt: Ich stehe ziemlich unvorteilhaft da. Da die Leute aber trotzdem weiter alt werden, musste wenigstens ein jugendfrisches Wort her. So wurden die Alten zu *Senioren*, die Altersheime zu *Seniorenzentren*. Ausländische Arbeiter wurden als *Gastarbeiter* wenigstens sprachlich willkommen geheißen, als wären sie liebe Gäste. Dünne wurden zu *Zierlichen*, Dicke zu *Vollschlanken* (und darin steckt das attraktive *schlank*, das nur durch ein schonendes Wort für sein Gegenteil – *voll* – milde eingeschränkt wird). Krüppel, Kranke, Blinde, Taube verschwanden, nicht aus dem Straßenbild, wohl aber aus der Sprache: Sie wurden teils erst zu *Schwerbeschädigten*, später alle zu (Geh-, Seh-, Hör-)*Behinderten*. Arm soll niemand mehr genannt werden. Aus den Armen wurden die Sozialschwachen, aus dem Armenrecht die *Prozesskostenhilfe*, aus der Armenkasse die *Sozialfürsorge*. Die Hilfsschule avancierte konsequent zur *Sonderschule*. Klar, dass auch die Dummen abgeschafft wurden; heute gibt es höchstens noch *Lernschwache* oder *Lernbehinderte*, und auch die nur ungern.

Überall wimmelt es von Partnern. Früher waren das Kompagnons in einer Firma. Es handelte sich da also um eine Beziehung von Gleich zu Gleich, eingegangen zur Verfolgung geschäftlicher Interessen. In den Privatbereich drang das Wort ein, als eine gemeinsame Bezeichnung für „Ehegatte" und „Dauerfreund(in)" benötigt wurde, die vorurteilslos beide Lebensformen gleichermaßen guthieß: *Ich lebe mit meinem Partner zusammen*. Um die Konfrontation von Unternehmern und Untergebenen sprachlich abzumildern, wurden beide pathetisch zu *Sozialpartnern* ernannt. Der Autohändler, bei dem ich nicht kaufe, bezeichnet sich als *mein VAG-Partner*. Und die Firma, mit der ich nichts zu besprechen habe, hat mich – hier zeigt sich die Einseitigkeit und Asymmetrie mancher heutiger Partnerschaften besonders deutlich – zum *Ansprechpartner* bestimmt, was nur heißt, dass sie mich anquatschen lassen will.

Viele dieser Verbrämungen sind überaus rücksichtsvoll, überaus „sozial" gemeint. (Das Wort *sozial* übrigens suggeriert, dass „gesellschaftlich" und „fürsorglich" ganz und gar eins seien.) Wer schon den Nachteil hat, soll nicht auch noch durch ein deutliches Wort daran erinnert werden. Und das ist ja wohl auch nur gut so. Andererseits, nun ja, breiten alle diese Euphemismen auch einen leichten Hautgout von Verlogenheit über das Leben. Ja nichts Ungünstiges oder Abträgliches soll mehr aus unserm Munde kommen, alles wird schonungsvoll umschrieben. Die sprachliche Exorzierung der Negativität, macht sie nicht das Leben

„wohnlicher"? Aber, leider, ändert sich draußen in der Realität nichts nur darum, weil es mit einem glimpflichen Namen gerufen wird.
Schon werden aus Notärzten *Rettungsärzte*, als sei es der Sprachgemeinschaft bereits zu viel, zuzugeben, dass ein Verunglückter sich in Not befindet. Morgen werden sich die Krankenhäuser in *Gesundheitszentren* oder *Fitnessresidenzen* umbenennen. Übermorgen dann werden, nach dem Vorbild von *vollschlank*, die Kranken als *Mattgesunde* aufstehen und wandeln. Die selber bereits reichlich euphemistischen Friedhöfe wird man zu *Ruheparks* umstilisieren. Und wie könnte man dann den Tod nennen? *Steiflebendigkeit*? Oder *Vitalschwäche*?

Zimmer, Dieter E.: Schön verlogen. Was hässlich klingt, wird sprachlich befördert und verbrämt. In: DIE ZEIT 8 vom 15.02.1985. S. 63.

- Wie bewerten Sie Renommier-Euphemismen und wie Verbrämungseuphemismen?
- Kennen Sie weitere Beispiele? Welche?
- Vergleichen Sie Vorgang und Begründung des Euphemismus mit der Aufwertung und Abwertung von Wörtern durch Bedeutungswandel (z. B. „Ritter", „toll", „Weib", „gemein").
- Vergleichen Sie die Verwendung von Euphemismen mit der von Tabuwörtern (z. B. „der Gottseibeiuns" oder „der Leibhaftige" für den Teufel).
- Zu welchen dieser Ausdrucksweisen sollte man im Unterricht ermuntern?

13. Korrekte Fahndung

Keine Betrügerin und keine Diebin wird künftig Gefahr laufen, als „vollbusig“ oder „flachbrüstig“ in den Fahndungsakten der Polizei zu erscheinen, es sei denn, sie habe in Bayern betrogen oder geklaut. Denn nur die bayrische Staatsregierung beharrt darauf, dass die Fahnder weiterhin auf die geschilderten körperlichen Merkmale Bezug nehmen dürfen, wenn sie nach Tätern suchen. Alle anderen Landesregierungen dagegen erkennen an: Es mag vollbusige Frauen geben, aber derart genannt zu werden, diskriminiert die Frau. Und da obendrein das Urteil, ob jemand „vollbusig“ sei, doch subjektiv ausfallen kann und der Tatbestand selbst chirurgischer Veränderung zugänglich ist, wird „vollbusig“ aus dem polizeilichen Wortschatz gestrichen.
Wobei wir – im Namen der Dicken – hinzufügen wollen, dass, was dem Busen recht ist, dem Bauch billig sein muss. Die Innenminister sind gefordert, der Polizei zu untersagen, dass sie Täter – diskriminierend – als dick oder dickbäuchig beschreibt. Dick, dürr, vollbusig oder flachbrüstig ist man, aber es muss endlich dafür gesorgt werden, dass darüber nicht mehr geredet wird. Der Mensch, auch wenn er ein Täter ist, ist zunächst Mensch und deshalb schön, jedenfalls nicht dick.
Welch absurde Diskussion! Da zimmern sich die Innenminister eine ganz und gar korrekte, heile Sprachwelt zusammen und belegen alles Mögliche, was zum Leben und zur Sprache gehört, mit Tabus. Dass einer „südländisch“ aussieht – von „negroid“ nicht zu reden – darf nicht gesagt werden. Es könnte ja Vorurteile fördern. In Wahrheit freilich ist es genau umgekehrt. Nicht die offene Rede und das freie, vielleicht auch lockere Wort produziert Vorurteile; Tabus und sprachliche Sperrzonen bauen sie auf. Ist es nicht sprachlich schizophren, dass das Verfassungsgericht den Satz „Soldaten sind Mörder“ als Meinungsäußerung deckt, während die Polizei noch nicht einmal „vollbusig“ sagen darf?
Ja mehr noch: Zur gleichen Zeit, da die Landesregierungen solch harmlose Wörter tabuisieren, versuchen andere Gruppen Vokabeln, die von altersher tabuisiert waren, in den Alltagssprachschatz hineinzudrängen, um Debatten zu eröffnen und Werte zu besetzen. Man denke nur daran, wie laut heute die Betroffenen selbst von Schwulen und Lesben reden. Das legt aber auch die Frage nahe, ob man neue sprachliche Tabus errichten soll. Denn Tabus zerstören auch Wirklichkeit.

Löffelholz, Thomas: Korrekte Fahndung. In: DIE WELT 2000 vom 28.11.1997. S. 4.

- Wie halten Sie es mit der Verwendung oder Vermeidung von Tabuwörtern?
- Wo liegen die Grenzen zwischen zulässiger Meinungsäußerung, Diskriminierung und Beleidigung (strafbar!) durch die Wortwahl?
- Was bedeutet es, in der öffentlichen Diskussion „Begriffe zu besetzen"?
- Wie können Schüler sich gegen verunglimpfende Spitznamen in der Klasse wehren?

14. „Doktorin" als Regel

Der Fachbereich Informatik an der Hamburger Uni hat seine Promotionsordnung dahingehend geändert, dass im Text die weibliche Personenbezeichnung als Normalfall gilt. So heißt es künftig: „Der Fachbereich Informatik verleiht den Grad einer Doktorin – bei männlichen Kandidaten den Grad eines Doktors – der Naturwissenschaften/Dr. rer. nat. auf Grund einer von der Bewerberin verfassten wissenschaftlichen Abhandlung." Der neue Text soll weibliche Kandidaten zu besonderen wissenschaftlichen Leistungen anspornen und der Unterrepräsentation von Frauen im Fachbereich entgegenwirken.

„Doktorin" als Regel. In: Kieler Nachrichten vom 15.10.1988.

- Die Männer sind bei Verwendung der weiblichen Personenbezeichnungen „mitgemeint". Nehmen Sie zu dieser Umkehrung der traditionellen Bezeichnungsweise (die Berufsgruppe der „Richter" schließt z. B. „Richterinnen" mit ein) Stellung.
- Prüfen Sie deutsche Personenbezeichnungen daraufhin, ob Genus und Sexus übereinstimmen (z. B. „die Frau") oder voneinander abweichen (z. B. „das Mädchen").
- Stört Sie ein Satz wie „Der Wähler hat entschieden."? Befragen Sie auch andere Personen.
- Studenten und Studentinnen, Studenten/innen, Student-inn-en, Student(inn)en, StudentInnen, StudentINNen: Welche Lösung ziehen Sie vor?

15. Feministische Sprachkritik

1. Es kann kein Zweifel daran bestehen, dass der Feminismus unsere Sprache bereits verändert hat und weiter verändert.
   Sprachwandel vollzieht sich als Ausdruck eines sich verändernden gesellschaftlichen Bewusstseins mal langsamer, mal schneller, einmal von Sprachkritikern bewusst vorangetrieben, einmal weniger gefordert als zur Kenntnis genommen.
   Dafür gibt es viele Beispiele in der Geschichte der deutschen Sprache. Als ein sehr deutliches Beispiel wären Sprachkritik („Fremdwörterei“) und Änderungsvorschläge (für „Universität“: „Hochschule“; für „Fenster“: „Tagleuchter“) der barocken Sprachgesellschaften zu nennen. Es ist durchaus faszinierend zu beobachten, wie ähnlich gravierende Eingriffe in den überlieferten Bestand unseres Sprachsystems zur Zeit gefordert und erprobt werden.

2. Die Argumentation der feministischen Sprachkritiker ist nicht nur oft überzogen und extrem einseitig, sondern vielfach auch unter sprachwissenschaftlichen und pragmatischen Gesichtspunkten fragwürdig.
   So wird der Zeichencharakter unserer sprachlichen Ausdrücke (Arbitrarität) oft verkannt, nicht sauber genug zwischen Genus und Sexus unterschieden, der historische Motivationsverlust in der Wortbildung unterschätzt, ein pseudoetymologischer Zusammenhang konstruiert. So setzen sich die Kritikerinnen leichtfertig der Kritik der Fachleute in Sprachwissenschaft und Sprachdidaktik aus.

3. Es ist heute nicht mit Sicherheit vorauszusagen, welche Sprachveränderungen sich durchsetzen und dauerhaft im Sprachsystem verankern werden und welche nicht. Augenblicksbildungen haben oft nur ein kurzes Leben. Okkasionelle Wendungen werden nur dann usuell, nur dann von der Sprachgemeinschaft insgesamt übernommen, wenn sie nicht zu viele sprachliche Konventionen auf einmal in Frage stellen und wenn sie einen ökonomischen Sprachgebrauch nicht zu sehr behindern.
   Es ist in dem Zusammenhang auch zu fragen, welchen Einfluss gewollte Provokationen eines Teils der Sprachgemeinschaft und der politische Kampf um die Gleichberechtigung der Frauen auf die Durchsetzbarkeit sprachlicher Veränderungen haben. Ist gelingende sprachliche Kommunikation nicht davon abhängig, dass alle Kommunizierenden die sprachlichen Normen akzeptieren? Ist deshalb die Sprache nicht ein ungeeigneter Kampfplatz für gesellschaftliche Gruppen mit divergierenden Interessen? Wie will man verhindern, dass die Verlierer sich weigern, den sprachlichen Tribut zu zollen?

Ulrich, Winfried: Movierte Feminina und motivierte Femina. In: Ders. (Hrsg.) (1991): Mädchen und Junge – Mann und Frau. Geschlechtsspezifik von Verhalten und Erziehung? Frankfurt a. M.: Lang. S. 112.

- Wie beurteilen Sie die Verwendung des Wortes „Fräulein"?
- Bilden auch Volleyball-Spielerinnen eine „Mannschaft"?
- Stört Sie der Nebensatz „Wenn man sein Kind stillt, ..."?
- Welche Vorschläge feministischer Sprachkritik werden sich Ihrer Meinung nach durchsetzen?

16. „Ihr könnt ruhig Du zu mir sagen!!"

- Untersuchen Sie die jeweiligen Beweggründe für das Verhalten der Dialogpartner.
- Beschreiben Sie die in Ihrem Bekanntenkreis gültigen Konventionen im Blick auf das Duzen und Siezen.

- Welche Anredeformen halten Sie für richtig:
  a) unter Hochschulangehörigen, b) in der Schule?
- Bei welcher Zielsetzung könnte das Duzen und Siezen ein geeignetes Thema des Deutschunterrichts sein?

17. Duzen und Ihrzen im Mittelalter

Grimm stellt in seiner Grammatik folgende Regularitäten fest:

1. Gegenseitiges „du" galt unter Seitenverwandten.
2. Eltern duzen die Kinder, der Sohn ihrzt die Eltern, die Tochter sagt „du" zur Mutter.
3. Eheleute ihrzen sich.
4. Minnende ihrzen sich, gehen aber leicht in das vertraute „du" über.
5. Geringere ihrzen die Höheren, erhalten aber von diesen „du" (Papst „ir" ↔ „du" Kaiser).
6. Zwischen Freunden herrscht das „du", manche Ritter ihrzen sich jedoch trotzdem untereinander.
7. Frauen, Geistliche, Fremde erhalten „ir".
8. Personifizierte Wesen werden normalerweise geduzt außer der „vrou Minne". Religiöse, überirdische Wesen duzt man.
9. „Das gemeine Volk hat noch gar kein irzen unter sich angenommen, sondern bleibt beim duzen stehn."
10. Im Affekt geraten „du" und „ir" durcheinander.

Er stellt fest, dass diese Anredeformen bis ins 16. Jahrhundert gelten.

Grimm, Jacob: Duzen und Ihrzen. In: Wolff, Gerhart (1986): Deutsche Sprachgeschichte. Ditzingen: Philipp Reclam jun. Verlag.

- Versuchen Sie die Anredeweisen zeitgeschichtlich zu begründen.
- Nehmen Sie Stellung zu den Thesen:
  1. Ein Verlust an sprachlicher Differenzierung bedeutet Kulturzerfall!
  2. In einer demokratischen Gesellschaft gleichberechtigter Bürger benötigt man nur noch eine einzige Anredeform!
- Nennen Sie Beispiele aus Ihrer persönlichen Erfahrung, in denen der Übergang vom Sie zum Du den zwischenmenschlichen Umgang erleichtert hat. Nennen Sie, sofern es sie gibt, auch Gegenbeispiele.

18. Dorlamm meint

Dichter Dorlamm lässt nur äußerst selten
andre Meinungen als seine gelten.

Meinung, sagt er, kommt nun mal von mein,
deine Meinung kann nicht meine sein.

Meine Meinung – ja, das lässt sich hören!
Deine Deinung könnte da nur stören.

Und ihr andern schweigt! Du meine Güte!
Eure Eurung steckt euch an die Hüte!

Lasst uns schweigen, Freunde! Senkt das Banner!
Dorlamm irrt. Doch formulieren kann er.

Gernhardt, Robert: Dorlamm meint. In: Ders. (1996): Gedichte 1954–1997.

- Sprachspielerische Ad-hoc-Bildungen in Analogie zu existierenden Wörtern können eine reizvolle Erweiterung des persönlichen Ausdruckspotentials sein. Nehmen Sie Stellung zu dieser These.
- Wie beurteilen Sie historisch „falsche“ Worterklärungen (Pseudo-Etymologien) durch Schüler (z. B. „stieren“ = auf einen Punkt blicken wie ein „Stier“)?

19. Was ist ein Handzeug?

A Etwa dasselbe, was heute mit *Werkzeug* umschrieben würde, was also Handwerker zum Erzeugen feinerer „Zeuge" benutzen, um zum Beispiel eine Schreibfeder herzustellen.

B All das, was eine fleißige Jungfrau oder jedes andere Frauenzimmer zur Beschäftigung an langen Wintertagen oder zur Ruhigstellung nervöser Finger *zur Hand nimmt*, wovon heute noch das *„Nähzeug"* übrig blieb.

C Jenes Tuch für die Hand, welches als deren *Schutz* dienen soll, wofür sich die scherzhafte Bezeichnung *„Hand-Schuh"* einbürgerte und festsetzte.

D Militärisch jede Art von Waffe, die man noch *mit der Hand handhaben* kann. Ob ein schweres MG noch darunter fällt, ist eine der Grenzfragen unter Experten.

E Jenes von Schlossbesichtigungen her bekannte Band, das gelegentlich prächtig wie ein Schärpe gestaltet war und einen *mit der Hand zu bedienenden* Klingelzug schmückte, der dem Gesinde Beine machte. Zeug oder zeuch wird dabei von *Ziehen* abgeleitet. Ungezogene Lakaien nannten das Handzeug gern Schandzeug.

Pini, Udo: Ich hoffe, dass man im Himmel malen kann, oder allmählich verstehe ich etwas davon. In: Frankfurter Allgemeine Zeitung Magazin 281 vom 19.07.1985. S. 37.

- Belegen Sie an Beispielen:
  Aus mehreren Wortbausteinen (Morphemen) gebildete Zusammensetzungen und Ableitungen können morphologisch und semantisch durchsichtig (motiviert) sein; ihre Bedeutung ist aber dadurch nicht determiniert, sondern konventionell festgelegt.
- Welche anderen Bedeutungen könnten z. B. die Wörter „Handschuh", „Großmutter", „Augenblick" haben?
- Weshalb ist individuelle Wortbildungskompetenz ein wichtiges Ziel muttersprachlicher Wortschatzarbeit?

20. Gedenkstätte

Warum heißt ein Denkmal
Denkmal?
Denk mal!
Denk mal nach!

Zum Gedenken an jemand,
den wir sonst aus dem
Gedächtnis verlören?

Zum Gedenken an jemand,
der uns nachdenklich machen sollte,
weil vieles an ihm bedenklich war?

Zum Gedenken an jemand,
der mehr und besser nachgedacht hat als wir?

Manz, Hans: Gedenkstätte. In: Ders. (1991): Die Welt der Wörter. Weinheim und Basel: Beltz Verlag. Programm Beltz & Gelberg, Weinheim.

- Beantworten Sie die gestellte Frage.
- Das Wort „Denkmal" taucht bei Martin Luther als Lehnübersetzung von griechisch „mnemósion" = „Gedächtnishilfe" auf. Ist diese Information hilfreich bei der Bestimmung der heutigen Bedeutung?
- Ziehen Sie zur Bedeutungsbestimmung Komposita mit heran: Bronzedenkmal, Kriegerdenkmal, Baudenkmal, Literaturdenkmal, Naturdenkmal; Denkmalschutz, Denkmalweihe, Denkmalschändung …
- Überzeugt Sie die Unterscheidung von zwei „Lesarten" des Wortes:
  1. Standbild zur Erinnerung an jemand oder an etwas,
  2. Kulturschöpfung aus vergangener Zeit?

  Oder haben Sie Einwände?
- Untersuchen Sie auch die Bedeutung des Wortes „Denkzettel".

21. Zeit der Revolutionen

[…]
Tempo und Ausmaß der Veränderungen, die wir in sämtlichen Lebensbereichen erfahren, sind riesengroß und historisch wohl einzigartig. „Umdenken", heißt seither die Losung: immer wieder umdenken, umlernen, umschulen, umschalten, umstellen, umbauen. Es ist eine Zeit, die viele Menschen beflügelt und viele überfordert.
[…]

Weck, Roger de: Zeit der Revolutionen. In: DIE ZEIT 38/1999.

- Beschreiben Sie die Bedeutung des Morphems /um/ in den angeführten Verben.
- Fallen Ihnen weitere Beispiele der Wortreihe ein: umsatteln, umschichten, umwidmen …?
- Können Sie selbst sinnvolle Neologismen bilden und deren Bedeutungen beschreiben: „umsagen", „umglauben" …?

22. Flohzirkus

Sebastian betrachtete beim Frühstück die Marmeladengläser. Schließlich fragte er seinen Vater: „Warum heißt es Kirschmarmelade?“ Der Vater war etwas überrascht. „Weil sie aus Kirschen gemacht ist“, antwortete er. „Aber dann müsste sie doch Kirschenmarmelade heißen“, wandte Sebastian ein. „Das wird schlecht zu sprechen gewesen sein“, entgegnete sein Vater. „Warum heißt es dann aber Apfelsinenmarmelade?“, fragte Sebastian weiter. „Da geht es plötzlich, und man weiß gleich, dass es mehrere sind.“

Der Vater überlegte sich das. „Es wird schon seinen Sinn haben, die Sprache ist bekanntlich sehr logisch.“ – „Apfelsaft ist von einem einzigen Apfel“, murmelte Sebastian, „Birnensaft von vielen Birnen. Ich versteh das nicht.“ Er sah seinen Vater an. „Das hat sicherlich gute historische Gründe“, sagte der. Während Sebastian auf dem Frühstückstisch umherblickte, fielen ihm neue Beispiele ein. „Kommt denn die Kuhmilch immer nur von einer Kuh, der Ziegenkäse aber von verschiedenen Ziegen?“ Sein Vater bestätigte das: „Eine Kuh gibt ja auch viel Milch, darum ist die Milch in deinem Becher nur von einer Kuh; aber für meinen Ziegenkäse braucht man eben die Milch von mehreren Ziegen.“ Weil es ihn aber selbst nicht überzeugte, setzte er noch ein besseres Beispiel dazu. „Die Sprache unterscheidet da sehr genau. Das Gottesurteil ist das Urteil eines Gottes, die Götterspeise ist für viele Götter da.“

„Warum heißt es dann Flohzirkus?“, fragte Sebastian, „Flohzirkus, aber andererseits Läuseplage. Oder hat der Flohzirkus nur einen Floh?“ – „Eben!“, sagte sein Vater. „Ein Flohzirkus heißt zu Recht so, denn ursprünglich gab es da wahrscheinlich immer nur einen Floh, historisch gesehen. Es gibt da Unterschiede in unserer Sprache. Zum Beispiel ist die Arzthelferin nur für einen Arzt da, auf einem Ärztekongress finden sich aber viele Ärzte. Alles ganz logisch.“ Er griff nach dem Ziegenkäse. Sebastian, der die Morgenzeitung zu Hilfe nahm, las vor: „Hier steht: Bischofskonferenz eröffnet. Müsste das nicht wie beim Ärztekongress dann Bischöfekonferenz heißen?“

„Nein“, sagte sein Vater, „da gilt eben jeder Bischof sozusagen für sich, das ist in der katholischen Kirche immer so. Das hängt mit dem Dogma zusammen. Wart mal, mir fallen gleich Beispiele ein. Ja, das Kardinalskollegium oder die Papstgeschichte. Gemeint sind mehrere.“ – „Und der Katholikentag?“, fragte Sebastian. „Das sind ja sowieso nur Laien“, sagte sein Vater abschätzig.

„Und wie ist es mit der Sonnenfinsternis?“, erkundigte sich der Sohn. „Sind da viele Sonnen finster, bei der Mondfinsternis aber nur ein Mond?“ Der Vater kaute heftig auf seinem Brötchen und wollte das Thema wechseln. Aber Sebastian blieb hart. „Wenn wir einen einzigen Gast haben, schläft er im Gästezimmer, sind es mehrere, müssen sie ins Gasthaus.“ Sein Vater nickte. „Es gibt schon merkwürdige Ausnahmen. So habe ich mich immer gewundert, warum man zwei Nasen haben muss, um beim Hals-Nasen-Ohrenarzt richtig zu sein. Übrigens fragst du mich zu viel. Sieh doch mal in der Grammatik nach. Vielleicht gibt es ja gar keine Regel oder es handelt sich gar nicht um Mehrzahl-Formen."

Sebastian sah nach und endlich konnte er seinem Vater einmal Recht geben.

Hirsch, Eike Christian: Flohzirkus. In: Ders.: Deutsch für Besserwisser. © 1976 by Hoffmann und Campe Verlag, Hamburg.

- Überprüfen Sie die These von den „Pluralformen" an den Beispielen „Dreikönigsfest" und „Sonnenstrahl", „Marienkirche".
- Erläutern Sie die Funktion von „Fugenmorphemen" wie /en/ (oder /s/ z. B. in „Geburtstag") in der deutschen Wortbildung.
- „Sprache ist bekanntlich sehr logisch." Nehmen Sie Stellung zu dieser Behauptung.
- Analysieren Sie die Bauweisen von „Speisekarte" und „Speisenkarte" und suchen Sie nach Gründen für das heute festzustellende Nebeneinander beider Wörter (früher galt nur „Speisekarte" als korrekt).
- Inwiefern kann man die Frühstücksszene als eine „natürliche Sprachreflexions-Situation" bezeichnen? Lassen sich solche Situationen auch im Grammatikunterricht nutzen und herstellen?

23. Unheimlich glücklich

Wenn sie sagt
sie sei
unheimlich glücklich
Heißt das
dass sie
heimlich unglücklich ist?

Wenn sie sagt
sie sei
unheimlich unglücklich
Heißt das
dass sie
unglücklich ist
weil sie
kein Heim hat?

Wenn er sagt
er sei
unheimlich glücklich
ist es einfacher
Das heißt
dass er glücklich ist
aber
nicht in seinem Heim
Also heimlich

- Bestimmen Sie die semantischen Funktionen, die das Präfix „un-“ bei Wortbildungen übernehmen kann. Vergleichen Sie dazu auch „Unmensch“, „Unglück“, „Unfrieden“, „Unkraut“ gegenüber „Unmenge“, „Unzahl“.
- Sammeln und vergleichen Sie möglichst viele sprachliche Mittel der Negation im Deutschen.
- Prüfen Sie, welchen Einfluss auf die Bedeutung die Position eines Negationspartikels im Satz ausübt:
  - Nicht alle Mitglieder zahlen regelmäßig ihren Vereinsbeitrag.
  - Alle Mitglieder zahlen regelmäßig ihren Vereinsbeitrag nicht.
  - Alle Mitglieder zahlen nicht regelmäßig ihren Vereinsbeitrag.
  - Alle Mitglieder zahlen regelmäßig nicht ihren Vereinsbeitrag.

- Vergleichen Sie die Bedeutungen folgender Ausdrücke:
  - Ich bin unschuldig.
  - Ich bin nicht schuldig.
  - Ich bin schuldlos.
  - Ich habe keine Schuld.
  - Ich bin ohne Schuld.
  - Ich habe nichts verschuldet.

24. Backmaschinen

Brotback-Maschine von Robinson und Lee

Die Herren Robinson und Lee zu Glasgow haben so eben eine Brotback-Maschine errichtet, die wir unseren Lesern vorführen.
Figur 1 gibt eine Vorderansicht der Maschine, die in der Stunde ohne Zuthun menschlicher Arbeit 1¼ Tonne Brot oder 1 Tonne Schiffszwieback bäckt, wiewohl dieselbe weniger als 2 Quadratfuß Raum einnimmt. Durch einen sehr einfachen, aber geistreich erfundenen Prozeß fällt das Mehl und das Wasser in gehörigem Verhältnis zusammen auf einen Kegel, der dieselben theilweise unter einander mischt und dann in den Backtrog führt, aus dem der Teig durch eine Öffnung gepreßt und mit einem exzentrischen Messer in der gewünschten Größe abgeschnitten wird. Diese Stücke fallen auf eine Walze und werden von derselben Maschinerie durch eine Form in den Backofen Figur 2 und 3 geführt, wo der Dampf, durch den das ganze Geschäft besorgt wird, nachdem er durch rotglühende Röhren in den Kessel gegangen, in unmittelbare Berührung mit dem Gebäck gesetzt wird und eine sehr reine Kruste erzeugt. Auch die Hitze wird durch einen selbsthätigen Pyrometer angezeigt und reguliert, wodurch der Bäcker in den Stand gesetzt ist, sein Gebäck sowohl gegen das Verbrennen wie gegen zu schwaches Backen zu sichern.

Illustrierte Zeitung 1850/1, 76: Brotback-Maschine von Robinson und Lee. In: Sommerfeldt, Karl-Ernst (1988): Entwicklungstendenzen der deutschen Gegenwartssprache. Leipzig: Bibliographisches Institut. S. 188 f.

Neuer Etagenbackofen mit Heizgasumwälzung entwickelt

Gegenüber dem „bofaba"-Etagenbackofen, jetzt unter der Typenbezeichnung GB405 im Angebot, wurde das Design vollständig neu gestaltet (Bild 1). Es entspricht den modernen Auffassungen der Formgestaltung hinsichtlich klarer Linienführung in Verbindung mit anwenderbezogener Zweckmäßigkeit und rationeller Fertigungstechnik. Eine Industriemuster-Anmeldung wurde vorgenommen. Mit Ausnahme des Bereichs unter dem Ofentisch ist die gesamte Vorderfront des Etagenbackofens aus Chrom-Nickel-Stahlblech hergestellt. Die übrige Verkleidung des Backofens sowie die Wandung des Gärraums sind aus Ekotal-Blech gefertigt, das serienmäßig zusätzlich farblich mit den neuen „Fortschritt-Farben" Ekrü und Sienagrün gestaltet ist.
Die Herdpartie innerhalb der Ofenvorderfront wurde vom Vorgänger GB405 mit geringfügigen Veränderungen übernommen. In der linken vorderen Seitenverkleidung befindet sich das Bedientableau des Ofens einschließlich Temperaturregler und Temperaturanzeigeinstrument. Das im Bild 2 gezeigte Bedientableau entspricht der Exportausführung für den ölbeheizten Backofen. Für den gasbeheizten Typ ist aus wirtschaftlich-technischen Gründen die Gestaltung des Bedientableaus etappenweise vorgesehen.

Bäcker und Konditor 1/1984, 13: Neuer Etagenbackofen mit Heizgasumwälzung entwickelt. In: Sommerfeldt, Karl-Ernst (1988): Entwicklungstendenzen der deutschen Gegenwartssprache. Leipzig: Bibliographisches Institut. S. 188 f.

- Untersuchen Sie die beiden Texte zum gleichen Gegenstand bezüglich der Wortbildung. Welche Entwicklungstendenz der deutschen Gegenwartssprache wird erkennbar?
- Suchen Sie nach Ursachen für die Tendenz.

25. Wortfamilien

Wortfamilie „fahren“

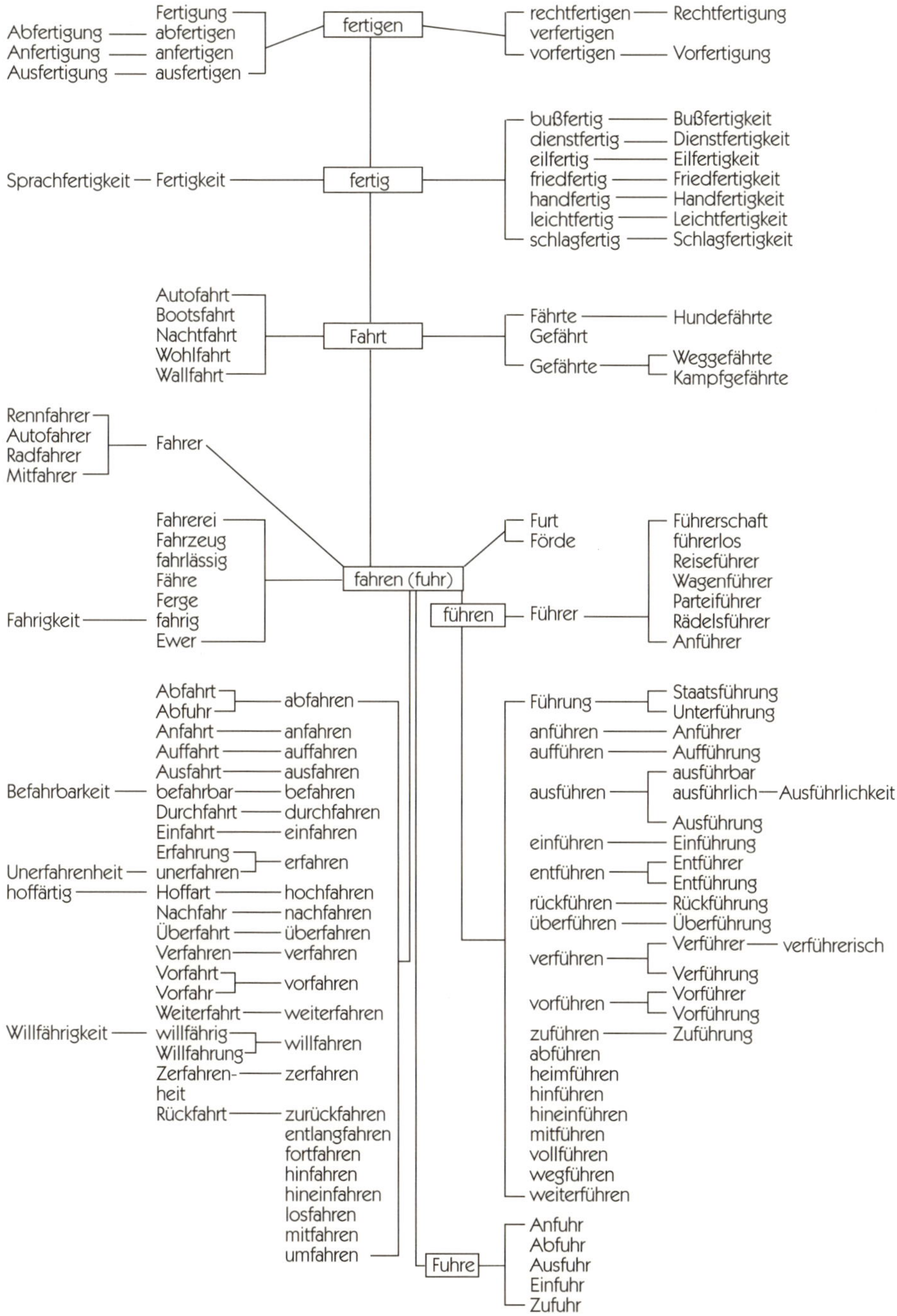

Wortfamilie „Sinn“

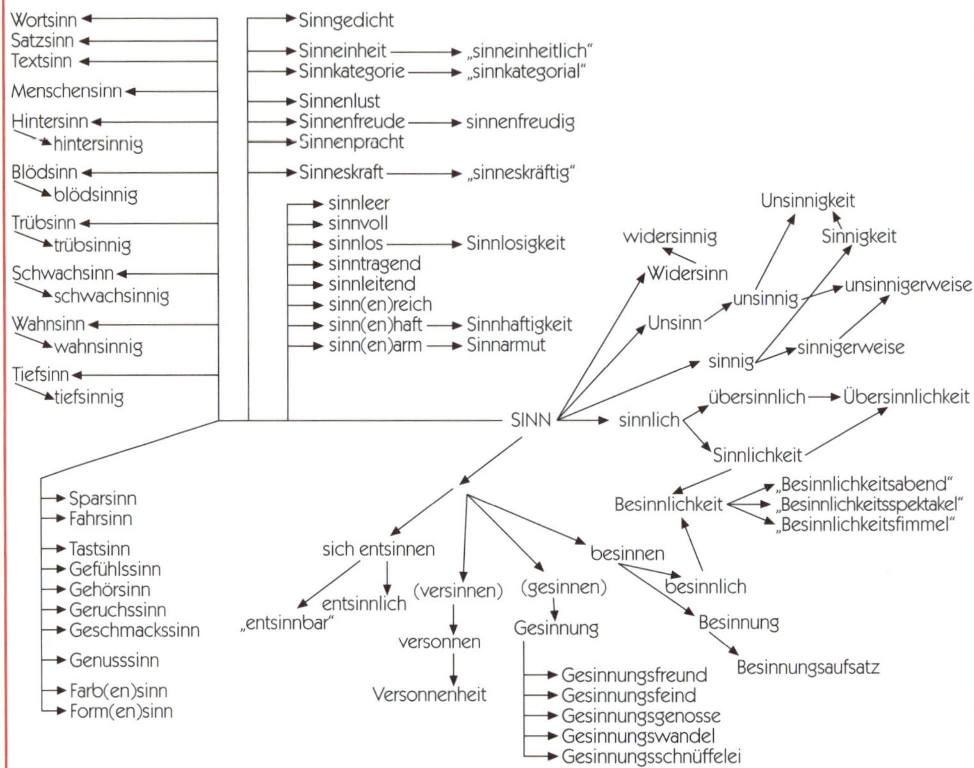

Anmerkung: Spontanbildungen sind durch Anführungsstriche gekennzeichnet. Heute nicht mehr geläufige Bildungen, von denen aus aber weitere Wörter hergeleitet wurden, sind durch Klammern gekennzeichnet.

Wortfamilie „fahren“. In: Agricola, E. / Fleischer, W. / Protze, H. (Hrsg.) (1969): Kleine Enzyklopädie. Die deutsche Sprache, Band 1. Leipzig: Bibliographisches Institut. S. 539.
Wortfamilie „Sinn“. In: Bünting, Karl-Dieter / Eichel, Wolfgang ([5]1999): Grammatiklexikon. Kompaktwissen für Schule, Ausbildung, Beruf. Berlin: Cornelsen Verlag Scriptor. S. 208.

- Untersuchen Sie den Aufbau der beiden Wortfamilien. Können Sie noch Ergänzungen vornehmen?
- Prüfen Sie die Wörter auf die Durchsichtigkeit (Motivation) der Bauweise hin. Unterscheiden Sie dabei zwischen morphologischer Motivation (die beteiligten Wortbausteine sind zu identifizieren) und semantischer Motivation (auch die Wortbedeutung lässt sich auf die Bedeutungen der Wortbausteine zurückführen).

- Welchen Einfluss übt die formale Morphemkonstanz („Sinn“) bzw. die Morphemvarianz (Varianten „fahr / fuhr / fur / führ / fähr / fer / för“) auf den Zusammenhalt der Familie im mentalen Lexikon eines Sprechers der Gegenwart aus?
- Mit welchen Lernzielen verbinden Sie die Behandlung von Wortfamilien im Unterricht?
- Strukturieren Sie eine Wortfamilie nach eigener Wahl.

26. Km 21

Ein Rabe saß auf einem Meilenstein
und rief Ka-em-zwei-ein, Ka-em-zwei-ein …

Der Werhund lief vorbei, im Maul ein Bein,
der Rabe rief Ka-em-zwei-ein, zwei-ein.

Vorüber zottelte das Zapfenschwein,
der Rabe rief und rief Ka-em-zwei-ein.

„Er ist besessen!“ – kam man überein.
„Man führe ihn hinweg von diesem Stein!“

Zwei Hasen brachten ihn zum Kräuterdachs.
Sein Hirn war ganz verstört und weich wie Wachs.

Noch sterbend rief er (denn er starb dort) sein
Ka-em-zwei-ein, Ka-em, Ka-em-zwei-ein.

Morgenstern, Christian: Km 21. In: Ders. (1957): Gedichte. Ausgewählt von Martin Beheim-Schwarzbach. Frankfurt a. M.: S. Fischer Verlag.

- Sprachliche Ausdrücke werden nicht immer identifiziert und verstanden. Zählen Sie Gründe für das Nichtverstehen auf: gestörte akustische Übertragung, …
- Welche besonderen Probleme können Abkürzungen (gekürzt geschrieben, aber als vollständiges Wort gesprochen), Initialwörter (nur Anfangsbuchstaben gesprochen: VW) und andere Kürzel dem um Verständnis Bemühten bereiten?

27. Zeichensprache

An ihren Abkürzungen werdet ihr sie erkennen: Unser Schriftbild mathematisiert sich zusehends. „Wir waren schon 3x im Meer baden. Liebe Grüße, Ulla + Heinz." Eine Urlaubsrechnung wird da aufgemacht. Auch in deutschen Schulaufsätzen wird mit Kürzel- und Zeichensprache gearbeitet, mit den Klassikern im profansten Sinne des Wortes *abgerechnet*, mit *Maria Stuart* zum Beispiel: „Elisabeth will nicht heiraten, während Maria 2 auf einmal hatte, die aber auf merkwürdige Weise umkamen."
Logo, dass sich später „Marias 3ecks-Verhältnis rächt", auch wenn sie zu ihrer Rettung noch ein „2-Gespräch mit der Rivalin" führt. Auch „Mortimer, der 20 J. in England gelebt hat, kann ihr nicht helfen". Und so ist der „innere Leidensweg der Kgin. sehr lange", wenn auch ohne Angabe von „km/st" (Kilometer je Stunde). Quersumme des Ganzen: Maria muss am Schluss „rein phys. untergehen am Schafott". Mit ihr die deutsche Sprache, deren volle Laute in diesem Kürzel-Kauderwelsch bis zur Unkenntlichkeit abmagern. Diese doppelte Katastrophe kann selbst Schiller nicht aufhalten und schon gar nicht sein „08/15-Dramenbau mit retardierendem Moment". Wohl deshalb nennt sich d. Trsp. i. 5 Akten v. F. Schiller auch TRG (= „Tragödie" oder auch „Trümmergesetz" laut Abkürzungs-Duden).
Ungeheurer Vorzug dieser Schreibweise: Die Deutscharbeit wird nunmehr maschinenlesbar, die Korrekturarbeit für Lehrer weniger zeitaufwendig, Personaleinsparungen winken.
Schüler, Lehrer, Kultusbürokraten: Jeder ist sein eigener REFA-Fachmann zur Einsparung von Arbeitszeit, jeder Vollstrecker eines geheimen Bildungsplans mit dem Grobziel einer größtmöglichen Rationalisierung und Effizienz. Ob diese Maria Stuart nun ein Weib „von rührend wundersamem Reiz" war oder nur „weiblich", „wb." oder gar „♀" – ein kleiner Unterschied nur und ohne große Folgen.
Je knapper, je lieber, je schlichter, desto verständlicher. Auch für das Alltägliche ist gesorgt. Längst steht auf den WC-Türen ausgerechnet derer, die lesen lernen sollen, nicht mehr „Mädchen" oder „Jungen", kleine Männchen und Bildsymbole verkürzen den Weg vom Bedürfnis zu seiner Befriedigung – ohne den Umweg über den Begriff.

Richard, Christine: Zeichensprache. In: DIE ZEIT 41/1985. S. 49.

- Nennen Sie Vorteile und Nachteile der vielen Kürzel, Kurzwörter und Abkürzungen (von Uni, Bus über DM, Pkw, Spaka, Kripo, ARD, PC bis zu km/h, Dipl.-Ing., usw., od., etw., Frl.) sowie Zeichen und Symbole (*, ‰, ≈, ♂, °C) in unserer Standardsprache.
- Überprüfen Sie jeweils den Grad an vorhandener Durchsichtigkeit (Motivation).
- Darf man individuell abkürzen oder muss man sich auch dabei an Normen halten?

28. MfG

ARD, ZDF, C & A,
BRD, DDR und USA,
BSE, HIV und DRK,
GbR, GmbH, ihr könnt mich mal.

THX, VHS und FSK,
RAF, LSD und FKK,
DVU, AKW und KKK,
RHP, usw., lmaA.

PLZ, UPS und DPD,
BMX, BPM und XTC,
EMI, CBS und BMG,
ADAC, DLRG, ojemine.

EKZ, RTL und DFB,
ABS, TÜV und BMW,
km/h, ICE und Eschede,
PVC, FCKW, ist nicht o. k.

MfG, mit freundlichen Grüßen,
die Welt liegt uns zu Füßen, denn wir stehen drauf,
wir gehen drauf für ein Leben voller Schall und Rauch,
bevor wir fallen, fallen wir lieber auf.

HNO, EKG und AOK,
LBS, WKD und IHK,
UKW, NDW und Hubert K.,
BTM, BKA, hahahaha.

LTU, TNT und IRA,
NTV, THW und DPA,
H & M, BSB und FdH,
SOS, 110, tatütata.

SED, FDJ und KaDeWe,
FAZ, BWL und F.D.P.,
EDV, IBM und www,
HSV, VfB, olé olé.

ABC, DAF und OMD,
tm3, A & O und AEG,
TUI, UVA und UVB,
THC in OCB ist was ich dreh'.

MfG. Text und Musik: Michael B. Schmidt, DJ Michael Beck, Thomas Dürr, Andreas Rieke.

- Welche Kürzel sind Ihnen unbekannt? Versuchen Sie diese mit Hilfe eines Abkürzungswörterbuches oder eines anderen Nachschlagewerkes zu entschlüsseln.
- Welche Absicht verfolgt die Gesangsgruppe wohl mit ihrem Lied?
- Unterbreiten Sie einen didaktischen Vorschlag für die Arbeit mit dem Text.

29. gehen (histoire d'amour)

er geht gut gekleidet zu fuß, geht ihr nach und mit ihr auf und ab, ab und zu auch aufs zimmer, dort aus sich heraus, dann und wann dabei zu weit, doch sie ihm ins garn.

zuerst geht alles gut, er ihr über alles in der welt, alles in erfüllung, kein mann, der über leichen geht. ihr wird nichts abgehen. doch wie es eines tages gegen abend geht und er an bord, geht bei gedämpfter trommel klang schließlich gewalt vor recht, es drunter und drüber und ihr ein licht auf. wie er geht und steht, geht diese liebe den weg alles fleisches.

ihre unschuld hieß er mit sich gehen, doch ihre freundschaft in die binsen, was ihr durch und durch und lange noch nachgeht. wird er in sich, mit sich zu rate und ins gericht gehen?

wenn man sicher gehen will, darf man sich nicht gehen lassen, nicht einmal das wasser bis zum hals, aber auch das geht vorüber. die einen kommen, die anderen gehen. er nun schon ins vierzigste jahr. das leben geht auch ohne ihn ins aschgraue. eines tages hört sie unterwegs, als es auf den abend geht, ein unvermutetes wie gehts? das kann nicht gut gehen. will er mir etwa um den bart gehen oder wie die katze um den heißen brei? sie geht an ihm vorbei. wenn auch die kunst nach brot und der krug so lange zum brunnen gehen muss, bis er bricht – man hat nicht nötig, vor die hunde oder seinetwegen gar ins wasser zu gehen. das ginge über die hutschnur. und auf den strich gehen, ginge ihr wider den strich und außerdem zu sehr ins einzelne. man muss mit der zeit gehen. das meiste erledigt sich durch gehen. nur aus der haut fährt man.

Schwedhelm, Karl: gehen (histoire d'amour). In: Wiemer, Rudolf Otto (Hrsg.) (1974): Bundesdeutsch. Lyrik zur Sache Grammatik. Wuppertal: Peter Hammer Verlag. S. 73.

- Feste Redewendungen sind im Unterschied zu freien syntaktischen Fügungen „Wortgruppenlexeme", Elemente des Wortschatzes. Begründen Sie diese sachliche Zuordnung mit Hilfe von Beispielen aus dem Text.
- Wie englische „Idioms" muss man auch eigensprachliche idiomatische Wendungen lernen und im Gedächtnis speichern (= rezeptiver Wortschatz), damit man sie selbst verwenden kann (= produktiver Wortschatz). Was kann man im Unterricht tun, um Redewendungen „verfügbar" zu machen?

30. Der Minister, verzichtbar

Politikern wird oft vorgeworfen, ihre Sprache sei formelhaft und abstrakt. Umso erfreulicher ist es, dass unser aller Arbeitsminister Herbert Ehrenberg sich einer bildhaften und kräftigen Ausdrucksweise bedient. Anlässlich der 100-Jahr-Feier der deutschen Sozialversicherung äußerte er den bemerkenswerten Satz: „Das soziale Netz ist ein unverzichtbarer Grundpfeiler unseres Rechtsstaates." Damit hat der Herr Minister das Schwarze, das uns allen unter den Nägeln brennt, auf den Kopf getroffen. Der freiheitlich-demokratische Grundpfeiler, den Ehrenberg im Auge hat, ist nämlich porös, löcherig wie ein Netz! Das musste einmal gesagt werden. Aber, wie bereits Klopstock auf seinem Sterbebett, als er die letzte Ode zum Himmel schickte, bemerkte: Der Zahn der Zeit, der schon so manche Träne getrocknet hat, wird auch über diese Wunde Gras wachsen lassen.

Der Minister, verzichtbar. In: DIE ZEIT 49 vom 27.11.1981. S. 49.

- Stört Sie die Vermischung nicht zusammenpassender Metaphern (Katachrese) ebenso wie den Verfasser der Zeitungsglosse?
- Nennen Sie weitere Beispiele für den Stilfehler: „Der Dirigent meißelte die lodernde Rhythmik der Partitur heraus" …
- Wie kann man Schüler vor störenden „Bildbrüchen" im Aufsatz bewahren?

31. Die niederländischen Sprichwörter

Bruegel, Pieter d. Ä.: Die niederländischen Sprichwörter (1559). © AKG, Berlin.

- Pieter Bruegels d. Ä. Gemälde versammelt mehr als 100 sprichwörtliche Redensarten und Sprichwörter unter den Vorzeichen der „verkehrten Welt". Welche Sprichwörter und sprichwörtliche Redensarten erkennen Sie?
- Was sind sprichwörtliche Redensarten und welche Unterschiede und Gemeinsamkeiten haben sie mit Sprichwörtern?
- Erörtern Sie Gründe und Möglichkeiten entsprechender sprachkundlicher Betrachtungen im Deutschunterricht.

32. „Ich bin völlig sitt"

Neues Wort für nicht mehr durstig heißt „sitt"

„Nein, bitte nichts mehr zu trinken, ich bin sitt." Solche Antworten müssen sich bald Kellner und Barmänner anhören, wenn sich ein am Donnerstag in Hamburg vorgestelltes neues Wort in der deutschen Sprache durchsetzt. „Sitt" soll nun nach dem Ergebnis eines Wettbewerbs der Zustand heißen, wenn man keinen Durst mehr hat. Es ist also das Gegenstück zu satt. „Wenn das Wort sich durchsetzt, werden wir es in den Duden aufnehmen", sagte Matthias Wermke, Leiter der Dudenredaktion. Das Wort hatte der 17 Jahre alte Jascha Froer aus Ludwigsburg bei Stuttgart in einem Wettbewerb eingereicht, einer von rund 100 000 Teilnehmern. [...]

Associated Press vom 07.10.1999: Neues Wort für nicht mehr durstig heißt „sitt". © 1999 by The Associated Press.

- Was halten Sie von dieser Art, den deutschen Wortschatz zu vergrößern?
- Suchen Sie andere Beispiele für „Lücken" im Wortschatz. Machen Sie Vorschläge, wie man sie füllen könnte.
- Zeigen Sie, wie man sich in Fällen des Ausdrucksmangels oder der Ausdrucksnot hilft durch: Wortschöpfung, Wortbildung oder Wortentlehnung aus einer anderen Sprache.
- Welche sprachlichen Fähigkeiten sollten in diesem Zusammenhang in der Schule gefördert werden?

33. Handy

CCC Liebermann, München.

- Auf welche Besonderheit des „Fremdwortes“ spielt der Verkäufer an?
- Wie ist die Entstehung von Wörtern wie „Handy“ psychologisch zu erklären?
- Sollte man als Sprachlehrer die Verbreitung solcher Wörter hinnehmen oder sich gegen ihren Gebrauch wenden?

34. Kids

[...]
Von Kids hören wir – auch außerhalb der Kinderboutiquen – nun immer häufiger. Auf einem Plakat vor der Hamburger „Fabrik" grüßen die Kids von der örtlichen Gruppe des Kinderschutzbundes ihre Mit-Kids. Die Morgenzeitung fasst das Wochenende für Kids zusammen, das Fernsehen berichtet von den New Yorker Slum-Kids, der *Spiegel* sieht die Kids der achtziger Jahre im Look der fünfziger, und das *Zeit*magazin kündigt die Kino-Kids in Gestalt von Michael Douglas und Co. an. Die Computer-Kids aber zeigen der Welt, wie man ein halbes Kind und ein erfolgreicher Spezialist sein kann. Wie sonst auch könnte man junge Menschen bezeichnen, die noch nicht hinters Steuer dürfen und schon eine ausgereifte Software für die Fahrprüfung auf den Markt werfen?
Tatsache ist, dass seit einiger Zeit ein spürbarer Mangel an zutreffenden Bezeichnungen für die Zehn- bis Sechzehnjährigen besteht. Wie wird der moderne, aufgeklärte, dem Leben zugewandte erwachsene Mensch sie nennen? Kinder? Scheidet wegen erwiesener Tümelei aus. Teenager? Kommt aus den Tiefen der Petticoat-Ära und klingt kaum weniger angejahrt als Backfisch. Jugendliche? Hört sich nach Jugendherberge an und nach Paragraphen. Teenies käme dem Geist der Zeit schon näher, hätte es nicht diese nervige Aura von Putzigkeit und *Bravo*-Lektüre. [...]

Plog, Ulla: Kid grüßt Mit-Kid. In: DIE ZEIT 11 vom 11.03.1988.

- Wie beurteilen Sie die Verwendung des Wortes „Kids"?
- Kennen Sie weitere Bezeichnungen für Jugendliche? Welche Konnotationen sind mit ihnen gegeben?

35. Riesenbiss ins Mutterbrett

Zum Streit um „Denglisch" im Computer-Jargon

Wir stehen kurz vor einer feindlichen Invasion. Allerdings werden wir nicht einfach plump mit Bomben beworfen, nein: Unser Gegner operiert mit einem besonders perfiden Mittel – er schleust Vokabular ein und bekämpft damit das Deutsche „als selbstständige Kultursprache". Wer glaubt, die Deutschen seien gegen derlei Angriffe gefeit, irrt: „Die deutsche Sprache zerbröselt zu einem Pidgin-Dialekt, der als eigenständige Kultursprache bald nicht mehr zu gebrauchen ist." Die Deutschen haben „den Glauben an die eigene Sprache und Kultur verloren"; eine „Selbstaufgabe der deutschen Sprache" ist im Gange.

Von solch paranoidem Verfolgungswahn wird der „Verein zur Wahrung der deutschen Sprache" geplagt. Laut Eigenwerbung will er „in wenigen Monaten schon mehrere Tausend Mitglieder aus allen Schichten der Bevölkerung" gewonnen haben, „darunter hochrangige Politiker". Zwar steht für den Verein der Feind noch „jenseits des Atlantiks". Doch hat der feindliche Geheimdienst schon eine Reihe hochkarätiger Verbündeter in Deutschland gefunden: „Lieder- und Werbemacher", sogar ehemalige Staatsunternehmen wie Bahn, Post und Telefon betätigen sich als seine verräterischen Wegbereiter, wenn sie „Service points" aufstellen, „German Calls" machen und nach Frankfurt in die „City of the Euro" einladen.

Sprachpuristen hat es schon immer gegeben: Im 18. Jahrhundert, als man an deutschen Höfen französisch parlierte, wetterten sie gegen die Übernahme französischer Wörter. Zu Hitlers Zeiten ersetzten sie lange eingebürgerte Wörter lateinischen Ursprungs. Statt „Nase" sollte man „Gesichtserker" sagen. Heute haben Reinheitsfanatiker Wörter und Formulierungen aus dem englischen Sprachraum im Visier. Ginge es nach ihren Vorstellungen, würden wir ab sofort unsere „Drahtpost oder EPost" (EMail) mit „Lächlern" (Smileys) verzieren und Botschaften von „Schlepprechnern" (Laptop) an „Nachrichten-Zirkel" (Newsgroups) oder in den „weltweiten Wälzer" (World Wide Web) schicken.

Man könnte all das als Spinnerei abtun, wenn der Verein nicht auch noch drohen würde: Als kürzlich das Institut der Deutschen Sprache in Mannheim – dort ist auch die Duden-Redaktion angesiedelt – erklärte, Begriffe wie „upgrade" und „download" gehörten in das Wörterbuch der deutschen Sprache, kündigten die Sprachbewahrer an, „über politische Kanäle auf die Führung des Institutes Einfluss" zu nehmen, um das zu verhindern. Anders als die Duden-Redaktion geht der Verein zur Wahrung der deutschen Sprache davon aus, dass sich „download" noch nicht eingebürgert hat: Heißt es „downloaded, gedownloaded oder downgeloaded?" fragt sich der Dortmunder Statistikprofessor Walter Krämer, Vorsitzender der Sprachbewahrer. Für ihn schwächen solche Überlegungen die deutsche Abwehr: „Außerdem weichen viele Anglizismen den Tiefencode der deutschen Sprache auf – man weiß nicht mehr, in welcher Sprache man sich eigentlich bewegt." Doch Bewegung ist ohnehin nicht Sache der Sprachhüter: Denn wer auf dem Flughafen „Torschlussangebote" statt „last minute" suchen will, der möchte eigentlich gar nicht reisen.

Von Sprache verstehen die selbst ernannten Hüter indes nicht viel: Weder gibt es einen „Pidgin-Dialekt" noch einen „Tiefencode". Ein Dialekt ist die *Variante* einer Sprache, wie Sächsisch oder Kölsch. Pidgin ist also kein Dialekt, sondern eine Zweitsprache mit minimalem Wortschatz und reduzierter Grammatik. Die Bezeichnung „Tiefencode" hört sich treffend an, sagt aber nichts aus. Denn der Satzbau einer Sprache – auch des Deutschen – wurde und wird niemals durch Einbürgerung von Wörtern aus anderen Sprachen „beschädigt"; diese werden allenfalls in ihren grammatikalischen Formen „regelwidrig" eingesetzt. Bilinguale, wozu auch Menschen gehören, die fast perfekt eine Zweitsprache beherrschen, neigen auch zu einem kreativen Sprachgebrauch. Sprache ist einfach ein Spiel mit verschiedenen Ausdrucksmöglichkeiten. Und diejenigen, die viele fremdsprachliche Ausdrücke in ihren deutschen Wortschatz integrieren, zeigen immer auch eine gewisse Souveränität, wenn sie es nicht übertreiben.

Englischsprachige Computerbegriffe gehören zu den Fachsprachen und geben als technische und wissenschaftliche Termini bestimmte Sachverhalte exakt an. Zudem bilden viele der bekrittelten Wörter Soziolekte. Das bedeutet: Sie werden innerhalb einer bestimmten Gruppe oder sozialen Schicht als identifizierende Kommunikationsmerkmale eingesetzt.

Nur auf guter Hartware kann die Weichware richtig schnell laufen. Die Vorschläge der Sprachbewahrer zeigen, dass sie von EDV noch weniger verstehen als von Sprache: Statt „booten" sollen wir „in Gang setzen, starten" verwenden, „hochfahren" ist eigentlich üblich. „Softwaretechnik" soll „software engineering" ersetzen, was nur auf eine Teilmenge zuträfe. Wenn für „paging" schlicht „Seitenwechsel" empfohlen wird, ist das verwaschen und greift zu kurz. Und wer „Spielhebel" oder „Freudenstock" für Joystick vorschlägt, redet wohl nicht sehr viel mit anderen während des Spiels.

Viele der von den Sprachbewahrern vorgeschlagenen deutschen Wörter werden ohnehin gleichrangig neben den englischen Termini benutzt, „Tastatur" neben „keyboard" und „elektronisches Einkaufen" neben „ECommerce". Manche englischen Wörter werden vom Verein sogar akzeptiert, dazu gehört auch „surfen". Doch solche Abwiegeleien dürfen nicht darüber hinwegtäuschen, dass es sich (auch) bei diesem Vereinswesen um eine Spielart der Abwehr gegen „Überfremdung" handelt. Das passt sich gut ein in das Misstrauen, das interessierte Kreise gegen das Internet schüren, um ihren Überwachungsstaat besser durchsetzen zu können.

„Winzigweich" für „Microsoft" kann ja noch angehen, aber „Mutterbrett" für „Motherboard"? Für die Entwicklung guter Software, deren Ziel Benutzerfreundlichkeit sein sollte, ist die Begriffsverwirrung jedenfalls kontraproduktiv. Längst haben Firmen wie Microsoft oder Apple erkannt, dass sie ihre Produkte besser verkaufen, wenn sie auf die Eigenarten des jeweiligen Landes eingehen, auch auf die Sprache. „Localization" ist angesagt, die Umsetzung US-amerikanischer sprachlicher Schnittstellen in die jeweilige Landessprache und -kultur. Intuitive Benutzerführung und eine Begrifflichkeit, die dem Sprachgefühl des Anwenders angepasst ist, gehören einfach zusammen. Wobei die Verwendung von englischen Wörtern durchaus sinnvoll ist, soweit sie sich eingebürgert haben. Doch um das Verstehen der Computerwelt geht es dem Verein gar nicht. Sonst hätte er bemerken müssen, dass auch deutsche Wörter zusätzliche Bedeutungen erhalten: Früher konnte man nur einen Brief adressieren, heute auch eine Speicherstelle im Computer.

Bödeker, Anna: Riesenbiss ins Mutterbrett. Zum Streit um „Denglisch" im Computer-Jargon. In: c't 12/1999. © 1999 Verlag Heinz Heise. S. 60.

- Anglizismen im Deutschen: In welchen Zusammenhängen ist Ihnen diese Erscheinung besonders aufgefallen?
- Welche Absicht verfolgt der „Verein zur Wahrung der deutschen Sprache"?
- In welchen Punkten teilen Sie die Meinung Bödekers? In welchen Punkten widersprechen Sie ihm?
- Welche Gründe kann man für den Gebrauch von Fremdwörtern anführen?
- Versuchen Sie, Ihre Position im Streit um die „Fremdwörterei" in der Gegenwartssprache kurz zu umreißen.
- Welchen Standpunkt sollte die Schule einnehmen?
- Wie könnte man den Gebrauch von Fremdwörtern und Entlehnungen aus anderen Sprachen zum Gegenstand des Deutschunterrichts machen?

36. Vom Rattenrennen zum Menu

Was urdeutsch aussieht, ist oft nur wortwörtlich aus der Fremdsprache übernommen

Dass die deutsche Sprache seit dem Ende des Zweiten Weltkrieges von englischen Wortimporten überschwemmt wird, ist sattsam bekannt. Dass dieser Zustrom von Anglizismen keine vorübergehende Erscheinung ist und die Mehrzahl der zugeströmten Wörter und Wendungen auch nicht wieder verschwinden wird, wollen manche nicht wahrhaben! Dass es nicht bloße Wichtigtuerei ist, wenn sich das Deutsche dem Sprachmaterial englischer Provenienz so bereitwillig öffnet, halten einige für eine bedauerliche Irrmeinung – tatsächlich aber klingt Englisches nicht nur irgendwie „weltläufiger" und „moderner", es enthält oft auch Bedeutungsnuancen, die den deutschen Wörterbuchpendants durchaus fehlen, und immer wieder springen Anglizismen dort ein, wo es bisher überhaupt keinen deutschen Ausdruck gibt. Dass dieser Sprachimport das Deutsche nicht nur verändert, sondern auf lange Sicht auch bereichert, hören viele dennoch gar nicht gern.
Das Englische beeinflusst das Deutsche aber noch auf eine andere, sehr viel weniger auffällige Art. Zu den offenen treten immer mehr heimliche Anglizismen: Wörter und Wendungen, die sich auf den ersten Blick so urdeutsch ausnehmen wie aus Grimms Wörterbuch und die dennoch englischer Herkunft sind. Entweder handelt es sich um wörtliche Übersetzungen; oder ein fast vergessen dahinvegetierendes Wort wurde unter dem Einfluss des Englischen wieder entdeckt und reaktiviert; oder ein deutsches Wort erhielt unter dem Einfluss des Englischen zusätzlich eine ganz neue Bedeutung, die ihm bisher fremd war; oder seine althergebrachte Bedeutung wurde von einer aus dem Englischen stammenden Neu-Bedeutung unterwandert und mehr oder weniger außer Kraft gesetzt.
Realisieren etwa – früher hieß das nichts anderes als „zu Geld machen" und vor allem „verwirklichen": *Solche Hirngespinste lassen sich nicht realisieren.* Noch in um 1960 gedruckten Fremdwörterbüchern taucht es ausschließlich in diesem Sinn auf. Um 1970 aber nahm es dann auch noch die Bedeutung von „to realize" an: „verstehen", „sich klarmachen": *Er realisiert nicht, dass er ein hohes Risiko eingeht.* Ähnliches ist *kontrollieren* widerfahren. Eigentlich hieß es „überprüfen": *An der Grenze wurden wir nur flüchtig kontrolliert.* Heute heißt es auch noch „beherrschen": *Die Aufständischen kontrollieren den ganzen Norden.* Ein *kontrolliertes Experiment* ist keineswegs ein „überwachtes", auch kein „überprüftes" oder „beherrschtes" Experiment, wie man in unbeholfenen Übersetzungen lesen kann; überwacht wird hoffentlich jedes Experiment, sonst hört es schnell auf, eines zu sein. Vielmehr handelt es sich um eines, bei dem alle erdenkliche Sorgfalt darauf verwendet wurde, dass die bei ihm anfallenden Resultate tatsächlich von den in Frage stehenden Faktoren hervorgebracht wurden und nicht von irgendwelchen ganz anderen oder dem puren Zufall. […]
Die neue Computersprache strotzt nicht nur von offenen, sondern auch von heimlichen Anglizismen. Warum die Übersicht zu Beginn eines Programms im Engli-

schen *menu* heißt, ist klar: Das *menu* ist die „Speisekarte". Der Computer reicht einem sozusagen die Speisekarte. Ein *Menü* aber war im neueren Deutsch nur noch die Speisenfolge, also das Essen selbst. Nun wurde es zu einer Übersetzung des Computer-*menu*. Man gewöhnt sich wunderbar schnell an solche Merkwürdigkeiten; nur Novizen fragen sich vergeblich, ob die *Hacker*, die sich an *menugesteuerten Textprogrammen* zu schaffen machen, eine besonders verfressene Spezies sind.

Was machen diese *Hacker*? Sie haben das *Passwort* (nicht etwa, obwohl es auf das Gleiche hinausliefe, das „Kennwort" oder die „Losung"). Damit *adressieren* sie ihr *System* – und das heißt nicht etwa, dass sie ihm Adressen aufklebten, sondern dass sie es „ansprechen" (um 1960 war „beanschriften" noch die einzige Bedeutung von *adressieren*; nun hat es auch noch die des englischen „to address" übernommen). Wenn sie es dann *adressiert* haben, beginnen sie mit dem *Editieren* und eventuell dem *Indexieren*, beides Importe aus dem Englischen, die verfügbare deutsche ... nun ja, die wohl eingeführte Fremdwörter (*edieren* und *indizieren*) mit dem Rücken an die Wand gedrückt haben.

Oder um in die Niederungen der Alltagssprache herabzusteigen: *Feuern* hieß einst „rot werden" oder später „heizen"; in Anlehnung an „to fire" wurde es zu „hinauswerfen". *Gefeuert* wird, wer im *Rattenrennen* nicht mithält („rat-race" evoziert Laboratoriumsratten in der Tretmühle). In Pauls deutschem Wörterbuch von 1961 fehlte *überlappen* (von „to overlap") noch ganz; damals musste man den gleichen Begriff mit „sich überschneiden" ausdrücken, und das war, muss man zugeben, nicht nur umständlicher, sondern brachte auch die Vorstellung sich absolut unaggressiv deckender Flächen nicht so gut zum Vorschein. Demnächst werden Kandidaten auch hierzulande rennen müssen („to run"), wenn sie sich um ein Amt bewerben.

Um ein Amt in der *Administration*. Die war früher nichts als eine „Verwaltungsbehörde". Heute ist daraus nach Washingtoner Vorbild nicht weniger als der gesamte gewählte „Regierungsapparat" geworden. Der gewählte Politiker entwickelt *Aktivität* oder, mit unserer Vorliebe für den Plural, „für die Plurale", *Aktivitäten*. Das wäre einst fast eine Beleidigung gewesen, denn es hieß so viel wie „Betriebsamkeit"; heute sind alle Arten von *Aktivität* (nämlich, wie das englische „activity", „Tätigkeit" schlechthin) durchweg eine Empfehlung. In seinem Amt dann ist *Kompetenz* gefragt. Noch Ende der 60er Jahre bedeutete das nur *Zuständigkeit: Das fällt nicht in Ihre Kompetenz!* Jetzt bedeutet es auch noch, was das englische „competence" bedeutet: „Befähigung".

Seltsamerweise haben die Linguisten, besonders die, die scharf darauf waren, jede Spur von Provinzialismus abzuschütteln und die Höhenluft internationaler Debatten zu atmen, sich dieser Art wortwörtlicher Eindeutschung besonders hemmungslos hingegeben. Lässig unterscheiden sie *Kompetenz und Performanz des nativen Sprechers* (also etwa die „Sprachbefähigung und das tatsächliche Sprechen in der eigenen Muttersprache"), und ein noch leichter Satz etwa von Chomsky hört sich auf Deutsch dann so an: *Das Kind muss eine generative Grammatik seiner Spra-*

che auf der Grundlage eines relativ restringierten Maßes von Evidenz erwerben. Kein Wunder, dass diese Wissenschaft eine Sache für Esoteriker geblieben ist. [...]
Daher kommen denn wohl die meisten jener supermodernen Redensarten, die nichts anderes sind als heimliche Anglizismen. *Ja, ich sehe Ihren Punkt* („I see your point") – bitte was sehen Sie? Einen Punkt? *Das ist eine trickige Geschichte* („a tricky story"). Man wird Ihnen noch *die Schau stehlen* („to steal the show"). Das andere Team *liegt in Front* („is in front"). *In 1985* wird es passieren. *Habt eine gute Zeit* („have a good time"), *Leute* („folks")! *Das macht keinen Sinn* (natürlich müsste es „hat" oder „ergibt" heißen, aber beides passt nicht immer – also wird „macht" sich auf jeden Fall endgültig einbürgern). *Sie haben einen doppelten Standard* – „eigentlich" wäre der „double standard" die „doppelte Moral" oder „zweierlei Maß". *Das macht mich sauer* ist wohl unter dem Einfluss von englisch „sore" gleich „wund" und „ärgerlich" zustande gekommen. Denn früher konnte man nur, wie Lackmuspapier, „sauer reagieren", oder etwas „stieß einem sauer auf"; selber *sauer* wurde man noch nicht. Zu dem modernen Grußwort *hallo* wurde nicht etwa der alte germanische Fährmannsruf („hol über!"), der sich in die Ära des Telefons hinübergerettet hatte, sondern der amerikanische Anruf „hello".
Und als gängigster und gleichzeitig entbehrlichster aller heimlichen Anglizismen ist natürlich *einmal mehr* („once more") zu nennen. Dass das auf Deutsch schlicht „noch einmal" heißt, gerät bei dem einen oder anderen auf erleseneren Ausdruck bedachten Schreiber nachgerade in Vergessenheit. Schon hört man gelegentlich: *Ein Bier mehr!* (Immerhin nicht *ein mehr Bier!*) Gewiss will der Sprecher im Grunde am liebsten *ein anderes Bier!* sagen, nur bliebe sein Glas dann wahrscheinlich leer, und so weit geht die Anglomanie dann doch nicht.
Manche dieser Sprachimporte sind in der Tat nur modische Protzereien. Andere sind hochwillkommene Bereicherungen. Bleiben werden die einen wie die anderen.

Zimmer, Dieter E.: Vom Rattenrennen zum Menu. Was urdeutsch aussieht, ist oft nur wortwörtlich aus der Fremdsprache übernommen. In: DIE ZEIT 11/1985. S. 70.

- Nehmen Sie Stellung zur angeblichen oder tatsächlichen Überschwemmung des Deutschen mit Anglizismen.
- Suchen und bewerten Sie Beweggründe für den Sprachimport.
- Prüfen Sie, ob man offene und heimliche Anglizismen didaktisch unterschiedlich beurteilen soll.
- Teilen Sie die in Zimmers letztem Satz zum Ausdruck kommende Erwartung? Welche anderen Entwicklungen könnten eintreten?

37. Wörterbuchgebrauch

So wichtig und notwendig die Vermittlung einer elementaren und routinierten Nachschlage- und Wortfindetechnik auch ist, sie ist nur die Voraussetzung zum eigentlichen Gebrauch des Schulwörterbuchs. Es mag sein, dass der unzureichende Wörterbuchgebrauch im Deutschunterricht durch die unvollkommene und mangelhafte Nachschlagefähigkeit der Schüler mitverursacht ist; es sind m. E. jedoch vor allem andere Gründe, die eine systematische und kontinuierliche Wörterbuchbenutzung blockieren:

(1) Der Ernstfall der schulischen wie außerschulischen Wörterbuchbenutzung ist auf die Rechtschreibkontrolle eingeengt. Der Schüler lernt sein Schulwörterbuch als Sprachgesetzbuch kennen und wird sozusagen als „Wörterbuchuntertan" erzogen und in Abhängigkeit gehalten. Ein Sprachgesetzbuch wird aber nie zum Schülerfreund.

(2) Die Voraussetzung für eine sinnvolle, über die Rechtschreibung hinausgehende Wörterbucharbeit ist die Wörterbuchdidaktik. Sprachgermanistik wie Deutschunterricht dämmern aber nach wie vor im wörterbuchdidaktischen Dornröschenschlaf. Die Wörterbuchdidaktik spielt in der allgemeinen Didaktik der deutschen Sprache so gut wie keine Rolle. Wenn das Wörterbuch als Gegenstand des Deutschunterrichts erwähnt wird, so wird die Arbeit mit dem Wörterbuch auf die Rechtschreibkontrolle hin funktionalisiert. [...] Erst im Zuge einer stärkeren Favorisierung wissenschaftslexikographischer Fragestellungen seit den 80er Jahren wird eine semantisch orientierte Wörterbuchdidaktik gefordert und in Ansätzen ausgearbeitet.

(3) Die bisherige orthographische Ausrichtung der Wörterbuchdidaktik ist insofern verständlich, als alle Schulwörterbücher des Deutschen seit Mitte des 19. Jahrhunderts bis auf den heutigen Tag reine Rechtschreibwörterbücher sind. Schulwörterbücher sind im Deutschen Spiegel der Rechtschreiblexikographie. Das Schulwörterbuch ist folglich weder aus möglichen noch aus tatsächlichen schulischen Wörterbuchbenutzungsbedürfnissen entstanden. Vielmehr spiegeln sich in ihnen vor allem die wissenschaftlichen, (kultur)politischen und ökonomischen Interessen, die die Orthographiediskussion des Deutschen begleiten und bestimmen. Die Orthographienormen, die im Schulunterricht vermittelt werden sollen und die mit einem hohen gesellschaftlichen Prestige in Verbindung gesetzt werden, garantieren die Kontinuität und Dominanz der orthographischen Ausrichtung von Schulwörterbüchern. Durch die einseitige Ausrichtung des Schulwörterbuchs als Rechtschreibwörterbuch wird die Möglichkeit eines vielseitigen und abwechslungsreichen Wörterbuchgebrauchs in der Schule vertan. So verwundert es auch nicht, dass wir als Erwachsene lediglich ein Volk von Rechtschreibwörterbuchbenutzern sind, nach dem Motto: Der Duden – gemeint ist der Rechtschreibduden – reicht mir!

(4) Bisherige Schulwörterbücher sind lexikographische Langweil-Bestseller. Sie bestehen vor allem aus einer alphabetisierten Wortliste und enthalten lediglich formalsprachliche Informationen (z. B. Artikel-, Genitiv- oder Pluralangaben). Solche Informationen sind den Schülern in der Regel bekannt. [...] Die einseitige Ausrichtung des Schulwörterbuchs als Rechtschreibwörterbuch versperrt den Blick auf die übrige Wörterbuchlandschaft: vom allgemein sprachlichen Wörterbuch über Synonymen-, Antonymen- oder Stilwörterbücher bis hin zu morphologischen oder phraseologischen Wörterbüchern. [...]

Kühn, Peter (1994): Mein Schulwörterbuch. Didaktik und kleine Methodik der Wörterbucharbeit. Bonn: Dümmler. S. 6–8.

- Welche Informationen sollte man einem guten Schulwörterbuch (über Angaben zur Orthographie hinaus) entnehmen können?
- Beschreiben Sie Möglichkeiten, wie man auf motivierende Weise den Schülern eine gute Beherrschung der Nachschlagetechnik vermitteln kann.
- Wie kann man Wörterbücher als Instrument der Wortschatzerweiterung einsetzen?
- Was könnte ein umfassendes Schülerwörterbuch auf CD-ROM leisten (über die heute schon übliche Rechtschreibkontrolle der verbreiteten Sprachverarbeitungsprogramme hinaus)?

G Lösungshinweise

G 1 Das Sterben der Sprache

- Die Beschreibung der beobachtbaren sprachlichen Handlungsweisen und sprachlichen Ausdrücke ist zutreffend. Allerdings muss man die Einschätzungen und Wertungen der Fakten und ihre Verallgemeinerung nicht unbedingt teilen.
  Der Rückgang der starken Verbflexion („saugte" statt „sog") ist ein historischer Prozess, der schon über Jahrhunderte hin festzustellen ist, dabei aber nur eine überschaubare Anzahl von Verben betrifft und im Übrigen nicht spezifisch die Sprache von Kindern und Jugendlichen betrifft. Letzteres gilt auch für den Rückgang des Genitivs zugunsten von Umschreibungen und für die weiteren angeführten Abweichungen von unserer Standardgrammatik. Insbesondere die zunehmende Verunsicherung bei der Auswahl der „richtigen" Präposition und der Beachtung ihrer Kasusrektion ist ein Prozess, der für eine bestimmte Entwicklungstendenz unserer Gegenwartssprache steht.
  Eine weitere Tendenz ist die zum nachlässigen Gebrauch der Grammatik in der mündlichen Umgangssprache. Auch dies ist bei Erwachsenen nicht minder häufig als bei Jugendlichen. Ob der verfügbare rezeptive und produktive Wortschatz der Menschen heute wirklich abnimmt oder ob er sich nur verlagert (von der Produktion zur Rezeption und von traditionellen Themenbereichen zu neuen), ist umstritten und lässt sich sehr schwer überprüfen.
- Völlig zu Recht betont Struck die Vorbildfunktion der Lehrersprache und die besondere Verantwortung der Lehrkräfte für die Sprachkultur der Schüler.
- Häufig werden die modernen Massenmedien, allen voran das Fernsehen, dafür verantwortlich gemacht, dass der verfügbare Wortschatz der jungen Menschen kleiner wird. Im Vergleich zu früheren Zeiten sehen und hören sie mehr, sprechen aber weniger. Das würde nun dafür sprechen, dass der rezeptive Wortschatz wächst, nur der Übergang der Wörter in den produktiven Wortschatz stockt und unterbleibt. Je nach Art der bevorzugt gesehenen Sendungen (Reisereportagen, Natur- und Tierfilme, Sportsendungen, Kriminalfilme, Nachrichtensendungen, Musiksendungen) kann in Spezialbereichen zusammen mit viel Wissen sogar ein differenzierter „Fachwortschatz" übernommen werden. Kinder wissen dann vielleicht weniger als ihre Großeltern, was eine „Base", eine „Fee" und eine „Hinde" sind, was man unter einer „Odyssee" versteht oder wer „Rumpelstilzchen", „Christopherus" und „Goliath" waren. Sie gleichen dieses Manko aber unter Umständen durch Kenntnisse aus, die sich auf Wörter wie „Schadstoffe", „Artenschutz", „Stürmerfoul", „Beach-Volleyball", „Hausdurchsuchungsbefehl", „Musikfestival" und „Pop-Art" wie „Gameboy" beziehen.
- Beim Übergang vom ersten zum zweiten Lebensjahr (nach der größten Entdeckung eines Kindes, dass „jedes Ding einen Namen hat") beginnt das Kind, erkennbare Wörter zu artikulieren, deren Zahl über Monate hin erst einmal auf etwa 20 begrenzt bleibt, in der zweiten Hälfte des zweiten Lebensjahres einen beachtlichen Wachstumsschub erfährt (bis etwa 250 Wörter) und danach in weiteren Schüben (besonders stark wieder in der zweiten Hälfte des dritten Lebensjahres) bis zum sechsten Lebensjahr etwa die Zahl 2500 erreicht. Die ersten Wörter sind zur Hauptsache Substantive, aber auch Verben und Adjektive kommen früh vor. Die Verteilung der Wortarten ist schon nach drei Jahren recht stabil: 20–25 % Verben, 16–17 % Sub-

stantive, etwa 7% Adjektive und 10% Adverbien, fast 20% Pronomen.

Während der Lauterwerb (phonologische Regeln) schon mit vier Jahren und der Grammatikerwerb (syntaktische Regeln) mit 10–12 Jahren weitgehend abgeschlossen ist, dauert der Wortschatzerwerb (semantische Regeln) bis zum Lebensende an: Man lernt immer noch neue Wörter hinzu. Dabei ist der rezeptive Wortschatz (verstandene Wörter) zu allen Zeiten viel größer als der produktive (beim Sprechen und Schreiben verwendete Wörter). Der produktive Wortschatz eines Erwachsenen umfasst im Durchschnitt etwa 10000 Wörter. Der deutsche Wortschatz insgesamt umfasst etwa 500000 Wörter (Lemmata im großen „Deutschen Wörterbuch" der Brüder Grimm).

G 2 Schubläden im Hirn

- Man versteht hörend und lesend immer sehr viel mehr Wörter (rezeptiver Wortschatz) als man selbst sprechend und schreibend verwendet (produktiver Wortschatz). Bereits bevor das Kleinkind das erste identifizierbare Wort von sich gibt, reagiert es im ersten Lebensjahr mit Verstehensgebärden auf Fragen wie „Wo ist der Ball?", „Wo ist Mamas Nase?".
  Auch nach Erwerb der Lesefähigkeit wächst der rezeptive Wortschatz viel schneller als der produktive. Dabei muss man den mündlichen und den schriftlichen Gebrauchswortschatz unterscheiden. Die Übernahme von verstandenen Lexemen in den Gebrauchswortschatz lässt sich durch Unterrichtsmaßnahmen fördern.
- Vor allem sind dies die Synonymie (bedeutungsgleiche bis bedeutungsähnliche Wörter wie „Sonnabend" – „Samstag") und die Antonymie (Wörter, die einen gewissen Gegensatz zum Ausdruck bringen wie „heiß" – „kalt"; „kommen" – „gehen"). Aber auch Teil-Ganzes-Relationen wie „Haus" – „Dach", funktionale Zusammengehörigkeit wie „Nadel" – „Faden" und überhaupt sachliche Nähe wie „Buch" – „lesen" begründen lexikalische Strukturen.
- Paradigmatische Beziehungen bestehen zwischen Wörtern, die im Kontext an derselben Position auftreten können, dort alternativ verwendet werden: „Ich muss noch einen Brief/einen Aufsatz/einen Artikel/einen Bericht/ein Buch schreiben." – „Ich muss ein Buch schreiben/lesen/kaufen/verschenken."
  Syntagmatische Beziehungen bestehen zwischen Wörtern, die im Satz oder Text nebeneinander vorkommen können, die man (oft) gemeinsam verwendet: „Meine Freundin hat blonde Haare." – „Du hast ein blondes Haar auf der Schulter!"
  Bei Kindern ist die Vernetzung im mentalen Lexikon noch stärker syntagmatisch („Essen kochen", „Messer und Gabel", „heißer Tee"), bei Erwachsenen nimmt die abstraktere paradigmatische Vernetzung zu („essen"/„speisen"/„hungern"/„dursten"; „Messer"/„Löffel"/„Besteck"; „heiß"/„kalt"/„warm"/„lau").
- Synonymwörterbücher, Stilwörterbücher, in Sprachverarbeitungssoftware integrierte Wörterbücher und Nachschlagewerke auf CD-ROM.

G 3 Das mentale Lexikon

- Der im Hirn eines menschlichen Individuums gespeicherte Wortschatz, sein „mentales Lexikon", wird beschrieben. Er besteht einerseits aus vielfach miteinander verbundenen Merkmalen und Merkmalkomplexen auf der Ebene der Semantik (Bedeutungsmerkmale) und Syntax (Wortartenmerkmale) sowie der Ebene der Phonologie (Lautmerkmale). Er besteht zum anderen aus den ebenfalls miteinander vernetzten Einheiten des Wortschatzes, den Lexemen und Lexemgruppen (vereinfacht: Wörtern).
  Entscheidend für die Bildung neuer Bezeichnungen, aber auch für das Abrufen

gespeicherter Einheiten aus dem Lexikon sind die unendlich vielen „oberflächlichen" und „tieferen", die häufig aktualisierten und die sehr selten genutzten Verbindungen zwischen den Merkmalen und Lexemen untereinander, aber auch mit dem allgemeinen Weltwissen, den syntaktischen Verknüpfungsregeln der Wörter und den Regeln der Wortbildung. Bei Bedarf an Wörtern verfolgt man einzelne Verbindungswege wie Pfade in einem Netzwerk von ungeheurer Breite und Tiefe.

- Das Kleinkind wird bei geringem Wortschatz zunächst auch die Katze mit „Wauwau" oder „Hund" bezeichnen und dabei eine Übergeneralisierung des Wortgebrauchs aufgrund gemeinsamer Eigenschaften der Tiere vornehmen (selbstbeweglich, Fell, Laute von sich gebend, vier Beine und Schwanz, glänzende Augen ...). Erst allmählich (und darauf hingewiesen) wird es unterscheidendes Weltwissen (bellen bzw. miauen, Körperform, Art der Fortbewegung ...) zur Differenzierung und zur begrifflichen Unterscheidung nutzen. Welche wahrgenommenen und in den Wissensspeicher aufgenommenen Gestalt- und Verhaltensmerkmale dabei auch zu semantischen Merkmalen der Wortbedeutung werden, entscheidet sich in einem langen Prozess des Entwerfens und Veränderns von Bedeutungskonzepten.
- Assoziiert werden bei diesen Reizwörtern vor allem die Unterbegriffe „rot" und „Rose", die syntagmatisch verbundenen Reaktionswörter „Hund" (bei „bellen") und „Haar" (bei „blond"), sowie die Synonyme bzw. Antonyme „trinken", „dumm", „dämlich" ...
- Wenn die Suche nach einem Wort im mentalen Lexikon nicht sogleich erfolgreich ist, zeigt sich oft, dass uns Wortanfang (besonders bei betontem Vokal) und etwas schwächer auch Wortende leichter einfallen als das Wortinnere. Auch an die Zahl der Silben (einsilbig – mehrsilbig) erinnern wir uns ganz gut. Man kann davon ausgehen, dass bestimmte Wortmerkmale bei der Speicherung im Gedächtnis gewichtiger sind als andere. Das hat zur Folge, dass Wörter mit ähnlichem Anlaut und Auslaut, auch Wörter mit gleichem Intonationsmuster nahe beieinander gespeichert und deshalb gelegentlich auch verwechselt werden.

G 4 Gattungsbezeichnungen – Eigennamen

- Die einfachste und wohl gebräuchlichste Form ist die Umschreibung (Paraphrasierung) mit Hilfe anderer Wörter. So versucht man, jemandem die Bedeutung eines ihm unbekannten Wortes zu erklären („Von Rabatt spricht man, wenn jemand für etwas nicht den vollen Preis zahlen muss, sondern etwas weniger."). So arbeiten auch die meisten einsprachigen (Bedeutungs-)Wörterbücher („unter bestimmten Bedingungen gewährter und meist in Prozenten ausgedrückter Preisnachlass").
Eine formalisierte Umschreibung stellt die klassische Definition dar, bei der man zunächst den Oberbegriff des zu definierenden Ausdrucks sucht (das Genus proximum) und dann die im Blick auf andere Unterbegriffe unterscheidenden Merkmale (die Differentia specifica) nennt: Ein „Sessel" ist ein „Sitzmöbel", für eine Person, mit Rückenlehne, gewöhnlich auch mit Armlehnen, meist weich gepolstert, bequem.
Im Bemühen um mehr Exaktheit und Objektivität bei der Beschreibung hat die strukturalistische Linguistik die Methode der Zerlegung einer Wortbedeutung in semantische Merkmale entwickelt. Dabei werden Merkmale, die ein Wort mit anderen gemeinsam hat (semantic markers), von solchen unterschieden, die es von anderen abgrenzt (semantic distinguisher): „Weib" = +gegenständlich +lebend +menschlich +erwachsen +weiblich +abwertend.

Um die Vagheit (relative Unbestimmtheit, geringe Präzision) von Wortinhalten zu erklären, wird nach dem Konzept der Stereotypensemantik oder Prototypensemantik die Bedeutung eines Wortes als eine Liste stereotyper, d.h. konventionell verwurzelter Meinungen beschrieben, die mit dem Wort verknüpft sind. Prototyp des „Vogels“ mit den stereotypen Eigenschaften „hat Flügel“, „kann fliegen“, „hat Federn“, „legt Eier in ein Nest und brütet“ ist eher der Sperling oder die Meise, nicht der Pinguin oder der Strauß, zu dessen Stereotypen die Eigenschaft zählt, dass er den Kopf in den Sand steckt, obwohl dieses Verhalten wohl noch nie beobachtet worden ist. Einige Vögel sind offensichtlich typischere Vögel, sind vogelartiger als andere, entsprechen dem im Gedächtnis gespeicherten Begriff mehr.

- Jedes im Unterricht auftauchende, nicht allen Schülern bekannte Wort kann Anlass zu erklärenden Bedeutungsbeschreibungen und Definitionen geben. Diskussionen und Erörterungen, in denen es um wichtige Begriffe geht, fordern zu einer Begriffsbestimmung auf. Beobachtungen, dass die Wortbedeutungen in der Standardsprache im begrifflichen Kern (denotative Bedeutung) zwar zumeist klar und unstrittig sind, an den Rändern (konnotative Bedeutung) aber unscharf werden (Vagheit der Bedeutung) und von Individuum zu Individuum mit gewissen inhaltlichen Abweichungen verwendet werden, lädt zu eingehenderer Betrachtung lexikalischer Bedeutungen ein. Dahin gehört auch die in fachsprachlichen Texten oft zu findende Formel „Ich verstehe im Folgenden unter X dieses: …“
Schließlich zwingt auch die Lektüre älterer Texte (aus dem 17./18. Jahrhundert, bisweilen sogar später) gar nicht selten die um Verstehen bemühten Schüler zum Nachdenken über historischen Bedeutungswandel und eventuell zum Nachschlagen im Wörterbuch (Faust: „Mein schönes *Fräulein*, darf ich wagen, / Meinen Arm und Geleit Ihr anzutragen?“ Margarete: „Bin weder *Fräulein* weder schön, / Kann ungeleitet nach Hause gehen.“ Gemeint ist nicht die unverheiratete Frau, sondern die adlige Dame.).
- Die Erhellung und „Nachzeichnung“ semantischer Strukturen des Lexikons (Homonymie, Polysemie, Synonymie, Antonymie, Hyponymie, Teil-Ganzes-Relationen) im Bewusstsein fördern präzises begriffliche Denken und klare, differenzierte Ausdrucksweise. Außerdem ist ein Begriffsüberblick Voraussetzung für effektive Informationssuche in Nachschlagewerken und im Internet.
- Die Gattungsbezeichnungen abstrahieren von vielen unwesentlichen Einzelmerkmalen (akzidentiellen Merkmalen) einer Erscheinung (bei „Hund“ ob er groß oder klein ist, welche Farbe er hat, ob er hinkt oder ein Schlappohr hat usw.) und berücksichtigen nur die für die Gattung wesentlichen Merkmale (essentielle Merkmale), die für den Allgemeinbegriff gelten (bei „Hund“ etwa: Säugetier, Haustier, anhänglich und wachsam, guter Hör- und Geruchssinn, kann bellen und beißen, vier Beine, Fell …).
Mit einem Eigennamen bezeichnet man keine Gruppe von Erscheinungen, sondern gibt einem einzelnen Individuum (dem Langhaardackel „Bello“ der Familie Baumann an der Ecke) einen Namen. Mit diesem Namen sind dann auch individuelle Eigenschaften verbunden (etwa: weißer Fleck über dem rechten Auge, kahle Stelle am linken Hinterbein, knurrt an der Haustür jeden Fremden an …).

G 5 Bedeutungsleistungen der Nomen

- Abstraktion ist ein gedankliches Verfahren, bei dem man von Merkmalen, die als unwesentlich angesehen werden, absieht und den Blick nur auf die als wesentlich betrachteten Merkmale richtet. Die „Elbe“ ist ein Eigenname, der ein ganz bestimmtes

1165 Kilometer langes Gewässer in Mitteleuropa mit der Quelle im Riesengebirge und der Mündung in die Nordsee bezeichnet. Das Konkretum „Fluss" dagegen abstrahiert von Merkmalen wie genauer Länge und Breite, Lokalisation von Quelle und Mündung, mit Brücken und Tunneln versehen usw. Das Wort bezeichnet eben eine ganze Klasse von Gewässern mit den gemeinsamen Merkmalen: natürlich, fließend, relativ groß.

- Zusammen mit den drei Ergänzungen hat man große Bereiche der Bedeutungen von Abstrakta erfasst. Vielleicht sollte man noch Vorstellungen („Geist", „Seele"), Verhältnisse und Beziehungen („Verwandtschaft", „Freundschaft"), Maßangaben („Stunde", „Liter"), Wissenschaften und Künste („Biologie", „Musik") sowie Konzepte („Romantik", „Idealismus") anführen.
- Bereits in der Grundschule ist die Artikelprobe weit verbreitet („Kann man *der, die* oder *das* davorsetzen?"). Auch die Prüfung, ob eine Pluralbildung möglich ist, kann hilfreich sein. Man kann erproben, ob das Wort im Satz die Subjektposition einnehmen kann.
  Eine nur inhaltliche Bestimmung nach der Wortbedeutung ist problematisch, zumal jedes Wort beliebiger Wortart substantiviert werden kann: Vorgangsverb „handeln" gegenüber Vorgangsnomen „das Handeln" und „die Handlung". Bei abgeleiteten Wörtern bestimmt das Ableitungssuffix die Wortartzugehörigkeit. Wörter auf /ung/, /nis/, /heit/ und /keit/ sind Nomen. Je nach dem Grundwort unterscheidet man Verbabstrakta (Wohnung, Irrtum, Schneider, Säugling), Adjektivabstrakta (Schönheit, Stärke, Reichtum) und Nominalabstrakta (Feindschaft, Freundin, Rädchen).

G 6 Bedeutungsstern zu Aktionsarten

- Mit „blühen" bezeichnet man den andauernden Zustand, mit „erblühen" den Eintritt in diesen Zustand, mit „verblühen" den Abschluss dieses Zustands.
  Mit „kränkeln" bezeichnet man den Zustand einer nur schwachen Erkrankung, der aber wiederholt auftritt.
  Mit „betteln" bezeichnet man ein häufig wiederholtes Bitten, mit „beten" ein besonders intensives.
  „Versinken" verstärkt und beendet den Vorgang des Sinkens, „versenken" ist Bewirkungsverb zu „versinken".
- „Kritzeln" ist ein Iterativum (häufig einritzen, flüchtig oder mühsam schreiben), „henken" ein Bewirkungsverb (machen, dass jemand hängt), „kränkeln" ein Iterativum (ständig, immer wieder ein wenig krank sein), „versinken" ein Intensivum (verstärktes Sinken), „wecken" ein Bewirkungsverb (machen, dass jemand wacht), „schnitzen" ein Intensivum (heftig schneiden).
- Durativa: brennen, frieren, braten, faulen, fahren.
  Inchoativa: anfahren, entflammen, aufspritzen, erröten, erblassen, erblinden, anbraten.
  Resultativa: verbrennen, verblassen, vergilben, erschlagen, verfaulen, erfrieren.
  Verkleinerungsbildungen: brummeln (abgeschwächt brummen), säuseln, streicheln, tänzeln, drängeln.
  Iterativa: nicken (wiederholt neigen), sticken (stechen).
  Intensiva: zücken (ziehen), zerbrechen, umändern, nachprüfen, überreizen, sich überessen.
  Bewirkungsverben: säugen (saugen), fällen (fallen), beugen (biegen), sprengen (springen).
- Die Bedeutungsunterschiede sind oft sehr fein und nur mit „Fingerspitzengefühl" wahrzunehmen. Eine Behandlung der Aktionsarten kann die Sensibilität für Bedeutungsdifferenzen schärfen und die diffe-

renzierte Ausdrucksfähigkeit der Schüler fördern.

G 7 Samstag oder Sonnabend? – Sprachforscher für Nebeneinander

- Miteinander konkurrierende Synonyme mit großer Bedeutungsähnlichkeit bzw. Referenzidentität haben ihre Ursache oft in der Herkunft der Wörter aus zwei verschiedenen Sprachsystemen oder Subsystemen. Heimische Wörter können Fremdwortkonkurrenz bekommen (Rechner – Computer) oder umgekehrt (Monitor – Bildschirm). Synonyme können regionaler Verwendung zu verdanken sein (Schlachter – Fleischer – Metzger), gruppensprachlich (Geld – Kies – Zaster) oder fachsprachlich (Brustkrebs – Mammakarzinom) begründet sein. Sie können auch ideologisch (Selbstmord – Freitod) oder stilistisch (Gesicht – Antlitz – Fresse) dem Bedürfnis nach wertender Unterscheidung nachkommen.
  In all solchen Fällen wird standardsprachlich entweder ein Verdrängungswettbewerb eintreten, bei dem ein Wort dem anderen unterliegt, die „Anhänger" dieses Ausdrucks aber mit der Entwicklung unzufrieden sein werden, oder eine Bedeutungsdifferenz und ein Gebrauchsunterschied eintreten bzw. sich verstärken. Bei dem konkreten Beispiel „Samstag" – „Sonnabend" können wir diesen Prozess gegenwärtig beobachten. Er ist wohl noch nicht abgeschlossen.
- Das Prinzip der Sprachökonomie sorgt stets dafür, dass totale Synonymie nicht eintritt bzw. schnell beseitigt wird. Man benötigt nicht zwei Wörter mit genau der gleichen Bedeutung, so dass eins von beiden überall, wo es auftritt, ohne Bedeutungsunterschied durch das andere ersetzt werden kann.
  Kommt es also zu einem Synonymenzusammentreffen, tritt der oben beschriebene Prozess ein: Entweder ein Wort verdrängt das andere oder beide unterscheiden sich mit der Zeit deutlich voneinander. Der zweite Fall ist der häufigere. So führt Synonymie letztlich zu einer Bereicherung und Differenzierung unseres Ausdruckspotentials.
- Die Schüler sollten angeleitet werden, die Einzelwörter in verschiedenen Sätzen/Kontexten zu verwenden und so zu testen, wie die jeweiligen Gebrauchsbedingungen sich unterscheiden. Dann werden die zumeist konnotativen Bedeutungsunterschiede sichtbar und beschreibbar.
- Ein erprobtes Mittel ist die Arbeit mit Lückentexten: „Der forsche Husarenoffizier hat bei der Attacke wirklich .... bewiesen." Hier liegt das in Bayern und Österreich verbreitete Wort „Schneid" nahe, „Mut" würde aber auch passen.
  Eine methodische Variante zum Vervollständigen eines Lückentextes stellt die Korrektur eines didaktisch präparierten, nämlich mit Kohärenzverstößen durchsetzten Textes dar: „Als ihm klar wurde, was ihm bevorstand, verließ ihn seine *Beherztheit* und er verzagte immer mehr." „Beherztheit" ist durch „Mut" zu ersetzen.

G 8 Aufhören des Lebens

- Beide Darstellungen sind zweidimensional, versuchen also, das semantische Beziehungsgeflecht eines Teils des Lexikons in der Fläche zu veranschaulichen. Dabei geht Weisgerber von einem Zentrum des Feldes aus (besetzt durch die Bezeichnung des Feldes), um das sich in konzentrischen Ringen mit zunehmender Distanz vom Zentrum die Verben des Wortfeldes verteilen. Die Distanzierung folgt dem Prinzip der inhaltlichen Spezialisierung: Die allgemeineren Bezeichnungen (mit wenig semantischen Merkmalen, aber einem großen Referenzbereich) stehen dem Zentrum nahe, die spezielleren Bezeichnungen (mit zusätzlichen semantischen Merkmalen, aber nur enger Referenz) befinden sich am äußeren Rand des Feldes. Die Aus-

drücke mit gleicher Entfernung unterscheiden sich durch Merkmale, die sich auf verschiedene Lebewesen beziehen (Mensch, Tier, Pflanze), verschiedene Ursachen und Begleitumstände aufweisen oder unterschiedliche Konnotationen („verscheiden" – „verrecken").
Der Strukturalist Baumgärtner wählt die aus der Syntaxtheorie bekannte Darstellungsform des Baumgraphen/Verzweigungsdiagramms mit Knoten und Verzweigungen. An der Spitze steht das dominierende, inhaltlich allgemeinste Verb „sterben"; es folgen hierarchisch geordnet die anderen „Konstituenten" des Feldes. Der entscheidende Unterschied gegenüber Weisgerbers Darstellung besteht in der Explizierung semantischer Merkmale, die in Winkelklammern den Verben zugeordnet sind. Auf diese Weise wird die Gliederung durchsichtig und nachvollziehbar. Die Gemeinsamkeiten verschiedener Verbbedeutungen kommen so zum Ausdruck.

- Ganz überzeugend erscheint die Dreigliederung nicht. Auch Tiere können „eingehen" („Mein Meerschweinchen ist eingegangen.") und „sterben" (wenn sie dem Menschen sehr nahe stehen: „Unser Bello ist gestorben."). Allerdings scheint diese Einteilung tendenziell richtig zu sein.
  Die Parallelisierung der vier Verben unter dem Merkmal <durch Mangel an> erscheint durch den Systematisierungswillen erzwungen, denn der Mangel an dem Körper zuzuführender Nahrung, Flüssigkeit und Luft ist doch etwas anderes als der Mangel an Blut, das dem Körper nicht regelmäßig zugeführt wird, sondern in ihm enthalten ist.
- Man könnte versuchen, von Weisgerbers konzentrischer Anordnung auszugehen, dies aber nicht in geschlossenen und unterteilten Ringen zu tun, sondern offener zu gestalten: Vom Zentrum ausgehende Pfeile könnten mit semantischen Merkmalen belegt werden, an die dann einzelne Lexeme oder Lexemgruppen in gewissen Abständen andocken:

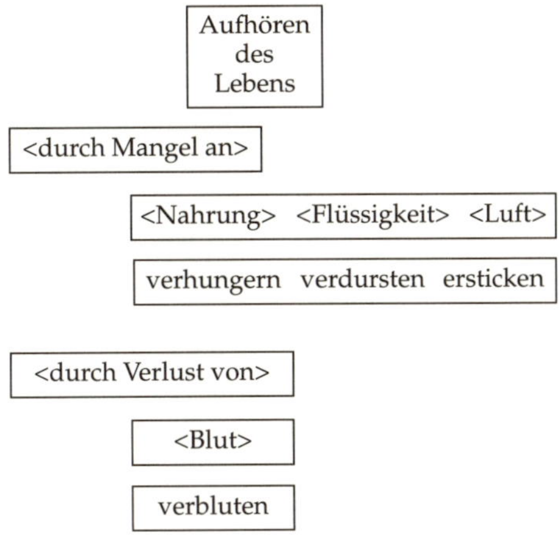

- Die Dreidimensionalität der Darstellung wäre der tatsächlichen Art der Vernetzung im mentalen Lexikon wohl eher angemessen. So etwas auf dem Papier übersichtlich darzustellen, ist aber kaum möglich. In einer Computersimulation freilich wäre es möglich, anschaulich zu zeigen, wie von einem begrifflichen Zentrum (oder mehreren Zentren) vielfältige Verbindungen zu Feldnachbarn in allen Richtungen bestehen, Verbindungswege, die sich unterwegs verzweigen.
  Auf eine streng systematische Ordnung mit genauen Parallelen und lückenloser Abdeckung müsste man wohl verzichten, weil die Gliederung unseres Wortschatzes eine so logisch durchdachte Ordnung nicht aufweist.
- Reichhaltig ist z. B. das Wortfeld „menschlicher Fortbewegung zu Fuß". Merkmalarmes und bedeutungsweites Zentralverb ist „gehen". Hinzu kommen: laufen, rennen, springen, wetzen, wandern, schreiten, schlendern, stapfen, stolzieren, humpeln, schleichen, wandeln, bummeln, marschieren, pilgern, besteigen, klettern, durchstreifen, herumirren, schlafwandeln …
  Eine Strukturierung muss Merkmale berücksichtigen wie: schnell, langsam, auf einer Ebene, aufwärts, abwärts, gleichmäßig, laut, leise, geradeaus, ziellos …

G 9 Sie sind tätig

- Der kleine Unterschied besteht in der Verwendungsweise der partiell synonymen Ausdrücke: Die anderen („Sie") sind prominent, gehören einer oberen Gesellschaftsschicht mit feinen Manieren und gewählter Ausdrucksweise an. Über sie wird in den Medien berichtet; und dabei wird die Sprache der „Hofberichterstattung" verwendet. Demgegenüber zählt der Textverfasser sich zu den „kleinen Leuten" („Wir") und verwendet für deren Tätigkeiten Bezeichnungen der unpreziösen Alltagssprache.
- Unter „denotativer" Bedeutung versteht man den begrifflichen, situationsunabhängigen Kern eines sprachlichen Zeicheninhalts, d. h. seinen sachlich-neutralen Teil im Gegensatz zum assoziativ-wertenden Teil, der „konnotativen" Bedeutung. Den Vorgang menschlicher Nahrungsaufnahme bezeichnen wir sachlich-neutral mit „essen", abwertend-tadelnd mit „schlingen" oder „fressen", bei humorvoller Distanz mit „futtern". Nur wenn es um ein besonders feines Essen geht (an festlich gedecktem Tisch, mit erlesenen Speisen und Getränken) sprechen wir von „speisen" und konnotieren Merkmale wie: ausgiebig, gut, teuer, vornehm.
- Zu den üblichen Wortschatzübungen zählen die Zusammenstellung und Analyse von Synonymgruppen und ganzen Wortfeldern. Ein genauer Bedeutungsvergleich mit Herausarbeitung der jeweils spezifischen denotativen und konnotativen Merkmale des Einzelausdrucks schärft zunächst die rezeptive sprachliche Kompetenz der Schüler: Sie können beim Hören und Lesen genauer unterscheiden und verstehen gemeinte Feinheiten der Aussagen. In einem nächsten Schritt können solche Wortschatzübungen auch eigener Textbildung der Schüler vorangehen, sei es dass sie Textvorlagen stilgerecht ergänzen oder überarbeiten, sei es dass sie in Erinnerung an Wortfeldanalysen Wortwiederholungen meiden und kontextsensitiv Spezialausdrücke verwenden (Beispiel: Untersuchung des Wortfeldes „sagen" in der Grundschule zur Vermeidung von Passagen „und sagte … und sagte … und sagte").

G 10 Wörter sind nicht schuld

- Hier sind persönliche Stellungnahmen gefordert, die auch von den Lebenserfahrungen des Einzelnen geprägt sein werden.
- Bezeichnungen für wenig geachtete oder gar verachtete gesellschaftliche Gruppen und für soziale Einrichtungen haben schon immer eine Tendenz aufgewiesen, Konnotationen negativer Wertung in ihre Bedeutung aufzunehmen und sogar zu Schimpfwörtern zu werden: „Krüppel", „Verbrecher". Man hat dann oft versucht, diese Ausdrücke zu vermeiden und durch andere zu ersetzen: „Körperbehinderter", „Straftäter". Oft wurde die negative Bewertung auch auf die neuen Bezeichnungen übertragen, so dass ein Wort das andere ersetzte: „Zuchthaus", „Gefängnis", „Haftanstalt", „Strafvollzugsanstalt".
  In den 80er Jahren erreichte Deutschland eine von den USA ausgehende Bewegung, die sich darum bemühte, diskriminierende Bezeichnungen benachteiligter gesellschaftlicher Gruppen (Zugehörigkeit zu Rassen, Geschlecht, Behinderung) zu ächten, ihren Gebrauch als „politically incorrect" offensiv zu bekämpfen. Nach diesem Vorbild wurden in Deutschland die in dem Artikel erwähnten Wörter tabuisiert, von der feministischen Frauenbewegung das Wort „Fräulein" ziemlich erfolgreich, das unbestimmte Pronomen „man" weniger erfolgreich abgelehnt, „Asylant" durch „Asylbewerber" ersetzt, „Obdachlosenunterkunft" durch „Schlichtwohnung", „Behinderter" durch „Andersbegabter", „Hilfsschüler" durch „Sonderschüler", „Ausländer" durch „Mitbürger anderer Nationalität", „unterentwickelte Länder"

durch „Entwicklungsländer" und dann „Länder der Dritten Welt". Umgekehrt haben gesellschaftliche Minderheiten diskriminierende Bezeichnungen bewusst aufgenommen und aufzuwerten versucht: „Frauen- und Lesbenreferat des Allgemeinen Studentenausschusses".

- Texte wie der vorliegende Zeitungsartikel, Beobachtungen „politisch nicht korrekter" Ausdrucksweise in der Alltagskommunikation, aber auch gezielte Denkanstöße („Wie soll man Menschen mit schwarzer Hautfarbe eigentlich nennen? Wie wollen sie selbst bezeichnet werden und wie nicht?") können als Einstieg in eine sozial und sprachlich sensible Erörterung der Problematik dienen. Dabei muss unbedingt auf Empfindsamkeiten Rücksicht genommen, aber auch Toleranz gegenüber verschiedenen Standpunkten eingeübt werden.

G 11 Sprachsoziologisch-semantische Betrachtungen im Bereich der Berufsbezeichnungen

- „Reinemachefrau" ist relativ wertneutral auf die Tätigkeit ausgerichtet, um die es geht, „Haushaltshilfe" verschweigt das wenig anerkannte Reinemachen und vernebelt ein wenig zum Umfassend-Allgemeinen hin, sucht die Nähe zur für den ganzen Haushalt verantwortlichen Hauswirtschafterin. „Parkettmasseuse" ist spaßig-ironisch gemeint. „Hilfe" erscheint als Kurzform von „Haushaltshilfe". Die übrigen Bezeichnungen sind heute veraltet.
- Bei diesen Bezeichnungen hat sich ebenfalls die Absicht einer Aufwertung der Sache durch die Wahl eines positiver besetzten Sprachzeichens durchgesetzt. Eine Herabsetzung von Personen (Lehrling als billige Hilfskraft, die für andere das Bier holt; Fürsorgeempfänger als jemand, der seine Selbstständigkeit verloren hat, für den andere sorgen müssen), Tieren (Raubvogel als „Räuber") oder sozialen Einrichtungen sollte auf jeden Fall vermieden werden.
- Freiheitskämpfer – Terrorist, Vermögen – Kapital, Ehepartner – Lebensgefährte, Ehefrau – Gattin – Gemahlin, Totschlag – Tötung, Polizist – Bulle, Kontamination – Verseuchung, Selbstmord – Freitod, …
- Bewusst oder unbewusst nehmen wir durch unsere Wortwahl stets eine Interpretation der Wirklichkeit vor, auf die wir uns beziehen; wir bewerten sie und nehmen Stellung. Es ist ein Unterschied, ob wir sagen „Unser Nachbar hat Selbstmord begangen." Oder „Unser Nachbar hat den Freitod gesucht."
- Eine Untersuchung des Wortschatzes der Schüler- und Jugendsprache fördert viele Beispiele für aufwertende und abwertende Konnotationen zu Tage: Pauker, Hirsch (Motorrad), Penner, Schlaffi, Tussi …
  Auch in die Standardsprache eingedrungene Ausdrücke der Gaunersprache, des im 13. Jahrhundert entstandenen Rotwelschs, sind ein ergiebiges Untersuchungsmaterial: Kaff (Dorf), Kaschemme (Schenke), malochen (arbeiten), Reibach (Zins), Tinnef (Unrat), Mumpitz (Schwindel), Zaster (Eisen, Geld), Schmiere (Wache), Polypen (Polizei), Kittchen/Knast (Gefängnis), schwedische Gardinen (Gefängnisgitter) …

G 12 Schön verlogen

- Die Renommier-Euphemismen sind wie das Renommierverhalten insgesamt keine sehr sympathische Erscheinung unserer Zeit. Angeberei ist aber sehr menschlich, hat es immer gegeben, und sie wird sich auch in Zukunft sprachlich ihren Ausdruck suchen. Wenn das kreativ und mit einem kleinen Schuss Selbstironie geschieht, ist es eher verzeihlich.
  Die Verbrämungseuphemismen sind dagegen wirklich verlogen, verstellen den Blick auf die Wirklichkeit. Man sollte sich von ihnen nicht täuschen lassen, sie entlarven, wo immer man sie antrifft.

- Stolz können Eltern von ihrer kleinen Tochter als „unserer Prinzessin“ reden und ihr Einfamilienhäuschen mit Garten als ihr „Anwesen“ bezeichnen. Mit ironischer Herabsetzung spricht der hochdekorierte Offizier mit Blick auf seine vielen Orden von dem „Lametta“.
Beschönigend erscheint das Wort „Verlesung“ für Lesefehler in der Schule, verhüllend der Ausdruck „Sondermüll“ für giftige Abfallstoffe, die wegen ihrer Gefährlichkeit nur in besonderen Anlagen gelagert und beseitigt werden dürfen.
- Der historische Bedeutungswandel von Wörtern ist ein lang andauernder Prozess und betrifft denotative und konnotative Komponenten. Im Blick auf die Konnotationen unterscheidet man nach traditioneller Einteilung Bedeutungsverbesserung und Bedeutungsverschlechterung. Bedeutungsverbesserung kann das Ergebnis einer gesellschaftlichen Aufwertung wegen Veränderung des gemeinten Gegenstandes/Sachverhalts sein („Ritter“ im frühen Mittelalter „dienender Reiter“, vom 12. Jahrhundert an adlige Standesbezeichnung) oder auch Ergebnis einer gewandelten Einstellung der Sprachbenutzer („toll“ zunächst „töricht, verrückt“, im 18. Jahrhundert „erstaunlich“, ab 19. Jahrhundert „großartig“). Bedeutungsverschlechterung kann analoge Ursachen haben: veränderte Stellung des Bezeichneten („gemein“ bis ins 17. Jahrhundert „allgemein“, dann aus aristokratischer Sicht „niedrig gesonnen“), gewandelte Einstellung („Weib“ im Mittelalter „Frau“, in der Neuzeit zunehmend abschätzig gemeint).
- Tabuwörter stammen vor allem aus dem religiösen, politischen und sexuellen Bereich und dürfen nicht ausgesprochen werden, weil dies gefährlich ist (man ruft den Teufel oder böse Geister bei Nennung ihres Namens herbei) oder weil dies als unmoralisch gilt (statt Unterhose sagte man früher einmal „Unaussprechliche“). Euphemistische Umschreibungen weisen oft Lautähnlichkeit mit den Tabuwörtern auf: „verflixt“ statt verflucht, „Sapperment“ statt Sakrament, „Potzblitz“ statt Gottes Blitz, „Kruzitürken“ statt Kruzifix und Türken.
- Ermuntern sollte man zur sprachlichen „Schönfärberei“ wohl nur, wenn das Gebot der Höflichkeit und der Rücksichtnahme auf die Gefühle anderer es verbietet, einen sehr schmerzlichen Sachverhalt direkt und schonungslos zur Sprache zu bringen. Das Verschweigen von Einzelheiten kann schon taktvoll sein. Die abschwächende, bewusst verhüllende Ausdrucksweise kann hinzukommen.

G 13 Korrekte Fahndung

- Die Antwort ist von der jeweiligen persönlichen Einstellung abhängig.
- Bei der Bezeichnung (Dickerchen, Mops, Kloß, Buddha, Vielfraß, Fettsack, Plumpsack, Fettwanst) und Beschreibung von Personen (unüberlegt, unvernünftig, wirr, töricht, blöd, dumm, doof, geistesschwach, verrückt) sind die Grenzen durchaus fließend. Die Bewertung als diskriminierend ist sehr subjektiv. Als strafbare Beleidigung gilt der rechtswidrige Angriff auf die Ehre eines anderen durch vorsätzliche Kundgebung der Missachtung.
- Politische Parteien und andere gesellschaftliche Vereinigungen wollen gern die Meinungsführung in wichtigen strittigen Fragen erringen (z. B. um Wahlen zu gewinnen). Deshalb versuchen sie, Sachverhalte aus ihrer Perspektive zu beschreiben und zu bewerten und bringen über die Massenmedien und durch öffentliche Reden sympathisch klingende Begriffe unter das Volk, die für ihren Standpunkt stehen und positive Konnotationen aufweisen („Bündnis für Arbeit“, „Gesundheitsreform“, „Atomausstieg“). Entsprechend kann man auch negativ konnotierende Begriffe besetzen und als Kampfbegriffe gegen die Positionen des politischen Gegners einsetzen („Rentenbetrug“).

- Sie können die Spitznamen scheinbar ungerührt überhören (vielleicht verlieren die anderen dann die Lust an der Nennung der Spitznamen); sie können sich mit „schlimmeren" Namen revanchieren; sie können sich bei ehrabschneidenden Namen deutlich dagegen verwahren und sich eventuell bei den Lehrkräften beschweren.

G 14 „Doktorin" als Regel

- Die Umkehrung ist eher als Gegenprovokation zur Sensibilisierung der Männer für die Situation der Frauen zu verstehen, weniger als eine wirklich tragfähige Lösung des Problems. Gegen ihre nachhaltige Akzeptanz durch die Sprachgemeinschaft spricht nicht nur die noch sehr stabile Tradition (die grammatisch maskuline Form einer Personenbezeichnung hat zwei Lesarten: 1. geschlechtlich markiert, dann Bezeichnung für Männer, 2. geschlechtlich unmarkiert, dann für Männer und Frauen verwendbar). Wichtig für den (Miss-)Erfolg der vorgeschlagenen Änderung wird auch sein, dass die morphologisch einfachere und kürzere Wortbildung nach dem Grundprinzip der Sprachökonomie die häufiger verwendete sein wird, die dann auch die Funktion des Archilexems (geschlechtlich unmarkiert) zu übernehmen hat (und nicht die davon abgeleitete Wortbildung mit dem zusätzlichen Suffix /in/): „Der Beruf des *Lehrers* steht männlichen und weiblichen Studierenden offen." Vergleiche Tierbezeichnungen: Der Löwe[1] ist ein Säugetier. – Der Löwe[2] schüttelt seine Mähne. – Die Löwin geht auf Jagd.
- In den meisten Fällen ist Übereinstimmung zu konstatieren: die Frau, der Mann, der Junge, die Tante, die Oma, der Schwager, die Schwester, die Hexe, der Teufel, der Herr, die Amme ... Bei „Mädchen" geht das Genus Neutrum auf das Ableitungssuffix /chen/ zurück, mit dem grundsätzlich ohne Ansehen der Wortbedeutung grammatisch Neutra gebildet werden (das Männchen, das Mütterchen). Entsprechendes gilt für Ableitungen auf /lein/: das Fräulein, das Mütterlein, das Männlein).
  Andererseits sorgen die Suffixe /ling/ und /er/ (Nomina agentis als Bezeichnungen für jeden der etwas Bestimmtes tut) grundsätzlich für das grammatische Geschlecht Maskulinum: der Jüngling, der Lehrling, der Säugling, ..., der Lehrer, der Sprecher, der Autofahrer ... In der zweiten Gruppe lässt sich ein Femininum durch ein zusätzliches Suffix bilden (die Lehrerin, die Sprecherin, die Autofahrerin). In der ersten Gruppe muss man stattdessen auf Komposition zurückgreifen (der Jüngling – die Jungfrau/Jungfer) oder Attribute hinzufügen (der weibliche Lehrling, Säugling), wenn man ausdrücklich weibliche Personen meint.
  Nur in sehr seltenen Fällen überliefert uns die Sprachgeschichte einfache weibliche Personenbezeichnungen, von denen das männliche Pendant abgeleitet worden ist: Braut – Bräutigam, Witwe – Witwer, Hexe – Hexer.
- Die Frage zielt auf sehr persönliche Sensibilität und Betroffenheit.
- Das so genannte Splitting (Studenten und Studentinnen) wirkt auf die Dauer sehr umständlich und ermüdend. Die Sparformen mit Schrägstrich, Bindestrich, Klammer im Wort oder Großbuchstaben im Wortinnern können schon deshalb nicht überzeugen, weil diese Kürzel nicht sprechbar sind, so dass sich geschriebene Sprache nicht mehr vorlesen lässt. Die beste Lösung ist wohl die Verwendung einer geschlechtlich unmarkierten Kollektivbezeichnung wie „Studierende". Nur gibt es solche Bezeichnungen längst nicht in allen Fällen. Eine wirklich umfassende Lösung steht also noch aus.

G 15 Feministische Sprachkritik

- Die Verwendung des Wortes „Fräulein" (als Anredewort) ist in den letzten Jahren

so stark zurückgegangen, dass man es heute schon als veraltet bezeichnen kann („Fräulein Meier"??). Das hängt eindeutig mit der feministischen Sprachkritik zusammen, die am konstruierten „Gegenwort" *Herrlein demonstriert, dass die „Verkleinerungsform" zu „Frau" heute weitgehend als diskriminierend empfunden wird und dass es heute nicht sinnvoll erscheint, bei jeder Namensnennung zu signalisieren, ob die Namensträgerin schon verheiratet ist oder nicht (das war kulturgeschichtlich einmal ganz anders; vgl. Haartracht, Haube ...).
Andererseits gibt es auch heute (junge) Frauen, die eine Anrede mit „Fräulein X" einer solchen mit „Frau X" vorziehen.

- In der Ableitung „Mannschaft" wird der mehrdeutige Wortbaustein /mann/ mit der Lesart „Mensch" verwendet („Fünf Mann passen in das Auto.") wie auch in „Nebenmann" und „ein Schiff bemannen", nicht mit der Lesart „männliche Person".
- Dies ist wieder eine sehr persönlich zu beantwortende Frage. Stören könnte zum einen das Pronomen „man", dem die feministische Linguistik das Merkmal „männlich" zuordnet, zum anderen das Possessivpronomen „sein" (statt „ihr"). Stattdessen: „Wenn frau ihr Kind stillt, ..."?
- Das neu gebildete Pronomen „frau" wird sich wohl nicht durchsetzen, da es eine in vielen Situationen störende „Überspezifikation" darstellt. Insbesondere wird es kaum als Bestandteil komplexer Wörter „man" verdrängen („jederfrau" statt „jedermann", „jefrau" und „niefrau" statt „jemand" und „niemand"). Durchsetzen werden sich aber wohl Neubildungen wie „Ministerin, Kanzlerin, Pastorin, Soldatin, Berufsboxerin" und „Amtfrau, Kauffrau, Fachfrau, Sportsfrau", vielleicht sogar „Seefrau, Zimmerfrau, Torfrau, Hauptfrau, Hampelfrau".

G 16 „Ihr könnt ruhig Du zu mir sagen!!"

- Der Lehrer (in gewisser Weise typisch für die antiautoritäre Erziehung der 70er Jahre) möchte mit seinem Angebot das Autoritätsgefälle zwischen Lehrer und Schülern mindern. Er verspricht sich vom gegenseitigen Duzen ein partnerschaftliches Verhältnis mit den Lernenden.
  Die Schüler gehen auf das Angebot nur scheinbar ein. Sie empfinden es möglicherweise als Anbiederungsversuch. Jedenfalls wollen Sie das Distanz haltende und sie als erwachsene Menschen ernst nehmende Gesieztwerden für sich in Anspruch nehmen. So durchkreuzen sie taktisch geschickt den Plan ihres Lehrers.
- In den letzten 30 Jahren haben sich die Anredeformen in Deutschland zusammen mit anderen Umgangs- und Verhaltensformen erheblich verändert. Bis in die 60er Jahre hat man auf äußere Formen (Kleidung, Frisur, Traditionen) großen Wert gelegt und sich außerhalb des engsten Familien- und Freundeskreises stets gesiezt (Ausnahme Mitglieder einer Sportsmannschaft). In den 70er Jahren ist das Siezen in vielen Lebensbereichen durch das Duzen abgelöst worden. In manchen Fällen ist dies heute wieder rückgängig gemacht worden (z. B. Duzen zwischen Studenten und Professoren), in anderen ist es bis heute zur Selbstverständlichkeit geworden (Duzen der Studierenden untereinander, vieler Kollegen am Arbeitsplatz usw.).
- Junge, beruflich gleichgestellte Menschen neigen zum unkomplizierten Duzen (Schüler, Studierende, Berufskollegen), das zumeist auch keine Probleme schafft. Zwischen Menschen, die formal voneinander abhängig sind (weisungsbefugter Vorgesetzter – weisungsgebundene Mitarbeiter) oder die durch Amt und/oder Kompetenz und/oder Lebensalter stark voneinander abweichen, empfiehlt sich eine größere persönliche Distanz, der durch das Siezen Ausdruck verliehen werden kann.

- Die Reflexion über Anredeformen und deren Differenzierung im Deutschen und in anderen Sprachen/Kulturen, in Geschichte und Gegenwart, erhellt die Entwicklung und die Ausgestaltung zwischenmenschlicher Beziehungen. Das ist ein durchaus interessantes Untersuchungsgebiet. Darüber hinaus hat es unmittelbar praktischen Wert, zu prüfen, welche Auswirkungen unterschiedliche Kommunikationsformen und Anredeweisen auf zwischenmenschliche Beziehungen in verschiedenen Lebensbereichen haben.

G 17 Duzen und Ihrzen im Mittelalter

- Wo man gar nicht differenziert, nämlich unter den ungebildeten, einfachen Menschen, gab es auch im Mittelalter nur die Anrede in der 2. Person Singular. Erst gegenüber Personen, denen man mehr Ehrerbietung zu schulden glaubte, erschien das „du" zu „vertraut". Und so ging man zur 2. Person Plural über (vgl. den Pluralis maiestatis bei der selbsterhebenden Eigennennung hochgestellter Persönlichkeiten wie Königen und Fürsten: „Wir, von Gottes Gnaden König von …, haben geruht, …") und redete Höhergestellte mit „ir" an, während diese in ihrer Antwort das „du" verwendeten. Dann wurde das ehrerbietige Ihrzen auch auf höflich und distanziert Anzuredende übertragen, auf Frauen, Geistliche und Fremde. Das Duzen überirdischer Wesen steht dazu nicht im Widerspruch, weil man ihnen persönlich ganz nahe zu kommen versucht (vgl. Gebetsformulierungen: „Du, mein Gott …").

  Verwunderlich erscheinen uns heute die Anredeformen innerhalb der Familie. Dabei ist zu bedenken, dass sowohl das Eltern-Kind-Verhältnis wie das Verhältnis unter Eheleuten damals ganz anders beschaffen war als heute. Für die Kinder waren die Eltern Respektspersonen, die man zu ehren hatte. Das bedeutete Distanz. Eine herzliche gegenseitige Zuneigung und vertrauensvolle Nähe zu den Eltern war eher selten. Das galt jedenfalls für die Beziehung zum Vater. Die Mütter erlaubten sich schon eher ein engeres Verhältnis zu ihren Töchtern.

  Die Ehe war in der Regel kein Ergebnis einer Liebesheirat (Liebende gingen zum „du" über), sondern ein Rechtsverhältnis, bei dem Konfession, Rang und Besitz der Eheleute entscheidend waren, nicht ihre gegenseitige Zuneigung. Deshalb konnten sie sich auch fremd bleiben. Das Ihrzen ist also doch nicht so erstaunlich.
- Beide Thesen sind sehr zugespitzt und übertrieben. Beide enthalten aber einen wahren Kern. Wenn man zwischen verschiedenen Anredeformen auswählen kann, bedeutet dies, dass man Signale der Hochachtung, Wertschätzung oder auch der Vertraulichkeit und Freundschaft aussenden kann (was mit dem englischen „you" allein in dieser Form nicht möglich ist). Es ist deshalb schade, eine vorhandene Differenzierung aufzugeben. Demokratie bedeutet keineswegs Egalisierung (auch wenn im sehr lange sozialdemokratisch regierten Schweden die Bürger sich und auch ihren Ministerpräsidenten ohne Hemmung duzen).
- Hier geht es um individuelle Erfahrungen.

G 18 Dorlamm meint

- Das Gedicht von Gernhardt belegt die These in eindrucksvoller Weise. Zahlreiche Gedichte z.B. von Ernst Jandl, Rudolf Otto Wiemer und anderen tun das ebenfalls, so auch viele Werbetexte. Schließlich nutzen ganz normale Zeitungsberichte diese Wortbildungstechnik: „Der Zug *schneckt* durch die Landschaft." (Analogie zu „hamstern, hechten, robben …").
- Solche Erklärungsversuche zeugen von Einsicht in die Bauweisen unserer Wörter und schärfen den Sinn für historischen Sprachwandel. Auch wenn sie die tatsächliche geschichtliche Entwicklung nicht

richtig wiedergeben (wie ein Blick in ein etymologisches Wörterbuch zeigt), befinden sich die Schüler in guter Gesellschaft (vgl. Volksetymologien wie „Grasmücke, Maulwurf, Friedhof, Sündflut“) und erweitern ihr Wissen über Sprache.

G 19 Was ist ein Handzeug?

- Die heute veraltete Zusammensetzung „Handzeug“ ist morphologisch noch ganz durchsichtig: Sie besteht aus dem Grundwort „Zeug“ und dem Bestimmungswort „Hand“. Aber welche inhaltliche Beziehung besteht zwischen beiden Konstituenten des Kompositums? Semantisch ist das Wort heute nicht mehr durchsichtig, wie die verschiedenen mehr oder weniger plausiblen Erklärungsversuche zeigen. Bei der Bildung und erstmaligen Verwendung war das Wort aber (wie jede Wortbildung) auch semantisch durchsichtig: Es ist ein Synonym zu „Werkzeug“ (Erklärung A ist also richtig). Allerdings hätte es auch andere Bedeutungen erhalten können, denn der Wortinhalt ist nicht einfach die Summe der Bedeutungen seiner Bestandteile.
- „Handschuh“ könnte auch Bezeichnung für einen „Schuh, der die Form einer Hand aufweist“ sein oder für einen „Schuh, den der Schuhmacher als Muster oft zur Hand nimmt“ usw.
  Eine „Großmutter“ könnte Bezeichnung für eine „Mutter von stattlicher Körpergröße“ sein, die „Ahnherrin eines großen Geschlechts“ oder eine „weibliche Fruchtbarkeitsgöttin“.
  Ein „Augenblick“ könnte ein „heimliches Zublinzeln unter Verliebten“ sein, die „Sichtkontrolle unter der Motorhaube eines Autos“ oder der „Unheil bringende stechende Blick einer mit Zauberkraft ausgestatteten Person“.
- Der Wortschatz der deutschen Sprache wird laufend durch Neubildungen erweitert. Damit die Schüler diese bei der Textrezeption rasch verstehen, müssen sie die wichtigsten Regeln der Wortbildung verinnerlicht haben und sich möglichst auch ihrer bewusst sein. Produktive Wortbildungskompetenz dient der Anreicherung des persönlichen Ausdruckspotentials eines Menschen: Er kann selbst mit Neubildungen schöpferisch und wirkungsvoll sagen, was er zu sagen hat.

G 20 Gedenkstätte

- Im Allgemeinen soll ein „Denkmal“ die Bevölkerung an wichtige Ereignisse aus der Geschichte oder an Persönlichkeiten erinnern, denen sie viel zu verdanken hat: Gefallene, die im Krieg ihre Heimat verteidigt haben; Philosophen, Schriftsteller, Musiker und Künstler; auch Staatsmänner, Kriegshelden, Entdecker und Erfinder.
- Nötig zum Verständnis des Wortes ist die historische Erklärung nicht, sie passt aber zur Bedeutung der ersten Komponente „denken (an)“ bzw. „gedenken“.
- Einige der Zusammensetzungen passen zur Bedeutung „in der Öffentlichkeit aufgestellte größere plastische Darstellung von Personen zur Erinnerung an sie und ihre Verdienste“: Bronzedenkmal, Kriegerdenkmal, Denkmalweihe, Denkmalschändung. Andere orientieren sich an der Bedeutung „überlieferte Kulturschöpfung aus der Vergangenheit, die an diese Zeit erinnert“: Baudenkmal, Literaturdenkmal, Denkmalschutz, mit Übertragung auf die Natur auch: Naturdenkmal.
- Die Unterscheidung der beiden Bedeutungen erscheint sinnvoll.
- Wer in früheren Jahrhunderten einen „Denkzettel“ erhielt, bekam tatsächlich eine schriftliche Mitteilung, etwa die Ladung, vor Gericht zu erscheinen. In den Jesuitenschulen wurde Schülern für ein Vergehen ein Zettel ausgefertigt, auf dem dies verzeichnet war und den der Schüler stets bei sich tragen musste. Da mit diesem Denkzettel oft eine zu erwartende Prügelstrafe verbunden war, bekam das Wort

„Denkzettel" über die Schulsprache seine heute bekannte Bedeutung: Strafe als fühlbare Erinnerung an ein Vergehen und als Ermahnung, sich in Zukunft anders zu verhalten.

G 21 Zeit der Revolutionen

- Die ursprünglich räumliche Bedeutung der Präposition „um" (rings, um … herum) hat sich in manchen Wortbildungen im Sinne des Umfassens bis heute gehalten: umringen, umarmen, umzingeln. In den im Textauszug angeführten Verben hat sich die Raumvorstellung zur Vorstellung einer Richtungsänderung weiterentwickelt. Geändert werden je nach Basisverb Richtung und Ziel einer Handlung (umschalten, umstellen, umdenken), die Art der Ausführung (umschulen, umlernen), ein Standpunkt oder ein Zustand (umbauen).
- Weitere Beispiele: umändern, umbesetzen, umbiegen, umbuchen, umdatieren, umdeuten, umdrehen, umkehren, umpolen, umschreiben, umstimmen, umverteilen, umwandeln, umwechseln, umwenden …
- Mit den semantischen Merkmalen der Änderung, des Wandels, der Umkehr versehen könnte „umsagen" die Bedeutungen „eine andere Meinung vertreten als vorher, widerrufen" annehmen, „umglauben" die Bedeutung „eine veränderte Überzeugung, eine andere Weltanschauung vertreten", „umlehren" die Bedeutung „neue Lernziele anstreben und neue Lerngegenstände mit veränderten Methoden vermitteln" …

G 22 Flohzirkus

- In den drei Beispielen handelt es sich nicht um Flexionsformen im Plural (obwohl es sich um drei Könige handelt), sondern im Genitiv Singular. Das ist bei „des Königs" noch gut zu erkennen, bei den beiden anderen Wörtern nicht mehr, weil die Genitivendung bei Wörtern der alten konsonantischen n-Deklination im Laufe der Sprachgeschichte abgefallen ist und deshalb als Pluralendung missverstanden wird: Die auf den Namen der Gottesmutter geweihte Kirche ist die Kirche „der (lieben) vrouwen" Maria.
- Die so genannten „Fugenmorpheme" /s/ und /(e)n/ sind bei unechten Zusammensetzungen („echte" enthalten das Bestimmungswort in reiner Stammform, „unechte" in der Form, die seinem syntaktischen Verhältnis zum Grundwort entspricht) aus ursprünglichen Genitivendungen entstanden (des gotes bote → der gotes bote → der Gottesbote) und dienten außerdem als Gleitlaute zur Ausspracheerleichterung. Das geschah zunächst nur, wenn das Bestimmungswort zum jeweilgen Flexionsparadigma passte (des Gottes), wurde dann auch auf andere Kompositionen übertragen (der Geburt – Geburtstag). Solche Fugenmorpheme können auftreten oder fehlen. Eine Logik der Verteilung ist nicht zu erkennen.
  Neben der Genitivform gibt es auch andere Fugenelemente als Varianten des Bestimmungswortes: Landhaus – Landsmann – Landesfarben – Länderspiel. Dabei können auch Pluralformen („Gästezimmer") auftauchen. Eine inhaltlich orientierte Regelung der Verteilung ist auch hier nicht zu erkennen.
- Die Behauptung ist richtig und falsch zugleich. Es gibt im Sprachsystem sehr viele logisch gut nachvollziehbare Regelungen und Regeln (z. B. die Kongruenz, die formale Übereinstimmung von Subjekt und finitem Verb im Satz hinsichtlich Person und Numerus). Es gibt aber auch viele (zumindest scheinbare) Zufälligkeiten, willkürlich erscheinende Regelungen, die wir mit dem Erlernen der Sprache übernehmen, ohne sie erklären zu können (z. B. die Verteilung des grammatischen Geschlechts bei deutschen Substantiven).
- „Speisekarte" ist eine „echte" oder „eigentliche" Zusammensetzung (mit reiner

Stammform der ersten Konstituente), „Speisenkarte" eine „unechte" oder „uneigentliche" Zusammensetzung (mit /n/ als Fugenelement). Die Tatsache, dass beide Wortbildungen heute nebeneinander existieren, ist erstaunlich. Weiter verbreitet ist die ältere Variante ohne Fugenelement (das Grimmsche Wörterbuch verzeichnet nur diese). Man kann vermuten, dass manche Restaurantbesitzer in „Speisenkarte" einen versteckten Plural wahrnehmen und aus Werbegründen den Ausdruck vorziehen: Man bietet dem Gast eine große Auswahl an Speisen an. Außerdem hebt sich das seltenere Wort als etwas Besonderes vom sonst Üblichen ab.

- Das Gespräch zwischen Sebastian und seinem Vater – wenn es in dieser Form auch etwas unrealistisch zugespitzt erscheint – stellt in der Tat eine Situation dar, in der sprachliche Erscheinungen von ganz allein Fragen aufwerfen, zur Reflexion über Sprache anregen, zum Austausch von Informationen und Einschätzungen, vielleicht sogar zum Nachschlagen in Wörterbüchern und Grammatiken.
  Wenn solche Situationen sich im Deutschunterricht ergeben, tut die Lehrkraft gut daran, sie didaktisch zu nutzen. Man wird darüber hinaus aber auch ähnliche Situationen arrangieren oder wenigstens vorstellbar machen müssen, um bei der Planung und Durchführung des Unterrichts nicht allein auf Zufälle angewiesen zu sein.

G 23 Unheimlich glücklich

- In den meisten Fällen ist /un/ ein Negationspräfix, das zusammen mit Substantiven, Adjektiven und Partizipien eine Verneinung ausdrückt: Ungeduld, unhöflich, unaufmerksam, unverkrampft. In Wortbildungen mit Substantiven kann es außerdem einen Gegensatz ausdrücken: Unschuld, Unruhe. Schließlich kann es etwas Ungünstiges bezeichnen, das in seinen Auswirkungen negativ beurteilt wird: Unwetter, Unfall, Unkraut.
  Am weitesten entfernt von der Negationsfunktion, ja im Gegensatz zu ihr bewirkt /un/ eine Verstärkung, besonders in Verbindung mit Mengen- und Maßangaben: Unsumme, Unzahl, Unmasse.
- Verneinungsfunktion haben lexikalische und syntaktische Ausdrucksmittel. In Sätzen können Ausdrücke wie „nein", „keineswegs", „auf keinen Fall", ein kategoriales „nicht" mit den Varianten „mitnichten", „auch nicht", „noch nicht", „nicht einmal", unbestimmte Partikel wie „niemand", „keiner", „nichts", „nie", Konjunktionen wie „ohne zu", „ohne dass", „weder … noch", Präpositionen wie „ohne", „außer" etwas negieren. In der Wortbildung tun dies bestimmte Präfixe (un-, nicht-, nichts-, in-, a-, dis-, de-, miss-) und Suffixe (-los, -frei, -leer).
  Daneben gibt es implizite Verneinungsformen durch Verwendung des Konjunktivs II („Er wäre gern gekommen, wenn er Zeit gehabt hätte.") oder des Komparativs („Heute ist es wärmer als gestern." = Gestern war es nicht so warm wie heute.), durch Verwendung bestimmter Wörter („Hans fehlt." = Hans ist nicht da. – „Peter ist Junggeselle." = Peter ist nicht verheiratet.).
- „Nicht" negiert entweder den unmittelbar folgenden Ausdruck („alle", „regelmäßig", „ihren Vereinsbeitrag") oder den ganzen Satzinhalt.
- Die verschiedenen Negationsweisen lassen semantische Differenzierungen zu: „Da ich zwar kein Widerkrist, kein Unkrist, aber doch ein dezidierter Nichtkrist bin …" (Goethe, Brief an Lavater).
  Die allgemeinste, nicht auf einen bestimmten Fall gerichtete, positive Feststellung ist „Ich bin ohne Schuld." Etwas abgeschwächt, weil eher eine Rechtfertigung, ist die Äußerung mit einem Wort: „Ich bin schuldlos." Bei den anderen Aussagen wird nicht bestritten, dass jemand sich schuldig gemacht hat, nur der Sprecher will es nicht gewesen sein. In abgestufter Reihenfolge: „Ich bin unschuldig." (Das ist

noch ein Ausdruck des Gegenteils von schuldig.) – „Ich bin nicht schuldig.“ (Das ist die bloße Verneinung. Es muss ein anderer schuldig sein.) – „Ich habe keine Schuld.“ (Hier wird der Schuldbegriff in Richtung Verursacher für etwas sein abgeschwächt. – Das ist noch mehr beim Verb der Fall.) „Ich habe nichts verschuldet.“

G 24 Backmaschinen

- Auf den ersten Blick fällt auf, dass in dem Text von 1984 viel mehr komplexe Wortbildungen enthalten sind als in dem Text von 1850 (in dem sogar „so eben“ und „unter einander“ noch jeweils zwei Wörter sind!). Es handelt sich dabei vor allem um mehrgliedrige Zusammensetzungen („Etagenbackofen“, „anwenderbezogen“, „Heizgasumwälzung“, „Temperaturanzeigeinstrument“, „Industriemuster-Anmeldung“), aber auch um sehr spezifische Ableitungen („Verkleidung“, „Wandung“) und Kürzel („bofaba“, „Ekrü“, „GB 405“). Dies entspricht der allgemeinen Entwicklungstendenz der Gegenwartssprache zur Vermehrung und Differenzierung des Wortschatzes (besonders in Fachsprachen und in der Werbung für technische Produkte) durch Fremdwortgebrauch und neue Wortbildungen.
- Hauptursache ist die Notwendigkeit, sehr viele neue Erfindungen und Entwicklungen, aber auch Erscheinungen, die man heute anders einschätzt als früher, mit Sprachzeichen zu belegen. Die Möglichkeit, vorhandene Wörter zu benutzen, indem man ihnen eine zusätzliche Bedeutung zuweist, sind begrenzt. Deshalb greift man zu Neubildungen mit Hilfe des reichen Morpheminventars der Sprache und zu Fremdwörtern (die oft zusammen mit den bezeichneten Neuheiten aus anderen Ländern zu uns gelangen).

G 25 Wortfamilien

- Beide Darstellungen setzen das Stammmorphem der jeweiligen Wortfamilie/ Wortsippe (die freien Morpheme /fahr/ und /sinn/ entsprechen dem Verb „fahren“ und dem Substantiv „Sinn“ und stellen die gemeinsame etymologische „Wurzel“ aller verwandten Wörter dar) in das Zentrum und lassen von diesem Verbindungslinien bzw. Pfeile zu Ableitungen, Zusammensetzungen und Präfixbildungen in alle Richtungen ausgehen. So entsteht ein Beziehungsgeflecht mit abgestufter morphologischer Entfernung vom Stammwort: „Fahrt“ ist mit Hilfe des Suffixes /t(i)/ unmittelbar von „fahren“ abgeleitet und bildet seinerseits die Grundlage für Zusammensetzungen („Autofahrt“) wie für weitere Ableitungen („Fährte“), die ihrerseits zu Konstituenten weiterer Wortbildungen werden („Hundefährte“). In solchen Wortbildungsreihen können natürlich auch Präfixbildungen ihren Platz haben: „Sinn“ → „sinnlich“ → „übersinnlich“ → „Übersinnlichkeit“. Die zweite Darstellung deutet an, dass es gelegentlich zwei Möglichkeiten der Entwicklung gibt und dass es dann schwer sein kann, die historisch zutreffende Reihenfolge der Wortbildungsstufen zu rekonstruieren: Ist „Übersinnlichkeit“ Ergebnis einer Ableitung von „übersinnlich“ mit Hilfe des Suffixes /keit/ oder ist das Substantiv eine Präfixbildung zu „Sinnlichkeit“?
  Bei Wortreihen nach gleichem Bildungsmuster lassen sich leicht Ergänzungen einfügen („Autofahrt“, „Zugfahrt“, „Schifffahrt“, „Rundfahrt“, „Seefahrt“, „Raumfahrt“, „Flussfahrt“ …), auch bei manchen Einzelwörtern („Hundefährte“, „Hirschfährte“, „Fuchsfährte“, „Schweißfährte“, „Rückfährte“ …). Aber auch sonst ist in den Darstellungen keine Vollständigkeit erreicht: Zum Beispiel fehlen sehr gebräuchliche Einzelwörter wie „Fuhrunternehmen“, „Fuhrwerk“ und „herumfuhrwerken“, Zusammensetzungen wie „Fer-

tigteil", „Fertighaus", „Fertigware" und die Entlehnung aus den skandinavischen Sprachen „Fjord". Es fehlen „Sinnbild" und „sinnbildlich", und für „sinnen" ist ein Platz vorgesehen, es ist aber versehentlich nicht in die Übersicht eingetragen worden. Prinzipiell sind keine Kürzel aufgenommen worden; doch die Kürzung ist eine anerkannte Form der Wortbildung: „Lkw-Fahrer", „Mofa", „Fhrz." oder „Fz" (für Fahrzeug), „Fka" (Fahrkartenausgabe).

- Die morphologische Struktur der Wortfamilien ist nur bedingt mit der semantischen deckungsgleich. Eine zurückgehende morphologische Durchsichtigkeit (etwa durch Ablaut und abweichende Schreibung) lockert zumeist auch die inhaltlichen Familienbande („Furt", „fertig") und kann Abspaltungen und Gründungen von „Tochterfamilien" verursachen („führen").
- Bei in Aussprache und Schreibweise konstantem Stammmorphem ist die Gefahr von semantischen „Ausreißern" geringer, aber auch nicht ausgeschlossen (besonders bei mehrdeutigen Stammmorphemen wie /sinn/).
- In erster Linie dienen Zusammenstellung und morphologische wie semantische Analyse von Wortfamilien im Unterricht der Erhellung von Wortschatzstrukturen, der Aufdeckung von Bedeutungsbeziehungen zwischen Wörtern, die sich nicht von allein aufdrängen. Dabei wird Wortbildungskompetenz aufgebaut. Gleichzeitig kann man den Schülern ein Stück Sprachgeschichte nahe bringen: Wie hat man auf der Grundlage vorhandener Wörter neue gebildet? Welche Bedeutungen hat man ihnen zugewiesen? Was hat sich im Laufe der historischen Entwicklung verändert?
  Schließlich trägt die Untersuchung zur Förderung der Rechtschreibkompetenz bei: Der Blick für das morphologische Prinzip der Orthographie und die darauf aufbauenden Regeln wird geschärft.
- Es bieten sich viele große Wortfamilien an, z.B. „ziehen" (abziehen, anziehen, anzüglich, Zug, Aufzug, beziehen, Beziehung, Beziehungslosigkeit, beziehungsweise, vorziehen, Vorzug, vorzüglich, erziehen, Erzieher, Zucht, züchtig, züchtigen, Zügel, zucken, Zeug, Zeuge, Zitter, Herzog ...).

G 26 Km 21

- Nichtverstehen kann außer gestörter akustischer Übertragung (wegen zu leisen oder schlecht artikulierten Sprechens oder zu großer Entfernung des Hörers) andere Ursachen haben: Dem Hörer unbekannte Wörter werden verwendet; der Hörer ist unkonzentriert; der Hörer verfügt im Blick auf das Gesprächsthema über zu wenig Sachkenntnis ... Bei schriftlicher Verständigung können Unleserlichkeit der Schrift, Unvollständigkeit der Aussage, Verwendung unbekannter Begriffe u.a. die Ursachen sein.
- Die bei anderen Wortbildungsarten zumeist vorhandene Durchsichtigkeit der Bildung, die semantische Motivation, fehlt als Merk- und Interpretationshilfe, so dass man sich die Kürzel mit ihren Bedeutungen jeweils unabhängig von den zugrunde liegenden „Vollwörtern" einprägen muss, wenn man sich nicht beides parallel merken will: ADAC für Allgemeinen Deutschen Automobilclub, DLRG für Deutsche Lebens-Rettungs-Gesellschaft, ASU für Abgassonderuntersuchung. Oder man verzichtet ganz auf die Auflösung und verwendet die Kurzform wie eine Langform: BMW (eigentlich: Bayerische Motorenwerke).
  Bei Abkürzungen stellt sich das Problem nicht so stark, weil diese Kürzel noch voll gesprochen werden: „Dr." als „Doktor".

G 27 Zeichensprache

- Mit Hilfe von Kürzeln und nichtsprachlichen Symbolen kann man in der schriftlichen Kommunikation Platz und Zeit sparen. Vor allem die stürmische Entwicklung in Wissenschaft und Technik, aber auch im Handel und in der Werbung hat zu einem stark wachsenden Gebrauch solcher Schriftzeichen geführt. Neben gelegentlichen individuellen Augenblicksabkürzungen (man kann schließlich fast jedes Wort abkürzen, und zwar in unterschiedlicher Weise) hat insbesondere die Zahl der fest vereinbarten und damit normativ gewordenen Abkürzungen, Kurzwörter und Formelzeichen zugenommen (und ist in Abkürzungsverzeichnisse aufgenommen worden). Fachsprachliche Verständigung unter Experten wird mit Hilfe der Ausdrücke beschleunigt. Beim Eindringen in die Standardsprache kann es aber Probleme geben. Für den Laien verstärken die undurchsichtigen Kürzel (zusammen mit Fremdwörtern und deutschem Fachvokabular) die Unzugänglichkeit entsprechender Texte (von der Schwerverständlichkeit bis zur Unverständlichkeit). Bisweilen kann man den Eindruck haben, dass dieses von den Verfassern in Kauf genommen wird oder gar beabsichtigt ist: Bewahrung der Exklusivität des Expertenwissens und Imponiergehabe (z. B. bei Produktwerbung).

- Morphologische und semantische Durchsichtigkeit der Bildungsweise ist (wenn überhaupt) nur in geringem Maße gegeben, am ehesten noch bei Abkürzungen wie „Dipl.-Ing.“, „usw.“ und entsprechenden Symbolen wie „%“, „°C“, weil man dort das Vollwort spricht, ein wenig auch bei Kurzwörtern, die nicht aus Anfangsbuchstaben, sondern aus Anfangssilben zusammengesetzt sind wie „Spaka“, „Kripo“.

  Aber selbst bei solchen Kurzwörtern zeigt sich die bei undurchsichtigen Bildungen durchweg zu verzeichnende Tendenz der Verselbstständigung: Das Kürzel löst sich immer mehr von seinem Ausgangswort und nimmt Wortcharakter an: „DM“ (Deutsche Mark → D-Mark → DM), die „ARD“, das „ZDF“ … Besonders stark ist die Verselbstständigung bei Kürzeln, die auf fremdsprachliche Ausdrücke (vor allem englische) zurückgehen: „WC“, „PC“. Sie legen dabei oft sogar ihren Fremdwortcharakter ab und werden (in der Aussprache) eingedeutscht [pe:tse:], nicht [pi:si:].

- Es gibt die Möglichkeit zu individuellen, nicht normierten Augenblicksabkürzungen, z. B. bei platzsparend aufgesetzten Verkaufsanzeigen, bei denen der Kontext und Sachzusammenhang Deutungshilfen sind: „Anbauwand, Mahag., neuw., m. Glasvitr., FS-Schrank, 3,50 L x 2,40 H, 650,-, Tel. 93205.“

  Eine Standardisierung setzt sich aber immer mehr durch. Sie beschleunigt den Lese- und Verstehensprozess, verhindert das Herumrätseln und Raten: „Diaproj., Überbl.-set m. elektr. St.ger. v. Reflecta“. In vielen Fällen sind die Normen verbindlich wie unsere Orthographie: „kg“ für „Kilogramm“, nicht „K“, „Ki“, „Kg.“, nicht einmal „kg.“.

G 28 MfG

- Der Bekanntheitsgrad der Kürzel variiert. Bisweilen kann der Kontext beim Entschlüsseln helfen, weil oft sachlich-inhaltlich zusammenhängende Ausdrücke nebeneinander erscheinen: die Rinderseuche „BSE“ (als „Rinderwahnsinn“ in die Standardsprache eingegangen) neben dem menschlichen Krankheitserreger „HIV“ (beide gegenüber ihren Ursprüngen „bovine spongiforme Enzephalopathie“ und „human immunodeficiency virus“ wortähnlich verselbstständigt), der die Immunschwächeerkrankung „Aids“ hervorruft („acquired immune deficiency syndrome“).
- Aus den kommentierenden Strophenenden „ihr könnt mich mal“, „leck mich am Arsch“ (abgekürzt!), „ojemine“, „ist nicht o. k.“ geht deutlich Kritik an einer überhand nehmenden Verwendung von Kürzeln hervor. Die mittlere Strophe zeigt, dass

die Abneigung der Gesangsgruppe sich aber nicht nur gegen den Sprachgebrauch richtet, sondern auch gegen die bezeichneten Erscheinungen selbst: Fernsehanstalten, Kaufhäuser, Staatsgebilde, Parteien, politische Gruppen und gesellschaftliche Einrichtungen, Vereine, Verkehrsmittel, Unfälle und Krankheiten. Sämtliche Einrichtungen modernen Lebens werden verachtet. Die Gruppe verleiht einer Mischung Ausdruck aus Weltverachtung und dem Wunsch, sich von anderen zu unterscheiden und dies auch deutlich zu zeigen („fallen wir lieber auf").

- Ausgehen sollte man natürlich von dem auf Tonträger gespeicherten Liedvortrag der Gesangsgruppe und zunächst nur über den gehörten Text Kürzel heraushören und identifizieren (Versuch der Herstellung einer Textfassung). Zur Unterstützung der Textarbeit kann die Vorlage des Originals dienen. Die Textinterpretation sollte möglichst viele Kürzel entschlüsseln und über ihre Häufung und Anordnung reflektieren. Die Absicht der Gruppe lässt sich dann aus den Schlusszeilen und der mittleren Strophe ermitteln.
  Nach der Textinterpretation könnte über die Neigung zur kurzen Ausdrucksweise in der Gegenwartssprache nachgedacht und diskutiert werden (neben den Kürzeln an inhaltsverdichtenden Wortbildungen zu erkennen), über ihr Auftreten in Fachtexten und Fachsprache sowie über ihre Wirkung in Verständigungsprozessen.

G 29 gehen (histoire d'amour)

- Phraseologismen oder idiomatische Wendungen wie „jemandem ins Garn gehen" (Bedeutung: von jemand überlistet werden, der angelockt oder eine Falle gestellt hat) unterscheiden sich von freien, zu einem Syntagma verknüpften Wortgruppen wie „mit jemandem auf und ab gehen" vor allem darin, dass ihre Gesamtbedeutung von der Summe der Einzelbedeutungen der Wörter erheblich abweicht, nicht aus ihnen abgeleitet werden kann; man muss sie wie die Bedeutung eines Einzelwortes erlernen: Die Bedeutung von „Garn" ist nur noch in Spuren zu erkennen: Mittel des Fallenstellens bei Vogelfängern.
  Phraseologismen sind so fest gefügt, dass der Austausch von Einzelelementen meist nicht möglich ist, jedenfalls nicht zu einer anderen akzeptablen Bedeutung des Gesamtausdrucks führt: *jemandem ins Garn springen, *jemandem in die Fäden gehen (dagegen sehr wohl: mit jemandem hin und her gehen, mit jemandem auf und ab laufen). Sehr häufig sind Phraseologismen bildhafte, metaphorische Ausdrücke.
- Man sollte sie im Unterrichtsgespräch viel verwenden (keine Übertreibungen!) und auch die Schüler dazu anregen. Man sollte die Aufmerksamkeit der Schüler auf sie lenken, sie analysieren und klassifizieren und so ins Bewusstsein heben. Man kann besonders ihre bildhafte Ausdruckskraft untersuchen und nach den Ursprüngen des übertragenen Gebrauchs suchen (z. B. Vogelfang mit Netzen) und damit in unserem Wortschatz Kulturgeschichte entdecken. Schließlich kann man feste Redewendungen zu einem bestimmten Thema (Schifffahrt: vor Anker gehen, im selben Boot sitzen, etwas über Bord werfen, einen Schuss vor den Bug geben, auf dem falschen Dampfer sitzen …) oder einem zentralen Wort (ein Brett vor dem Kopf haben, den Kopf aus der Schlinge ziehen, die Haare vom Kopf fressen, nicht auf den Kopf gefallen sein, Hals über Kopf, den Kopf in den Sand stecken, die Hände über dem Kopf zusammenschlagen, mit dem Kopf durch die Wand wollen …) sammeln, unter Umständen mit diesem Material einen sprachspielerischen Text verfassen, wie Schwedhelm es getan hat.

G 30 Der Minister, verzichtbar

- Dies ist eine das persönliche Stilempfinden betreffende Frage. Viele Stilblüten bewirken jedenfalls unfreiwillige Komik durch Koppelung nicht zusammenpassender Bildbereiche.
- „Die ganze Sache ist ein tot geborenes Kind, das sich im Sande verlaufen wird!" – „Lass nicht des Neides Zügel umnebeln deinen Geist." – „Das bescheidene Veilchen des Glaubens blüht am glänzendsten, wenn die Hammerschläge des Schicksals es auf dem Amboss des Herzens zu leuchtenden Strahlen erwecken." – „laute Tränen" – „verwelkendes Licht" – „leises Schauen" – „beredtes Schweigen".
- Man sollte durch Untersuchung von Metaphern und anderen Stilfiguren ihre Sensibilität für Gebrauch und Missbrauch bildhafter Redeweise schärfen. Man sollte ihnen aber an poetischen Texten (besonders der Romantik und des Expressionismus) auch zeigen, dass Synästhesien beabsichtigt und kunstvoll eingesetzt werden können: „Durch die Nacht, die mich umfangen / Blickt zu mir der Töne Licht."

G 31 Die niederländischen Sprichwörter

- Gut zu erkennen sind: „mit dem Kopf durch die Wand wollen" (links unten), „seinen Mantel nach dem Wind hängen" (oben Mitte), „Perlen vor die Säue werfen" (unten Mitte), „auf glühenden Kohlen sitzen" (rechts Mitte), „einen an der Nase herumführen" (links oben im Fenster). Viele Redensarten sind heute nicht mehr bekannt: „unter dem Besen getraut" (oben links = als Unverheiratete wie Eheleute leben), „den Aal beim Schwanze fassen", „Federn in den Wind schütten", „einen Faden zusammen spinnen", „sich auf den Esel setzen lassen", „Gott einen strohernen Bart flechten" (= jemand hintergehen), „den blauen Mantel umhängen" (= jemanden täuschen), „den Gecken scheren" (= jemanden zum Narren machen), „dem Teufel ein Licht anzünden" (= einer schlechten Sache huldigen), „den Teufel auf ein Kissen binden" (= sich als listige und streitsüchtige Frau gebärden), „die Welt auf seinem Daumen tanzen lassen" (= alles leicht nehmen), „der Katze die Schelle umhängen" (= ein Gerücht über jemand verbreiten), „durch den Korb fallen" (= mit einem Liebesantrag abgewiesen werden), „beim Teufel zur Beichte gehen", „hinter dem Netz fischen" oder durch ähnliche ersetzt: „den Brunnen zuschütten, nachdem das Kalb darin ertrunken ist" (heute: „den Brunnen zudecken, wenn das Kind hineingefallen ist"), „auf die Welt scheißen" (heute: „auf etwas scheißen" = sich aus etwas nichts machen). Auch Sprichwörter sind festgehalten: „Der eine schert das Schaf, der andere das Schwein." (unten Mitte). – „Die großen Fische fressen die kleinen." – „Wenn zwei sich streiten, freut sich der Dritte."
- Sprichwörtliche Redensarten (auch: idiomatische Wendungen, Phraseologismen) sind formelhaft verwendete feste Wortverbindungen mit einer (zumeist metaphorischen) Bedeutung, die sich nicht aus den Bedeutungen der Einzelwörter ableiten lässt („mit dem Kopf durch die Wand wollen" = seine Absichten trotz unüberwindlicher Schwierigkeiten durchsetzen wollen). Als Redewendungen können sie zur Satzbildung verwendet werden, haben aber selbst noch keinen Satzcharakter.
  Sprichwörter dagegen sind Kleintexte, die aus einem Satz bestehen und in bildhafter Sprache (meist an einem anschaulichen Beispiel aus der Alltagserfahrung) eine Lebensweisheit beinhalten: „Bei Nacht sind alle Katzen grau." – „Den Letzten beißen die Hunde."
  Gemeinsam sind beiden Erscheinungen die Volkstümlichkeit der Entstehung und des Erfahrungszusammenhangs sowie die bildhafte, kräftige bis derbe Sprache.

- Sprichwörter und sprichwörtliche Redensarten eignen sich sowohl für die Untersuchung indirekter Ausdrucksformen wie Vergleich und Metapher als auch für kulturgeschichtlich-sprachgeschichtliche Betrachtungen (eventuell verbunden mit Besuchen alter Bauernhöfe und Handwerkerstuben in Freilichtmuseen): „das Eisen schmieden, so lange es heiß ist", „mit gleicher Elle messen", „den Faden verlieren", „Einem geschenkten Gaul sieht man nicht ins Maul." – „Schuster, bleib bei deinen Leisten."

G 32 „Ich bin völlig sitt"

- Der Vorschlag hat wohl wenig Aussicht darauf sich durchzusetzen, d.h. von der Sprachgemeinschaft angenommen und verwendet zu werden. Die lautliche Nähe zu „satt" lässt das Neuwort eher als komische, nicht ganz ernst gemeinte Variante denn als Gegenwort zu „satt" erscheinen. In dieser Weise, mit schlichtem Vokalwechsel, stehen sich im Deutschen keine Antonyme gegenüber (links – rechts, kommen – gehen, Bruder – Schwester). Dann wäre es schon sinnvoller, dem Adjektiv „satt" neben seiner Bedeutung „nicht mehr hungrig" die zusätzliche Bedeutung „nicht mehr durstig" zuzuordnen. Mehrdeutige Wörter sind ja sehr häufig.
- Unser Wortschatz ist nicht streng systematisch aufgebaut und symmetrisch strukturiert. Nur wenn ein Bezeichnungsbedürfnis besteht, wird auch ein Wort gebildet und eingegliedert. Dieses Bedürfnis ist nicht flächendeckend gleichmäßig verteilt. So gibt es bei den Haustieren unterschiedlich weit gehende Differenzierungen. Beim Rind werden Bulle, Kuh, Kalb, aber auch noch Ochse (kastriert) und Färse (hat noch nicht gekalbt und gibt noch keine Milch) unterschieden und mit „kalben" bezeichnet man das Werfen der Jungtiere. Beim Pferd fehlt die Entsprechung zur Färse (Hengst, Stute, Wallach, Fohlen, fohlen). Beim Schwein fehlt auch noch die Entsprechung zu Ochse und Wallach (Eber, Sau, Ferkel, ferkeln). Beim Schaf fehlt eine spezielle Bezeichnung für das weibliche Tier (Widder, Kalb, kalben), bei der Ziege für das Werfen der Jungtiere (Bock, Zicke, Zickel/Zicklein). Beim Hund gibt es zwar ein Wort für das Jungtier, aber keins für das Werfen (Rüde, Hündin, Welpe, nicht *welpen), bei der Katze nicht einmal ein eigenes Wort für das Jungtier (Kater, Katze, Kätzchen). Ein Füllen der Lücken wäre oft möglich („Die Hündin hat gestern gewelpt."), scheint aber nicht erforderlich zu sein. Gelegentlich kommen Wörter sogar außer Gebrauch und hinterlassen neue Lücken, die nicht gefüllt werden: Hinde/Hindin für den weiblichen Hirsch.
- Wortschöpfungen (die Verknüpfung einer Lautfolge mit einer Bedeutung zu einem neuen Morphem/Wort) gibt es heute kaum noch. Man zieht den Rückgriff auf das vorhandene Morpheminventar vor und bildet neue Wörter mit alten Wortbausteinen. Man kann auch bekannten Wörtern zusätzliche Bedeutungen zuweisen. Und schließlich stehen Fremdsprachen mit ihrem Wortbestand für die Übernahme von Fremdwörtern oder für Entlehnungen zur Verfügung.
- Rezeptive und produktive Wortbildungskompetenz steht ganz obenan. Fremdsprachenkenntnisse folgen, die das Verstehen von Fremdwörtern und Lehnwörtern erheblich erleichtern.

G 33 Handy

- „Handy" klingt zwar sehr englisch und erscheint als Bezeichnung für ein Gerät, das man ständig mit sich trägt und oft in der Hand hat, recht plausibel. In Wirklichkeit ist es eine deutsche Wortbildung in Anlehnung an die englische Sprache, denn in England und Amerika sagt man „mobile phone".

- Im Englischen gibt es das Adjektiv „handy“ mit der Bedeutung „zur Hand, greifbar, leicht erreichbar“. Diese Eigenschaften zeichnen das bewegliche Funktelefon gegenüber dem Schnurtelefon aus. Eine Anlehnung an dieses Adjektiv erscheint möglich. Auch spielt sicher eine Rolle, dass es im Deutschen eine Vielzahl von Wörtern gibt, die aus der englischen Sprache stammen und mit -y enden. Gerade technische Geräte, besonders Neuerungen der Kommunikationstechnologie, werden häufig zusammen mit ihren englischen Bezeichnungen importiert. Vor diesem Hintergrund fügt sich „Handy“ gut ein.
- Wenn Wörter sich in der Sprachgemeinschaft wirklich durchsetzen, hat es keinen Sinn, ihren Gebrauch in der Schule zu untersagen. Man sollte allerdings ihre Entstehung, ihren Gebrauchswert, ihre Stilzugehörigkeit untersuchen und besprechen.

G 34 Kids

- Es handelt sich um eine sprachliche Modeerscheinung, die man als unnötig und töricht beurteilen mag. Notwendig ist der Begriff wirklich nicht. Aber welche Mode lässt sich schon mit vernünftigen Argumenten zurückdrängen?
  Generell sollte man aber als Deutschlehrkraft schon Wert darauf legen, dass Fremdwörter nur dann verwendet werden, wenn wir keine gleichbedeutenden deutschen Wörter haben.
- Halbwüchsiger (noch nicht ganz erwachsen), Halbstarker (abwertend), Backfisch (veraltet), Jüngling (veraltet), Milchbart (unreif), Maid (volkstümlich), Teenager (kindlich), Bursche (draufgängerisch, abwertend), junger Mann, junges Mädchen (wertneutral), junge Dame (fein, vornehm) …

G 35 Riesenbiss ins Mutterbrett

- Die Antwort hängt von den persönlichen Erfahrungen ab. Besonders viele Anglizismen gibt es in der Technik (besonders der Informations- und Kommunuikationstechnik), im Handel und in der Werbung, in der Musikszene und der Popkultur, in der Mode und im Sport, in der Politik und in den Medien.
- Der Verein will offenbar die starke Verbreitung von Fremdwörtern, besonders Anglizismen in der deutschen Gegenwartssprache eindämmen und zurückdrängen. Zu diesem Zweck will er eine Bewusstseinsänderung in der deutschen Sprachgemeinschaft herbeiführen und zum Gebrauch deutscher (z. T. neu gebildeter) Wörter an Stelle von Anglizismen auffordern. Wie schon die barocken Sprachgesellschaften im 17. Jahrhundert (auf sie, nicht auf Hitler geht der Vorschlag „Gesichtserker“ zurück) macht auch der Verein dazu konkrete Vorschläge.
- Gegen nationalistische und militante Eiferer für eine „Sprachreinigung“ sollte man entschieden auftreten (auch mit den Mitteln der Ironie und Satire), denn in beschränktem Umfang verwendet stellen Fremdwörter eine Bereicherung unseres Wortschatzes dar. Für viele Erscheinungen des modernen Lebens haben wir gar keine oder keine adäquaten deutschen Entsprechungen. Gegen Übertreibungen spricht sich auch Bödeker in einem Nebensatz aus. Gegen das Gebot des allgemein verständlichen Sprachgebrauchs darf nicht verstoßen werden.
  Die Autorin übertreibt allerdings bei der Darstellung ihrer Position. Zu diesen Übertreibungen zählen sicher die Bemerkungen, mit denen sie die sprachpuristischen Bemühungen zeitgeschichtlich verallgemeinernd interpretiert und als „eine Spielart der Abwehr gegen ‚Überfremdung‘“ bezeichnet, was dann nicht mehr weit vom Vorwurf der „Fremdenfeindlichkeit“ entfernt ist, oder wenn sie gar von „interes-

sierten Kreisen" spricht, die Deutschland zum „Überwachungsstaat" machen wollen.

- Fremdwörter werden häufig verwendet: aus praktischen Gründen (weil mit einer Erscheinung aus den USA zugleich die Originalbezeichnung „importiert" wird), aus Bequemlichkeit (weil einem das Fremdwort sehr geläufig ist und zuerst einfällt), aus Imponierlust (weil man sich damit als besonders modern und/oder besonders gebildet und fachkundig ausgeben will), im Bemühen um Präzision (wenn man sich unter Fachleuten mit Hilfe fachsprachlicher Begriffe verständigt) ...
- Die jeweilige Position muss individuell beschrieben werden.
- Man sollte sprachdidaktisch unaufgeregt und klug abwägend handeln, weder wie in Frankreich extrem puristisch den Gebrauch von Anglizismen unter Strafe stellen noch interesselos und scheinbar liberal einer Vermischung der Lexik und Grammatik verschiedener Sprachsysteme zuschauen. Die Schüler sind für eine verantwortungsbewusst auswählende Wortwahl zu gewinnen, bei der auch die Bewahrung von „Sprachkultur" eine Rolle spielt.
- Vorschläge der barocken Sprachgesellschaften für Verdeutschungen (heute erheiternde wie „Gesichtserker", „Zitterweh" für Fieber, „Lusthöhle" für Grotte und von der Sprachgemeinschaft akzeptierte wie „Hochschule" für Universität, „Mundart" für Dialekt, „Wörterbuch" für Lexikon, „Zweikampf" für Duell, „Nachruf" für Nekrolog, „Briefwechsel" für Korrespondenz", „Bücherei" für Bibliothek) können einen Einstieg in das Thema bilden, auf den dann die Untersuchung von Fremdwörtern (abweichende Aussprache, Wortakzent oft nicht auf Stammsilbe, abweichende Schreibung mit im Deutschen untypischen Buchstabenfolgen, fremde Ableitungsmorpheme, abweichende Flexion) und Lehnwörtern (Anpassung ursprünglicher Fremdwörter an das deutsche Sprachsystem in Schreibweise, Aussprache und Betonung) in der Gegenwartssprache folgt: Wo treten Fremd- und Lehnwörter auf? Wann und weshalb stören solche Wörter? Wann sind sie nützlich? Unter welchen Umständen sollte man sie vermeiden? Gibt es genügend deutsche Alternativen? Kann man solche schaffen? Wovon ist die Akzeptabilität der Neubildungen abhängig?

G 36 Vom Rattenrennen zum Menu

- Die Tatsache einer starken und weiter zunehmenden Verbreitung von Anglizismen/Amerikanismen in der deutschen Gegenwartssprache ist nicht zu bezweifeln. Sie stellt bei dosierter Nutzung eine Bereicherung unseres Ausdruckspotentials dar, sie ist bei Übertreibung ärgerlich.
- Amerika ist zumindest seit Ende des Zweiten Weltkriegs die führende Weltmacht, die anderen Staaten/Ländern militärisch, wirtschaftlich, in der Entwicklung und Produktion technischer Neuerungen weit überlegen ist. Wie ein geschichtlicher Rückblick zeigt, gilt in solchen Situationen stets die Bewunderung der Unterlegenen, Schwächeren dem Sieger. Man will ihm nachstreben und übernimmt dabei auch wesentliche Teile seiner Kultur und Sprache.
- Die heimlichen Anglizismen sind viel schwerer zu entdecken und zu identifizieren als die offenen. Man kann Schüler bei Gelegenheit einmal auf sie aufmerksam machen, wird ihr vielfach unbemerktes Eindringen in den Sprachgebrauch aber kaum verhindern können.
- Der Schlusssatz ist wohl absichtlich zugespitzt formuliert (vgl. ersten Absatz des Artikels!). Nicht richtig ist die Auffassung, dass jeder Sprachimport, der einmal vorgenommen worden ist, auch für alle Zeit in Gebrauch bleibt. Sprachen verändern sich laufend, mal schneller, mal langsamer. Von solchen Veränderungen ist auch der Wortschatz betroffen. Aus ihm fallen auch Wörter wieder heraus, deutschstämmige Wörter, die veralten, aber auch Fremdwörter.

G 37 Wörterbuchgebrauch

- Es sollten Informationen zur Wortgrammatik (Wortartzugehörigkeit, Flexionsweise), zur Wortbildung (Zusammensetzungen, Ableitungen, Präfixbildungen, Kürzel), zur Phraseologie (feste Redewendungen), vor allem aber zur Wortbedeutung (Bedeutungsmerkmale, Definition, mehrere Bedeutungen) und zur Position im lexikalischen Strukturnetz (Synonyme, Antonyme, Ober- und Unterbegriffe, Teil-Ganzes-Relationen) wie auch zur Stilistik sein (stilistische Verträglichkeiten und Unverträglichkeiten mit anderen Wörtern).
  Es bleibt strittig, ob auch enzyklopädisches Sachwissen zu den Informationen eines Schulwörterbuches gehören sollte.
- Mit Hilfe von Nachschlageübungen in spielerischer Form (auch im Wettkampf) kann man zunächst die sichere Beherrschung des Alphabets anstreben wie die rasche Ordnung von Wörtern nach dem ersten, dann auch nach dem zweiten und den weiteren Buchstaben. Dabei ist zu beachten, ob das Wörterbuch die Umlaute ä, ö, ü, äu wie die nicht umgelauteten Entsprechungen behandelt oder wie die Verbindungen ae, oe usw. und ob das ß bei der alphabetischen Reihenfolge wie s oder wie ss berücksichtigt wird.
  Noch wichtiger für ein erfolgreiches Nachschlagen sind die Herleitung der als „Stichwort" angeführten Grundformen aus Flexionsformen der Verben, Substantive, Adjektive (z. B. Infinitiv zu „rief", Nominativ Singular zu „Atlanten", Positiv zu „ärgst") sowie die Reduktion komplexer Wortbildungen auf die jeweiligen Grundwörter („schließen" und „veranstalten" zu Abschlussveranstaltung).
  Die Binnenstruktur der Wörterbuchartikel muss erfasst werden, mit all den verwendeten Hervorhebungen, Abkürzungen und Zeichen.
  Im Blick auf die korrekte Aussprache von Fremdwörtern sind die Zeichen der phonetischen Umschrift zu behandeln.
  Die Berücksichtigung von Querverweisen im Wörterbuch ist beim Nachschlagen ebenfalls einzuüben.
  Wichtig ist neben einer sicheren auch eine schnelle Beherrschung der Nachschlagetechnik, da bei längerem Suchen die Motivation erfahrungsgemäß bald nachlässt.
- Man sollte Wörterbücher verwenden, die Synonyme in großer Zahl anführen. Besonders brauchbar sind Wörterbücher, die Synonyme in Begriffsfeldern darstellen, so dass man rasch einen Überblick über eine große Zahl von inhaltlich einander nahe stehenden Ausdrücken zur Auswahl vor sich hat (z. B. Wehrle-Eggers: Deutscher Wortschatz. Ein Wegweiser zum treffenden Ausdruck. 2 Bände: Systematischer Teil – Alphabetischer Teil. (Fischer Handbücher 953/954).
- Ein wirklich umfassendes Schülerwörterbuch für den Computer, das die technischen Möglichkeiten der CD-ROM mit ihren vielfältigen Verweisen über „Links" nutzt, könnte die Informationen einer ganzen Reihe verschiedener Wörterbücher in sich vereinen und benutzerfreundlich zum raschen Zugriff anbieten: Synonymwörterbuch, Antonymwörterbuch, Stilwörterbuch, Etymologisches Wörterbuch, Fremdwörterbuch, Abkürzungswörterbuch, Phraseologisches Wörterbuch, Zitatenwörterbuch, Sachwörterbuch, Wörterbuch grammatischer Schwierigkeiten, Rechtschreibwörterbuch.

H Unterrichtsmittel – Multimedia

Einleitung

Der Medieneinsatz im Eigensprachunterricht besteht bis heute vor allem in der Benutzung eines „Sprachbuches", das neben dem Lesebuch das Hauptarbeitsmittel des Deutschunterrichts jedenfalls in der Primarstufe und der Sekundarstufe I darstellt. Die herausragende Stellung des Sprachbuches geht schon aus der Auseinandersetzung in der Fachliteratur hervor, ob **Sprachbücher als „Leitmedium"** den gesamten Sprachunterricht strukturieren und beherrschen sollen oder ob sie als reine Material- und Übungssammlung nur gelegentlich eingesetzt werden sollen (unterrichtsbegleitend statt unterrichtsleitend).

Die Antwort auf diese Frage hängt selbstverständlich auch von der jeweiligen **Sprachbuchkonzeption** ab. Und konzeptionell haben sich die von den Schulbuchverlagen (zusammen mit Lehrern und Hochschullehrern) hergestellten und von den Kultusministerien für den Schulgebrauch zugelassenen Lehrmittel in den letzten Jahren mehrfach erheblich gewandelt. Zumeist folgten größeren Lehrplanveränderungen auch neue Sprachbuchgenerationen, die sich den Lehrkräften als Hilfen zur Überbrückung des Abstandes zwischen Lehrplanforderung und Unterrichtspraxis anboten.

So lässt sich für die **Grundschule** eine Entwicklung vom „verbundenen Sprach- und Sachbuch" der muttersprachlichen Bildung in den 60er Jahren (bei Abspaltung des Sachunterrichts mit eigenen fachbezogenen Schulbüchern) zum Medium für einen kommunikationsorientierten und lernzielorientierten, dabei lernbereichstrennenden Sprachunterricht der 70er Jahre (unter dem Einfluss der Aufstellung von Lernzielhierarchien im Rahmen der Curricularrevision) feststellen. In diesen Büchern deckte sich das Inhaltsverzeichnis und damit der Aufbau oft bis in die Wortwahl hinein mit den Lehrplänen, was in der Unterrichtspraxis zu einer Aufsplitterung des Fachunterrichts und zu einem oft tage- und wochenlangen Verweilen in einem Lernbereich führte („Abarbeiten" von jeweils etwa 20 Seiten des Lehrbuches).
Die sich schnell einstellende Unzufriedenheit mit diesen Unterrichtswerken führte kurzzeitig zum Gegenextrem eines „projektorientierten Sprachbuches", das einen ganzheitlichen Unterricht über die Durchführung von Projekten wiederherstellen sollte. Abgesehen davon, dass es praktisch unmöglich ist, den Unterricht ausschließlich mit Projekten zu bestreiten, erwiesen sich die ganz auf Selbstständigkeit und freie Entscheidung der Schüler ausgerichtete Projektarbeit und die den Unterrichtsverlauf notwendigerweise vorstrukturierende Materialsammlung in Form eines Buches schnell als nicht miteinander vereinbar.

So entstand als Alternative das Sprachbuch für einen lernzielorientierten, dabei aber lernbereichsintegrierenden Unterricht. Bücher dieses Typs gehen in den einzelnen Lerneinheiten von Sprachhandlungssituationen im Schüleralltag aus und leiten aus diesen über Bild und Text präsentierten Situationen Sprech- und Schreibanlässe ab, regen zur Reflexion über dabei entstehende Texte und sprachliche Elemente im Text an und greifen in diesem Zusammenhang auch ein Rechtschreibthema auf. Bei diesem integrativen Aufbau aller Lerneinheiten kann deren Reihenfolge im Buch zugleich Vorschlag für die Stoffverteilung im Schuljahr sein, mit den Möglichkeiten des allmählichen Voranschreitens in allen Lernbereichen über Anbahnungen, Wiederholungen, Vertiefungen.
Die zuerst sehr kurzen Lerneinheiten (2–4 Seiten) haben sich in den Sprachbüchern der 90er Jahre ausgedehnt. Dabei hat man sich auch von dem anfänglichen Systemzwang frei gemacht, in jeder Lerneinheit unbedingt alle Lernbereiche integrativ zu berücksichtigen. Es bleiben Möglichkeiten einer besonderen Behandlung des oft schwer integrierbaren Rechtschreibens, und neben die manchmal etwas zufällig erscheinende Behandlung einzelner Grammatikthemen treten Lernangebote, die Zusammenhänge in den Blick rücken und Übersicht verschaffen wollen. Außerdem bemühen sich neuere Sprachbücher mit ihrem vielfältigen (Zusatz-)Angebot an Texten, Aufgaben, Übungen, die grundschuldidaktische Tendenz zum offenen Unterricht und zur „Freiarbeit“ nach Wochenplan zu berücksichtigen.

In der **Sekundarstufe** ist die Entwicklung teilweise parallel, teilweise auch anders verlaufen. Als „Arbeitsbuch des Sprachunterrichts“ enthält das Lehrwerk bis in die 60er Jahre Übungen zur Grammatik (Wortlehre, Satzlehre, Sprachkunde, Rechtschreibung und Zeichensetzung, in der Sekundarstufe II dann Sprachgeschichte, Sprachtheorie und Sprachphilosophie) sowie zur Sprachgestaltung (Aufsatzlehre mit Einübung von Darstellungsformen). Dabei übt die inhaltsbezogene Sprachwissenschaft Einfluss auf die Anlage der Lehrmittel aus (die Auffassung vom „Worten der Welt“ verleiht der Wortschatzsemantik großes Gewicht).
Mit der kommunikativen Wende der 70er Jahre setzt sich dagegen die moderne Linguistik durch (Didaktisierung der Linguistik), einerseits als Systemlinguistik (mit Elementarisierung der Generativen Transformationsgrammatik oder der Dependenzgrammatik und Übernahme der entsprechenden graphischen Darstellungsformen: Stammbaumskizzen und Satzkernveranschaulichungen), andererseits als Sprachhandlungslinguistik (mit Elementarisierung der Sprechakttheorie und mit Ausgestaltung von Sprech- und Schreibsituationen).
Der lernbereichsintegrative Ansatz hat sich in der Sekundarstufe bei reinen Sprachbüchern nur in der lockeren Form mit weiträumigen Einheiten durchsetzen können (vermutlich wird die damit verbundene Vorstrukturierung von Unterrichtsabläufen als Gängelung der Lehrkraft empfunden). Jedoch ist die Integration von Sprachbuch und Lesebuch zu einem einzigen „Deutschbuch“ zeitweilig ein großer Erfolg gewesen: Literarische Texte dienten zugleich als Grundlage für Sprachreflexion und grammatische Erläuterungen und Übungen. Das kam vielen Deutschlehrern gerade im Gymnasium sehr entgegen. Nicht bei allen Texten war diese Addition (von Integra-

tion kann man genau genommen nicht sprechen) freilich überzeugend. Zumeist wurden zwischen Lesebucheinheiten einzelne Sprachbucheinheiten eingeschoben, und in vielen Fällen wurden an die Textinterpretation Grammatikfragen angehängt. Sprachbücher der jüngsten Generation sind Mischtypen und streben die Vermeidung linguistischer Einseitigkeiten (nicht einem bestimmten Grammatikmodell verpflichtet) wie didaktischer Einseitigkeiten (sowohl Lernbereichseinheiten wie Integrationseinheiten, zusätzlich oft noch Vorschläge für einige Projekte) und methodischer Einseitigkeiten an (mit vielen verschiedenen Übungsmöglichkeiten). Unterschiede bestehen in der konzeptionellen Ausrichtung mal mehr an der Systematik der Lehrpläne, mal mehr an der Systematik des Sprachsystems, mal mehr an einer Systematik sprachlicher Handlungstypen. Auffällig ist eine durchgehende stärkere Berücksichtigung von Grammatik und Rechtschreibung als bei den Vorgängern.

Neben Sprachbüchern (und den sie oft begleitenden Übungsheften oder Kopiervorlagen) haben **Schülerwörterbücher** und (in geringerem Ausmaß) **Schulgrammatiken** als Nachschlagewerke stets eine Rolle gespielt. Die Wörterbücher werden bislang aber fast ausschließlich bei Rechtschreibschwierigkeiten zu Rate gezogen, obwohl diese Kompendien meist mehr bieten. Die Grammatiken werden viel seltener im Klassensatz angeschafft und an die Schüler verteilt. Dies geschieht – wenn überhaupt – am ehesten noch im Zusammenhang mit dem Fremdsprachenunterricht.

Audiovisuelle Medien wie Tonträger, Bilder, Filme werden im Sprachunterricht immer nur ergänzend herangezogen. Der technische Aufwand schreckt viele Lehrkräfte ab. Dabei können gerade Bilder als Cartoons, Photos, Bildsequenzen stark motivierende Sprech- und Schreibimpulse abgeben und unter Umständen eine bessere Ausgangsbasis für Sprachübungen bilden als sprachliche Texte.

Das Medium, das für den Sprachunterricht gerade erst entdeckt wird, dem aber innerhalb des Deutschunterrichts eine große Zukunft bevorstehen dürfte, ist der **Computer** mit seinen unterschiedlichen Nutzungsmöglichkeiten, insbesondere als Türöffner ins Internet. Zum einen geht es um computerunterstützten Sprachunterricht, zum anderen um den Erwerb einer multimedialen kommunikativen Kompetenz.

Viele Deutschlehrer betrachten die neuen elektronischen Medien noch mit großem kulturkritischen und pädagogischen Vorbehalt, fürchten gar eine Verdrängung des Lehrers durch den Bildschirm, einen Verlust an sozialem Lernen mit möglicher Vereinsamung des Schülers vor dem Bildschirm, eine Flucht aus der Wirklichkeit in die attraktivere virtuelle Realität. Solche Befürchtungen sind sicher nicht ganz unberechtigt. Andererseits kann man die Augen nicht davor verschließen, dass wir uns bereits in einer Medienkultur befinden und schon in frühester Kindheit an ihr teilnehmen.

Eine **Computerunterstützung des Sprachunterrichts**, durch die bestimmte Lernziele schneller, leichter, effizienter erreicht werden können, muss möglichst vorurteilslos erprobt werden. Es geht wie in anderen Schulfächern darum, die Angebote und Chancen dieses Instruments für individuelles, selbst gesteuertes, interaktives Lernen zu ergreifen. Das beginnt bei abwechslungsreichen Lernspielen („Edutainment") und reicht über Schreiben und Textüberarbeiten mit Hilfe von Textverarbeitungsprogrammen und integrierten Rechtschreibkontrollen, über Gestaltung konkreter Poesie auf dem Bildschirm bis hin zur Beschaffung von Informationen für Referate oder Projekte im World Wide Web.

Zur wirklichen Herausforderung für den Deutschunterricht wird der Computer aber erst dadurch, dass die Zugriffsmöglichkeit aufs Internet dabei ist, die zwischenmenschlichen Verständigungsformen zu revolutionieren. Im Informations- und Kommunikationszeitalter wird das Schulfach, das für die Förderung kommunikativer Fähigkeiten zuständig ist, nicht umhin können, sich auch um die **Vermittlung einer multimedialen kommunikativen Kompetenz** zu kümmern. Diese schließt die Fähigkeiten ein, sich an Rollenspielen mit simultan ablaufenden schriftlichen „Gesprächen“ zu beteiligen (Chatting), an Computer-Konferenzen teilzunehmen, in einen weltumspannenden Briefwechsel über Electronic mail einzutreten, sich in der Informationsflut des Internets lesend und schreibend zurechtzufinden, ohne dort unterzugehen (cyberliteracies). Dabei fordert der Hypertext mit seinen Links ganz andere Lesefähigkeiten als die Buchkultur. An die Stelle linearen Lesens (und Schreibens, denn über Links schreibt der Leser seinen Text selbst!) tritt ein multisequenziales Sprachhandeln. Und schließlich geht es mediendidaktisch auch um die Entwicklung eines angemessenen Verhältnisses der Kinder und Jugendlichen zu der durch den Computer vermittelten, künstlich geschaffenen virtuellen Welt, ohne dass es zu einem Realitäts- und Identitätsverlust kommt. Der Sprachunterricht hat viel zu einer noch entstehenden Didaktik der Telekommunikation beizutragen.

Große Bedeutung kommt dabei der muttersprachlichen Begriffsbildung und Orientierung in Begriffsfeldern sowie der Zusammenarbeit mit dem Englischunterricht zu. Wer bei der Suche nach Informationen in der Datenflut des Internets nicht untergehen will, darf nicht planlos von einem Dokument zum anderen springen, kann sich auch nur bedingt auf „Suchmaschinen“ verlassen (sie liefern ihm mechanisch viel zu viel unbrauchbares Material). Er muss schon mit Hilfe von Begriffsketten eigene Suchstrategien entwickeln. Und er muss schnell und sicher anzusetzende Bewertungsmaßstäbe nutzen, um die Spreu vom Weizen trennen zu können. Der muttersprachlichen Wortschatzarbeit (zur Unterstützung des begrifflichen Denkens) und der Arbeit mit englischen Begriffen (Englisch als international gebräuchliche Sprache des Internets) wachsen so ganz neue Aufgaben zu.

1. Bilder

Bilder als Mittel zur Sprachförderung sind ein altes pädagogisches Medium; sie dienen und dienten zur Schulung der Ausdrucksfähigkeit, zur Übung im freien Sprechen, als Mittel für die schriftliche Gestaltung, als Arbeitsmittel für das mündliche und schriftliche Erzählen, zum Sprachtraining und zur Intelligenzförderung. Sie werden benutzt als Ersatz für Realsituationen, sie sollen Welt und damit Sprache in das Klassenzimmer bringen.
Der Bogen spannt sich zeitlich von dem „Orbis pictus" des Comenius (1658) bis zur (unüberschaubaren) Fülle der Bilder zur Sprachförderung in den neuesten Angeboten zur Vorschulerziehung. Ein Vergleich zwischen den Vorstellungen des Comenius zum Bildeinsatz und denen eines heutigen Didaktikers stellt uns die Bandbreite der *didaktischen Aspekte* (und ihrer Kodierung) vor Augen:

- „I. Man gebe es dem Knaben unter die Hand, sich damit nach eigenem Belieben zu belustigen in Beschauung der Figuren, und dieselben ihnen bekannt zu machen, auch zu Haus, ehe man sie zur Schul schicket.
  II. Darnach kann man sie nach und nach befragen, sonderlich, wenn sie nun zur Schule gehen, was diß und jenes sei oder heiße: Damit sie nichts sehen, das sie nit nennen können und nichts nennen, das sie nit weisen können. (...)
  IV. Man soll auch ihnen zulassen, die Gemähle mit der Hand nachzumalen, so sie Lust dazu haben; ja so sie keinen haben, muß man ihnen Lust dazu machen: Erstlich darum, damit sie dadurch gewöhnen, einem Ding recht nachzusinnen und darauf scharff Achtung zu geben; dann auch, abzumerken, die Ebenmaß der Dinge, in Gegeneinanderhaltung derselben; Endlich, die Hand geübt und färtig zu machen, welches zu vielen gut ist."
- „Lehrer und Schüler bedienen sich im Schulunterricht wie bei aller Kommunikation des analogen und des digitalen Kodes. Damit das Erlernen und Vertiefen der Zeichen in ihrer Abhängigkeit von der Konvention immer auch verbunden werden kann mit Emanzipation von dieser Konvention, bedarf es im Sprachunterricht der Reflexion über Sprache, d. h. über analoge und digitale Kommunikation gleicherweise. (...) Eine ökonomische und effektive Weise, Kommunikationssituationen unverkürzt in den Unterricht einzubringen, ist die Vermittlung durch das Bild bzw. die Bildfolge."

Neben solchen Zeugnissen der didaktischen Nutzbarkeit von Bildmaterialien finden sich kritische Analysen und berechtigte Einwände zu den Bildmaterialien für Sprachförderung. Dort ist die Rede von der Verewigung eines naiven Anschauungsprinzips auf der Grundlage einer falschen Erkenntnistheorie, die „möglicherweise einer rein instrumentalen, der affektiven Bedeutung entleerten Rezeption der Sprache beim Kinde Vorschub leistet." Ebenso kritisiert wird die Vernachlässigung der Funktion von Sprache als Medium zur Kommunikation in der Gruppe, von Sprache zum Äußern von Meinungen und Gefühlen, zur Planung von Handlungen, zum Lösen von Konflikten, als Mittel, um Solidarität zu erzeugen.

Diese Diskussion war ein Anstoß zur Entwicklung der vorliegenden Sprechgeschichten, die als Arbeitsmaterialien für Schüler der Primarstufe dem Lehrer Hilfen für einen kommunikationsbezogenen Deutschunterricht anbieten wollen.
[…]

Der didaktische Ansatz der *Sprechgeschichten zur Sprachförderung* soll über folgende grundsätzliche Aspekte umrissen werden:

1. *Sprechgeschichten* als ausgewählte Sprechanlässe in einem kommunikationsbezogenen Deutschunterricht

Auf der Primarstufe steht der mündliche Sprachgebrauch im Mittelpunkt. Kommunikation als Verständigungshandeln wird in der Schule aktualisiert, indem Situationen in den Unterricht eingebracht werden, die ein *Sprechen über Kommunikationssituationen* und ein *Sprechen in Kommunikationssituationen* auslösen. Solche vermittelten Situationen müssen, soweit es die Schule als künstlicher Raum zulässt, die gegenwärtige Lebenspraxis der Schüler zum Gegenstand machen. […]

2. Sprachfreie Medien als Auslöser sprachintensiver Situationen

Über den Einsatz von Zeichen in *Sprechgeschichten* als sprachfreie Medien werden Reize für Sprachproduktion gegeben: Bilder reizen zum Sprechen. Die Verwandlung der Wirklichkeit durch das Zeichen weckt die Neugier und motiviert, das Zeichen zu dekodieren und in den eigenen Wahrnehmungs- und Erfahrungshorizont einzuordnen. Der angestrebte Dekodierungsprozess löst deshalb differenzierte Kommunikationsvorgänge, int*ra*personale und int*er*personale, aus. Damit sind *Sprechgeschichten* Auslöser kommunikativer Handlungen zwischen Schülern, schaffen sprachintensive Situationen, weil sprachlich nichts vorgegeben ist, und können so verschiedene didaktische Funktionen des Sprechens in Kommunikationssituationen erfüllen.

3. Analyse von *Sprechgeschichten* als Möglichkeit, fiktive Kommunikationssituationen zu erschließen

Sprechgeschichten bieten Schülern der Primarstufe Möglichkeiten, kommunikatives Handeln in seinem Verlauf und seiner „Entstehung“ zu reflektieren, d. h. Kommunikation im Netz vieler voneinander abhängiger Faktoren wie Interaktionspartner, Intentionen und Kodes ansatzweise zu betrachten, zu überblicken, zu erfahren, zu bedenken.
Bestimmte Aspekte von Kommunikationssituationen können in *Sprechgeschichten* überschaubar angeboten werden. *Sprechgeschichten* erlauben z. B. das Auseinanderziehen von Ereignissen, die abständige Betrachtung der dargestellten Kommunikationspartner, deren (non-verbales) Verhalten, die Analyse ihrer Intentionen (was wollen sie? welche Interessen haben sie?), eine „Diagnose“ ihrer Interaktionen (was tun sie? warum verstehen sie sich/nicht/falsch?). […]

4. Verschieden kodierte *Sprechgeschichten* erfüllen verschiedene kommunikative Funktionen

Sprechgeschichten können als Sprechanlässe – je nach Medienstruktur – verschiedene kommunikative Funktionen erfüllen; so ermöglichen
- *Verständigungsgeschichten* (Zeichnungen) das Bewusstmachen und (spielerische) Lösen typischer Verständigungsprobleme und Konflikte von Schülern;
- *Umweltgeschichten* (Fotos) über das Simulieren von Wirklichkeit aus der Umwelt der Schüler die Versprachlichung differenzierter Sachverhalte und Handlungsabläufe;
- *Zeichengeschichten* (Piktogramme) Erkenntnisse und Aussagen über den Kommunikationswert von Zeichen;
- *Ausdrucksgeschichten* (Pantomimenfiguren) das Erfassen non-verbaler Kommunikationsmittel in fiktiven Handlungsabläufen und Kommunikation über Gefühle/Affekte;
- *Übertreibungsgeschichten* (Cartoons) das Gespräch über die soziale Normierung von Kommunikation und das Erproben kreativer Möglichkeiten der Kommunikation in der Versprachlichung stark verfremdeter Wirklichkeit.

5. *Sprechgeschichten* als Thematisierung von Inhalten gegenwärtiger und zukünftiger Lebenspraxis

Sprechgeschichten beziehen sich auf Kommunikationsfelder der privaten Kommunikation im Alltag (Familie, Schule, peer-group), der Massenkommunikation und der Kommunikation in/mit der Öffentlichkeit. Sie sind so angelegt, dass sie die Verbalisierung von Beziehungen und Zusammenhängen aus der alltäglichen Erfahrungswelt der Schüler fordern: Schüler setzen sich mit typischen sozialen Rollen ihrer Umwelt in der Familie und anderen Bezugsgruppen auseinander und kommunizieren eigene und fremde Interessen und Bedürfnisse.
[…]

Wallrabenstein, Wulf (1974): Sprechgeschichten. Lehrerheft. Hannover: Schroedel. S. 4–7.

- Wägen Sie Vorteile und Nachteile von Bildmaterialien für die Sprachförderung gegeneinander ab.
- Worin ist die Bilderfolge dem Einzelbild überlegen, wenn es um den Einsatz im Unterricht geht?
- Was leisten Zeichnungen, was Photos, was Gemälde besser?
- Man kann Bildinhalte versprachlichen, man kann über Bilder reden und schreiben, man kann sich auch in Bildinhalte hineinversetzen und in den Bildern sprachlich handeln. Entwickeln Sie für alle drei Arten der Verwendung von Bildmaterial Unterrichtsideen.

- „Sprechgeschichten" lassen sich gut auf Tonträger aufnehmen, „Simulationsspiele" filmen. Konkretisieren Sie die Möglichkeiten des Einsatzes audiovisueller Medien im Sprachunterricht.

2. Gute Nacht!

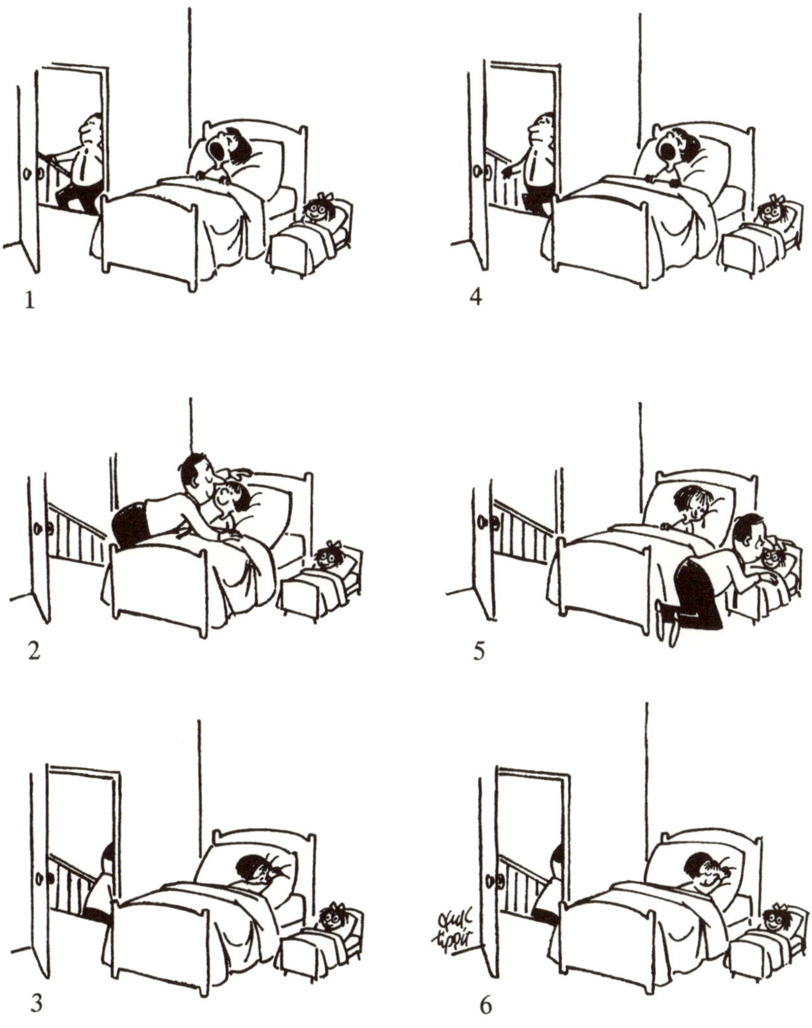

1. So, nun schlaf schön!
   Jetzt sei endlich ruhig!
   Was hast du denn schon wieder?
   Ist jetzt alles in Ordnung?
   Jetzt kannst du gut schlafen.
   Was ist jetzt schon wieder los?
   Sei lieb und schlafe jetzt!
   Jetzt habe ich aber genug.
   Nicht einmal am Abend habe ich meine Ruhe!

   An welcher Stelle könnte der Vater diese Sätze sagen? Bei welchen Sätzen kannst du das nicht genau unterscheiden?

2. **Das antwortet der Vater. Was hat das Mädchen vorher gesagt?**
   Ich bringe dir eine Schmerztablette. – Wovor denn, es ist doch niemand im Zimmer. – Der Wasserkrug ist in der Küche. – Bei Licht kannst du doch nicht einschlafen. – Du weißt ja, wo die Toilette ist.

3. **Was könnte der Vater hierauf antworten?**
   Ich kann nicht einschlafen. – Ich möchte noch fernsehen. – Kann ich mir ein Bilderbuch ansehen? – Ich habe vergessen, die Rechenaufgabe zu machen. – Mama soll mir eine Geschichte vorlesen.

4. **Erzähle, was du tust, wenn du nicht einschlafen kannst.**

Ulrich, Winfried (1977): Vom Bild zum Wort. Arbeitsmaterial für den Sprachunterricht im 2.–4. Schuljahr. Frankfurt a. M.: Diesterweg. S. 39 f.

- Bilder und Bilderfolgen („Bildergeschichten“) werden als Medien neben dem Sprachbuch im Sprachunterricht eingesetzt. Beurteilen Sie die Eignung des abgebildeten Cartoons als Sprech- und Schreibimpuls in der Grundschule.
- Prüfen Sie auch kritisch die vier beigefügten Aufgaben.
- Was spricht für, was gegen den Einsatz der Bildvorlage als Grundlage
  a) zum Schreiben einer Geschichte,
  b) zum Erspielen eines Geschehens?

3. Inhaltsverzeichnis

A. Miteinander sprechen

A. 1 Genau hinsehen und erkennen ... 4–7
A. 2 Sprechen in unterschiedlichen Situationen ... 8/9
A. 3 Sprechen auf unterschiedliche Weise ... 10/11
A. 4 Beschreiben und erklären ... 12/13
A. 5 Begründen ... 14/15
A. 6 Beobachten und berichten ... 16/17
A. 7 Überreden – überzeugen ... 18/19
A. 8 Vorwerfen – sich und andere verteidigen ... 20/21
A. 9 Kritisieren ... 22/23
A. 10 Gemeinsam planen ... 24–27

B. Texte lesen und verstehen

B. 1 Nach Informationen suchen ... 28/29
B. 2 Eine Anleitung benutzen können ... 30/31
B. 3 Ein Problem lösen ... 32/33
B. 4 Texte auswählen ... 34/35

C. Texte schreiben

C. 1 Stichworte notieren ... 36/37
C. 2 Briefe schreiben ... 38/39
C. 3 Seine Meinung sagen ... 40/41
C. 4 Fragebogen entwerfen ... 42/43
C. 5 Ein Spiel erfinden ... 44/45
C. 6 Bilder und Geschichten ... 46/47
C. 7 Texte verändern ... 48/49
C. 8 Eine Gespenstergeschichte schreiben ... 50/51
C. 9 Alltägliches und Besonderes aufschreiben ... 52/53
C. 10 Nachdenken und aufschreiben ... 54/55
C. 11 Über sich und andere schreiben ... 56/57

D. Über Sprache nachdenken

D. 1 Wozu wir Sprache gebrauchen ... 58/59
D. 2 Sprecher und Hörer ... 60/61
D. 3 Mündlich oder schriftlich? ... 62/63
D. 4 Ergänzungen und Angaben ... 64–67
D. 5 Geteilte Satzkerne ... 68/69
D. 6 Genau beschreiben ... 70/71
D. 7 Wörter bilden ... 72–74
D. 8 Was ist gemeint? ... 75–77
D. 9 Sätze miteinander verknüpfen ... 78/79

D. 10 Sätze mit Gliedsätzen ... 80/81
D. 11 Texte gliedern ... 82/83

E. Richtig schreiben
E. 1 Rechtschreiben früher und heute ... 84
E. 2 Kurze, betonte Selbstlaute ... 85–87
E. 3 Wir schreiben den s-Laut als s, ss, ß ... 88/89
E. 4 Mitlaute im Anlaut und Auslaut ... 90/91
E. 5 ß oder ss? ... 92/93
E. 6 Wir prägen uns schwierige Wörter ein ... 94/95
E. 7 Lange Selbstlaute ... 96–99
E. 8 Wortbausteine ... 100/101
E. 9 Groß- oder Kleinschreibung? ... 102–105
E. 10 Fehler vermeiden ... 106/107

Diefenbach, Rolf, u. a. (1979): Wir sprechen – Wir schreiben – Wir lesen 4. Freiburg: Verlag Herder. S. 108 f.

Zirkuszauber 7
Kontakt aufnehmen und aufrechterhalten
eine Geschichte zu einer Bildfolge aufschreiben
Textsorten unterscheiden
Textteile zu einem Text ordnen
Wörter mit z, tz schreiben

Thomas war Zeuge* 10
über einen Vorfall berichten
Notizen aufschreiben
einen schriftlichen mit einem mündlichen Bericht vergleichen
Wörter mit ck schreiben

Das Kirmeskind 12
Kontakt aufnehmen oder ablehnen
eine Geschichte weitererzählen
wörtliche Rede und Begleitsatz unterscheiden
Doppelpunkt und Redezeichen setzen

Hilfst du mir? 14
zu etwas auffordern und auf die Aufforderung reagieren
schriftlich zu etwas auffordern
Textteile zu einem Text ordnen
Satzarten unterscheiden
Punkt, Fragezeichen und Ausrufezeichen setzen

Streit ums Fernsehen 16
jemandem drohen und die Drohung zurückweisen
Drohung, Bitte und Behauptung unterscheiden
einen Dialog aufschreiben
Satzkerne mit Ergänzungen versehen
Wörter mit nz, rz, lz schreiben

Probleme mit Purzel 18
auf eine Bitte reagieren
sich schriftlich bedanken
Satzglieder umstellen
Satzkerne mit Ergänzungen versehen
Anredewörter im Brief groß schreiben

Kann Jörg zaubern? 20
etwas vermuten oder behaupten
eine Geschichte nach Reizwörtern aufschreiben
Satzglieder weglassen
Wörter mit langem Vokal schreiben

Mehmet gibt Auskunft 22
Informationen einholen und geben
Sätze erweitern
Reimspiele machen
Wörter mit ff, ll, mm, nn, pp schreiben

Die neue Wohnung* 24
Vorschläge machen und sie begründen
einen Gegenstand beschreiben und beurteilen
Sätze erweitern
Wörter mit st schreiben
Wörter trennen

Die mögen mich nicht 26
eine Geschichte nach einer Bildfolge erzählen
einen Dialog aufschreiben
zweiteilige Satzkerne erkennen
Wörter mit ss, ß schreiben

Überraschender Besuch 28
eine angefangene Geschichte fortsetzen
Äußerungen prüfen
ein Erlebnis schriftlich erzählen
Wörter mit ss, ß schreiben

Wo ist das Gold? 30
Spielregeln vereinbaren
Spielregeln aufschreiben
Geheimschriften erfinden und entschlüsseln
Wörter trennen

Josip wundert sich 32
Mißverständnisse erkennen und aufklären
Mehrdeutigkeit von Wörtern erfassen
Wortbedeutungen erläutern
zusammengesetzte Wörter bilden
Wörter nach dem Abc ordnen

Eulenspiegeleien 34
Textteile zu einem Text anordnen
eine Geschichte nach Textvorgaben aufschreiben
Redensarten erklären
Nomen aus Verben bilden

Indianer 36
Textsorten unterscheiden
Textteile zu einem Text zusammenfügen
eine Geschichte weitererzählen
verschiedene Zeitformen zu Verben bilden
Wörter mit ss, ß schreiben

Opa und die Popmusik 38
Meinungen begründen
einen Dialog aufschreiben
verschiedene Zeitformen zu Verben bilden
Wörter mit tz schreiben

Im Krankenhaus* 40
Auskünfte einholen
jemanden trösten
einen Dialog aufschreiben
einen Brief schreiben
Sätze mit Passivformen bilden
Fremdwörter schreiben

Hausaufgaben 42
einen Dialog ergänzen
Hausaufgaben notieren
mit Wortbausteinen Wörter bilden
Wörter mit ent- und end- schreiben

Was bin ich? 44
gezielt fragen
Spielregeln festlegen und aufschreiben
Nomen verschiedenen Oberbegriffen zuordnen
zu Adjektiven und Verben Nomen bilden
Wörter auf -heit, -keit, -nis, -ung groß schreiben

Kuckuckseier 46
Spiele vorschlagen
Regeln festlegen
Nomen verschiedenen Oberbegriffen zuordnen
Singular und Plural unterscheiden

Mutter muß ins Geschäft 48
einen Dialog ergänzen
etwas ins Tagebuch schreiben
Vorwürfe machen oder Verständnis zeigen
mit Wortbausteinen Nomen und Adjektive bilden
Wörter mit -ig und -lich schreiben

Autowäsche 50
eine Bitte erfüllen oder ablehnen
eine Liste anfertigen
Adjektive steigern
zu Adjektiven Nomen bilden

Freunde 52
jemanden überreden oder überzeugen
einen Vorschlag schriftlich ablehnen
Wortfelder zusammenstellen
Adjektive klein schreiben

Ich hatte doch nur Angst 54
in schwierigen Situationen handeln
eine Entschuldigung schreiben
eine Wortfamilie untersuchen
gleich lautende Wortbausteine verschieden schreiben

Geld für die Klassenfahrt 56
Vorschläge machen und abwägen
ein Plakat anfertigen
eine Einladung schreiben
mit Wortbausteinen Wörter bilden
Wortartwechsel bei der Wortbildung beachten

Mißverständnisse? 58
Mißverständnisse erkennen und aufklären
einen Weg beschreiben
eine Wegskizze anfertigen
Angaben des Ortes und der Zeit bestimmen
Uhrzeitangaben schreiben

Ein Maskenfest 60
einen Gegenstand und seine Entstehung beschreiben
eine Bastelanleitung schreiben
Satzreihen bilden
Punkt, Komma und Semikolon setzen

Im Schulbus 62
ein Erlebnis erzählen
eine Geschichte nach Reizwörtern schreiben
Konjunktionen „während“, „nachdem“, „bevor“, „als“ verwenden
Komma zwischen Haupt- und Gliedsatz setzen

Diebstahl? 64
einen Rat geben
ein Gespräch aufschreiben
das Verhalten begründen
Konjunktion „weil“ verwenden
Komma zwischen Haupt- und Gliedsatz setzen

Unfallflucht 66
ein Verhalten beurteilen
Konjunktion „daß“ verwenden
„daß“ und „das“ unterscheiden
Verkehrsregeln aufschreiben
Bedeutung von Verkehrszeichen erklären

Gerüchte 68
Informationen weitergeben
die Entstehung eines Gerüchts erklären
eine Geschichte nach Reizsätzen schreiben
„daß“ und „das“ unterscheiden
Gliedsätze umstellen

Kreye, H., u. a. (1980): Sprachbuch Deutsch 4. Braunschweig: Westermann. S. 3–4.

- Vergleichen Sie die beiden Inhaltsverzeichnisse aus Sprachbüchern für das 4. Schuljahr.
- Begründen Sie die Zuordnungen zu den Sprachbuchtypen mit „Lernzielorientierung und Lernbereichstrennung“ sowie „Lernzielorientierung und Lernbereichsintegration“.
- In welcher Weise spiegeln die Inhaltsverzeichnisse die Struktur von Lehrplänen wider?
- Welche Hilfen bieten die Sprachbücher für die Stoffverteilung im Schuljahr (die Sternchen im zweiten Verzeichnis bedeuten „können ohne Nachteil für den systematischen Aufbau des Sprachunterrichts ausgelassen werden“)?
- Welche Funktion des Sprachbuchs legen die Inhaltsverzeichnisse nahe: Leitmedium des Unterrichts oder Stoffsammlung?
- Wo werden „Erfahrungsräume“ der Schüler und „Sprachhandlungssituationen“ angedeutet?
- Halten Sie nach „Systematik“ und „Lernschrittprogression“ in den Verzeichnissen Ausschau.

4. Sich bedanken

Verschiedene Situationen

Es ist dir sicher schon oft gesagt worden, dass es zu einem guten Benehmen gehört, sich zu bedanken. Hier sind zehn Situationen dargestellt, in denen sich jemand bedankt.

a) Peter bekommt von seinem Vater zum Geburtstag einen Satz Steckbausteine, den er sich schon lange gewünscht hatte. Er bedankt sich.
b) Ein Arbeitskollege seines Vaters bringt Gerd ein Modellauto mit. Gerd bedankt sich.
c) Renate hat ihrer Nachbarin die Tasche mit 5 Pfund Kartoffeln vier Treppen hoch getragen. Dafür gibt ihr die Nachbarin eine Tafel Schokolade und 5 DM. Renate bedankt sich.
d) Gerd und Rolf arbeiten im Erdkundeunterricht zusammen an einer Zeichnung von Deutschland. Gerd lässt sich von Rolf den Atlas herübergeben, um noch einmal etwas nachzuschlagen. Er bedankt sich bei Rolf.
e) Kurt fragt einen fremden Mann auf der Straße nach der Uhrzeit. Der Mann sagt sie ihm. Kurt bedankt sich.
f) Gabriele hilft einem alten Ehepaar über den Fahrdamm. Die beiden alten Leute bedanken sich.
g) Sabine hat eine Geldtasche mit 750 DM gefunden. Da ein Zettel mit Name und Anschrift des Besitzers in ihr liegt, bringt sie die Geldtasche selber zu dem Besitzer zurück. Er bedankt sich bei ihr.
h) Carola trifft eine Freundin, die ihr eine Glückwunschkarte zum Geburtstag geschickt hatte. Sie bedankt sich bei ihr.
i) Immer wenn die Oma zu Besuch kommt, bringt sie Rita etwas für ihre Puppen mit. Obwohl Rita längst nicht mehr mit Puppen spielt, bedankt sie sich jedes Mal.
j) Michael hatte sich gerade zum Spielen hingesetzt. Da bittet ihn sein Vater, ihm die Zeitung aus der Küche zu holen. Michael bringt sie ihm. Sein Vater bedankt sich.

In diesen zehn kurzen Szenen ist nur angegeben, dass sich jemand für etwas bedankt. Es wird nicht gesagt, mit welchen Worten das geschieht.

In Rollenspielen könnt ihr ausdrücken, wie sich die einzelnen Personen eurer Meinung nach bedanken. Damit im Anschluss daran die einzelnen Formen des Dankens besser beurteilt werden können, notieren sich die anderen Schüler, wie die einzelnen Personen ihren Dank ausgedrückt haben.

Geht es auch ohne Dank?

Wenn ihr jetzt untersucht, mit welchen Worten die einzelnen Personen eurer Meinung nach ihren Dank ausgedrückt haben, dann stellt ihr Unterschiede fest.

Unterhaltet euch darüber, warum die einzelnen Personen ihren Dank verschieden ausgedrückt haben!

Habt ihr euch eigentlich schon einmal überlegt, wie es wäre, wenn man sich nicht bedankte?

Sucht euch einige Szenen aus und spielt sie noch einmal durch, ohne dass sich jemand bedankt! Es kommt dabei besonders auf das Verhalten der Personen an, die Dank erwartet haben.

Kochan, Detlef C. / Ader, Dorothea / Bauer, Johann / Henze, Walter (Hrsg.) (1973): Sprache und Sprechen. Arbeitsmittel zur Sprachförderung in der Sekundarstufe I (Orientierungs- und Förderstufe). 6. Schuljahr. Hannover: Schroedel. S. 17–18.

- Belegen Sie an dieser Sprachbucheinheit das Ziel: Förderung der Fähigkeit zum situationsangemessenen und partnerbezogenen Sprechen.
- Formulieren Sie einige konventionelle und einige originelle Danksagungen für eine Situation.
- Nennen Sie sprachliche Unterschiede zwischen mündlichen und schriftlichen Danksagungen.
- Vergleichen und beurteilen Sie die Verwendung der Begriffe „Rollenspiel" und „Simulationsspiel".
- Prüfen Sie den Vorschlag, statt eines einzelnen Sprechaktes („sich bedanken") besser „Sprechaktsequenzen" zu erspielen und zu beurteilen („korrespondierende" und „alternative" Sprechakte).
- Wie erklären Sie sich, dass in den 80er und 90er Jahren die Rollen- oder Simulationsspiele im Lernbereich „Mündliche Verständigung" stark zurückgegangen sind?

5. Adverbial (Adverbialbestimmung)

In allen Sätzen erklärt das Adverbial die Verbalphrase oder den ganzen Satz genauer.
Das muss man auch im Stammbaum erkennen können:

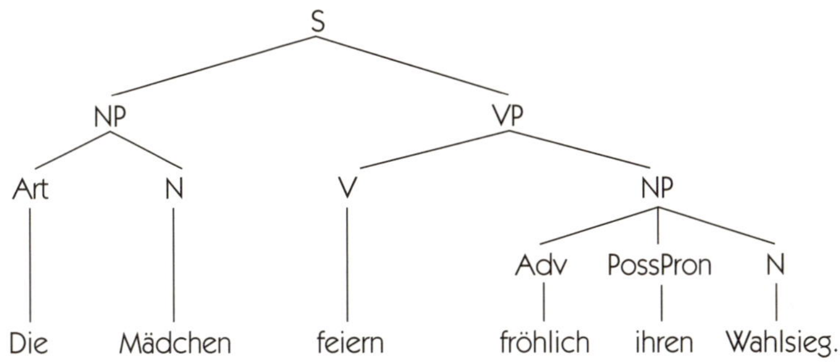

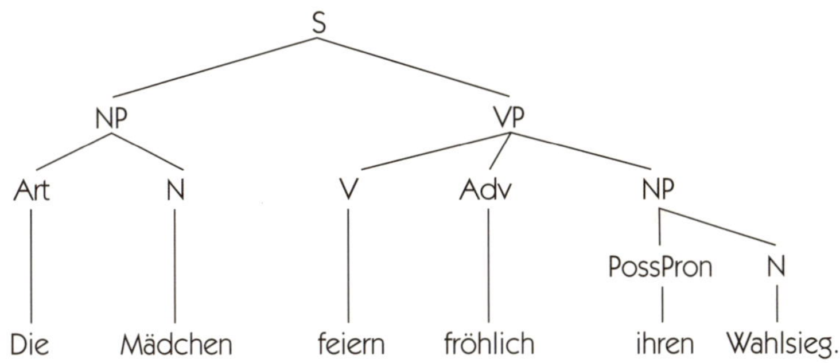

Welcher dieser Stammbäume ist der richtige? Warum?

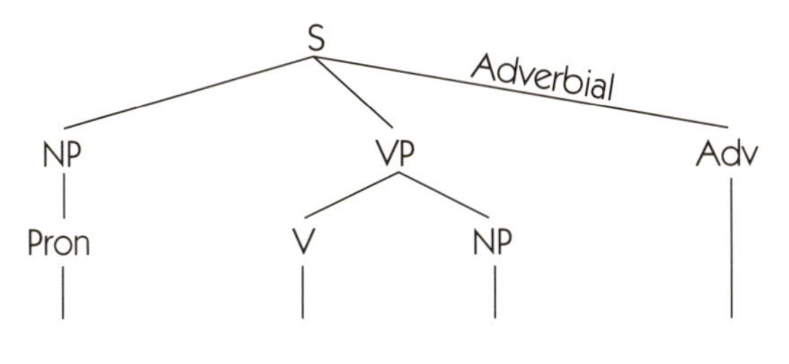

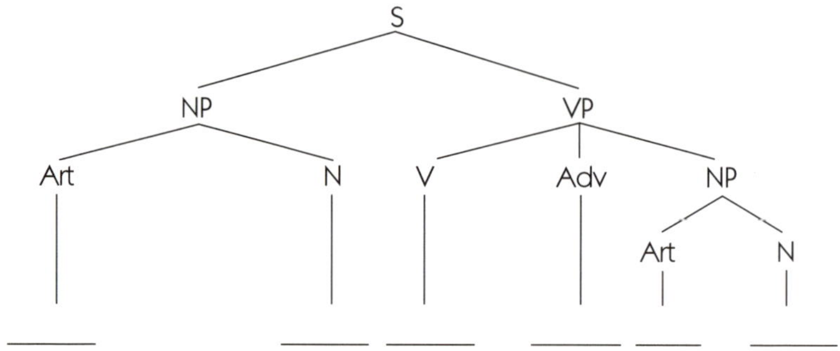

Die Klasse diskutiert eifrig die Vorschläge.
„Wir wünschen Neuwahlen, sofort!"

Ordne diese beiden Sätze zu ihren Stammbäumen.
Erkläre den Unterschied in den Stammbäumen.

Man wählt schließlich zwei Mädchen.

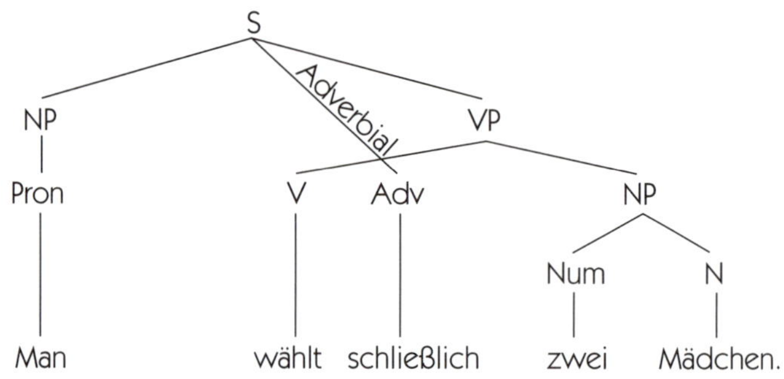

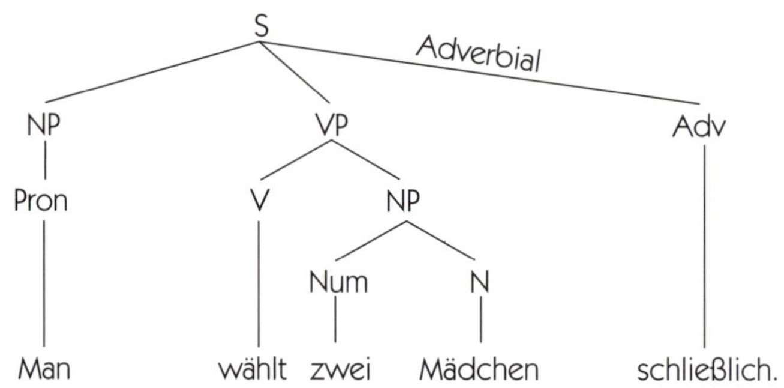

Einer von beiden Stammbäumen ist unzweckmäßig. Warum?

Wenn du die Antwort nicht findest, kreuze von den folgenden Antworten die beiden richtigen an:

☐ Das Satzverb ist oft das kürzeste Wort. Darum steht es im Stammbaum immer am Ende.

☐ Der Stammbaum bleibt übersichtlicher, wenn er so gezeichnet ist, dass Linien sich nicht kreuzen.
☐ Damit der Stammbaum übersichtlich bleibt, ist die Reihenfolge NP + VP + S-Adverb zweckmäßig.
☐ Im Deutschen steht das Satzadverb immer am Ende.
☐ Weil das Satzadverb kleingeschrieben wird, muss es im Stammbaum am Ende notiert werden.

Auch in den folgenden Sätzen sind adverbielle Bestimmungen enthalten.
Ermittle sie durch Fragen mit *wann? wie lange? wie? wo? wohin?*
(1) Nach der Schule bestimmen die Jungen ihren Kandidaten.
(2) Karin belauscht sie hinter dem Fahrradschuppen.
(3) Sie erfährt auf diese Weise den ganzen Plan.
(4) Sie bestellt die Mädchen in die Eisdiele.
(5) Stundenlang beraten die Mädchen Gegenmaßnahmen.

Satz (2) im Stammbaum. Ergänze an den Leerstellen.

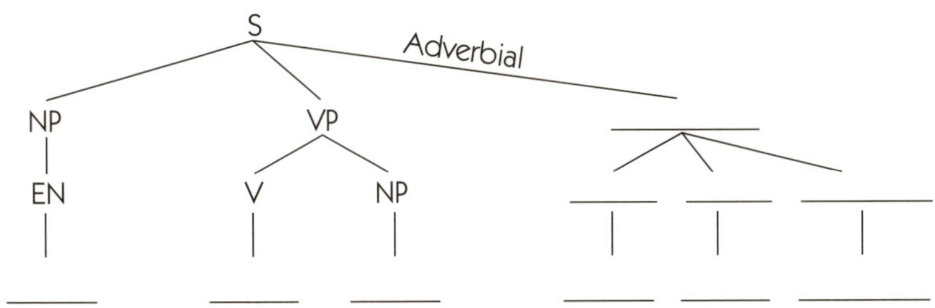

Satz (1) im Stammbaum. Ergänze an den Leerstellen.

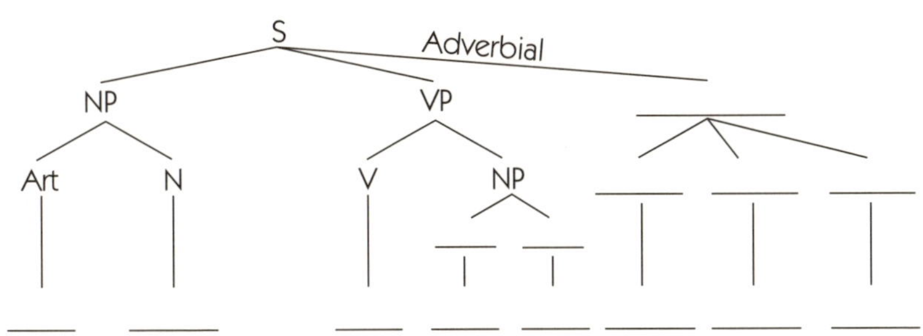

Stelle die Sätze (3), (4) und (5) im Stammbaum dar.
Kennzeichne jeweils im Stammbaum die Funktion Adverbial.

Kochan, Detlef C. / Ader, Dorothea / Bauer, Johann / Henze, Walter (Hrsg.) (1973): Sprache und Sprechen. Arbeitsmittel zur Sprachförderung in der Sekundarstufe I (Orientierungs- und Förderstufe). 6. Schuljahr. Hannover: Schroedel. S. 83–85.

- Nehmen Sie zu dem Argument gegen eine „Linguistisierung" des Deutschunterrichts Stellung, man dürfe Schülern nicht erst eine abstrakte „Stammbaum-Skizzen-Sprache" beibringen, damit sie ihre Muttersprache besser verstehen.
- Sind Ihrer Meinung nach die Aufgaben im Schwierigkeitsgrad einem 6. Schuljahr (Orientierungsstufe) angemessen?
- Erläutern Sie mit Hilfe des vorliegenden Beispiels Vorteile und Nachteile von Multiple-choice-Aufgaben in einem Sprachbuch.

6. Das Prädikat

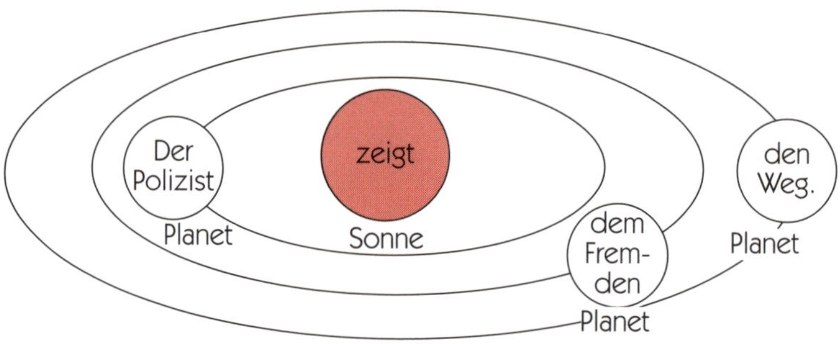

☐ a 1. Womit wird das Sonnensystem hier verglichen? 2. Was steht an der Stelle der Sonne? 3. Welchen „Planeten" kennst du schon? 4. Was stellen die anderen „Planeten" dar?

☐ b Diese „Sonne" hat also auch drei „Planeten": das Subjekt und zwei Ergänzungen. Man könnte dieses Sonnensystem auch so zeichnen:

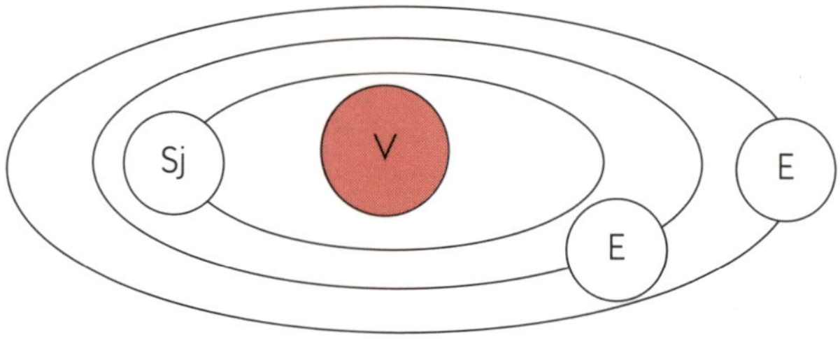

Du hast in vorhergehenden Übungen das Subjekt schwarz unterstrichen. Alles Übrige, was im Sonnensystem rot dargestellt ist, nennen wir Prädikat (P).

Prädikate sind z. B.: zeigt dem Fremden den Weg.
finden einen Igel.
will das spannende Buch lesen.

Die Verben im Prädikat nennen wir Prädikatskern (Pk).
Überlege, warum man das Verb Prädikats*kern* nennt!
Wir können wieder knapp zusammenfassen:

> Satz → Sj + P
> P → Pk (+ Ergänzungen)
> In Klammern steht, was nicht in jedem Satz vorkommen muss.

☐ c In unserem Beispiel haben wir das Verb „zeigen“ verwendet. Versuchen wir es nun einmal mit dem Verb „öffnen“, z. B.:

Er öffnet mir die Tür.

In unserem Sonnensystem könnte der Satz so erscheinen:

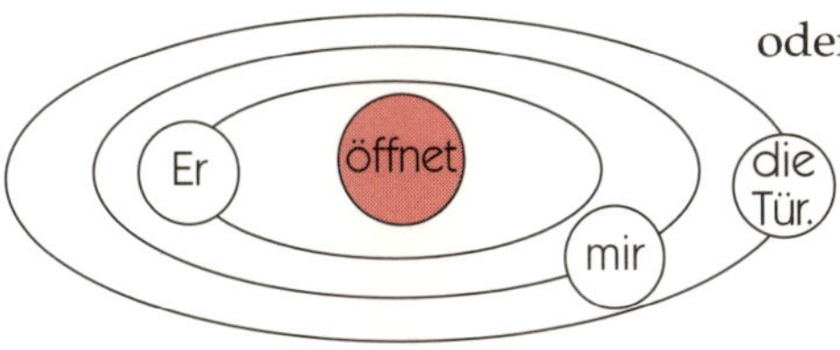

oder so:

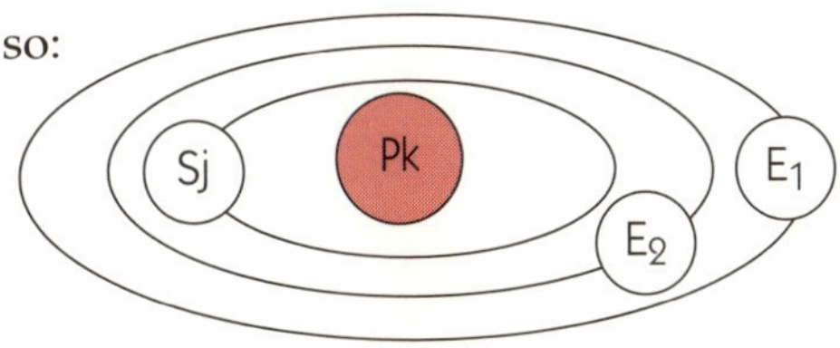

Zu dem Satz „Er öffnet“ kann ich ergänzen:
Er öffnet die Tür: 1. Ergänzung (E_1)
Ich kann weiter ergänzen:
Er öffnet mir die Tür: 2. Ergänzung (E_2)

☐ d Du weißt, dass sich die Teile des Satzes um die Personalform des Verbs drehen können wie die Planeten um die Sonne. Unsere Zeichnung kann diese Bewegung selbst nicht zeigen, sie hält immer nur eine von vielen möglichen Stellungen fest:

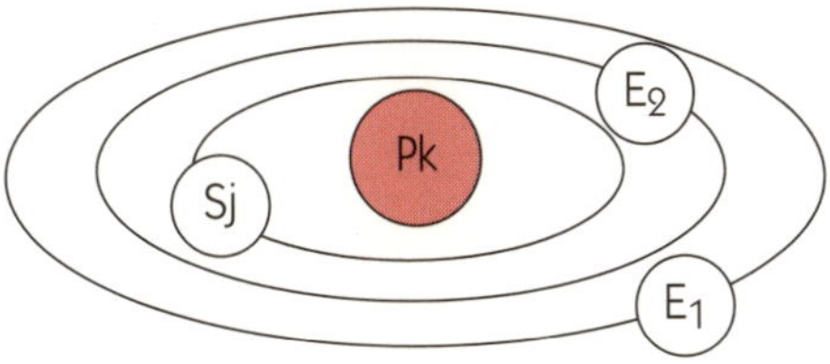

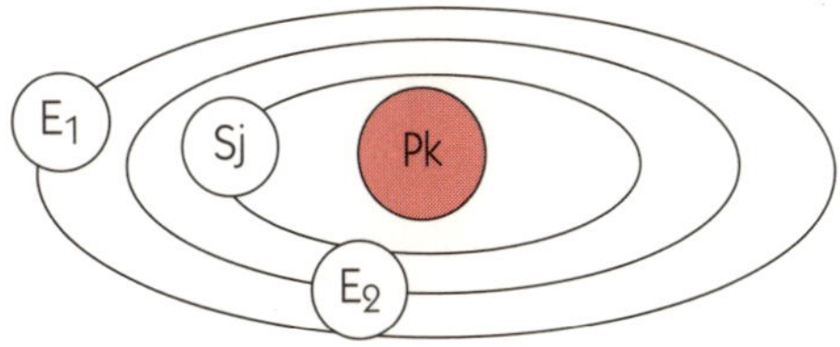

Zur besseren Übersicht zeichnen wir diese Stellungen noch einmal so auf:

(1 a)

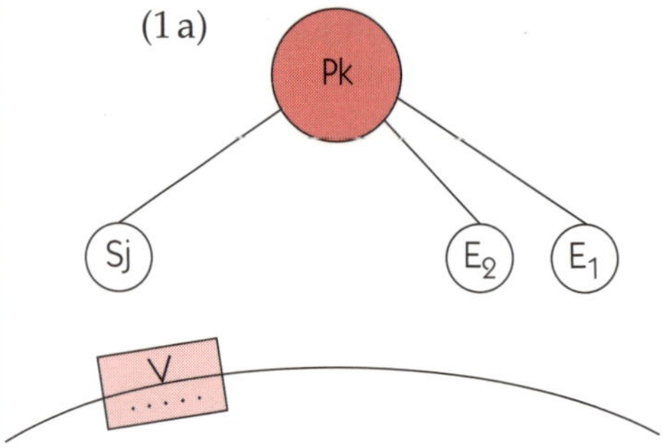

(1 b)

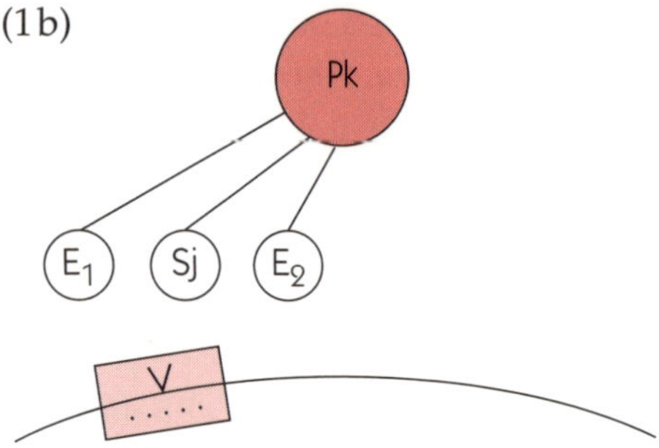

Welche der beiden Stellungen ergibt einen richtigen Satz? Kannst du sagen, warum?

☐ e (2)

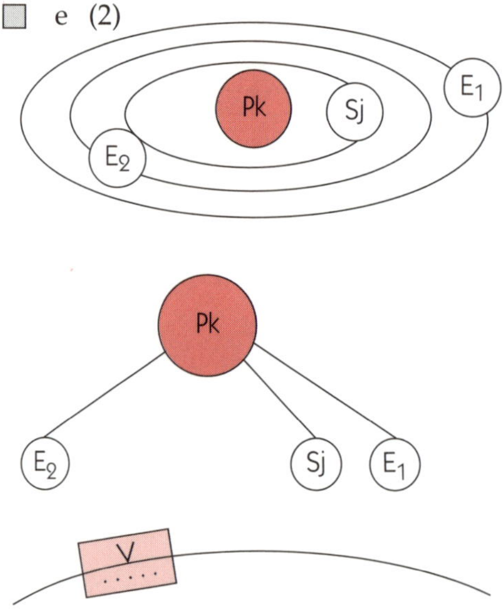

(3)

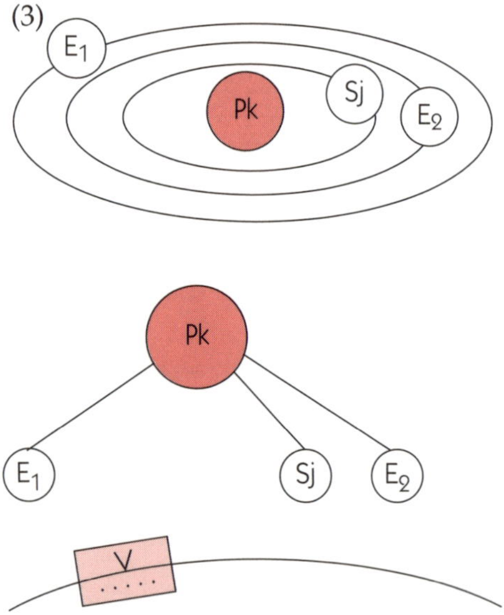

Sind diese Stellungen richtig? Findest du noch mehr richtige Stellungen? Schreibe die drei Sätze, die du zu (1 a), (2) und (3) bilden kannst, untereinander ins Heft!

f Versuche, nach folgenden Angaben noch mehr Sätze zu bilden! Überlege, was jetzt zu Pk gehört! Was die Satzbögen bedeuten, hast du unter 4.4.10 kennen gelernt.

(4)

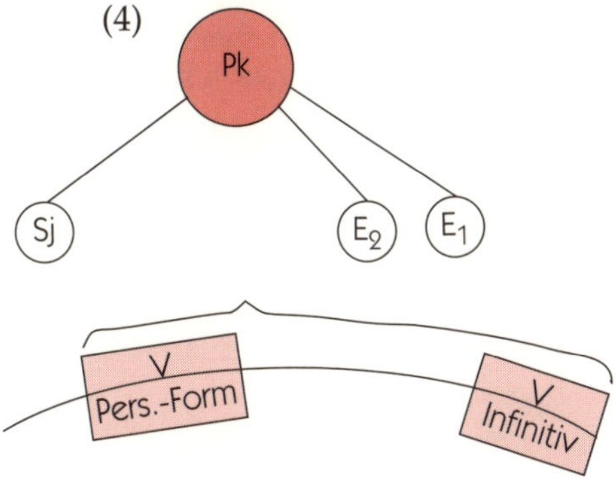

(5)

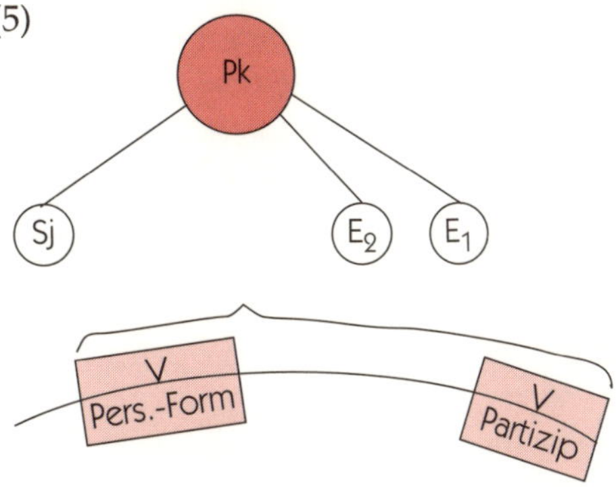

(6)

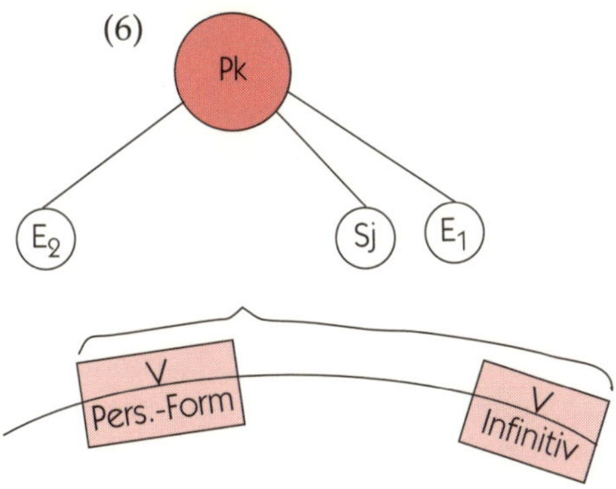

(7)

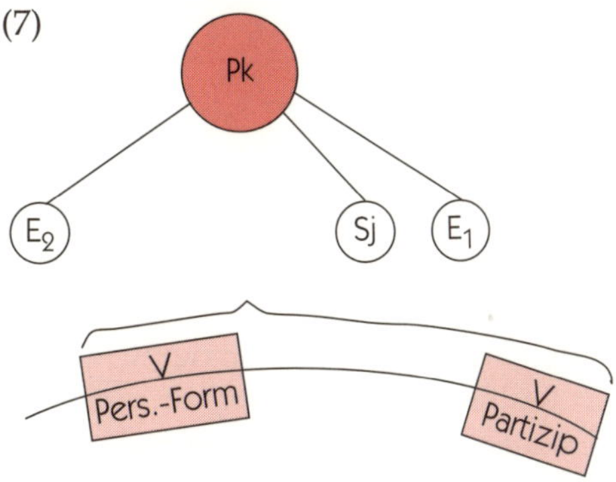

(8)

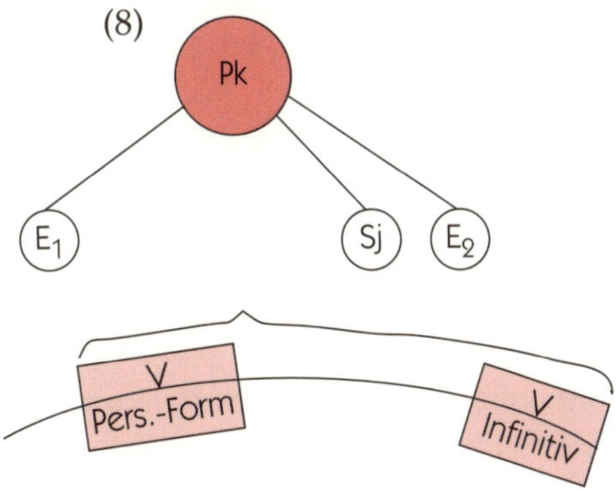

(9)

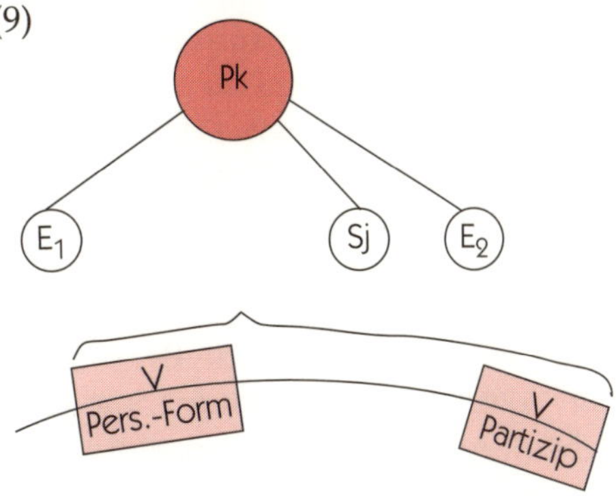

Schreibe auch die Sätze, die du zu (4) – (9) bilden kannst, ins Heft!

Beilhardt, Karl, u. a. : Sprachbuch 5. © Ernst Klett Verlag, Stuttgart 1970. S. 80–83.

- Zur Veranschaulichung von Satzbauplänen / Satzstrukturen kann man Stammbaumskizzen (nach dem Modell der Konstituentenstrukturgrammatik) oder das Sonnensystem (nach dem Modell der Dependenzgrammatik) verwenden. Beurteilen Sie beide Formen im Vergleich.
- Der Stammbaum suggeriert eine Gleichberechtigung der von S unmittelbar abhängigen Konstituenten NP (traditionell „Subjekt") und VP („Prädikat"). Das Sonnensystem geht von einem alles beherrschenden „Satzkern" Verb aus, von dem auch das „Subjekt" abhängt. Welches Modell erscheint Ihnen für den Unterricht brauchbarer?
- Vergleichen Sie den hier verwendeten Prädikatsbegriff mit dem in der traditionellen Schulgrammatik.
- Die „Satzbögen" sollen die deutsche Satzklammer veranschaulichen (finite Verbform + Infinitiv, finite Verbform + Partizip mit jeweils eingeschlossenen Satzteilen): „Er **will** mir die Tür **öffnen**." Prüfen Sie, ob Satzbögen und Sonnensystem als Veranschaulichungsmittel gut zusammenpassen.

7. Sprachliche Handlungsfelder

In den Erfahrungsräumen der Schüler angesiedelt sind zahlreiche Situationen, die ein bestimmtes Verhalten, ein situationsbezogenes Handeln von den beteiligten Personen verlangen. So haben die Schüler schon vor ihrer Einschulung erfahren, dass nicht jede Situation völlig neue Anforderungen an sie stellt, dass viele Situationen mit gleichartigen oder ähnlichen Handlungen bewältigt werden können. Es kommt darauf an, eine Situation rasch und richtig einschätzen und beurteilen zu können und dann aus einer größeren Anzahl verfügbarer Handlungsmuster die situationsangemessenen auszuwählen und zu realisieren.
Der kindliche Spracherwerb besteht zum großen Teil aus dem Erwerb solcher situationsspezifischen Handlungsmuster. Von großer didaktischer Bedeutung ist dabei, dass Handlungsmuster nicht als isolierte Einzelhandlungen erfasst und übernommen werden, sondern als komplexe Gebilde, als ganze Folgen sich überlappender und ineinander verschachtelter Einzelhandlungen, als „Handlungsfelder". So besteht etwa eine Begrüßung auf der Straße aus einem ganzen Bündel von Aktionen: Kontaktaufnahme (Blickkontakt, Stehenbleiben, Aufeinanderzugehen), Äußerung einer Grußformel, Anrede mit Namen, Hand geben oder nicht geben, Verbeugen / Kopfnicken, Frage nach dem Befinden, Austausch einiger Höflichkeiten usw.

Sprachdidaktisch wichtig ist auch die Tatsache, dass kommunikatives Handeln, also auf Informationsübermittlung, auf zwischenmenschliche Verständigung hin angelegtes Handeln meist in ein umfassendes Gesamtverhalten eingebettet ist. So wird zum Beispiel eine Begrüßung anders ausfallen, je nachdem ob man auf dem Weg zu einem wichtigen Wettkampf mit einem Mitglied der eigenen Sportmannschaft zusammentrifft oder ob man nach geschwänztem Training dem Vereinstrainer begegnet und sich schlechten Gewissens mit kurzem Gruß an ihm vorbeizudrücken versucht.

Kommunikatives Handeln ist in erster Linie sprachliches Handeln. Kein anderes Zeichensystem ist so gut geeignet wie die Sprache, als Verständigungsmittel zu dienen. Mit Hilfe von Sprache bezieht man sich auf reale oder bloß vorgestellte Sachverhalte (Referenz), macht Aussagen über sie (Prädikation), bestimmt seine Beziehung zu anderen Menschen (Illokution). Damit aber ist die Leistung der Sprache noch nicht vollständig beschrieben. Neben der kommunikativen Funktion hat die Sprache auch eine kognitive Funktion: Mit Hilfe von Sprache ordnen, bezeichnen und speichern wir unsere Sinneswahrnehmungen und Erfahrungen (Begriffsbildung), stellen wir uns etwas vor, erkennen wir Zusammenhänge, ziehen wir Schlussfolgerungen (Denken als „innere Sprache" und geistiges Probehandeln).
Sprachliche Fähigkeiten, sprachliche Handlungsmuster erlernt, modifiziert, verfeinert das Kind in der konkreten Anwendung, bei dem Versuch, Situationen zu bewältigen, die sprachliches Handeln erfordern oder nahe legen. Der Nachdenkende wie der Kommunizierende erkennen eine bestimmte vorliegende Situation, entwickeln eine bestimmte Absicht in Bezug auf einen Sachverhalt (z. B. Problemlösung) oder einen Partner (z. B. jemanden für einen Plan gewinnen), entwickeln Handlungsstrategien zur Erreichung ihrer Ziele und kontrollieren im Weiteren ihr Verhalten ständig an den Veränderungen der Situation, den Veränderungen des Sachverhalts und den Reaktionen des Partners.

Wer die sprachlichen Fähigkeiten der Schüler fördern will, muss „sprachhandlungsträchtige" Situationen in den Unterricht einbringen. Es genügt nicht, im Unterricht auf Sprechanlässe zu warten, die sich von selbst ergeben, und solche „Ernstfall-Situationen" zu nutzen. Einerseits wäre ein solcher Unterricht zu sehr von Zufälligkeiten abhängig und kaum kontinuierlich planbar. Zum Zweiten darf bei der Behandlung von Realsituationen die persönliche Betroffenheit einiger Schüler in ihren möglichen negativen Auswirkungen nicht unterschätzt werden. So kann, wenn Lehrer und Schüler nicht außerordentlich behutsam vorgehen, z. B. die verbale Klärung und Bereinigung eines Schülerkonfliktes (etwa der Vorwurf, dem Mitschüler etwas gestohlen zu haben) zu einer psychologisch heiklen Angelegenheit werden, bei der ein möglicher Gewinn an sprachlicher Geschicklichkeit der Mitschüler den psychischen Schaden beim „Zur-Rede-Gestellten" nicht aufwiegt.

Sprachhandlungssituationen müssen also herbeigeführt werden. Im „projektorientierten Unterricht" wird das dadurch versucht, dass Schüler und Lehrer gemeinsam umfassende Arbeitsvorhaben planen und durchführen, bei deren Verlauf sich vielfältige echte Sprech- und Schreibanlässe ergeben (Planungsgespräche, Interviews, Flugblätter, Briefe), die zu einer Verbindung von schulischem und außerschulischem Leben führen. So positiv ein solcher Unterricht auch erscheint (Motivation der Schüler durch Beteiligung an allen Entscheidungen, Verbindung von Einsicht und Handeln, kooperative Einstellung), seine Schwächen sind nicht zu übersehen: sehr zeitaufwendiges (nur wenige Projekte im Jahr möglich) und extrem exemplarisches Lernen durch Beschränkung auf die Lebens- und Sprachsituationen, die sich vom Projektthema her und aus der Projektgestaltung heraus ergeben; große Schwierigkeiten im Blick auf die Lehrplanerfüllung, Planung eines kontinuierlichen Lernfortschrittes und individueller Leistungsmessung sowie gezielter individueller Förderung.
Auf fiktive, nur vorgestellte, im Unterricht arrangierte Sprachlern-Situationen kann der Lehrer als verantwortlicher Organisator von Lehr- und Lernprozessen nicht verzichten. Auch aus dem „So-tun-als-ob" kann man für den Ernstfall lernen.

Im Sprachbuch Deutsch werden über Bild und Text den Schülern Situationen präsentiert, die sie aus den ihnen bekannten Erfahrungsräumen kennen, in die sie sich rasch hineinversetzen können. Die Situationen fordern beteiligte Personen zum Handeln auf. Dieses Handeln ist zu einem erheblichen Teil Sprachhandeln. Die Schüler können die Situationen von ihrem Erfahrungshintergrund her einschätzen, sich mit bestimmten Personen identifizieren, sich von anderen distanzieren, Rollen übernehmen und dann entweder *über* die dargestellten Situationen nachdenken, sprechen, schreiben oder denkend, sprechend, schreibend, hörend, lesend und verstehend *in* den Situationen agieren (Simulations- und Rollenspiel). Die beherrschende Position, die Situation und situationsangemessenes Sprachhandeln in dieser Konzeption und in diesem Buch einnehmen, führt konsequenterweise zu einem *„integrativen Deutschunterricht"*: Die in den meisten Sprachbüchern getrennt behandelten Lern- und Arbeitsbereiche – seien es nach traditioneller Einteilung neben dem Literaturunterricht: mündliche Sprachgestaltung/Sprecherziehung, Aufsatzerziehung, Grammatik mit Sprachlehre und Sprachkunde, Rechtschreiben, seien es nach neuerer Terminologie: mündliche Kommunikation, schriftliche Kommunikation, Rechtschreiben, Reflexion über Sprache, Umgang mit Texten – werden in ihrer gegenseitigen natürlichen Verschränkung gesehen und behandelt. Selten verlangt eine Situation nur den Sprecher, nur den Hörer. In der Regel sind rezeptives und produktives Sprachhandeln, Hören und Sprechen, Schreiben und Lesen, diese wiederum untereinander, daneben mit Nachdenken, Verstehen, Zuverstehengeben verbunden. Eins schließt sich an anderes an.
Diesem Sachverhalt wird im Sprachbuch Deutsch dadurch Rechnung getragen, dass in allen Lerneinheiten mehrere Lernbereiche erfasst werden, dass in den

meisten Lerneinheiten Aufgaben für alle Lernbereiche enthalten sind (wobei der weiterführende Leseunterricht insofern eine Ausnahme bildet, als es hierfür das Lesebuch als spezielles Unterrichtsmittel gibt). Von der jeweiligen Eingangssituation her entscheidet sich, welche mündlichen und schriftlichen Sprachhandlungen besonders nahe liegen und gefördert werden können, worüber einzeln und gemeinsam nachgedacht, welche inhaltliche und sprachliche Erscheinung genauer untersucht werden sollte, welcher Wortbestand orthographisch gesichert und welche Anschlusssituation gewählt werden kann.
Auf diese Weise kann das tägliche Unterrichtsgeschehen nicht nur abwechslungsreicher und natürlicher gestaltet werden: Die Lernziele werden aus der Bewältigung *einer* Situation abgeleitet. Der Lehrer ist dadurch auch nicht mehr gezwungen, sich längere Zeit in nur einem Arbeitsbereich aufzuhalten (z. B. schriftliche Verständigung einzuüben), weil sein Arbeitsbuch nun einmal so aufgebaut ist.
So kann z. B. aus einer in einer Bildfolge dargestellten Wettkampfszene einer Sportstunde zunächst ein interpretierendes und den Bildinhalt kommentierendes Unterrichtsgespräch abgeleitet werden, danach u. U. ein Simulationsspiel, in dem verschiedene Formen der Anschuldigung und Beschimpfung einerseits, des Zurredestellens und Sichentschuldigens andererseits „erspielt" werden. Statt einer stets etwas peinlichen mündlichen Entschuldigung ist schließlich aber auch die Anfertigung einer schriftlichen Entschuldigung auf einem Zettel möglich (Gebrauchstext). Anhand eines solchen abgedruckten, eventuell von den Schülern zu vervollständigenden Textes kann dann eine sinnvolle Reflexion über Satzarten und ihre Funktion (Aussagesatz, Aufforderungssatz, Fragesatz) sowie über das Rechtschreibkapitel Satzschlusszeichen (entsprechend den drei Satzarten) stattfinden.

Ulrich, Winfried: Sprachliche Handlungsfelder. In: Kreye, H., u. a. (1981): Sprachbuch Deutsch 4. Lehrerband. Braunschweig: Westermann. S. 9–12.

- Stellen Sie fest, welche Lernbereiche des Sprachunterrichts sich eine „Integration" gut gefallen lassen und welche sich eher sperren.
- Wie könnte ein Sprachbuchanhang angelegt sein, der komplementär zu integrativ angelegten Lehrbucheinheiten systematisch gegliederte und angeordnete Übungen enthält?
- Erläutern Sie den Begriff der „sprachhandlungsträchtigen Situation".
- Wie kann Sprache in kognitiver Funktion (neben ihrer kommunikativen Funktion) zum Thema des Sprachunterrichts gemacht werden?

8. Josip wundert sich

1.

Josip fragt erstaunt: „Kann man hier Schnecken kaufen?“
Silke lacht. Dann sagt sie: ______________________.

① Was wird Silke ihrem Freund Josip wohl sagen?
② Habt ihr schon selbst erlebt, dass jemand etwas missverstanden hat? Erzählt davon!

2. Josip ist Jugoslawe. Er wohnt aber schon mehrere Jahre in Deutschland und spricht ganz gut Deutsch.
Nur manchmal ist er nicht sicher, ob er richtig gehört hat:

„Das Vorderrad muss einen neuen Mantel haben.“
„Nimm die Flossen weg!“
„Erich bekommt beim Zahnarzt eine Krone.“
„Du musst die Mutter festziehen.“
„Mein Vater reitet einen Fuchs.“
„Halt die Klappe!“
„Seine Fliege sitzt schief.“

① Worüber wundert sich Josip?
② Suche die sieben Nomen (Namenwörter) heraus, die verschiedene Bedeutungen haben können!
③ Welche Bedeutungen haben diese Wörter?

3.

① Was hat Silke wohl zu Josip gesagt?
Josip hat Silke richtig verstanden. Aber er will sich einen Spaß erlauben.
② Eine Glühlampe nennt man Birne, weil sie die Form einer Essbirne hat.
Die Ohren des Hasen nennt man Löffel, weil ______.
Eine Reihe wartender Menschen nennt man Schlange, weil ______.
Die Blütenstände der Kastanien nennt man Kerzen, weil ______.
Den oberen Teil eines Pilzes nennt man Hut, weil ______.
Den oberen Teil eines Nagels nennt man ______, weil ______.
③ Warum nennt man einen eitlen Menschen einen Pfau,
warum einen kleinen, schmalen Teppich eine Brücke,
warum den Schwanz des Hasen eine Blume?

4.

Ast	Ader
Brust	Leiter
Kohl	Korb
Gold	Trommel
Ton	Kopf
Wäsche →	Apfel
Nuss	Gabel
Schwein(s)	Schale
Adam(s)	Ohr

① Welche zusammengesetzten Nomen (Namenwörter) kannst du hier bilden?
② Was bedeuten diese Wörter?
③ Ordne die Wörter nach dem Abc!

Kreye, H., u. a. (1980): Sprachbuch Deutsch 4. Braunschweig: Westermann. S. 32–33.

- Erläutern Sie am Beispiel dieser Sprachbucheinheit die für den Sprachbuchtyp charakteristischen Merkmale „Situationsorientierung“ und „Lernbereichsintegration“.
- Würden Sie die Einbindung der Rechtschreibübung als Integration oder als bloße Addition bezeichnen?
- Empfiehlt sich das Sprachbuch durch den Aufbau der Lerneinheit eher als Unterricht vorstrukturierendes „Leitmedium“ oder als „Stoffsammlung“ zur gelegentlichen Verwendung?
- Prüfen Sie auch Möglichkeiten des Einsatzes dieses und ähnlicher Sprachbücher „gegen den Strich“ ihrer Konzeption.

9. Untersuchen und Begreifen: Indikativ und Konjunktiv

1. Welche Geltung soll die Aussage haben? Indikativ und Konjunktiv

Erich Kästner

Trostlied im Konjunktiv

Wär ich ein Baum, stünd ich droben am Wald.
Trüg Wolke und Stern in den grünen Haaren.
Wäre mit meinen dreihundert Jahren
noch gar nicht sehr alt.

Wildtauben grüben den Kopf untern Flügel.
Krieger ritten und klirrten im Trab
querfeldein und über die Hügel
ins offene Grab.

Humpelten Hunger vorüber und Seuche.
Kämen und schmölzen wie Ostern und Schnee.
Läg ein Pärchen versteckt im Gesträuche
und tät sich süß weh.

Klängen vom Dorf her die Kirmesgeigen.
Ameisen brächten die Ernte ein.
Hinge ein Toter in meinen Zweigen
und schwänge das Bein.

Spränge die Flut und ersäufte die Täler.
Wüchse Vergißmeinnicht zärtlich am Bach.
Alles verginge wie Täuschung und Fehler
und Rauch überm Dach.

Wär ich ein Baum, stünd ich droben am Wald.
Trüg Sonne und Mond in den grünen Haaren.
Wär ich mit meinen dreihundert Jahren
nicht jung und nicht alt …

Kästner, Erich: Trostlied im Konjunktiv. In: Ders.: Der tägliche Kram. © Atrium Verlag, Zürich, und Thomas Kästner.

Ja, wenn …
Wir haben Erich Kästners schönes Gedicht gelesen und uns vielleicht dabei erinnert, dass wir auch schon so geträumt haben: *Wenn ich endlich reich wär – Wenn ich mich doch unsichtbar machen könnte – Wenn ich ein Fisch wär oder ein Baum* – Aber wir sind es nicht. Wir können es uns nur denken.

Und wenn wir einem andern zuhören, wie er sich etwas vorstellt, wie er träumt, dann wissen wir gleich Bescheid, dass dies nicht wirklich ist, sondern *nur zu den-*

ken ist. Wenn es uns der Inhalt des Gesagten nicht schon verraten hat, dann verrät es uns bestimmt die Form der Sprache:

So soll es fest gelten:	So ist es nur zu denken:
Ich bin ein guter Sportler.	*Ich wäre ein guter Sportler.*
Ich habe durchtrainierte Muskeln.	*Ich hätte durchtrainierte Muskeln.*
Ich schwimme viel und laufe in jedem Winter Ski.	*Ich schwämme viel und liefe in jedem Winter Ski.*

Wir sehen, dass sich dabei nur die Form des *Verbs* ändert: *bin – wäre; habe – hätte; schwimme – schwämme; laufe – liefe.*

bin – habe – schwimme – laufe: Diese Verbalformen nennen etwas, das es wirklich gibt; es ist oder war oder soll noch wirklich werden.
Diese Aussageweise (lat. *Modus*) nennen wir *Indikativ*.

wäre – hätte – schwämme – liefe: Diese Verbalformen nennen etwas, das man sich nur wünscht, das nur zu denken ist. Es handelt sich um Formen einer anderen Aussageweise. Wir nennen sie *Konjunktiv*.

2. Konjunktiv I und Konjunktiv II

Es gibt zwei verschiedene Konjunktive. Den Konjunktiv II kennen wir schon.
In diesem Text kommen nun Formen des *Konjunktiv I* vor:

> *In erster Linie müsse dafür gesorgt werden, führte der Redner weiter aus, dass jedes Kind eine seiner Begabung entsprechende Ausbildung erhalte. Dies sei noch längst nicht gewährleistet. Es verstehe sich dabei von selbst, dass dies mehr koste.*

Der Schreiber zeigt durch die Form seiner Aussage, dass er selber alles nur von einem andern gehört hat. Es ist also höchstens anzunehmen, dass alles stimmt.

Aley, P., u. a. (Hrsg.) (1971): Lesen Darstellen Begreifen C 7. Frankfurt a. M.: Hirschgraben.
 S. 174 f.

- Der Auszug stammt aus einem Unterrichtswerk, das für einen verbundenen Sprach- und Literaturunterricht eintritt. Analysieren Sie das Beispiel unter diesem Gesichtspunkt.
- Wo wird der Ausgangstext „interpretiert" (auf seine Einmaligkeit der formalen und inhaltlichen Aussage hin gedeutet)? Wo wird er „analysiert" (im Blick auf seine Regelhaftigkeit untersucht)?
- Welche Merkmale muss ein (authentischer oder eigens geschriebener) Text aufweisen,
  a) um ein guter Lesebuchtext zu sein,
  b) um ein guter Sprachbuchtext zu sein?
  Nennen Sie Texte, für die beides zutrifft.

10. Vier Sekunden

„Dieses Problem war mein Lebenswerk. Daran wollte ich für den Rest meines Lebens arbeiten. Die Lösung hat gerade vier Sekunden gedauert."

- Beschreiben Sie, wie die Entwicklung der modernen Informations- und Kommunikationstechnologie voraussichtlich unser Leben in den nächsten Jahren verändern wird. Bewerten Sie diese Veränderungen.
- Inwiefern ist der Deutschunterricht durch Computer, Internet, Telekommunikation stärker herausgefordert als andere Schulfächer?
- Skizzieren Sie Lernziele des Muttersprachunterrichts im Blick auf Informationsbeschaffung über das Internet, Informationsverarbeitung mit Hilfe des Computers (Textbildung) und Informationsweitergabe über Mobiltelefon und Computer.

11. Medienkompetenz

Medienkompetenz als Kulturtechnik

Ein produktiverer Einstieg in diese Diskussion ergibt sich aus medienpädagogischer Sicht über den Begriff der „Kulturtechnik". In der Diskussion über Medienkompetenz findet sich häufig das Argument, die immer wichtiger werdenden Fähigkeiten und Fertigkeiten im praktischen Umgang mit den neuen Informations- und Kommunikationstechnologien avancierten zu einer neuen Kulturtechnik. [...]

Über *Multimedia* und *Internet* wird der Zugriff auf Informationen in einem bisher kaum vorstellbaren Maße von Raum und Zeit unabhängig und gleichzeitig verändern sich die Möglichkeiten der Suche und Verarbeitung von Informationen radikal. Daraus folgen qualitative Veränderungen für das Lernen und Arbeiten.
Wenn der Begriff „Kulturtechnik" auf den engen Zusammenhang zwischen der Benutzung von Apparaten und technischen Systemen und der Anwendung „methodischer Verfahrensweisen" verweist, bedeutet dies auch, dass Medienkompetenz sich nicht in der Fähigkeit, Medien zu bedienen, erschöpfen kann. Medienkompetenz zielt auf den kompetenten Umgang mit Medien, zielt auf Kritik- und Analysefähigkeit und muss auch die Erweiterung der Ausdrucks- und Erlebnisfähigkeit einschließen.

Multimedia und medienpädagogische Träume

Mit Multimedia wurde früher die aufeinander abgestimmte Verwendung verschiedener Medien bezeichnet. In der Pädagogik sprach man in diesem Zusammenhang auch vom Medienverbund. Heute bezeichnet der Begriff Multimedia die über den Computer möglich gewordene integrierte Verarbeitung, Speicherung und Darstellung von Texten, Graphiken, Tabellen, Stand- und Bewegtbildern sowie Tonfolgen. Diese computergesteuerte Integration unterschiedlichster Medien oder Symbolfolgen ermöglicht zugleich die interaktive Verknüpfung von Präsentations- und Verarbeitungsformen. Hinzu kommt der mögliche Schritt von linearen Strukturen zu Hypertext-Konzepten, da die über den Computer realisierbaren Multimediasysteme die Verknüpfung beliebiger Informationseinheiten zulassen.
Pädagogische und medienpädagogische Hoffnungen verbinden sich insbesondere mit dem Begriff der „Interaktion".
Ohne auf die inflationäre Verwendung dieses Begriffs einzugehen, lassen sich drei Formen oder Ebenen der Interaktion unterscheiden:
- Interaktion als Bedienung des Programms,
- Interaktion als Selektion aus einem Angebot,
- Interaktion als Einsatz der Verarbeitungsroutinen.

Ohne diese Formen der Interaktivität wäre ein selbst bestimmtes, eigenaktives Lernen, wie es für die neue Lernkultur gefordert wird, nicht zu realisieren. Für

medienpädagogische Überlegungen ist „Interaktivität" im Sinne der Verarbeitungsroutinen wichtig, durch die man Informationen auswählen, bearbeiten, an andere weiterleiten bzw. präsentieren kann.
Welche Möglichkeiten sich durch Multimedia ergeben, aktive Medienarbeit im Dienste einer neuen Lernkultur in die Normalität des Unterrichts einzubeziehen, zeichnet sich in dem folgenden Zitat aus dem Gutachten der Bund-Länder-Kommission für Bildungsplanung und Forschungsförderung über die „systematische Einbeziehung von Medien, Informations- und Kommunikationstechnologien in Lehr- und Lernprozesse" ab:
„Die kooperative Bearbeitung multimedialer Programme etwa regt dazu an, dass die Lernenden sich gemeinsam Wissen zu einem bestimmten Bereich erarbeiten. Zentral dafür ist, dass die Lernenden in ‚Lerngemeinschaften' Produkte (z. B. Texte, Animationen) erstellen und Information eben nicht nur rezipiert, sondern produziert und auch gegenseitig kritisiert wird."
Bei diesem Ansatz ergibt sich eine Deckungsgleichheit von allgemein didaktischen Prinzipien und medienpädagogischen Zielvorstellungen. In dieser produktiven Aneignung von Wissen würden gleichzeitig Auswahl-, Interpretations- und Gestaltungsprozesse durchlaufen, wie sie im Prinzip für alle Medien Geltung haben. Im eigenen Vollzug würde deutlich, dass es sich bei medialen Botschaften immer um Konstrukte handelt. [...]

Chancen aktiver Medienarbeit im Zeichen von Multimedia

Die Arbeit an Multimediapräsentationen macht bisherige Formen der aktiven Medienarbeit nicht überflüssig, sondern führt ganz offensichtlich – wie es Multikodalität und Multimodalität als Bestimmungsmerkmale von Multimedia nahe legen – zu einer Integration unterschiedlichster Medien und Medienaktivitäten. Ob Videos, Photographien, Zeichnungen, Sprache, Töne oder Musik – alles kann in multimediale Präsentationen integriert werden. Alles kann überarbeitet und miteinander kombiniert werden. Mit Hilfe von (digitaler oder analoger) Photo- und Videokamera, über einen Scanner, durch Sound-, Graphik- und Videokarte sowie mit entsprechender Software lassen sich die vielfältigsten Informationsarten integrieren und verarbeiten.
Die Produktion einer CD-ROM umfasst die gesamte Medienpalette und bietet für Gruppen eine multimediale Plattform, „auf der sie sich mit ihren Möglichkeiten kreativ ausdrücken kann: in Photos, Gedichten, Videoclips, Interviews, Bildergeschichten, Animationen, Samples, Collagen, Comics usw. Was haben wir damit? Ein echtes Multi-Medium, in dem bei geschickter Verwendung jeder Mitproduzent in der Gruppe seinen Platz findet: Ästheten wie Techniker, Tüftler wie Spontis, Poeten wie Ingenieure. Ein Produkt, das ohne Team und Kooperation nicht auskommt und das nur in der Vielfalt wirkt." [...]

Wagner, Wolf-Rüdiger: Aktive Medienarbeit – Eine Chance für Medienkompetenz und Schulentwicklung. In: PZV-Ratgeber '99. Berlin: Pädagogischer Zeitschriftenverlag. S. 2–7.

- Der Deutschunterricht zielt auf Förderung kommunikativer Kompetenz. Ist er damit in Zukunft auch der Ort zur Vermittlung multimedialer kommunikativer Kompetenz?
- Welche Teilfähigkeiten sollten Ihrer Einschätzung nach mindestens Bestandteile der neuen „Kulturtechnik" sein?
- Wie lässt sich die Arbeit mit Computer und Internet methodisch am besten in den Deutschunterricht integrieren?
- Halten Sie eine CD-ROM oder eine Präsentation im Internet für das geeignetere Ergebnis eines Unterrichtsprojekts? Warum?

12. Medienumwelt und Network-Generation

Die Network-Generation wächst im Vergleich zu ihren Eltern und Lehrern mit grundverschiedenen Prämissen für ihre Medienerfahrung und Kommunikationskompetenz auf.

1. Das Stand-by-Phänomen

Von Geburt an leben junge Menschen in einer unablässigen Flut von multivalenten Signalen aus den vielfältigsten Informationsquellen. In den Haushalten sind die wichtigsten elektronischen Medien flächendeckend präsent. Das „Stand-by"-Lamperl signalisiert unbegrenzten, jederzeit abrufbaren, beliebig wiederholbaren, orts- und zeitungebundenen Zugang zu Information und wechselseitiger Kommunikation (z. B. via Video, CD, CD-ROM, Internet, Handy und Fax).

2. Das Kinderzimmer ist Multimediaraum

Der Umgang mit digitalen Medien sowie die Multimedia- und Multizeichennutzung sind Kindern heute selbstverständlich. Zwischen und in die primäre Erfahrungswelt des Kindes (Elternhaus, Familie) und die sekundäre Erfahrungswelt (Kindergarten, Schule, Freundeskreis) schiebt sich die Medienerfahrungswelt (vom TV bis zum Cyberspace).

3. Informationsmedien haben ihre Monopole weitgehend verloren

Die Priorität des Schriftlichen ist dem Nebeneinander und Ineinander von Zeichen und Tönen gewichen. Die Konkurrenz „Buch" – „Medien" existiert nur mehr in den Köpfen der Schriftgeneration. Die heutige Jugend sieht zwischen Buch,

Zeitschriften und elektronischen Medien keinen wertenden Unterschied und nutzt alle Medien unbefangen nebeneinander, manchmal sogar gleichzeitig.

4. Information overkill

Die Vielfalt der Medien und die exponentiell wachsende Menge an Informationen und Informationsspendern (Wer hat denn noch keine Homepage, wer macht noch kein „Hand-out“, keinen Folder?) sorgen für eine unüberschaubare Datenmenge an chaotisch-unorganisierten, uneinheitlichen Informations-Bits. Der Informationsraum präsentiert sich als gigantischer „vanity fair“ oder als „shopping mail“ mit verstecktem oder offen präsentiertem kommerziellen und/oder ideologischen Appellcharakter, in dem der Informationssuchende den Wald vor lauter Bäumen nicht mehr sieht.

5. Steigende literare Anforderungen

Die Zahl der Berufe, in denen Lesefähigkeit verlangt wird, steigt kontinuierlich. Nahezu alle Berufe erfordern heute den Umgang mit Textverarbeitung, in naher Zukunft auch über Internet. Kommunikation erfolgt immer öfter textgebunden, z. B. über E-Mails und Fax. Auch die Freizeit ist davon unmittelbar betroffen. Nutzung der neuen Medien, Verträge, Behördenaufforderungen, Gebrauchsanweisungen, Werbung, Kleingedrucktes erfordern Literarität. Die latente Bedrohung der Jugend durch den Sekundäranalphabetismus wurzelt nicht in schwächerer Lesefähigkeit der Jugendlichen, sondern in gestiegenen Leseanforderungen im Alltag! Anders formuliert: Es gibt heute nicht mehr funktionalen Analphabetismus als früher, aber er ist offenkundiger und wirkt sich drastischer aus.

6. Information users

Die gute Nachricht: Im Gegensatz zum beliebten Klischee von den „desinteressierten Jugendlichen“ saugen gerade diese Informationen in beachtlicher Geschwindigkeit auf und sind gierig nach neuen Botschaften, neuen Trends, neuen Inhalten. Sie nutzen den „Information overflow“ der Medien und die Durchdringung der Information mit Unterhaltung (Infotainment) wie ein gigantisches Informations-Einkaufszentrum und gehen damit unverkrampfter um als viele Vertreter der Schriftgeneration. Unverkrampft heißt aber nicht unkritisch. Untersuchungen zeigen, dass die Wirkung von Werbung trotz rasant steigender Budgets eher stagniert und Jugendliche der Werbung skeptischer gegenüberstehen als Oldies.

Falschlehner, Gerhard: Stichwortsammlung zur Networkgeneration. Lesen. Neue Medien. In: ide. Zeitschrift für den Deutschunterricht in Wissenschaft und Schule. 2/1999. S. 84–92.

- Halten Sie die Zustandsbeschreibung für insgesamt zutreffend, übertrieben oder in Einzelheiten für korrekturbedürftig?
- Beschreiben Sie Ihre eigenen Erfahrungen zur angeblichen oder tatsächlichen Konkurrenz „Buch" – „Medien".
- Wie kann der Deutschunterricht auf „gestiegene Leseanforderungen im Alltag" mit Hilfe der modernen Medien reagieren?
- Wie beurteilen Sie den Einfluss der Werbung auf die Jugendlichen? Denken Sie dabei insbesondere an die Werbung über Internet.

13. Wenn Autos wie Computer wären

Auf einer Computermesse hat Microsoft-Magnat Bill Gates vor einigen Monaten Vergleiche gezogen zwischen der Computer- und der Autoindustrie: „Hätte etwa General Motors ähnlich Schritt gehalten mit der technologischen Entwicklung wie Microsoft, dann könnten wir alle heute Neuwagen für 25 Dollar kaufen, die nur einen Viertelliter Benzin auf 100 Kilometer verbrauchen."

Ein anonymer Computerfreak hat dazu eine Antwort ins Internet gestellt, die er listigerweise einem GM-Manager („Mr. Welch himself") untergeschoben hat: „Hätte General Motors eine Technologie wie Microsoft entwickelt, dann hätten unsere Autos heute folgende Eigenschaften:

- Sie hätten zwei Unfälle pro Tag, aus heiterem Himmel.
- Manchmal würde der Wagen ohne erkennbaren Grund auf der Autobahn liegen bleiben. Man würde das hinnehmen, den Motor neu anlassen und weiterfahren.
- Jedes Mal wenn die Straßenmarkierung erneuert würde, müsste man ein neues Auto kaufen.
- Gelegentlich, z. B. immer wenn man eine Linkskurve fährt, würde das Auto ausgehen und ließe sich partout nicht wieder starten. Dann müsste man einen neuen Motor einbauen.
- Macintosh würde Solarmobile bauen: zuverlässige Autos, fünfmal schneller und halb so schwer zu bedienen wie die Marktführer. Damit ließen sich aber nur 5 Prozent aller Straßen befahren.
- Die Warnlampen für Öldruck, die Wassertemperatur und die Spannung der Lichtmaschine würden ersetzt durch eine Alarmlampe „Allgemeiner Autofehler".

- Gäbe es neue Sitze, müsste dafür jedermann die gleiche Gesäßgröße haben.
- Bevor sich bei einem Unfall die Airbags explosionsartig aufblasen, würde das System fragen: Sind Sie sicher, dass Sie das wollen?
- Manchmal würde man, wieder ohne erkennbaren Grund, vom Auto ausgesperrt. Man könnte erst wieder einsteigen, wenn man zugleich den Türgriff drückt, den Schlüssel einsteckt und zusätzlich die Radioantenne anfasst.
- General Motors könnte verlangen, dass jeder Autokäufer den kompletten Luxus-Satz von Straßenkarten aus einem Verlag ersteht, der eine Tochterfirma von GM ist – auch wenn er die Karten weder braucht noch möchte. Würde er darauf verzichten, hätte sein Auto plötzlich nur noch die halbe Leistung.
- Bei jedem Modellwechsel müssten die Käufer das Autofahren neu erlernen. Keines der Bedienelemente würde so funktionieren wie im Vorgängermodell.
- Um den Motor auszuschalten, müsste man den Start-Knopf drücken.

Wenn Autos wie Computer wären. In: DIE WOCHE 46 vom 13.11.1998.

- Welche Erfahrungen mit dem Computer hat der Freak in seinem Text ausgewertet? Sind das auch Ihre Erfahrungen?
- Welche Hilfestellungen können dem Anfänger am PC gegeben werden, damit er als Benutzer möglichst wenige Enttäuschungen erlebt?
- Stellen Sie einen Katalog von Grundkenntnissen und Grundfertigkeiten zur Nutzung des PCs auf, welche die Schule in Zukunft als technologische Allgemeinbildung zu vermitteln hätte.

14. Warum Lesen auch heute wichtig ist

Kommunikations- und Medienforscher sind sich weitgehend einig, dass „Lesen" eine Schlüsselkompetenz für den mündigen Umgang mit Medien ist. Die „Knowledge-Gap-Forschung" zeigt weltweit einen direkten Zusammenhang zwischen Literarität und bewusster Mediennutzung. Lesen steigert die soziale Handlungs- und Kommunikationsfähigkeit. Dafür gibt es eine Reihe neurologisch-physiologischer und psychologischer Gründe, einige davon:

1. Lesen ist eine aktivierende Tätigkeit

Lesen – als simultane Konferenzschaltung mehrerer Gehirnbereiche – ist ein Informationsprozess („information processing"): Leser treffen ununterbrochen aktive Entscheidungen über die Annahme von abstrakten und konkreten Botschaften, sie filtern, selektieren, ordnen, verknüpfen, verbalisieren, decodieren, speichern, löschen. Einen Text aufmerksam zu lesen, ist immer eine bewusste, aktive Entscheidung und kognitive Handlung, niemals ein mechanischer Vorgang. Im Gegensatz dazu können uns Filme, Bilder oder Töne auch berieseln, ohne dass wir die Inhalte aktiv verarbeiten. Wir erkennen dann zwar die Bilder, versprachlichen sie aber nicht. Leser, die gewohnt sind, Informationen aktiv zu verarbeiten, tun sich in der Folge leichter, auch bei anderen medialen Botschaften die Rezeption als „information processing", als bewusst gesetzten, kognitiven Akt durchzuführen. Lesen liefert also Strategien gegen passives Konsumieren.

2. Lesen vermittelt komplexe Informationen

Komplexe Inhalte, differenzierende Aussagen und elaborierte Codes lassen sich nur schriftgebunden übermitteln. Selbst die Weiterentwicklung der Icon-Sprachen (etwa auf PC-Benutzer-Oberflächen) oder die Entwicklung von Voicerecordern können Schriftlichkeit nicht ersetzen. Zwar wird das Navigieren und Bedienen von Medien weitgehend nonverbal funktionieren, die Darbietung und die Speicherung komplexer Inhalte lassen sich letztlich nur schriftgebunden durchführen. Schon einfache Sprachnuancen wie ein „schon" oder ein „vielleicht" sind nonverbal kaum auszudrücken. Und sinnlogische Verknüpfung von Gedanken (konzessiv, kausal, final usw.) ist eben nur über Schrift möglich. Selbst hoch elaborierte Zeichensysteme (wie Diagramme, Charts, Tabellen) haben Grenzen der visuellen Darstellung. Lesen als die Fähigkeit, Begriffe in grammatikalischen und semantischen Strukturen zu vernetzen und kausale Zusammenhänge zu verstehen, hilft auch in anderen Zeichensystemen, Sinn-Zusammenhänge zu bilden und zu erkennen und manipulative Tendenzen zu durchschauen. Wem die Gliedsatzstrukturen eines Konditional- oder Finalsatzes vertraut sind, der wird sich nicht so leicht mit Slogans oder schickem Lay-out als Argumentation zufrieden geben.

3. Lesen ist die Schlüsselfunktion zum Decodieren von mehrkanaligen Botschaften und Zeichen-Multivalenz

Mehrkanalige Informationen müssen synchronisiert werden, wobei die Koordination von Bild, Ton und Text dann gelingt, wenn wir alle Zeichensysteme auf eine „Gedankenspur" zusammenführen und versprachlichen:
- vernetzendes Decodieren bei gleichlaufenden, einander ergänzenden Signalen;
- selektives Decodieren bei gegenläufigen Signalen: z. B. wenn das Bild im Kontrast zum Text steht, bei „fast-paced"-Schnitten, bei überzogener Tonspur. Auch Bilder, Geräusche und Gefühle müssen „innerlich verbalisiert" werden, damit wir sie bewusst verstehen können. Die verbale Textspur liefert also die Grundmelodie im Verständnisorchester. Dass sich Leser dabei leichter tun, liegt auf der Hand. Und überall dort, wo Lesen unter erschwerten Bedingungen erfolgt (also der oben erwähnte Zeitdruck, appellbedingter Stress, Bild, Ton und Text im Widerspruch usw.) sind geübte Leser gegenüber nicht geübten im Vorteil.

4. Lesen ist ein selbst bestimmter Rezeptionsvorgang

Lesen ist verzögerte Wahrnehmung, der Leser bestimmt in der Regel Lesetempo und Leserhythmus selbst, kann zwischen den Zeilen lesen, zurückblättern, innehalten, den Text mehrmals lesen, überspringen: Diese Selbstbestimmung des Rezeptionsvorgangs erleichtert die Distanz zum Text. Im Gegensatz zu medialen Darstellungsformen, die die Rezeptionsgeschwindigkeit oft vorgeben (Film, vor allem bei schnellen Schnitten, akustische Nachrichten), ermöglicht Lesen die „Halbsekunde" der bewussten Wahrnehmung und damit Zeit zur kritischen Reflexion und zur „Anreicherung" des Begriffs mit persönlichem Kommentar. Diese Strategien sind auch auf die Rezeption elektronischer Medien übertragbar: Wer beim Bilderschauen Geschehenes in Sprache überträgt („free recall") und nicht beim bloßen Vorgang des Bilderkennens „abschaltet" (recognition), gewinnt kritischen Abstand. Lesen fördert also die Fähigkeit und Bereitschaft, bei Medienrezeption einen individuellen Rhythmus zu wählen und sich nicht ein fremdes Tempo aufzwingen zu lassen. Wer liest, lernt auch in Filmen zu blättern.

5. Lesen trainiert Teilleistungen des Gehirns

Der Leseakt an sich vermittelt und trainiert Fähigkeiten, die auch zum Rezipieren anderer Zeichensysteme essentiell sind, z. B.
- Fokussierung der Aufmerksamkeit,
- optische Differenzierung (Unterscheidungsfähigkeit von Zeichen),
- intermodale Kodierung (sachlogische Zuordnung etwa von Laut und Buchstabe),
- Serialität (sinnvolle Reihenfolge von Zeichen).

Falschlehner, Gerhard: Stichwortsammlung zur Networkgeneration. Lesen. Neue Medien. In: ide. Zeitschrift für den Deutschunterricht in Wissenschaft und Schule. 2/1999. S. 84–92.

- Was versteht der Autor unter „Lesen"? Führen Sie eine Begriffsbestimmung durch, die möglichst kurz ist.
- Nehmen Sie Stellung zu der These: Auch Bilder muss man lesen lernen!
- Prüfen Sie, ob der Autor bei Betonung der Gemeinsamkeiten von Bild- und Sprachrezeption nicht auch vorhandene Unterschiede übersieht oder unbeachtet lässt, z. B. die Ausdehnung von Sprache in der Zeit (mit sukzessiver Rezeption von Lauten, Wörtern, Sätzen), die Ausdehnung von Bildern im Raum (mit weitgehend simultaner Rezeption von Einzelheiten).

15. Hypertext und Hypermedia

Abschied vom linear zu lesenden Text?

Fragen

Steht die über Jahrtausende entstandene Schriftkultur vor einer epochalen Wende? Zwingt die neueste Entwicklung der Informations- und Kommunikationstechnologie uns einen völlig veränderten Textbegriff auf? Müssen wir uns daran gewöhnen, Textrezeption und Textproduktion als einen einzigen Prozess der „Textkonstruktion" zu verstehen? Springt ein Leser in Zukunft nach freier Wahl und von keinem Textverfasser kalkulierbar von einem Textstück zu einem völlig anderen und fügt diese zusammen, statt seine Informationen einer linearen Folge von miteinander verknüpften Sprachzeichen zu entnehmen? Wie wird man nach dem Jahr 2000 „lesen"?

Suche nach Antworten

[...]
Das markierte Wort im Bildschirmtext fungiert als „Link" oder „Hyperlink", als „Knoten" im Informationsnetz, als „Brücke" von einem Webdokument zu einem anderen, als „Anker" beim Navigieren in der Nachrichtenflut des Internets. Jeder Navigator segelt nach freier Wahl von einem Ankerplatz zu einem nächsten und so fort. Er wählt also eine ganz individuelle Fahrtroute, verknüpft so Informationen aus ganz verschiedenen Quellen miteinander. Das Produkt dieser Verknüpfungen, also alle Informationen in Gestalt von Textteilen zusammengenommen, ergibt einen „Hypertext". Der ist nicht schon vorher unabhängig vom Navigator vorhanden, sondern wird in dieser Form erst von ihm geschaffen.

Als Hyperlinks fungieren nicht nur Wörter (sprachlicher Text), sondern auch graphische Symbole, Bilder, Videoclips. Sie alle können „hot spots" auf dem Bildschirm sein, von denen Sprünge zu anderen Informationen möglich sind. Die Hypertext-Technologie verbindet sich auf diese Weise mit der ebenfalls sehr jungen Multimedia-Technologie: Aus dem Hypertext ist „Hypermedia" geworden.
Der Umgang mit Hypertext und Hypermedia verlangt freilich vom Navigator im Internet ganz neue Lesefertigkeiten: Lesen wird ein viel stärker interaktiver Prozess als bei der Rezeption eines linearen Textes der „Buchkultur". Der traditionelle Text ist vom Verfasser inhaltlich und formal durchstrukturiert: Er hat einen Anfang und einen Schluss, er entfaltet in einem Nacheinander von bedeutungtragenden Wörtern, Sätzen, Absätzen, Kapiteln ein Thema und folgt dieser thematischen Progression ohne unauflösliche Widersprüche. In dieser Form ist er „fertig" vorgegeben. Der Textrezipient folgt der gegebenen Textstruktur, um die Textaussage zu verstehen. Kognitive Psychologie und Konstruktivismus lehren uns freilich, dass eine Unterscheidung zwischen „Autortext" und „Lesertext" sinnvoll sein kann. Sie kann verdeutlichen, dass ein Leser sein gesamtes Vorwissen als Verstehenshilfe in den Leseprozess einbringt und dadurch seinen persönlichen Text „konstruiert", der weder mit dem des Autors noch mit den „Lesertexten" andere Rezipienten identisch sein muss.
Der skizzierte Anteil des Lesers an der Textentstehung ist nun aber außerordentlich bescheiden, verglichen mit dem Anteil des Lesers an der Entstehung eines Hypertextes. Ein Hypertext wird nicht nur in inhaltlichen Einzelheiten, sondern auch formal beim Lesen erst konstruiert. Lesen und „Schreiben" verschmelzen zu einer Einheit, wenn man sich entscheidet, diesem oder jenem Hyperlink zu folgen, sich damit von dem Textstück zu verabschieden, mit dem man sich gerade beschäftigt hat, und einem neuen zuzuwenden, diese Handlung in verschiedenen Richtungen beliebig oft zu wiederholen, eventuell zu einer vorher betrachteten Textstelle zurückzukehren, irgendwann und irgendwo das Lesen abzubrechen oder zu unterbrechen. So schreitet man als Leser (zugleich als Betrachter und Hörer) voran (oder dreht sich im Kreise?) über vielfältige Brücken, Pfade, Routen im unendlichen Informationsnetz. Der Kurs wird nicht vorher bestimmt, über ihn entscheidet man immer wieder neu erst auf der Reise.
[...]
Auf den ersten Blick ähnelt dieses Verhalten dem „Zappen" des Zuschauers zwischen verschiedenen Programmen beim Fernsehen. Auch dort springt man ja nach freier Wahl hin und her und vermag unter Umständen mehrere Sendungen ausschnittweise zugleich zu sehen. Der entscheidende Unterschied besteht aber im Fehlen von Hyperlinks. Die einzelnen Sendeteile haben in der Regel wenig miteinander zu tun, ergänzen sich kaum inhaltlich. Links dagegen führen zu inhaltlich benachbarten Informationen, erlauben den Zugang zu Textstücken, die wie bei einer Stichwortassoziation eine interessante Weiterführung, Ergänzung des gerade behandelten Themas sein können, eventuell aber auch eine Abschweifung, eine Wiederholung des schon Gesagten oder noch weniger. Um wirklich zu einem

Informationszuwachs, zu einem inhaltlichen Textfortschritt zu gelangen, muss man im Zickzack springen, oft auch vor und zurück. An die Stelle linearen Lesens und Schreibens tritt somit ein multilineares oder multisequenziales Sprachhandeln.

Welche Schlussfolgerungen haben Texttheorie, Textlinguistik und Textdidaktik daraus abzuleiten?

Unsere als selbstverständlich hingenommene Gewohnheit der linearen Strukturierung und Aufnahme von Informationen (Geschichten, Bücher, Filme) wird in Frage gestellt. Nichtlineare netzartige Hyperstrukturen werden konkurrierend hinzukommen und die Verhaltensmuster bei Informationsverarbeitung und Kommunikation beeinflussen. Neben den alten werden sich neue Lesestrategien entwickeln. Vielleicht werden sie sich aber auch gegenseitig beeinflussen. Die Faszination des schnellen Springens, des bunten Wechsels mit ständigen Überraschungen motiviert unmittelbarer und erfordert möglicherweise weniger Ausdauer, weniger Anstrengung als das traditionelle Lesen, könnte aber auch oberflächlich bleiben und die Einübung zielgerichteten, konsequenten Handelns behindern. Es könnte aber auch die Neigung zu verweilendem Lesen, zu intensiver Reflexion, zum Genuss künstlerisch gestalteter Sprache, zum Verfolgen einer spannenden Handlung als komplementäre Verhaltensweisen zunehmen. Im Literaturunterricht käme es wohl darauf an, beide Formen des Lesens ernst zu nehmen, einzuüben und kritisch zu reflektieren.

Hypertext und Hypermedia können auch Auswirkungen auf die Sprech- und Schreibgewohnheiten Heranwachsender haben. Schon heute fällt es Schülern nicht immer leicht, sich hörer- und leserfreundlich auszudrücken, ihre Gesprächsbeiträge und Schreiben situations- und adressatenangemessen aufzubauen, die richtige Reihenfolge von Textteilen einzuhalten, ein einziges Thema folgerichtig zu behandeln und nicht stattdessen hin und her zu springen und vom Thema abzuweichen. Sollte sich dies verstärken? Es könnte sich eine Tendenz zur mündlichen und schriftlichen Textcollage ausbreiten, zum fragmentarischen und rhapsodischen Reden und Schreiben. Folgerichtiges Denken könnte freiem Assoziieren von Gedanken Platz machen. Möglicherweise ist eine gewisse Bewegung in diese Entwicklungsrichtung unvermeidlich. Die Verdrängung der einen Form durch die andere wäre aber auch bei der Sprachproduktion ein großer Verlust. Der Sprachunterricht muss dies zu verhindern versuchen, indem er beide Denk- und Formulierungsweisen pflegt. [...]

Ulrich, Winfried: Hypertext und Hypermedia. In: Deutschunterricht 53, 1/2000. S. 60–63.

- Prüfen Sie die Vorzüge und Nachteile des „linearen Lesens" und des sprunghaften, „multisequenzialen Lesens" aus didaktischer Sicht.
- Welche positiven Elemente können Sie in einer Theorie der „Produktion von Collagetexten" entdecken? Vergleichen Sie diese Theorie mit dem Konzept des „kreativen Schreibens".

16. Internet und Deutschunterricht

Hypertext: Vernetzung von Texten und Textelementen

Texte im Internet oder genauer: im World Wide Web unterscheiden sich in mehrfacher Hinsicht von herkömmlich fixierten Texten: Sie werden intra- und intertextuell vernetzt. Ein einzelner (Teil-)Text – eine Web-Seite mit einer eigenen Adresse – kann intern Verweise, sog. Links, von einer Textstelle zu einer anderen enthalten. So kann am Textanfang eine Auflistung der Kapitelüberschriften oder verschiedener Teilthemen stehen. Der Gesamttext kann aus einer Menge kürzerer Teiltexte bzw. „Seiten", die durch „Links" miteinander verbunden sind, aufgebaut sein. Dazu muss der Text in einer spezifischen Weise geplant werden, insbesondere müssen sinnvolle Pfade durch das gesamte Textangebot gelegt werden. Die Planung eines solcherart vernetzten Textes erfordert folglich zweierlei: Einerseits muss die zu vermittelnde Sache durchdacht und auf die netzwerkartige Textstruktur projiziert werden. Andererseits ist die Anlage des Vernetzungssystems auch von entscheidender Bedeutung für den Rezipienten. Mit der Netzstruktur plant man auch immer verschiedene Rezeptionsmöglichkeiten. Wissensvoraussetzungen, Interessen und Lesegewohnheiten müssen in die Textplanung einbezogen werden.
Vorbereitende Übungen dazu sind zunächst ohne Computer möglich, indem man einzelne „Seiten" auf Karten schreibt, Schlüsselwörter markiert, die Karten auf ein Plakat klebt und die Schlüsselwörter (die Links) z. B. durch Wollfäden verknüpft.

Hypermedia: Vernetzung von Texten mit Bildern, Graphiken, Animationen, Ton etc.

Nicht nur Texte oder Textteile können vernetzt werden, sondern jede Information, die digital darstellbar ist. In diesem Fall spricht man von Hypermedia. Auch hierzu bedarf es einer sorgfältigen Aufbereitung der Gesamtinformation. Wie verbinde ich beispielsweise Bild und Text sinnvoll? Wie plane ich einen Pfad durch den gesamten Zusammenhang? Die Anforderungen an eine überzeugende Konzeption – wiederum unter Sach- und Adressatenperspektive – weiten sich hier

nochmals aus. So ist zu überlegen: Wo ist ein Bild günstig, wo ein Text? Wie werden Text und Bild verbunden? Wo ist eine akustische Unterstützung (als Sound File) angemessen? Wie legt man Pfade für die Rezipienten an? etc. Derlei Probleme einer Darstellung, die der Sache und dem Adressaten angemessen sind, können und müssen hier unter den Bedingungen und Möglichkeiten eines bestimmten Mediums angesprochen und auch gelöst werden. Zweifellos ist dies ein genuines Thema des Deutschunterrichts.
Das Vernetzungsprinzip von Hypertext und Hypermedia ist nicht völlig neu. Schon beim traditionellen Medium Buch gehen Elemente wie Fußnoten, Querverweise, Inhaltsverzeichnis und Register über eine strenge Linearität hinaus. Die Vernetzung erreicht beim Hypermedium aber eine neue Qualität. Verbunden mit neuen Rezeptionsweisen wie dem freien Stöbern (Browsing) oder gezielten Suchen (Navigieren) innerhalb kühner Text-Bild-Mischungen wird der Leser/Betrachter interaktiv tätig und schafft das hypermediale Werk mit. Der Autor wird zum Arrangeur vielfältig nutzbarer Ausgangsmaterialien.

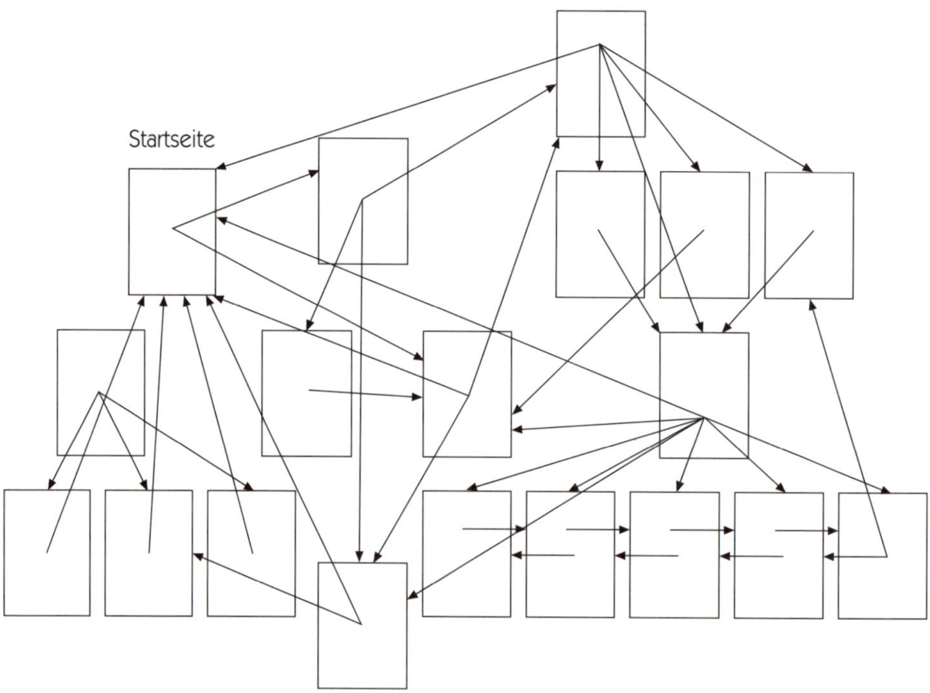

Baurmann, Jürgen / Weingarten, Rüdiger: Internet und Deutschunterricht. In: Praxis Deutsch 158/1999. S. 21 ff.

- Erläutern Sie den Unterschied zwischen intratextueller und intertextueller Vernetzung.
- Beschreiben Sie die Erscheinungsweise und Funktion von „(Hyper-)Links“ als Anker und Sprungverbindungen zwischen Textstellen und Texten.
- Wie legt man als Textproduzent sinnvoll „Pfade“ für die Rezipienten an?
- Nach welchen Gesichtspunkten entscheidet man sich als Textrezipient dafür oder dagegen, einem Link und damit einem Pfadvorschlag zu folgen?
- Wie setzt man „Lesezeichen“, um einen eingeschlagenen Pfad zurückzuverfolgen?

17. Regeln für elektronische Post – E-Mailen mit Stil

E-Mails sind praktisch und schnell – doch manchmal auch ärgerlich. Wenn der Absender zum Beispiel nicht klar zu erkennen ist. Auch das Verfassen elektronischer Post ist eine Kunst

Ein paar Überlegungen vorab und das Beachten einiger Formvorschriften lohnen sich beim Mailen – zumal im Geschäftsverkehr. „Mich ärgert vor allem die Missachtung der deutschen Sprache und der Rechtschreibung“, klagt etwa Reinhard Müller. Als Leiter der Kundenabteilung des E-Mail-Anbieters und Internet-Verzeichnisses Web.de empfängt er täglich an die 200 Mails. „Bei einigen Anschreiben kann ich nur noch raten, was die Kunden eigentlich gemeint haben.“ Müller vermutet, dass es die Anonymität und die Geschwindigkeit der E-Mail-Kommunikation sind, die manchen Schreiber alle guten Sitten des Schriftverkehrs vergessen lassen.

Über die große Lockerheit in der E-Mail-Gemeinde wundert sich auch Heidi Krömker, in leitender Funktion bei Siemens tätig: „Ein schlichtes ‚Hallo‘ hat sich als Anrede in E-Mails offenbar eingebürgert“, sagt Krömker, die im Schnitt 40 Mails pro Tag erhält. Sie plädiert auch in der elektronischen Post für ein „Sehr geehrter Herr …“ oder „Sehr geehrte Frau …“.

Wie also sollte die ideale E-Mail aussehen? „Am besten schreibt man sie so, wie man telefonieren würde“, empfiehlt Reinhard Müller als Faustregel. Eine höfliche, angemessene Anrede gehöre dazu – auch damit wirklich klar sei, wen die Mail erreichen soll. Der Text sollte schnell zur Sache kommen und kurz und sachlich bleiben, wenn es nicht um Plauderei geht. Dann noch ein Abschiedsgruß als Abschluss.

Detailliertere Vorschläge enthalten Regelwerke, die in jüngster Zeit gerade auch im Internet zahlreich veröffentlicht worden sind – ein bisschen mehr Stil beim E-

Mailen tut offenbar Not. David Harris, der Erfinder der kostenlosen Software Pegasus Mail, hat dafür einen „Etiquette-Guide“ entworfen (abrufbar zum Beispiel unter www.bestpages.com/homepage/em_et.html). Auch gibt er darin Tipps zu Formalien. […]

Rumpf, Frank: Regeln für elektronische Post. E-Mailen mit Stil. In: Lübecker Nachrichten vom 13.01.2000.

- Wie sollte eine ideale Email aussehen? Nennen Sie funktional begründbare Merkmale der Textsorte.
- Welche Gründe scheinen Ihnen verantwortlich zu sein für die beklagte Lässigkeit beim Formulieren?
- Bewerten Sie die unterschiedlichen gebräuchlichen Schreibweisen: Electronic mail, E-mail, Email, E-Mail, e-mail.
- Was spricht für, was gegen die Unterscheidung der eigentlichen Email und einer Anlage (attachment)?

18. Emoticons – etwas Gefühl

Beliebte und typische Verschönerungsmittel für E-Mails sind so genannte Emoticons oder Smileys. Die aus Satzzeichen bestehenden Symbole werden gerne an das Ende eines Satzes gesetzt und sollen auf spielerische Weise etwas mehr „Gefühl" in die eher nüchterne Form der elektronischen Kommunikation bringen. Aber auch für die Symbole gilt: Weniger ist mehr.

Hier eine kleine Übersicht über die beliebtesten Emoticons und ihre Bedeutung:

:-) lächelndes Gesicht
;-) Augenzwinkern – zur Betonung eines Scherzes
:-(trauriges Gesicht
%-(verwirrtes Gesicht
:-x Küsschen
8-) Brillenträger
:-o Staunen oder Schreien (Gesicht mit aufgerissenem Mund)
:-< verärgertes Gesicht (heruntergezogene Mundwinkel)
:-D herzhaftes Lachen
:-# Smiley mit Zahnspange
:-* betrunkenes Smiley

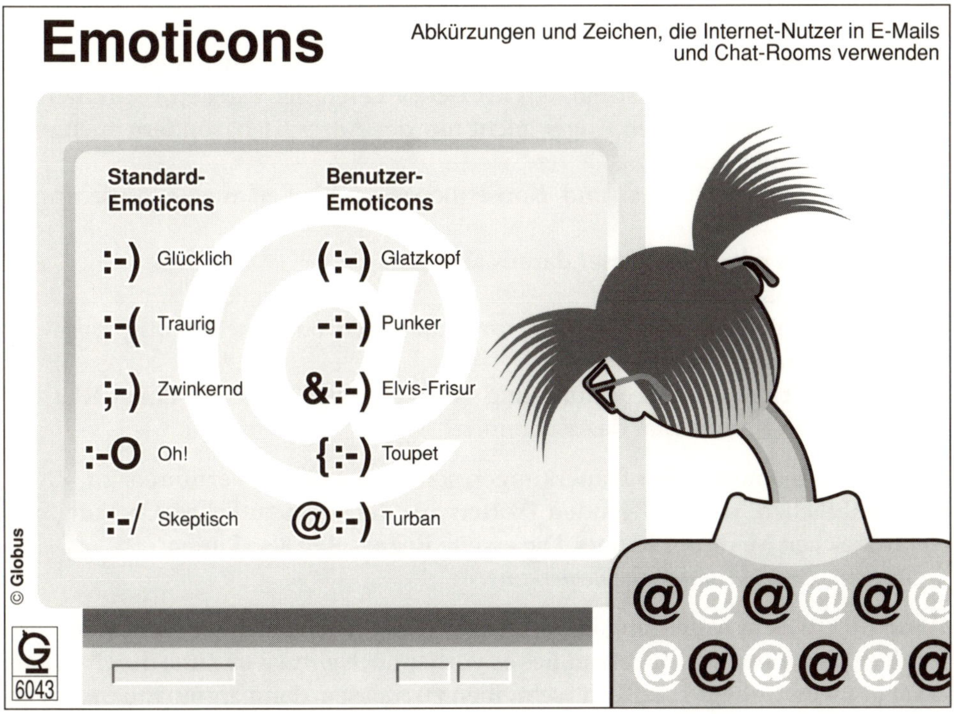

Emoticons – etwas Gefühl. In: Lübecker Nachrichten vom 13.01.2000.

- Vergleichen Sie die beiden Listen mit Emoticons.
- Welche (zusätzlichen?) Symbole erscheinen Ihnen nützlich
  a) für das Schreiben von Emails,
  b) für die Beteiligung an „Diskussionen“ und „Unterhaltungen“ im virtuellen Chat-room?

19. E-mail-Schreibkultur

Es empfiehlt sich, in der Schule eine **E-mail-Schreibkultur** zu entwickeln und zu vermitteln. In ihr ist auf drei Erscheinungen besonders zu achten:
- inhaltliche **Implikationen,**
- mögliche **Missverständnisse,**
- beabsichtigte und unbeabsichtigte **Unhöflichkeiten.**

Die erste Regel für E-mail-Schreiber sollte lauten:
→ *Schreibe nie etwas, was du einmal bedauern könntest!*

E-mails verlangen noch mehr als traditionelle Briefe vom Schreiber ein metakommunikatives Sprachbewusstsein, ein kritisches Lesen der eigenen Formulierungen beim Schreiben mit den Augen nicht nur des Adressaten, sondern auch weiterer unbekannter Leser.
- Welche Voraussetzungen und Konsequenzen schließen meine Äußerungen ein?
- Was können potentielle Leser daraus ableiten?
- Wäre mir das unangenehm?
- Habe ich mich irgendwo unklar, unverständlich oder mehrdeutig, missverständlich ausgedrückt?
- Lässt sich eine solche Formulierung ersetzen, oder sollte ich einen Klarheit schaffenden Kommentar dazuschreiben?

Besonders zu emotionalen Bemerkungen scheint E-mail zu verführen, zu scharfen, unhöflichen, ja beleidigenden Worten aus der vermeintlichen Deckung des elektronischen Mediums heraus. Die zweite Regel sollte also lauten:
→ *Sei nett, vermeide unhöfliche Bemerkungen!*

Wenn du etwas in Aufregung oder Ärger verfasst hast, schicke es nicht sofort ab, sondern warte ein zwei Tage und lies es vorher noch einmal in Ruhe durch! Wenn du aber meinst, etwas „deutlich“ schreiben zu müssen, dann argumentiere, greife die Sache an, um die es geht, nicht Personen, die ihre Ansichten vertreten.

Überhaupt sollte die Grundregel lauten:
→ *Lies deine E-mail noch einmal genau und selbstkritisch, bevor du sie absendest!*

Unter Umständen entdeckt man dann eben außer orthographischen Schreibfehlern doch noch Textstellen, deren Bedeutung dem Leser unklar sein könnte. Man kann dann noch umformulieren. Man kann aber auch metakommunikative Kommentarzeichen hinzufügen. Im englischsprachigen Raum hat man zu diesem Zweck, vermutlich von den bekannten „Smiley"-Gesichtern ausgehend, eine große Zahl so genannter „Emoticons" geschaffen und verbreitet:
Wenn am Ende einer Zeile zum Beispiel die Folge „Doppelpunkt Bindestrich Klammer zu" erscheint, so soll das ein um 90° nach links gedrehter Smiley sein (viele Schreibprogramme setzen das automatisch in den richtigen Smiley um) :-) und bedeutet genau wie ein in Winkelklammern gesetztes <g> für „grin", dass die vorangegangene Bemerkung nicht ernst gemeint ist: „Du hast verstanden, dass das natürlich nur ein Scherz ist?!" So gibt es auch Trauer oder Enttäuschung ausdrückende Smileys mit heruntergezogenen Mundwinkeln :-(, augenzwinkernde Smileys ;-) und solche, die ihre Zunge herausstrecken :-p oder schockiert den Mund aufsperren :-o.
Dem Erfindungsreichtum sind nur dadurch Grenzen gesetzt, dass der Empfänger der Botschaft die Konvention kennen oder erraten können muss.

Ulrich, Winfried: Multimedia und kommunikative Kompetenz (III). In: Deutschunterricht 52, 6/1999. S. 461–468.

- Bei Emails gibt es kein Briefgeheimnis! Erläutern Sie diesen Sachverhalt. Beschreiben Sie Probleme, die entstehen können, wenn Emails auf dem Weg zu ihrem Adressaten auch von anderen gelesen werden.
- Durch welchen technischen Kunstgriff kann man bei einer Antwort auf eine Email (Reply) sehr leicht und schnell auf unklare Stellen eingehen, diese kommentieren und/oder um Aufklärung bitten?
- Suchen Sie nach Gründen für die Tendenz, in Emails lockerer zu formulieren als in gewöhnlichen Briefen.
- Wie verarbeitet man ohne zu großen Zeitaufwand größere Mengen eingehender Emails?

20. Ein Symbol regt die Phantasie an – das @

Teil jeder E-Mail-Adresse, hat es in fast jeder Sprache einen Spitznamen

Dabei ist der Fachterm so prosaisch: Vor dem englisch „at“ genannten @-Zeichen steht der Name des Adressaten, dahinter der Name des Computers, über den er die Post empfängt. In vielen Sprachen hat das @ allerdings einen Kosenamen. Kein Wunder, lädt seine Gestalt dazu ein – in Deutschland wird es meist als „Klammeraffe“ bezeichnet, im Ausland reichen die Namen von Rose über Rollmops bis zu Rüssel. […]

Bosnisch
ludo A – verrücktes A
Brasilianisch, Portugiesisch, Spanisch
arroba (Gewichtseinheit)
Bulgarisch
maimynka – Affe
Dänisch, Schwedisch
snabel A – Rüssel-A
Finnisch
miuku – Kätzchen
kissanhäntä – Katzenschwanz
Griechisch
papaki – kleine Ente
Holländisch
apestaart – Affenschwanz
Italienisch
chiocciola – Schnecke
Kroatisch
majmun – Affe
Polnisch
malpa – Affe
Rumänisch
coada de maimuta – Affenschwanz
Russisch
sobaka – Hund
Serbisch
majmunce – kleiner Affe
Slowenisch
afna – Verrückter
Slowakisch, Tschechisch
zavinác – Rollmops
Türkisch
gül – Rose
Ukrainisch
vucho – Ohr
sobachka – kleiner Hund
Ungarisch
kukac – Regenwurm

Erth, Gunnar: Ein Symbol regt die Phantasie an – das @. Teil jeder E-Mail-Adresse, hat es in fast jeder Sprache einen Spitznamen. In: Lübecker Nachrichten vom 23./24.01.2000.

- Die Nutzung des Computers als Kommunikationsmedium kann offensichtlich auch sprachschöpferische Aktivitäten auslösen. Untersuchen Sie die verschiedenen „Spitznamen“ im Blick auf ihre semantische Motivation (Vergleichspunkt der Metapher) und ihre emotionalen Konnotationen.
- Welcher „Spitzname“ gefällt Ihnen am besten? Welchen schlagen Sie vor?

21. Die Welt ist eine Scheibe

Gedruckte Enzyklopädien haben ausgedient. Das Nachschlagewerk der Zukunft ist digital

[...] Ist diese neue Website, Britannica Online (www.britannica.com), vielleicht gar die Enzyklopädie der Zukunft? Auf der Homepage tut sich ein einziges Eingabefeld für die Suchbegriffe auf. Nach der Suche, die schnell geht, teilt sich der Bildschirm in mehrere Spalten. In der ersten stehen die Anfänge der *Britannica*-Artikel zu dem Thema der Suche; jeden kann man anklicken und im Volltext lesen. In den weiteren Spalten stehen geprüfte, kommentierte und mit Baedeker-Sternchen bewertete Weblinks zum Thema, Links zu relevanten Zeitschriftenartikeln im Volltext, Hinweise auf Bücher, die man auch gleich kaufen kann. Es ist so fabelhaft wie unheimlich: Irgendjemand muss für die Erstellung, Ordnung, Erschließung und Bereitstellung dieser Information bezahlen. Der Benutzer ist es jedenfalls nicht. Ist diese *Britannica* nur die letzte Verzweiflungstat eines in die Enge getriebenen Verlags?

Einem Buch in seiner Körperlichkeit sieht man vieles an, ehe man auch mit dem Lesen beginnt: wie viel „Information" ungefähr es enthält, wie sein Inhalt angeordnet ist, an welche Altersstufe es sich wendet, wie viel Sorgfalt auf seine Herstellung verwendet wurde. Alle diese mehr oder weniger unbewusst aufgenommenen Informationen bestimmen mit, ob man ein Buch kauft, wie gern und wann man es zur Hand nimmt und wie viel Vertrauen man ihm entgegenbringt.

CDs dagegen müssen ohne Einstimmung auskommen. Sie sehen alle gleich aus, mit jeder CD kauft man die Katze im Sack. Man weiß vor allem nicht einmal näherungsweise, wie viel Text sie enthält. Durchmesser 13 Zentimeter, Gewicht 12 Gramm: Die eine CD, die den Text aller 32 Bände der *Encyclopædia Britannica* enthält, ihrer 30 000 eng bedruckten, zweispaltigen Seiten, 1,2 Regalmeter weit, 1,2 Zentner schwer, unterscheidet sich nur durch die Aufschrift von der CD mit Microsofts *Computerlexikon*, das aber nur etwa ein Hundertfünfundachtzigstel ihres Platzes belegt.

Aber selbst wenn man den Umfang kennt – über die Qualität der Information sagt das nichts. Grundsätzlich gilt, dass sich eine Enzyklopädie nicht aus dem Boden stampfen lässt, schon gar nicht von Produktmanagern der Softwareindustrie. Sie muss sich über die Generationen entwickeln, sie muss reifen können; etwaige Fehler lassen sich nur langsam aufspüren und ausmerzen, Unausgewogenheiten nur langsam bereinigen. Die digitalen Versionen von *Brockhaus* und *Britannica,* hinter denen mehr als ein Jahrhundert lexikographischer Erfahrung steht, verdienen darum von vornherein das meiste Vertrauen. Aber der Pauschalverdacht der Unseriosität wäre auch bei dem Emporkömmling aus dem Hause Microsoft nicht angebracht, der *Encarta,* die aus einer über Generationen bewährten amerikanischen Druck-Enzyklopädie hervorgegangen ist, der 29-bändigen *Funk and Wagnalls New Encyclopedia.*

Der Stolz der digitalen Enzyklopädien, besonders ihrer Luxusausgaben, sind die Multimediaelemente: Fotos, Karten, Animationen, Video- und Audioclips, Nachtigallenstimmen und Hitler-Reden, Dieselmotoranimationen und Tangotakte. Sie belegen all den Speicherplatz und sorgen dafür, dass die Luxusausgaben sich über mehr als eine einzige CD ausbreiten. Zuweilen sind sie sinnvoll. Oft sind sie mehr oder weniger hübsches Infotainment, das in den jugendlichen Benutzern die Illusion weckt, Wissen sei leicht zu haben.
Die digitalen Enzyklopädien haben ihre Form noch nicht gefunden, vor allem in technischer Hinsicht bereiten sie auch versierten Computernutzern erhebliche Probleme. Aber auch bei den gedruckten Enzyklopädien hat es Jahrhunderte gedauert …
Wird die Zukunft ein solches Wissenskompendium jedoch überhaupt noch brauchen? Steht nicht ohnehin alles, was man wissen will und kann, im weltumspannenden Internet? Die heutige Situation ist ambivalent. Auf der einen Seite will jeder möglichst direkt an die Quelle einer gesuchten Information. Wenn man sie im Internet fände, könnte man sich den Umweg über die Lexikographie ersparen. Aber findet man sie dort auch? Und wenn: Bürgt jemand für ihre Richtigkeit?
Die Überfülle der Information in den Netzen und das unsortierte Nebeneinander von Juwelen und Talmi macht es dort immer schwieriger, das Gesuchte zu finden. Für die Navigation in den Datenmeeren sind Lotsen nötig. Darum könnten Enzyklopädien durchaus eine Zukunft haben, wenn sie sich umdefinieren und umstrukturieren. Die digitalen Enzyklopädien sind alle auf dem Weg dahin.
Am Ende wären sie nichts Statisches mehr, sondern so etwas wie Portale zu den Landschaften des Wissens, die hinausführen über ihre eigene Information in die Weiten des Internets. Das Hypertextprinzip – die Aufgabe der linearen Struktur zugunsten einer kreuz und quer verlinkten – macht das alte Dilemma aller Sachlexika hinfällig: Sollen sie ihren Inhalt auf viele „kleine“ Stichwörter verteilen (das deutsche Prinzip) oder auf wenige „große“ (das angelsächsische)? Wie findet der Benutzer von den kurzen Sacherklärungen zu den Zusammenhängen? Wie die knappen Sacherklärungen in den großen Zusammenhängen? Die gedruckte *Britannica* hatte das Dilemma besonders anschaulich vorgeführt: Sie teilte sich in eine „Micropædia“ der kurzen und eine „Macropædia“ der langen Artikel, mit der Folge, dass der Benutzer immer erst an einem dritten Ort nachsehen musste, im Registerband. Das Hypertextlexikon dagegen kann sich zwanglos in mehreren Schichten organisieren: von der Kurzerklärung zu immer ausführlicheren und spezielleren Darstellungen.
Irgendwann auf dem Weg in die immer speziellere Information ist das in dem Bestand versammelte „Wissensrund“ – das etwa heißt „Enzyklopädie“ wörtlich – erschöpft. Den Benutzer, der speziellere Information wünscht, muss sie von jeder Suche aus in die weite Infowelt entlassen – einmal in eine Datenbasis, deren Inhalte noch sie selbst mitbestimmt, und dann, mittels geprüfter und aktuell gehaltener Linklisten, in die Freiheit des World Wide Web. Eine solche Enzyklopädie hat dann nicht nur eine Breite, sondern eine räumliche Tiefe. Und sie kann so ak-

tuell sein wie eine Tageszeitung. Unübertroffen ist in dieser Hinsicht die De-Luxe-Ausgabe der englischsprachigen *Encarta.*
Wird es also bald gar keine papierenen Enzyklopädien mehr geben? Doch, sagt Alexander Bob, Redaktionsvorstand des Bibliographischen Instituts, das immer noch 90 Prozent seines Umsatzes mit Büchern macht. 1999 hat es eine neue 24-bändige *Brockhaus*-Enzyklopädie („Das Wissen der Welt") fertig gestellt, und Bob ist sicher, dass sie eine Nachfolgerin haben wird. Aber warum nicht alles auf eine DVD? „Weil das Nachschlagen in einem gedruckten Werk schneller geht. Weil wir das Nachschlagen auf diese Weise gelernt haben. Weil Bücher eine Haptik besitzen, die digitalen Werken in ihrer Unkörperlichkeit abgeht. Weil sie überall benutzbar sind. Weil sie einen persistenten intellektuellen Besitz darstellen. Weil ..."
Hinzuzufügen wäre, dass zwar die Suche in einem gut indexierten digitalen Werk unvergleichlich schneller geht, dass aber die Orientierung in ihm unvergleichlich schwerer fällt: Man sieht immer nur eine Bildschirmfüllung und weiß nie, wo man gerade ist und was es rundherum noch geben mag. Darum wird die Qualität einer digitalen Enzyklopädie auch davon abhängen, wie viel Ausblick sie jederzeit in das Umfeld und die Tiefe des gerade behandelten Themas gewährt. Dank Hypertext wäre es möglich.

Zimmer, Dieter E.: Die Welt ist eine Scheibe. Gedruckte Enzyklopädien haben ausgedient. Das Nachschlagewerk der Zukunft ist digital. In: DIE ZEIT 7/2000.

- Vergleichen Sie die Benutzerfreundlichkeit und die Funktionalität von enzyklopädischen Nachschlagewerken
  a) in Buchform,
  b) als CD-ROM oder DVD,
  c) als Multimedia-Version im Internet.
- Welcher Art könnten „Lotsen" für das Navigieren im Internet sein?
- Suchen Sie nach Kriterien für die Beurteilung der sachlichen Richtigkeit und der Verlässlichkeit von Informationen im Internet (Quellenangaben, namentliche Nennung von Informanten und Bürgen, Berufung auf Experten und Autoritäten ...?).
- Wie könnte man Verweise durch „Links" differenzieren (z. B. Links für Beispiele anders markieren als Links für Zusatzinformationen, Links für Gegenargumente oder konträre Meinungen und Standpunkte ...)?

22. Tiefbohren im Infosalat

[…]

ZEIT: Was können denn die Lehrer ihren im Internet surfenden Schülern noch beibringen?

HAMM: Gerade beim Arbeiten mit dem Internet müssen die Schüler viel lernen: Wie finde ich, was ich suche? Woran erkenne ich, ob eine Quelle glaubwürdig ist? Welchen Informationswert haben Bilder im Vergleich zum Text? Worauf kommt es bei einer Nachricht an? Da wissen Lehrer noch eine Menge mehr als ihre Schüler. Der alte Begriff der Medienerziehung bekommt mit dem Internet eine neue Qualität. So wie man heute Grammatik oder Textanalyse lernt, muss man künftig auch die Sprache der Medien beherrschen. Man muss wissen, wie man Text und Bild sinnvoll kombiniert. Sonst erzeugt man nur nichts sagenden Datensalat.

ZEIT: Das heißt aber, dass die Werkzeuge auch die Inhalte verändern – und auf lange Sicht den Lehrplan.

HAMM: Wenn man konsequent mit den neuen Medien arbeitet, gibt es tatsächlich eine starke Veränderung im Unterricht. Man geht beispielsweise nicht mehr durch eine Lehrstoff von A bis Z, sondern bohrt exemplarisch in die Tiefe, behandelt ein Thema ausführlich im Projektunterricht mit verschiedenen Medien und streift dafür andere Themen nur. Wir brauchen also ein gestrafftes Kerncurriculum.

[…]

Tiefbohren im Infosalat. In: DIE ZEIT 52/1999.

- Die Aussagen in dem Interview betreffen das Internet und den Schulunterricht insgesamt. Prüfen Sie, was davon auf den Deutschunterricht zu übertragen ist.
- Nennen Sie Themen für Projekte, in denen das Internet eine besonders wichtige Rolle spielen kann.

23. Wider den Datensmog

Kennen Sie ein wichtiges Informationsmittel, das nicht alle paar Monate „upgedated" wird? Telefone werden kleiner, smarter, mobiler; PC verkehren miteinander in Gigabyte, und es existiert ein Kühlschrank mit Internet-Anschluss.
Das einzige System, welches gegen eine Aufrüstung resistent bleibt, ist das zwischen unseren Ohren. Dies ist das große Paradox der Informationsrevolution: Wir schaffen uns eine derartig mächtige Kommunikationsumwelt, dass wir zu ihrem Sklaven werden, anstatt sie zu kontrollieren. „Für die Menschheit", schreibt der Zoologe Desmond Morris, „wird das Hauptproblem sein, dass sie sich kulturell schneller entwickelt als genetisch."
Die Zunahme von Informationen ist ein zweischneidiges Schwert. Wenn wir die Vorteile nutzen wollen, müssen wir lernen, mit dem Stress und dem Chaos umzugehen, die mit moderner Kommunikation einhergehen. Zwei Drittel kürzlich befragter Wirtschaftsmanager führten Spannungen mit Kollegen, Verlust der Jobzufriedenheit und belastete private Beziehungen auf Informationsüberflutung zurück.

Dieser Daten-Overkill ist die Kehrseite der „Informationsvielfalt." Informationen waren einst knapp und wertvoll wie Gold. Heute sind sie so billig und reichlich zu haben, dass der größte Teil davon ungenutzt im Müll landet.
Nur mit der Computermaus können wir mühelos ganze Bücher kopieren. Wenn wir eine E-Mail geschrieben haben, senden wir sie per Kopierfunktion an einen oder auch an Hunderte andere. Fotokopierern befehlen wir einfach, wie viele Exemplare wir ausgedruckt haben wollen. *Hätten Sie sie gerne sortiert und geheftet? Kein Problem.*
Nur selten beschäftigen uns die Nebenfolgen der niedrigen Verbreitungskosten für Informationen. „E-Mail ist eine offene Leitung in dein zentrales Nervensystem", sagt Michael Dertouzos, Direktor des Labors für Computerwissenschaft des Massachusetts Institute of Technology. „Es beansprucht Platz in deinem Hirn und verringert deine Produktivität."
Was tut uns das Info-Bombardement an? Untersuchungen belegen als Folgen von Reizüberflutung Frustration, Erinnerungsfehler, Verminderung des Urteilsvermögens, übersteigertes Selbstvertrauen und schwere Aufmerksamkeitsstörungen. „Die Leute scheinen eine Art Aufmerksamkeitsdefizit zu entwickeln, das nicht erblich bedingt ist", sagt Dr. Theodore Gross, Experte für Konzentrations-

störungen. „Die Informationsexplosion hat etwas damit zu tun – all die eingehenden Faxe, E-Mails und Anrufe, mit denen die Leute nicht mithalten können.“ Vielleicht ist dies der Grund, dass das Internet-Magazin „Wired“ die als „Attention Deficit Disorder“ bezeichnete Krankheit zum „offiziellen Hirnschaden des Informationszeitalters“ ernannt hat.

Je mehr wir miteinander „connected“ sind, desto isolierter voneinander leben wir. Es ist leichter, Leute zu erreichen – aber um so schwieriger, ihre Aufmerksamkeit zu gewinnen. Vermarkter greifen so zu immer aggressiverer Werbung; es entsteht ein Teufelskreis von immer stärkeren Reizen, immer abgebrühteren Konsumenten und noch schockierenderer Werbung.

Entscheidend ist, sich nicht an die digitale Leine legen zu lassen. Handys, Laptops, Beeper können wichtige Hilfsmittel sein, aber sie dürfen nicht dazu dienen, Leute ans Büro zu fesseln. Elektronische „connectedness“ kann süchtig machen und Menschen vom langsamen, aber ungleich bereichernderen persönlichen Austausch abhalten.

Computer und Modems kontrollieren uns natürlich nicht wirklich. Aber sie können uns verführen. In unserem Enthusiasmus für High-Tech vergessen wir, dass die Maschinen für uns da sind und nicht umgekehrt. Neben einer gesunden Skepsis gegenüber technologischen Entwicklungen brauchen wir darum Verhaltensweisen, die die Stimulationsmanie nicht noch steigern, sondern uns helfen, eine gesunde Informationsökologie zu entwickeln.

„Die wirkliche Aufgabe der Zukunftstechnologien“, so der New Yorker Ökonom Eli Noam, „ist offenbar nicht die Produktion von Informationen und auch nicht ihre Übermittlung. So gut wie jeder kann Informationen *hinzufügen.* Die Frage ist, wie wir sie *reduzieren.*“

Shenk, David: Wider den Datensmog. In: DER SPIEGEL 19/1999. S. 156.

- Wie kann man sich in der Informationsflut des Internets behaupten?
- Wie kann man lehren, zwischen brauchbaren und unbrauchbaren Informationen schnell zu unterscheiden?
- Wie führt man zielstrebig und zeitökonomisch eine Informationssuche im Internet durch?

24. Im Internet nach Informationen fischen

CCC Dittmann, München.

Die Sprache des Internets ist „HTML". Hinter dieser Abkürzung verbirgt sich die Hypertext Markup Language, die 1989 erstmals standardisiert wurde. Das klingt kompliziert und geheimnisvoll, ist in Wirklichkeit aber nur eine Vereinbarung, wie die unterschiedlichen Schriften, die Graphiken und die so genannten „Links", die Verbindungen zu anderen Seiten im Internet, definiert werden. Der Text wird um Satzzeichen, so genannte Tags, erweitert und die Browser, die Anzeigeprogramme für Internetseiten, wissen so, wie sie die jeweilige Seite auf dem Bildschirm anzeigen sollen.
Erst der weltweite Standard HTML hat das Web so erfolgreich werden lassen.
Einen Nachteil hat HTML allerdings. Sucht man mit einer Suchmaschine wie web.de, yahoo.de oder lycos.de nach den Schriftstellern „Goethe" oder „Schiller", so erhält man zwar jeweils zwischen 60 und 300 Treffer, die sich aber nicht nur auf die Werke der Autoren beziehen, sondern man findet alles vom Getränkehändler über Schulen und Universitäten bis zu Rechtsanwälten. Die Ursache liegt im HTML verborgen. HTML bestimmt nur die Darstellung und nicht den Inhalt.
Die Buchstabenkombination Schiller kann also sowohl den Namen des Firmeninhabers wie auch den Autor großer Literatur bedeuten. Die Suchmaschinen durchsuchen quasi dumm und stur die Texte der Internetseiten nur nach diesem Wort, und alle Seiten, auf denen diese Buchstabenkombination auftritt, sind für sie Tref-

fer. Außerdem müssen sie immer mehr Web-Seiten durchsuchen. Täglich kommen zigtausende Seiten hinzu, keiner weiß wirklich, wie viele. Alle diese Seiten abzufragen und in Suchmaschinen bereitzuhalten wird irgendwann selbst die gigantischsten Serverfirmen überfordern, da sie immer nur nach dem System „brutal force", also mit roher Gewalt gegen die Datenflut ankämpfen können: Immer mehr und schnellere Computer, immer größere Festplatten und Datenbanken. Oder sie müssen selektieren: Dem Sucher wird also ein Teil des Angebots schlicht vorenthalten. Das ist teilweise schon heute so.

Jetzt kommt XML ins Spiel, die „Extended Markup Language". Diese Erweiterung des HTML wurde vom mächtigen W3C, dem World Wide Web Consortium, 1998 verabschiedet. Das W3C legt Standards für das Internet fest, an die sich eigentlich alle relevanten Software-Hersteller mittlerweile halten. Neben den HTML-Tags gibt es im XML Tags, die den Inhalt festlegen. Im Fall der Dichter würde man nur noch nach Autoren suchen. Kenntlich gemacht durch die Kodierung, könnten die Suchmaschinen gezielt Seiten ansprechen. Treffsichere Abfragen nach einem „PC mit Pentium III unter 2000 Mark" wären genauso denkbar wie die Suche nach einem „blauen VW Käfer Baujahr 1962". […]

Schmitz, Heinz / Postinett, Axel: XML soll das Internet leistungsfähiger machen. In: Handelsblatt vom 01.12.1999. S. 31.

CCC Gabor Benedek, München.

- Wie kann man verhindern, dass man bei der Suche nach Informationen im World Wide Web (WWW) in der Datenflut untergeht?
- Beschreiben Sie Suchstrategien (mit und ohne Nutzung von „Suchmaschinen") und Bewertungsstrategien für Informationen.
- Untersuchen Sie die Brauchbarkeit von Oberbegriffen, Nebenbegriffen, Unterbegriffen, Synonymen und Antonymen bei der gezielten Suche im Internet.
- Welche Schlussfolgerungen ergeben sich für eine neu konzipierte Wortschatzarbeit im Deutschunterricht?

25. Suchstrategien

Das Navigieren im Internet unterscheidet sich vom Nachschlagen im Lexikon vor allem dadurch, dass es sich an den semantischen Strukturen eines gegliederten Begriffssystems zu orientieren hat statt den Buchstaben des Alphabets zu folgen.

Zunächst sind zwei Wege zu unterscheiden, die man gehen kann. Die Suche kann nach einem vorgegebenen Themenkatalog erfolgen oder nach einem einzugebenden Stichwort. Manche Suchmaschinen bieten nur eine Möglichkeit, andere wie „Yahoo" (http://www.yahoo.com oder http://www.yahoo.de) beide. Dann kann man die Suche entweder bei allgemeinen Oberbegriffen wie „Erziehung", „Unterhaltung", „Wirtschaft", „Politik", „Sport" beginnen und sich schrittweise über eine Kette von immer präziseren Unterbegriffen dem gewünschten Thema nähern. Oder man tippt ein ganz spezielles Schlüsselwort als Such-Stichwort ein und holt sich eine Liste mit allen Webseiten auf den Bildschirm, die dieses Stichwort enthalten. Diese kann man dann schnell über Links ansteuern und auf ihre Brauchbarkeit für die eigenen Zwecke prüfen.
Die Stichwort-Suche erscheint zunächst als die einfachere und zielsicherere. Besonders wenn man möglichst viele Informationen zu einem Thema erhalten möchte, wird man nicht nur mehrere Suchmaschinen befragen, sondern auch synonyme und sich inhaltlich ergänzende Stichwörter eingeben (z. B. nicht nur „Komik", sondern auch „komisch", „Komödie", „Humor" ...). Das sofort auftretende Problem ist dann aber die Bewältigung der oben schon erwähnten Menge aufgefundener Dokumente, die diese Stichwörter enthalten. Es dauert unter Umständen Stunden oder gar Tage, all diese Dokumente auf den Bildschirm zu holen und zu prüfen. Frustrierend ist dabei nicht nur, dass es manchmal lange dauert, bis ein Dokument erscheint, sondern noch mehr, dass die Masse der Dokumente für die eigene Fragestellung und inhaltliche Orientierung gar nichts hergibt.

Wie kann man die Suche sinnvoll eingrenzen? Eine gewisse Hilfe stellen beschränkende Suchparameter dar, die man in einigen Suchmaschinen als qualifizierende Zusätze den Stichwörtern beifügen kann. Es sind die für logische Operationen verwendeten Symbole AND/UND, OR/ODER, NOT/NICHT. Man gibt dann zwei oder drei Stichwörter ein und fordert zum Beispiel nur die Dokumentseiten an, auf denen alle Stichwörter gemeinsam vorkommen (Schröder UND Bundeskanzler UND Regierungsbildung), so dass nicht alle Nachrichten über Personen namens Schröder und auch nicht alle Nachrichten über Bundeskanzler Schröder gemeldet werden, sondern nur die über seine Regierungsbildung. Man sucht nach allen Seiten, auf denen eines von zwei Stichwörtern erscheint oder beide gemeinsam (Witz ODER Anekdote). Oder man macht der Suchmaschine klar, welche Lesart eines mehrdeutigen Stichwortes gemeint ist (Läufer NICHT Sportler / Washington NICHT George). Die Wahl solcher eingrenzenden Stichwortzusätze setzt freilich eine gewisse Fähigkeit zum begrifflich-logischen Systematisieren voraus.
Noch wichtiger ist das begrifflich-systematische Denken bei der Suche, die dem Themenkatalog einer Suchmaschine folgt. Die Begriffssysteme sind dort nämlich hierarchisch geordnet. Als Benutzer einer solchen Suchhilfe muss man sich zunächst über den Stellenwert des für die Suche zentralen Wortes (oder mehrerer Schlüsselwörter) im Beziehungsgeflecht von Oberbegriffen, Unterbegriffen und Nebenbegriffen Gedanken machen und sich dann systematisch und sukzessive dem Ziel nähern. Die Katalogbegriffe führen als Hyperlinks nach Anklicken zu untergeordneten Begriffen weiter, diese tun es auch usw. Natürlich kann man unterwegs auch den Kurs ändern, wenn dies Erfolg versprechend erscheint. In jedem Fall muss man lernen, in Begriffsfeldern zu denken. Hier sollte in Zukunft ein wichtiger Lernbereich für die muttersprachliche Wortschatzarbeit angesiedelt sein.

Ulrich, Winfried: Multimedia und kommunikative Kompetenz (II). In: Deutschunterricht 52, 5/1999. S. 382–389.

- Suchen Sie nach weiteren „qualifizierenden Zusätzen“ zu den Stichwörtern. Wie wäre es mit NICHT WENN?
- Erläutern Sie, inwiefern Synonyme (z. B. Gesundheitssport – Fitnesstraining) und Antonyme (z. B. Krankengymnastik), aber auch Redewendungen und Slogans (z. B. „total vital“ oder „fit and fun“) als Suchhilfen geeignet sein können.
- Entwickeln Sie hierarchisch strukturierte Begriffsketten, die von „Freizeit“ zu „Kreisliga“, von „Wirtschaft“ zu „Euro“, von „Politik“ zu „Aufwandsentschädigung“ führen.

H Lösungshinweise

H 1 Bilder

- Sprachlich dargestellte Wirklichkeit ist über die Bedeutungen der verwendeten Begriffe immer schon stark (vom Sprecher/Schreiber) interpretierte Wirklichkeit. Im Bild dargestellte Wirklichkeit ist vergleichsweise wenig kommentiert, direkter „abgebildet", den Schülern und ihrer Deutung unmittelbarer zugänglich. Das gilt jedenfalls für das Photo und den Film. Der Zeichner abstrahiert von vielen Einzelheiten und beschränkt sich auf Andeutungen; er lenkt also den Blick stärker auf die fiktiven Wirklichkeitsausschnitte, auf die es ihm ankommt (bis hin zur „überzeichnenden" Karikatur und zum pointierenden Bildwitz/Comicstrip).
Bilder und Bilderfolgen können deshalb Realsituationen, Kommunikationssituationen im Unterricht „ersetzen", gut vorstellbar und simulierbar machen. Sie können auch Handlungen und Ereignisse, Handlungsmotive und Emotionen stofflich vorgeben und zur mündlichen und schriftlichen Verbalisierung bereitstellen. Sprachhandlungsträchtige Bildvorlagen ergeben also oft gute Sprech- und Schreibimpulse im Sprachunterricht.
Allerdings darf man nicht übersehen, dass zunächst das medienangemessene „Bilderlesen" gelernt sein will, dass die Versprachlichung als Medientransformation nicht immer einfach, in bestimmten Bereichen unmöglich ist (die optisch wirkungsvoll gesetzte Pointe eines Zeichners lässt sich nur schwer kongenial in eine sprachliche Pointe übersetzen). Das Schreiben von erzählenden Texten nach Bildergeschichten erstreckt sich deshalb nur auf die Beschreibung dessen, was lustig ist. Stoffnot kann bei diesem Verfassen von Texten jedenfalls nicht auftreten, und selbst für den Textaufbau, die Gliederung des „Aufsatzes" bietet die Vorlage durch ihre Bilderfolge bereits nützliche Anregungen.
Beim darstellenden Simulationsspiel ist darauf zu achten, dass die Übertreibungen komischer und lustiger Bilderfolgen nur übernommen werden, wenn ein Bühnenstück mit Publikum und Beifall angestrebt wird, nicht wenn es um eine möglichst wirklichkeitsnahe Erprobung von Sprachhandlungsmustern im Alltag geht.
- Die Bilderfolge erfasst nicht nur eine Augenblicksszene, sondern mehrere Szenen nacheinander. Sie kann also Veränderungen in der Zeit darstellen und damit Handlungen, Ereignisse, was dem Einzelbild nur bedingt gelingt. Im Unterricht kommt es oft aber gerade auf Handlungen und Geschehnisse an, die sich über einen gewissen Zeitraum erstrecken.
- Photos suggerieren authentischen, dokumentarischen Charakter, können aber auch „lügen" (Bildausschnitt, Retuschen, Kollagen). Zeichnungen beschränken sich bei der Darstellung auf das gerade Wichtige, lenken den Blick, wirken durch Überzeichnung und Zuspitzung, bekennen sich klar zur Fiktion von Wirklichkeit. Gemälde zielen auf künstlerischen Ausdruck, wollen ästhetisch Wirkung entfalten, den Betrachter ansprechen und zur Mitwirkung an der Interpretation auffordern.
- Für die Versprachlichung von Bildern und Bilderfolgen steht beispielhaft die bekannte „Bildergeschichte", umgesetzt in eine mündliche Erzählung oder in einen „Aufsatz".
Über Bilder hat man sich in der „Schilderung" des traditionellen Aufsatzunterrichts geäußert, wenn es um die Begegnung mit einem Kunstwerk ging, oder in der „Bildbeschreibung", wenn ein beschreibender Text entstehen sollte. Über

geeignete Bilder kann man aber auch interpretierend und Erfahrungen austauschend reden („Habt ihr schon Ähnliches erlebt?"), problemorientiert diskutieren und Erörterungen schreiben (Abbildung eines anschaulichen Beispiels für ein strittiges Problem).
Bilder als Spielvorlagen lassen sich nutzen, wenn bestimmte Handlungsmuster als Interaktion zwischen Rollenträgern mit bestimmten Interessen, Absichten, Gefühlen, Erwartungen erprobt und untersucht werden sollen (Wie führt man z. B. ein Vorstellungsgespräch?).

- Tonaufnahmen und Filmaufnahmen herzustellen, abzuhören, zusammenzuschneiden macht Schülern viel Spaß und ist bei der heutigen technischen Ausstattung der meisten Schulen kein Problem. Besonders viele Gestaltungsmöglichkeiten bietet die Aufnahme mit Digitalkamera, Bearbeitung der Aufnahmen am Computer und Brennen einer eigenen CD-ROM, was technisch in manchen Schulen auch schon möglich ist. In Unterrichtsprojekten kann dabei fächerübergreifend und dennoch sehr sprachproduktiv gearbeitet werden.

H 2 Gute Nacht!

- Die sechsteilige Bilderfolge bezieht sich auf eine Grundschülern sehr bekannte häusliche Szene: das Gutenachtsagen der Eltern vor dem Einschlafen als ein oft stark ritualisiertes Handlungsschema. Insofern regt es zum Sprechen und zum Erfahrungsaustausch unter Schülern an, vielleicht auch zum Vorspielen unterschiedlicher Varianten mit den jeweils typischen sprachlichen Äußerungen.
Die Bildvorlage fordert aber auch zur Interpretation durch Beschreibung des Beobachtbaren und zum mündlichen oder schriftlichen Erzählen der „Geschichte" heraus: Benennung des Kindes als Handlungsträger, Wahl der Erzählperspektive (Ich-Erzählung oder „Sie-Erzählung"), Mitgefühl des Kindes mit seiner Puppe usw.
Schließlich macht es den Kindern auch Spaß, den Cartoon mit Sprech- und Gedankenblasen auszustatten oder die ganze Episode nachzuspielen, auch wenn sie wenig äußere Handlung enthält und die „innere Handlung" nur erschlossen werden kann. Man kann den Cartoon als Spielvorlage aber auch erweitern, etwa durch einen zwischen Bild 3 und 4 eingeschobenen Dialog des Kindes mit der Puppe, durch Protestverhalten und Schimpfen des Vaters usw.
- In Aufgabe 1 sind die Einzeläußerungen des Vaters alternativ zu verstehen, passen zu etwas voneinander abweichenden Interpretationen der Bilderfolge („Jetzt sei endlich ruhig!" passt gar nicht.). Das erschwert die Lösung, zumal keine korrespondierenden Kindesäußerungen aufgeführt sind.
In Aufgabe 2 und 3 sind die korrespondierenden Äußerungen zu formulieren. Das ist eine sehr kreative und dabei gut lösbare Aufgabenstellung: „Ich habe Kopfweh und kann nicht schlafen." – „Ich bringe dir eine Schmerztablette." … „Ich kann nicht einschlafen." – „Ich erzähle dir jetzt eine Gutenachtgeschichte, und nach dem Gutenachtkuss wirst du bestimmt gleich einschlafen."
Die vierte Aufgabe bezieht sich nur sehr lose auf die Bildvorlage, nimmt diese eigentlich nur als Anstoß für ein auch ohne Bildergeschichte mögliches Erzählen.
- Beim Schreiben von Geschichten verhindert die Bildvorlage Stoffnot und durch sie hervorgerufene Schreibblockaden, strukturiert die Handlung in Einzelabschnitte (Erleichterung der Textgliederung) und führt auf einen Abschluss zu. Ungünstig ist, dass die allen Schülern vorliegenden Bilder nicht zum Erzählen einer Geschichte, sondern zum interpretierenden Beschreiben der Bilder anregen („Ein Kind liegt im Bett. Und ein Mann kommt die Treppe herauf …").

Für den Zeichner ist die häufige Wiederholung von Bildelementen ein wichtiges Darstellungsmittel, um durch geringfügige Veränderungen die Handlung anzuzeigen. Beim darstellenden Spiel kommt es dagegen gerade auf die Veränderungen an, benötigt man viel mehr auch äußeres Geschehen, Aktion, damit es für die Zuschauer wirklich etwas zu sehen gibt. Man benötigt also möglichst handlungsstarke Bildvorlagen mit viel gesprochenem Text.

H3 Inhaltsverzeichnis

- Auf den ersten Blick fällt auf, dass in dem Herder-Sprachbuch von 1979 nach Lern- oder Arbeitsbereichen des Deutschunterrichts gegliedert wird, mit einer Untergliederung nach einzelnen Lernzielen oder Lerngegenständen. Im Westermann-Sprachbuch von 1980 erscheinen die Lernbereiche im Inhaltsverzeichnis gar nicht. Die einzelnen Lerneinheiten sind nach inhaltlichen Themen geordnet, nach kindlichen Lebens- und Erfahrungsräumen (Zirkus, Fernsehen in der Familie, Haustier Hund, Außenseiterproblematik, Geländespiel ...). In jeder Lerneinheit erscheinen operationalisierte Lernziele zu den vier sprachlichen Lerneinheiten „Mündliche Verständigung", „Schriftliche Verständigung", „Rechtschreiben" und „Reflexion über Sprache".
- Nach der umfassenden Lehrplanrevision und der deutschdidaktischen „kommunikativen Wende" in den 70er Jahren entstand eine neue Generation von Sprachbüchern, die alle an den hierarchisch geordneten Lernzieltaxonomien der Lehrpläne orientiert waren. Bis in die Einzelformulierung wurden die Lernzielangaben in die Sprachbücher und ihre Gliederungen übernommen: „C. 6 Bilder und Geschichten" – „S. 7 eine Geschichte zu einer Bildfolge aufschreiben"; „E. 5 ß oder ss?" – S. 26 Wörter mit ss, ß schreiben".
  Ein entscheidender konzeptioneller Unterschied ergab sich dadurch, dass zunächst die Lehrplangliederungen vollständig übernommen wurden, einschließlich der Lernbereichsgliederung. Recht bald merkte man, dass diese Sprachbuchstruktur zu einer Stoffverteilung im Unterricht verführte, die lernpsychologisch unglücklich war: längeres Verweilen bei Stoffen und Lernzielen eines einzigen Lernbereichs mit raschem Überdruss der Schüler und mit Trennung von sachlich Zusammengehörendem (z. B. „auffordern" als mündliche und schriftliche Sprachhandlung, „Aufforderungssatz" im Grammatikunterricht und „Aufforderungszeichen" im Rechtschreibunterricht). So kam es zu der Neukonzeption mit „Lernbereichsintegration": Jede Lerneinheit bietet situativ und thematisch verbundene Lernziele und Aufgaben zu allen vier Lernbereichen.
- Beide Verzeichnisse sind in den Lernzielangaben ganz auf die Lehrpläne eingestellt. Darüber hinaus gibt die Konzeption der Lernbereichstrennung auch in der Grundstruktur genau die Lehrplansystematik wieder. Die „Lernbereichsintegration" löst sich aus lernpsychologischen und unterrichtspraktischen Gründen davon: Man kann ein solches Sprachbuch bereits als Stoffverteilungsplan nutzen und die Lerneinheiten der Reihe nach behandeln.
- Bei Lernbereichsintegration ist es möglich, wenn auch nicht notwendig, der vorliegenden Reihenfolge der Lerneinheiten im Unterricht zu folgen. Das hat den großen Vorteil, dass man in allen Lernbereichen eine allmähliche Progression der Lernschritte nutzen kann, von der Anbahnung eines Themas zur Erarbeitung, zur Wiederholung und Vertiefung des Gelernten. Diese Vorstrukturierung des Unterrichtsablaufs hat Vorteile und Nachteile (Gefahr der Gängelung durch das Medium).
  Bei Lernbereichstrennung ist ein solches Vorgehen nicht möglich. Hier ist das Sprachbuch eine systematisch geordnete Menge von Unterrichtsmaterial, aus dem

der Lehrer auswählt und Segmente in seinen Unterricht einbaut.

- Die beiden Begriffe passen jeweils ziemlich genau auf eine Konzeption: Stoffsammlung bei Lernbereichstrennung, Leitmedium bei Lernbereichsintegration.
- Die Überschriften der Lerneinheiten des integrierenden Sprachbuchs bezeichnen „Erfahrungsräume" der Schüler: Familie, Freunde, Schule, Sport, Tiere, Spielen, Gesundheit/Krankheit, Feste, Verkehr, Arbeitswelt der Eltern, Gefühle, Wohnen, Ausländer, Freizeit, die auch Verbindungen zum Sachunterricht ermöglichen. Die zum Teil in beiden Fächern identischen Erfahrungsräume werden im Sprachunterricht allerdings sprachdidaktisch genutzt, nach „Sprachhandlungssituationen" durchforscht, in denen gesprochen, geschrieben, orthographisch korrekt geschrieben und über Sprache nachgedacht wird.
- Die „Systematik" bei Lernbereichstrennung ist eine abstrakt curriculare, fachdidaktische Systematik für den Fachmann, der schnell einen Überblick erhalten möchte und der Lehrplan und Sprachbuch nebeneinander legen und vergleichen will. Das lernbereichsintegrierende Sprachbuch weist eine immanente, äußerlich nicht sofort sichtbare lernpsychologische Gliederung auf. Am deutlichsten wird dies vielleicht bei den Zielangaben zur Sprachreflexion: Es werden in mehreren Lerneinheiten Satzglieder durch Umstellprobe erarbeitet, Satzkern und Ergänzungen unterschieden sowie Satzkerne mit Ergänzungen versehen, dann aber auch Satzglieder weggelassen und hinzugefügt (Weglass- und Erweiterungsprobe), schließlich zweiteilige Satzkerne untersucht. Dies geschieht in mehreren Einheiten in ganz unterschiedlichen Situationen und Themenbereichen. Viele Einheiten später wird dieser Lernkomplex wieder aufgenommen und vertieft: Angaben des Ortes und der Zeit bestimmen. Ähnliche Progressionen lassen sich im Bereich der Wortbildung belegen.

H 4 Sich bedanken

- Die Sprachhandlung (der Sprechakt) „sich bei jemandem bedanken" wird in dieser Übung in ganz verschiedenen Situationskontexten erprobt und untersucht: Man bedankt sich eben mit recht verschiedenen Worten, je nachdem aus welchem Anlass und gegenüber welchen Personen es geschieht. Für die Situationsangemessenheit und Partnerbezogenheit sollen die Schüler sensibilisiert werden, auch für die Wirkung unangemessenen Dankes oder gar ausbleibenden Dankes.
- Situation j: „Danke!" „Ich danke dir." „Das ist wirklich nett von dir, Michael." – „Danke, Michael, das werde ich dir hoch anrechnen." „Ich wusste doch, dass mein Sohn gern einmal etwas für seinen Vater tut."
- Die mündliche Danksagung ist spontan, kurz, formelhaft, oft mit nonverbalen Handlungen (Zunicken, Händeschütteln) verbunden. Die schriftliche Danksagung erlaubt ein längeres Nachdenken über die Formulierung, ist meist länger und aufwändiger.
- Der Begriff „Rollenspiel" ist soziologischer Herkunft und reduziert das Verhalten von Personen sehr auf rollenspezifisches Verhalten. Der Begriff „Simulationsspiel" macht deutlich, dass es um die Erarbeitung eines möglichst wirklichkeitsnahen Handelns geht. Außerdem kommen auch andere das Handeln bestimmende Faktoren neben der Rolle ins Spiel: Wissen, Gefühle, Absichten, Erwartungen …
- Da man nur selten mit Hilfe eines einzelnen Sprechaktes kommuniziert, macht es Sinn, Kommunikationshandlungen als Sprechaktsequenzen zu erspielen und zu untersuchen: Sequenzen korrespondierender Sprechakte (z. B. „jemandem etwas vorwerfen" – „einen Vorwurf zurückweisen" – „Vorwurf bekräftigen") oder alternativer Sprechakte (z. B. „Vorwurf zurückweisen/sich rechtfertigen" oder „Vorwurf akzeptieren/Selbstkritik üben".

- Die Spielformen müssen als Lernspiele mit ganz bestimmten Lernzielen eingeführt und eingeübt werden. Ohne Zielbewusstsein der Schüler artet das Spiel leicht zum allgemeinen Gaudium aus, das von den Lehrkräften nur noch schwer zu kontrollieren ist. Entsprechende Disziplinschwierigkeiten stellten sich ein, wenn Lehrer ohne klares Aufgabenbewusstsein losspielen ließen. Das aber brachte die ganze Methode in Verruf.
  Außerdem wurde der Stellenwert der Gesprächserziehung innerhalb des Deutschunterrichts nach dem Aufblühen des Lernbereichs „Mündliche Verständigung" in den 70er Jahren in den Folgejahrzehnten in den veränderten Lehrplänen und im Bewusstsein der Lehrkräfte zurückgenommen.

H5 Adverbial (Adverbialbestimmung)

- Mit dem Stichwort „Linguistisierung" zielte man in der fachdidaktischen Diskussion kritisch auf starke Anlehnungen der Sprachdidaktik an einzelne linguistische Sprachtheorien (besonders der Syntax) und auf Übernahme der Beschreibungsmethoden und Veranschaulichungsmodelle in den Unterricht. Die Abbildung von Satzstrukturen und Satzbildungsmustern mit Hilfe von Stemma-Skizzen/Baumgraphen der Generativen Transformationsgrammatik Chomskys sind dafür ebenso ein Beispiel wie die Planetenmodelle der Dependenzgrammatik Tésnières.
  Der Vorwurf, es würde viel Aufwand mit dem Erlernen einer komplizierten Metasprache (von den schwierigen mathematischen Formeln der Formations- und Transformationsregeln noch gar nicht zu reden) betrieben, wobei man sich weit von der Objektsprache entfernt und nur sehr indirekt und eingeschränkt zu einem besseren Verstehen deutscher Satzbildung beiträgt, besteht zu Recht.
- Die Suggestivfrage legt ein „Nein" als Antwort nahe. Man wird bei diesem hohen Grad an Abstraktion bei vielen Sechstklässlern mit Überforderung rechnen müssen, zumindest mit der sattsam bekannten Unlust am Grammatikunterricht.
- Bei Multiple-choice-Aufgaben ist stets die Gefahr des bloßen Ratens gegeben. Selbst bei richtig angekreuzter Antwort ist keineswegs sicher, dass die Lösung mit Problembewusstsein gefunden und überhaupt richtig verstanden wurde. Oft wird das Erraten nämlich durch kleine nebensächliche Fingerzeige erleichtert. Auch kann man oft statt durch Begreifen der richtigen Lösung durch Ausschließen der leicht als falsch oder unsinnig erkannten Lösungsvorschläge zum Ziel kommen (im Beispiel 1, 4 und 5). Erkenntnisse hat man dann kaum dazugewonnen.
  Der einzige Vorteil solcher Aufgaben liegt in der raschen und schematisierbaren Überprüfung und Bewertung: Die Lösungen sind immer eindeutig richtig oder falsch. Bei freien Formulierungen von Lösungen gibt es dagegen oft ein mehr oder weniger „Richtig" bzw. „Falsch".

H6 Das Prädikat

- Die Anschaulichkeit ist beim Sonnensystem größer als beim Stammbaum, so dass dieses Modell sich auch eine Zeit lang in den Grundschulen durchgesetzt hatte. Die Erklärungskraft ist aber geringer, weil das Modell weniger Differenzierungen zulässt und weil die Unterscheidung von „obligatorischen" und „fakultativen" Ergänzungen schwer ist und subjektiv erscheint. Deshalb haben sich Stammbaumskizzen in der Sekundarstufe zeitweilig etablieren können.
- Eine streng wissenschaftlich überprüfbare Aussage darüber, welches Modell der Realität unserer Sprache mehr angemessen ist, ist kaum zu machen. Beide Modelle bleiben als miteinander konkurrierende linguisti-

sche Erklärungshypothesen brauchbar und fordern zu Verifizierung oder Falsifizierung heraus.
Im Sprachunterricht hat sich aus mehreren Gründen letztlich das Syntaxmodell der traditionellen, aus dem Lateinischen abgeleiteten Grammatik über alle Neuansätze hinweg halten können. In dieser Syntaxtheorie ist der Satz zweigliedrig (Subjekt und Prädikat), so dass eine bessere Verträglichkeit mit der Generativen Transformationsgrammatik gegeben ist und Anleihen von dort besser zu integrieren sind als solche aus der Dependenzgrammatik.

- Der Begriff „Prädikat" wird in zwei Lesarten verwendet: Entweder besteht das Prädikat nur aus dem „verbalen" Satzglied (eingliedriges, einfaches Prädikat = finite Verbform; zweigliedriges, zusammengesetztes Prädikat = finite Verbform mit zugehörigem Partizip oder Infinitiv), das zusammen mit dem Subjekt die Grundform des Aussagesatzes konstituiert (so in den meisten Schulgrammatiken). Oder das Prädikat besteht aus Verb und zugehörigen Objekten (entsprechend der „Verbal Phrase" der Konstituentenstrukturgrammatik und der Generativen Transformationsgrammatik und auch entsprechend der Verwendung in dem Sprachbuchauszug).
Allerdings erscheint es problematisch, den Prädikatsbegriff in dieser Weise in das Modell einer Dependenz- oder Valenzgrammatik zu integrieren. Mit dem Begriff ist nämlich, wie schon gesagt, die Vorstellung einer Gleichrangigkeit von Subjekt und Prädikat verbunden. Im Dependenzmodell dagegen ist das Verb als „Satzkern" (hier ist von „Prädikatskern" die Rede!) sowohl der Ergänzung im Nominativ (dem „Subjekt") wie den anderen Ergänzungen (den „Objekten") übergeordnet.
- Die Satzbögen sind hier nicht in die Sonnensysteme einbezogen, sondern einfach danebengesetzt worden. Das ist keine überzeugende Lösung. Man könnte versuchen, den Satzkern / Prädikatskern zu splitten und zweiteilig oder mit einer „Nebensonne" in das Modell zu integrieren.

H 7 Sprachliche Handlungsfelder

- Am wichtigsten erscheint die Integration des Grammatikunterrichts, der Sprachreflexion, denn isoliert behandelt tendiert dieser Bereich stark zum Formalismus. In vielen Teilbereichen lässt er sich gut in Sprachhandlungssituationen einbetten und integrieren, weil er Berührungen und Überlappungen mit anderen Bereichen aufweist (z. B. Missverständnisse bei mündlicher und schriftlicher Kommunikation, ihre Ursachen durch Mehrdeutigkeiten wegen polysemer Wörter oder wegen unklarer syntaktischer Konstruktion und Kommasetzung), in manchen Bereichen ist das schwieriger (z. B. Satzgliedbestimmung). Die Behandlung bestimmter Sprechhandlungsmuster und schriftlicher Textsorten oder Schreibprozesse ist fast immer im Verbund mit anderen Lernbereichen möglich. Am meisten sperren sich viele Themen der Rechtschreibung gegen eine Integration, weil das für ein bestimmtes Rechtschreibproblem typische Wortmaterial zumeist keine besondere Affinität zu einem bestimmten Inhalt, Thema, zu einer bestimmten Situation aufweist. Die Integration des Rechtschreibens gleicht in der Praxis deshalb oft einer bloßen Addition.
- Ein solcher Anhang könnte lernbereichstrennend vor allem drei Teile enthalten: 1. Übungen zur schriftlichen Textbildung, 2. Übungen zur Reflexion über Sprache, 3. Übungen zum Rechtschreiben und zur Zeichensetzung. Komplementär zu den integrativen Lerneinheiten des Hauptteils wären diese Anhangteile dann, wenn sie auch in sich einen sachsystematischen Aufbau aufwiesen, z. B. „Text", „Textteil und Satz", „Satzarten", „Sätze verbinden", „Satzglieder", „Wortarten", „Wortbildung", „Bedeutungen von Wörtern und festen Redewendungen".

- Gemeint sind Situationen, die deutlich erkennbar genügend Anstöße zu sprachlichem Handeln geben, ohne dass diese Sprachhandlungen schon ausgeführt sind. Die Schüler können sich in die Situation hineinversetzen und die darin angelegten Sprachhandlungen entfalten, erproben, untersuchen. Präsentiert werden solche Situationen durch Bilder und Sprache, z. B. Gruppenphoto aller Anwesenden bei einer Familienfeier der Goldenen Hochzeit, zusätzliche sprachliche Kurzbeschreibung, dann Entfaltung der Sprachhandlungssituationen in Richtung Personenbeschreibung (Photoabbildung und Kurzcharakteristik zur Deckung bringen und eigene Beschreibungen vornehmen), Tischreden halten, Tischgespräche unter Verwandten führen, über Personenbezeichnungen in der Verwandtschaft nachdenken (Schwägerin, Enkeltochter, Vetter, Oheim, Nichte, Base, Eidam …) und über Konnotationen bei Personenbezeichnungen (Vater, Väterchen, Vati, Papa, Papilein, mein Alter, mein alter Herr …) sowie Metaphern (Draufgänger, Teufelskerl, Wagehals, Spaßvogel, Hanswurst, Hampelmann, Luftikus, Affe, Schelm …), schließlich Entfaltung der Situation in Richtung Schreibspiel mit Verwendung von Wörtern mit s, ss und ß aus dem Sinnbereich des Essens und Trinkens (Festessen, Essbesteck, Weinglas, Kristallglas, weißes Tischtuch, eingießen …).
- Die kognitive Leistung der Sprache (Mittel der Ordnung von Erfahrungen und Wissen, Mittel des Denkens als Problemlösen) wird im Sprachunterricht zumeist vernachlässigt. Man sollte viel mehr das Lösen von Rätseln, von Denksportaufgaben, von Kriminalfällen, das gedankliche Durchspielen alternativer Handlungsabläufe in den Deutschunterricht einbeziehen.

H 8 Josip wundert sich

- Das Eingangsphoto präsentiert eine gut vorstellbare sprachhandlungsträchtige Situation: Die Schüler fühlen sich angeregt, den Dialog zwischen Josip und Silke fortzusetzen und dabei das aufgetretene Missverständnis zu klären. Auch die im Block 2 vorgegebenen sprachlichen Äußerungen legen nahe, sich eine bestimmte Verwendungssituation auszumalen und in ihr stattfindende Gespräche zu simulieren, außerdem metakommunikativ über die genannten metaphorischen Ausdrücke zu sprechen. Der dritte Block nimmt eine solche Situation variiert in Form einer Bildpräsentation wieder auf.
  Integrativ miteinander verbunden sind Aufgaben der mündlichen Verständigung (Gespräche führen), der Sprachreflexion (Mehrdeutigkeit, Metaphorik, Missverständnisse, Bedeutung zusammengesetzter Wörter), der Metakommunikation (die Ursachen von Missverständnissen besprechen) und des Rechtschreibens (zusammengesetzte Nomen schreiben) sowie der Technik des Nachschlagens in Wörterbüchern (Wörter nach dem Abc ordnen). Nur die schriftliche Textbildung ist in dieser Lerneinheit nicht mit erfasst.
  Das für die Rechtschreibübungen verwendete Wortmaterial hat nur zum Teil etwas mit der inhaltlichen Ausrichtung der Einheit und den Situationen zu tun. Einzelwörter wie „Glühlampe“ bilden zwar Anknüpfungspunkte, bewirken aber keine echte Integration. Die Rechtschreibübungen erscheinen deshalb nur lose angefügt; sie könnten in gleicher Weise auch an ganz anderen Stellen erscheinen.
- Ein Sprachbuch mit solchermaßen integrierten Lerneinheiten strukturiert mögliche Unterrichtsabläufe vor und könnte als Leitmedium genutzt werden. Man kann sich als Lehrkraft aber auch souverän einer „Gängelung“ entziehen und das Angebot der Stoffverteilung nur teilweise übernehmen, sich durch Umstellungen, Auslassungen, Ergänzungen davon freimachen.
- Man kann Sprachbücher dieses Typs auch als Steinbruch benutzen und nur einzelne

Einheiten oder gar einzelne Übungen daraus auswählen. Allerdings verzichtet man dann darauf, die entscheidenden Vorteile der Konzeption zu nutzen, nämlich die allmähliche Lernschrittprogression von Einheit zu Einheit.

H 9 Untersuchen und Begreifen: Indikativ und Konjunktiv

- Ausgangspunkt der Lerneinheit ist ein literarischer Text, der auch in einem Lesebuch stehen könnte. Kästners „Trostlied im Konjunktiv" wird allerdings nicht nur interpretiert, nicht nur literaturdidaktisch behandelt, sondern er bietet darüber hinaus Ansatzstellen für eine linguistische Textanalyse und für Reflexionen über den Gebrauch des Konjunktivs im Deutschen.
- Die „Interpretation" wird vom Text selbst nahe gelegt. Explizite Interpretationsaufforderungen und entsprechende Aufgaben enthält die Einheit nicht (wie ja viele Lesebücher auch nicht, die durch diesen Verzicht eine Spontanreaktion der Schüler auf den Text ermöglichen und nicht sofort bestimmte Interpretationswege vorschreiben wollen). Die dem Text vorausgehenden Überschriften machen auch ganz klar, dass es in dieser Einheit um Sprachreflexion geht („Untersuchen und Begreifen"). So ist es möglich, dass im Unterricht gar keine Interpretation erfolgt und das Thema der „Vergänglichkeit" sowie die Funktion der Bezeichnung „Trostlied" ebenso wenig untersucht werden wie die formale Gestalt des Gedichts. Dann aber wird das Unterrichtsmittel nicht seinem konzeptionellen Anspruch entsprechend eingesetzt, Medium für einen „verbundenen Deutschunterricht" zu sein. Dann ist es ein Schulbuch, in dem nur Lesebuchsequenzen und Sprachbucheinheiten in gewissen Abständen und getrennt voneinander vereint sind.
- Der abgedruckte Kästner-Text ist eins dieser seltenen Exemplare, die literarische Qualität aufweisen und zugleich als textkonstitutives Element (nicht als Randerscheinung) ein sprachliches Phänomen aufweisen, das reflexionswürdig ist und bei der Textbildung durch Schüler eine wichtige Rolle spielt (z. B. der Konjunktiv). Weitere Beispiele für solche Texte mit didaktischer Doppelfunktion: Rudolf Otto Wiemers „Geschichte im Konjunktiv" und sein sprachspielerisches Gedicht „scheinsubjekt", Peter Bichsels Kindergeschichte „Ein Tisch ist ein Tisch", Carlo Manzonis Geschichten vom „Signor Veneranda", Eugen Roths Gedichte „Wandlung", „Relativität", „Der eingebildete Kranke", Günter Bommerts „Magisches Quadrat", Robert Gernhardts „Dorlamm meint", Ernst Jandls „lichtung" und „schtzngrmm", Kurt Mantz' „germanisten", Timm Ulrichs' „ordnung" …

H 10 Vier Sekunden

- Informationssuche, Informationsaufnahme, Informationsauswertung, Informationsweitergabe werden viel mehr als heute über das Internet und die unterschiedlichen Zugangswege (neben PC und Notebook wohl auch weiterentwickelte Taschencomputer und Mobiltelefone sowie interaktiv erweitertes Fernsehen) genutzt werden. Viele kommunikative Handlungen (Ferngespräch, Electronic mail) und viele nichtsprachliche Handlungen (Reservierungen, Einkäufe, Angebote, Telebanking) werden über die neue Technologie abgewickelt werden. Lebenslange Unterhaltung und lebenslanges Lernen werden medial „bedient" werden, Berufsarbeit und Freizeitgestaltung ohne die neuen Medien gar nicht mehr vorstellbar sein. Auf solche revolutionären Veränderungen unseres Lebens müssen wir gefasst sein, muss die heranwachsende Generation in der Schule vorbereitet werden.

  Chancen und Risiken einer solchen Entwicklung muss man gleichermaßen ins Auge fassen: freier Zugang zu einer gewaltigen Informationsmenge mit Gefahr einer Überflutung, blitzschnelle und billige mündliche und schriftliche Verständigung weltweit mit Gefahr der Oberflächlichkeit in Inhalt und Form (electronic small talk), intensives Erleben in virtuellen Welten mit Gefahr einer Flucht aus der Wirklichkeit und der Vernachlässigung realer sozialer Beziehungen.

- Alle Fachdidaktiken werden prüfen, welchen Nutzen sie aus dem Einsatz der modernen Technologie zu Unterrichtszwecken ziehen können (computerunterstützter Fachunterricht).
  Der Deutschunterricht mit dem obersten Lernziel der Förderung kommunikativer Fähigkeiten wird darüber hinaus „multimediale kommunikative Fähigkeiten" vermitteln und fördern, neue Kulturtechniken lehren müssen: Wie schreibe und verschicke ich Emails? Wie telefoniere ich über das Internet? Wie navigiere ich zielbewusst und effektiv im World Wide Web? Wie gestalte ich eine eigene „Homepage"? Wie publiziere ich im Internet?
- Informationsbeschaffung: Entwicklung von Suchstrategien unter Nutzung von Suchmaschinen über Katalogsuche oder Indexsuche mit Eingrenzung durch Boole'sche Operatoren und andere Hilfsmittel, Bewertung und Auswahl von Internetadressen und Links, Verwertung der Informationen für bestimmte Zwecke.
  Informationsverarbeitung: Beherrschung der Schreibtechnik am Computer und Kenntnis der Besonderheiten gebräuchlicher Software (Textverarbeitungsprogramme wie Microsoft Word for Windows).
  Informationsweitergabe: Vermittlung der Fähigkeiten, per Mobiltelefon Ferngespräche zu führen und Kurznachrichten zu verschicken, per Computer Emails zu schreiben (bei Beachtung der Netikette) und zu verschicken (ohne Schutz des Briefgeheimnisses) sowie multimediale Selbstvorstellung im Internet zu betreiben (unter Einbeziehung von Bild, Animation und Ton/Musik).

H 11 Medienkompetenz als Kulturtechnik

- Der Deutschunterricht der Zukunft wird dieser neuen Aufgabe nicht ausweichen können.
- Teilfähigkeiten: Beherrschung der Benutzertechniken, Fähigkeit zur Anwendung von Suchstrategien und Beurteilungskriterien, Kenntnis einschlägiger Textsorten und ihrer Merkmale, sprachliche und multimediale Ausdrucksfähigkeit, die den Bedingungen des Mediums angemessen ist, kritische Rezeptionsfähigkeit für Internettexte.
- Der Computereinsatz beginnt bereits beim Schreibenlernen im 1. Schuljahr. Anschließend kann das Verfassen und Überarbeiten schriftlicher Texte ein sehr produktives Arbeitsfeld darstellen (Textrevision hinterlässt keine hässlichen Spuren).
  Geeignet für die Nutzung der Informationstechnologie sind im Übrigen besonders Unterrichtsprojekte, bei denen Informationsbeschaffung eine große Rolle spielt. Motivierend sind auch gemeinsame und individuelle Email-Korrespondenzen mit Schülern in anderen Städten und Ländern. In Freiarbeitsstunden können Lernspiele und Lernsoftware auf CD-ROM erprobt sowie Ausflüge ins WWW unternommen werden.
- Der Textauszug erläutert im letzten Absatz in überzeugender Weise, welch eine großartige Aufgabe die gemeinsame, arbeitsteilige und unterschiedliche Interessen und Fähigkeiten der Schüler zusammenbringende Produktion einer CD-ROM für eine Schulklasse sein kann. Einmal fertig gestellt wird sie aber nur noch wenig Verwendung finden. Ganz anders sieht dies beim Einstellen der Produktion in das Internet aus: Die Arbeitsergebnisse sind veröffentlicht, jedermann zugänglich, der Interesse hat. Und sie können ständig verändert, aktualisiert, erweitert werden.

H 12 Medienumwelt und Network-Generation

- Die Zustandsbeschreibung ist weitgehend zutreffend (wenn auch vielleicht der Gegenwart ein paar Jahre vorausgeeilt). An einigen Stellen enthält sie auch subjektive Einschätzungen und Wertungen, über die sich diskutieren lässt: Der verbreitete funktionale Analphabetismus in den Industriestaaten geht wohl nicht nur auf gesteigerte Leseanforderungen im Alltag, sondern auch auf eine schwächer gewordene Lesefähigkeit (für die es mancherlei Gründe gibt) zurück. Und der „Information overflow“ wie die Gier nach ständig Neuem haben schon ihre Negativseite: eine Verstärkung der Tendenz zur schnellen oberflächlichen Wahrnehmung und Verarbeitung, die in manchen Situationen angemessen sein mag, der man aber eine sorgfältige und intensive Form der Informationsverarbeitung als Korrektiv gegenüberstellen muss.
- Viele Kinder haben bereits in der Vergangenheit durch das oft verketzerte Fernsehen einen Zugang zum „Buch zum Film“ gefunden. Die Printmedien müssen nicht immer am Anfang und im Zentrum der Rezeption stehen. Diese Entwicklung könnte sich tatsächlich fortsetzen und zu einem unverkrampften Nebeneinander und Miteinander führen.
- Der „Leseunterricht“ in der Schule muss in Zukunft in allen Fächern Multimediatexte und Hypertexte mit einbeziehen und seinen Aufgabenbereich erheblich ausweiten. Allerdings müssen die elektronischen Medien dazu auch noch sehr viel benutzerfreundlicher werden. Die heute im Handel erhältliche Lernsoftware auf CD-ROM ist zwar multimedial oft sehr „aufgepeppt“, aber lernpsychologisch und fachdidaktisch fast durchweg noch miserabel.
- Die ständige Reizüberflutung (insbesondere durch viele sich auf unübersichtlicher Benutzeroberfläche am Rande einblendende Werbesprüche, Kaufaufforderungen, Empfehlungen und Adressen) führt sicher zu einer gewissen Abstumpfung und zu reduzierter Beeinflussbarkeit. Andererseits zeitigen pfiffige Werbespots im Fernsehen erhebliche Wirkung gerade bei Kindern und Jugendlichen, aber auch bei Erwachsenen.

H 13 Wenn Autos wie Computer wären

- Zu den unangenehmen Erfahrungen beim Arbeiten am Computer zählen plötzliche und unerklärliche Fehler des Programms, Abstürze (die zum Neustart zwingen); sehr schnelle Weiterentwicklungen der Betriebssysteme und der Software mit so viel benötigter Speicherkapazität, dass ein neuer, leistungsstärkerer Rechner erforderlich ist; dem Marktführer überlegene und benutzerfreundlichere Konkurrenzprodukte, die aber nur mit wenig Software kompatibel sind; viel zu allgemeine und damit nicht hilfreiche Warnsignale; sich dauernd wiederholende, störende Rückfragen (ob ein Befehl wirklich ernst gemeint sei); sehr komplizierte Tastenkombinationen für wichtige Eingaben; Monopolmissbrauch durch indirekte Mitkaufverpflichtungen des Herstellers (bei Betriebssystem und Internetzugang); unmotivierte Änderungen der Bedienungsweise bei Weiterentwicklungen des Betriebssystems; verwirrende, nicht intuitiv erfasssbare Bezeichnungen für Bedienungselemente (Anklicken des Feldes „Start“, wenn man die Arbeit beenden und das Programm herunterfahren will).
- Man sollte dem Anfänger einige Grundregeln für die Arbeit am Computer vermitteln und ihm bei seinen ersten Arbeitsversuchen beratend zur Seite stehen. Außerdem sollte er ein lesbares und übersichtliches Handbuch haben, in dem er bei auftauchenden Problemen nach Lösungsvorschlägen suchen kann.
- Zu den elementaren Kenntnissen und Fertigkeiten gehört es, dass man von den Leis-

tungen der wichtigsten Hardware-Komponenten weiß (Rechner, Monitor/Bildschirm, Drucker, Lautsprecher, eventuell Scanner), diese ein- und ausschalten bzw. bedienen kann (einschließlich des Einlegens von Papier sowie von Disketten und CD-ROMs), dass man das Startprogramm in Gang setzen („Computer hochfahren") und die Benutzung beenden („Computer herunterfahren") kann, dass man den Aufbau der Benutzeroberfläche versteht, dass man mit Hilfe der Tastatur und der Maus Befehle eingeben und den Cursor lenken kann.

Einarbeiten (hier ist nur „learning by doing" sinnvoll) muss man sich in das Betriebssystem (zumeist Microsoft Windows), die verwendete Software (vor allem das Textverarbeitungsprogramm, aber auch Lernsoftware auf CD-ROM) und die Internetdienste (vor allem Email verschicken und empfangen sowie im World Wide Web navigieren).

H 14 Warum Lesen auch heute wichtig ist

- Unter „Lesen" versteht der Autor die handlungsaktive und selbst bestimmte Rezeption sprachlich-schriftlich kodierter Informationen, bei der komplexe Sinnzusammenhänge erfasst und gebildet werden, die darüber hinaus auch die bewusste Rezeption von Bildern und Tönen durch deren Versprachlichung lenkt.
- Die These formuliert eine wichtige mediendidaktische Erkenntnis: Kinder und Jugendliche sind nicht „von Natur aus" in der Lage, stehende Einzelbilder, Bilderfolgen, bewegte Bilder angemessen zu dekodieren und richtig zu verstehen. Sie müssen erst lernen, die spezifischen Eigenschaften der „Sprache" der Bilder wahrzunehmen und zu interpretieren.

  Dies bedeutet aber nicht zwingend, dass Bilder (und Töne) immer erst vom Rezipienten innerlich in Sprache umgewandelt, übertragen werden müssen, damit sie verstanden werden können. Mit dieser These eines vernetzten Dekodierens mehrkanaliger Botschaften wagt der Autor sich weit auf wissenschaftlich noch ungesichertes Terrain vor.
- Der unbestreitbare Unterschied zwischen dem zeitlichen Nacheinander der Aufnahme und Verknüpfung von sprachlich kodierten Teilinformationen und dem gleichzeitigen Aufnehmen von Bildinformationen „mit einem Blick" gehört zu den Gesichtspunkten, die bei einem sorgfältigen und detaillierten Medienvergleich beachtet werden müssen.

H 15 Hypertext und Hypermedia

- Das „lineare Lesen" folgt der vom Textverfasser vorgenommenen Textgliederung, dem leserorientierten Informationsaufbau, einer Gedankenführung, die festliegt, der man (bei leserfreundlicher Textgestaltung) gut folgen kann, der man aber auch folgen muss. Ein Abschweifen der Gedanken des Lesers bedeutet Leseunterbrechung oder Leseabbruch. Eine eigene Auseinandersetzung mit dem Textinhalt, das Erwägen von alternativen Fortsetzungen eines Textteils kann immer nur im Anschluss an die Textaufnahme stattfinden. Einer solchen Beschränkung und Führung unterliegt der „multisequenziale Leser" nicht. Er ist ständig an der Produktion des Textes, den er liest, beteiligt. Dieser Text ist aber auch vergleichsweise „locker" strukturiert; er ist in seiner Entstehung von vielen Zufällen und von Entscheidungen abhängig, deren Konsequenzen man noch gar nicht einschätzen kann. So kommt es zu inhaltlichen Textbrüchen, Lücken, Neuansätzen, Verstößen gegen das Prinzip der Textkohärenz, der inneren Stimmigkeit. Sprunghaft assoziierendes Lesen legt aber auch sprunghaftes, unter Umständen wenig folgerichtiges Denken nahe.
- Inspiration, ungewöhnliche Ideen, unkonventionelles Denken: Dies könnte durch

den produktiven Umgang mit Collagetexten gefördert werden. Es sind Ziele, die auf andere Weise auch mit „kreativem Schreiben" angestrebt werden. Dort liegt die „schöpferische Unkonventionalität" allerdings nicht in der Abweichung vom linearen Informationsaufbau, sondern von anderen Textbildungsregeln und konventionellen Texteigenschaften.

H 16 Internet und Deutschunterricht

- Eine „intratextuelle Vernetzung" liegt vor, wenn Links innerhalb eines einzigen umfangreicheren Textes/Dokuments von einer Textstelle (oder einem Bild) auf eine andere verweisen und bei Anklicken des Links zu dieser Stelle wechseln. So kann man in einem Dokument (auch in einem umfangreichen, in das Internet gestellten Lexikon) zwischen verschiedenen Stellen hin und her „blättern".
  Von „intertextueller Vernetzung" spricht man, wenn Links auf andere Texte/Dokumente im Internet und auf bestimmte Stellen in diesen anderen Texten verweisen und den schnellen Sprung in diese Dokumente erlauben. Folgt man einem Link, so verlässt man das gerade eingesehene Dokument.
- Links (eigentlich: „Bindeglied", „Verbindung") sind durch Unterstreichung, farbliche Markierung oder andere Hervorhebung (manchmal allerdings auch gar nicht) gekennzeichnete Stellen in einem Text, sprachliche Ausdrücke oder Bildelemente, die der Vernetzung von Textstellen und Texten dienen und als „Sprungverbindungen" genutzt werden können: Beim Schieben des pfeilförmigen „Zeigers" (Pointer) auf eine solche Stelle verwandelt er sich in eine stilisierte Hand. Beim Anklicken der Stelle wird auf dem Bildschirm die andere Seite oder das andere Dokument aufgeschlagen, auf welche das Link verweist. Ein solcher Sprung ist auch vom Text zum Bild und vom Bild zum Text möglich.
- Wenn ein Produzent eines ins Internet gestellten Dokuments dort nur ein einziges Link einfügt (so oft beim Absender einer Email farbig hervorgehobene Adresse der persönlichen Homepage), macht er dem Leser auch nur einen Vorschlag für einen „Sprung", den jener annehmen oder ablehnen kann. Sobald ein Dokument dagegen mehrere Links enthält, weiß der Verfasser nicht, welchem Verweis der Leser (zuerst) folgt und wohin er sich anschließend weiterleiten lässt. Damit ist die Anlage von längeren Pfaden durch mehrere Dokumente hindurch für den Textverfasser kaum möglich. Allenfalls kann man durch eine begründete Zusammenfassung mehrerer Links einem Leser eine bestimmte Schrittfolge des Navigierens nahe legen.
- Die Beurteilungskriterien und die Entscheidungsgrundlage werden sowohl von den Absichten des Navigators im Netz abhängen wie auch von der Anlage des Links und dem vermutlichen verbindenden Element zwischen Ausgangstext und Zieltext. Man wird einem Link dann zu folgen bereit sein, wenn man sich bei seiner Informationssuche von dem Verweis viel verspricht, sei es, dass das Link von einem wichtigen Schlüssel- und Zentralbegriff der gewählten Thematik ausgeht, sei es, dass der Kontext des Links Kommentare enthält, die einen „Sprung" interessant erscheinen lassen.
- Die Browser, Eingangstore ins Internet „Netscape Navigator" und „Internet Explorer" erlauben das Anbringen von Lesezeichen ("bookmarks") an für wichtig erachteten und besonders häufig aufgesuchten Plätzen im Internet. Man schlägt dazu die wichtige Stelle auf und speichert sie mit Adresse durch Anklicken des betreffenden Feldes in der Menüleiste. In einer besonderen Liste sind die mit Lesezeichen versehenen Texte dann aufgeführt und schnell abrufbar.
  Das Zurückverfolgen eines im WWW zurückgelegten längeren Weges ist auch

über alle Einzelschritte hin über das mehrfache Anklicken des Feldes „zurück" möglich.

H 17 Regeln für elektronische Post – E-Mailen mit Stil

- Man sollte eine Email keineswegs so schreiben, „wie man telefonieren würde". Ein solcher Ratschlag verwischt die strukturellen Unterschiede zwischen gesprochener und geschriebener Sprache und trägt gerade zu der beklagten Spontaneität, Lockerheit und Formlosigkeit bei. Die Möglichkeit des Mediums, schnell und preiswert Kurzmitteilungen von vielleicht einem einzigen Satz loszuschicken, verführt zur Nachlässigkeit beim Formulieren und bei der Beachtung von Orthographie und Zeichensetzung, zur Flapsigkeit bis hin zur Unverständlichkeit.
  Man sollte besser den Rat geben: „Schreibe eine Email so ähnlich, wie du einen konventionellen Brief schreiben würdest." Die funktionale Verwandtschaft mit diesem Verständigungsmittel ist viel größer. Allerdings gilt es durchaus, Besonderheiten der elektronischen Post zu beachten (z. B. kein strenges Briefgeheimnis). Der Absender muss sich natürlich klar zu erkennen geben, höflich sein, für die Lesbarkeit (auch die technische) seines Textes und eventueller Anlagen (attachments) sorgen und regelmäßig seine Mailbox kontrollieren (Antworten registrieren). Antworten werden über Email erleichtert, weil sie die Bezugnahme auf das zu beantwortende Schreiben begünstigen: Man kann Textstellen oder den ganzen Brief ohne Aufwand zitieren, kürzen, verändern, kommentieren. Durch diese technisch begünstigte Form der „Reply" entsteht eine ganz neue Form der Kommunikation und Metakommunikation, die zwischen dem mündlichen Gespräch mit unmittelbarem Zitieren und Kommentieren einerseits und dem traditionellen Briefwechsel mit umständlichem und zeitlich verzögertem „Zurückkommen auf" andererseits angesiedelt ist.
- Es sind vor allem die Schnelligkeit, der geringe Aufwand, die Bequemlichkeit des Schreibens und Absendens von Emails, die zur Nachlässigkeit führen. Es kommt die Flüchtigkeit hinzu, die Tatsache, dass die meisten Emails sofort nach dem Lesen (und eventuellem Beantworten) gelöscht werden und dass die Schreiber mit dem Löschen rechnen, so dass es nicht lohnend erscheint, sich beim Abfassen des Textes Mühe zu geben.
- Die Kürzel bieten den Vorzug der Raum und Zeit sparenden Ausdrucksweise. Substantive werden im Deutschen groß geschrieben, auch wenn sie aus anderen Sprachen übernommen sind. Das muss aber nur am Anfang eines komplexen Wortes geschehen. Der Wortcharakter wird bei Zusammenschreibung am besten deutlich. So erscheint „Email" eine gute Schreiblösung, wenn man sich nicht an der Homographie mit „das Email" (= österreichische Nebenform zu „Emaille") stört (wie es der DUDEN tut, der sich für „E-Mail" entscheidet).
- Für eine Unterscheidung spricht, dass Anlagen sehr oft bereits als selbstständige Dokumente gespeichert sind und nicht neu geschrieben oder kopiert werden müssen. Es genügt ein Anlagebefehl.
  Gegen die Unterscheidung spricht, dass die Anlagen zumeist nicht schon im Blick auf diese Verwendung geschrieben worden sind und deshalb Zeichen (z. B. ß) und vielleicht auch Bilder und Graphiken enthält, die Übermittlungsprobleme (besonders bei Emails ins Ausland) bereiten können. So kommt es immer wieder vor, dass zwar der Email-Text, nicht aber die Anlage lesbar auf dem Bildschirm erscheint.

H 18 Emoticons – etwas Gefühl

- Die in beiden Listen vertretenen Emoticons, vielleicht noch ergänzt durch die Zeichen für Verwirrung, Verärgerung und Küsschen, dürften ausreichen, emotionale Kommentare wortsparend einzublenden. Was darüber hinausgeht, mag zwar sehr schöpferisch sein, grenzt aber doch an Geheimsprache und dürfte Leser zum Rätselraten zwingen. Wer allerdings bei seinem Briefwechsel vor allem Spaß haben und scherzen möchte, möge dies tun und zusätzliche Zeichen erfinden.

- Verliebte mögen ihre Briefe ja mit vielen :-x schmücken, Freunde sich gerne „augenzwinkernd" unterhalten. In Emails unter sich nicht so nahe stehenden Menschen wird man Emoticons wohl selten finden. Es handelt sich eben um eine recht vertrauliche Form der Kommunikation (vielleicht vergleichbar mit dem Duzen?). „Benutzeremoticons" als Personensymbole sind im Chat-room nützlich, wo man sich ja ohnehin nicht mit dem richtigen Namen meldet, sondern sich eine virtuelle Identität verleiht.

H 19 E-mail-Schreibkultur

- An vielen Schaltstellen im Internet, die eine Email passieren muss, kann es zu beabsichtigtem oder unbeabsichtigtem Mitlesen kommen. Technisch lässt sich das nur durch heute bereits mögliche Verschlüsselung verhindern. Im Allgemeinen wird darauf aber verzichtet. So können Nachrichten, Bewertungen, Klagen direkt oder durch sekundäre Übermittlung Personen erreichen, für die sie gar nicht bestimmt waren. Das kann zu sehr peinlichen Situationen bis hin zu arbeitsrechtlichen Konsequenzen für Mitarbeiter in Betrieben und Behörden führen.
- Man kann durch Anklicken des Feldes „Reply" den ganzen empfangenen Text zitieren (d.h. in seinen Antwortbrief hineinkopieren) und dort überarbeiten: Passagen tilgen, auf die man in seiner Antwort nicht näher eingehen will, Fragen mit direkter Antwort konfrontieren, zu unklaren Aussagen kurze Fragen stellen, Textstellen mit einem Kommentar versehen, Passagen umschreiben und erweitern. Diese Art der Korrespondenz ist sehr effektiv und zeitsparend.
- Die Gründe sind in dem geringen Aufwand und der Bequemlichkeit des Schreibens und Verschickens von Emails zu suchen sowie in der Flüchtigkeit der Existenz dieser Textsorte: Meistens werden sie sofort gelöscht und nicht aufbewahrt, so dass es sich aus der Sicht des Verfassers kaum lohnt, auf die Formulierung große Mühe zu verwenden.
- Die Absender verraten bereits nicht erwünschte Werbebriefe und Ähnliches, was ungeöffnet (auch wichtig zur Vermeidung einer Virusinfektion) in den Papierkorb wandern kann. Das gilt auch für regelmäßig eingehende Nachrichten, die nur in Einzelfällen benötigt, zumeist aber auch beiseite geschoben werden können. Ebenso muss man bei abonnierten Periodica und bei Einschreibung in Diskussionsgruppen sehr selektiv lesen, um nicht zu viel Zeit mit der elektronischen Post zu verlieren. Individuell wird man weitere Selektionsverfahren entwickeln.

H 20 Ein Symbol regt die Phantasie an – das @

- Die Bezeichnungen nutzen die Gestaltähnlichkeit des eingekreisten a mit Tieren (Affe, Kätzchen jeweils wegen des geschwungenen Schwanzes, Ente, Schnecke, Hund, Regenwurm) bzw. Körperteilen von Tieren (Rüssel, Affenschwanz), besonders wenn die Bezeichnungen in den jeweiligen Sprachen den Laut „a" enthalten. Auch andere geschwungene und gerundete Gegenstände geben ihre Namen her: Rose, Ohr.
Allen Bezeichnungen ist eine gewisse Konnotation der Verniedlichung und der zärtlichen Zuwendung eigen (deshalb auch die vielen Bezeichnungen für kleine, junge Tiere).

- Hier ist eine persönliche Stellungnahme erwünscht.

H21 Die Welt ist eine Scheibe

- Verallgemeinernd lässt sich feststellen, dass wir an das Nachschlagen in Büchern gewöhnt sind und dass in den Aufbau und die Leserfreundlichkeit der Stichwörter und Artikel jahrhundertelange Experimente und Erfahrungen eingegangen sind. Zumeist sind die Printmedien in ihrer Systematik gut durchschaubar. Über Querverweise lassen sich Informationen, die inhaltlich zusammenhängen, miteinander verbinden. Es bleibt aber für den Leser das Problem bestehen, den optimalen Einstieg in ein Thema zu finden und dann über knappe Einzelinformationen hinaus in der richtigen Reihenfolge schrittweise tiefer in die Zusammenhänge einzudringen.
  Bei einem Lexikon auf CD-ROM ist das „Blättern" und Verfolgen von Links schneller und bequemer, aber auch viel unübersichtlicher. Man kann den möglichen Erkenntnisgewinn vorher schwer einschätzen, weiß kaum, welche Links man zuerst verfolgen soll, kommt nur zum Ausgangsartikel oder zu Zwischenseiten zurück, wenn man Lesezeichen setzt oder sich die Stellen notiert, kurz: Man kommt leicht ins „Schwimmen", wenn man nicht schon ein klares Ziel vor Augen hat. Andererseits ist das Medium der Buchform in der multimedialen Ausstattung überlegen. Musik, gesprochene Sprache, Videoclips stellen eine deutliche Bereicherung der Darstellung und Ausweitung der Informationsbreite dar. Dabei entwickeln die einzelnen Lexika unterschiedliche Stärken. Microsoft Encarta beeindruckt durch vielseitige und bisweilen pfiffige Ausnutzung der multimedialen Möglichkeiten, kommt in der Informationsbreite aber bei weitem nicht an die Encyclopædia Britannica heran, die sich an die Buchvorlage anlehnt und weniger auf multimediale Effekte aus ist.
  Die Britannica gibt es nicht nur auf zwei CD-ROMs, sondern auch im Internet. In beiden Versionen enthält sie Links zu anderen Dokumenten des Internets. Damit ist eine optimale Lösung erreicht: Man kann sich über Schlüsselwörter zunächst im Lexikon umschauen und dadurch nicht nur eine Grobinformation zu einem Thema erhalten, sondern auch weitere wichtige Begriffe kennen lernen, von denen aus man sich Schritt für Schritt weiter ins Internet vorwagen kann, nicht nur von Links im Lexikon geführt, sondern auch indem man die zentralen Begriffe als Suchbegriffe in Suchmaschinen eingibt.
- Die Überlegung, für das Navigieren im Datenmeer des Internets „Lotsen" einzusetzen, ist folgerichtig, denn man verliert in diesem Meer leicht die Orientierung und kommt vom Kurs ab. Auf welche Weise Lexikoneinträge eine solche Lotsenfunktion übernehmen können, ist aber noch weitgehend ungeklärt. Vorstellbar ist ein gut gegliederter Artikelaufbau mit integrierten Links, der bereits verschiedene Richtungen der Weiterführung erkennen lässt (Mehrdeutigkeit des Stichwortes, Stufenfolge vom Allgemeinen zum Besonderen). Vorstellbar ist auch eine Differenzierung der Links durch Indices, die auf Beispiele, auf Einordnung in größere Zusammenhänge, auf weiterführende Erläuterung durch ergänzende Einzelheiten oder auf abweichende Darstellungen und Gegenpositionen hinweisen.
- Internetdokumente unterliegen nicht als solche einer Zuverlässigkeitskontrolle. Jedermann kann noch so abstruse Ideen öffentlich bekannt machen, nichtssagende Texte publizieren oder sogar absichtlich falsch informieren. Wer nach verlässlichen Informationen sucht, muss auf den Informanten achten und dessen Seriosität einzuschätzen versuchen. Außerdem sind das kritische Lesen sowie die kritische Prüfung der Glaubwürdigkeit und des Reflexionsniveaus von Aussagen bei Internetdoku-

menten so notwendig wie sonst kaum irgendwo. Man muss Neuinformationen, wenn sie nicht aus zweifelsfrei zuverlässiger Quelle stammen, sehr vorsichtig mit dem bereits vorhandenen Wissen vergleichen und bei Unverträglichkeiten eher zurückhaltend mit der Verwertung sein.

- Man könnte die „Ankerstellen“, die als Links fungieren, mit verschiedenen Indices oder Pfeilen (nach rechts, links, oben, unten, schräg nach oben zeigend) versehen oder mit verschiedenen Farben markieren, je nachdem ob die Informationen in größere Zusammenhänge eingeordnet oder durch zusätzliche Einzelheiten ergänzt werden, ob anerkanntes Allgemeinwissen oder neue Theorien und Spekulationen präsentiert werden, ob Definitionen und begriffliche Präzisierungen vorgenommen oder veranschaulichende Beispiele genannt werden.

H 22 Tiefbohren im Infosalat

- Die Nutzung des Internets als Informationsquelle im exemplarisch angelegten Unterricht, besonders im Projektunterricht, empfiehlt sich für den Deutschunterricht wie für alle anderen Fächer. Die dabei anzuwendende Arbeitstechnik zu vermitteln, die Fähigkeit zur Informationsbeschaffung, Informationsbewertung und Informationsverarbeitung zu entwickeln und zu fördern: Das sind spezifische Aufgaben des Faches Deutsch.
- Beispiele wären: Erarbeitung einer politisch-geistesgeschichtlich-literaturgeschichtlichen Epoche (etwa „Barock“ oder „Zeit nach 1945“); Analyse von „Nachrichten“ in Zeitung, Rundfunk, Fernsehen; Vorbereitung einer Klassenreise; Untersuchung der „Jugendsprache“ und anderer Soziolekte; Rekonstruktion und Fortsetzung der Diskussion um die „Rechtschreibreform“.

H 23 Wider den Datensmog

- Wer seine Email-Adresse öffentlich bekannt gegeben hat, wer sich regelmäßig Rundschreiben von Organisationen, aktuelle Informationen von überregionalen Zeitungen (z. B. der ZEIT) zuschicken lässt oder wer gar Mitglied mehrerer Diskussion-groups geworden ist und sich durch Subskription in Mailing-lists hat eintragen lassen, wird täglich erhebliche Zeit aufwenden müssen, um seine bestellt und unbestellt eingehende Post überhaupt zu sortieren und das Wichtigste dann auch zu lesen und eventuell darauf zu reagieren. Vieles (z. B. Werbung) wird ungeöffnet in den Papierkorb wandern. Und aus Überlastung und Selbstschutz wird man bald Subskriptionen widerrufen und die folgende Abnahme des Posteingangs begrüßen.
  Schwieriger gestaltet sich eine zeitökonomische Nutzung des World Wide Web. Zwar ist man dort nicht zu täglichem Besuch verpflichtet, dafür gibt es aber auch kein Patentrezept für eine erfolgreiche und schnelle Suche, keine generelle Strategie, wenn man einmal wirklich wichtige Informationen im Internet finden will, dafür aber nicht beliebig viel Zeit investieren kann und will.
- Die Unterscheidung brauchbar – unbrauchbar hängt vom jeweiligen Verwendungszweck ab. Zwar kann man manchmal sofort erkennen, dass eine Internetadresse in ganz andere Sachbereiche und Inhalte hineinreicht als die gesuchten (bei „Bruegel“ gibt es einen Hinweis auf ein Restaurant dieses Namens statt auf den niederländischen Maler, bei „Sprichwörter“ Hinweise auf Wörterbücher und linguistische Forschungen statt auf das bekannte Bild des Malers). Oft aber wird erst eine genauere Prüfung des Dokuments zeigen, weshalb die Suchmaschine es anzeigt und ob gesuchte Informationen in ihm enthalten sind. Wie beim Blättern in Lexika und Handbüchern ist man nicht selten auf

ein Vorgehen nach dem Prinzip von Versuch und Irrtum angewiesen.

- Die Vorbereitung der Suche (Was genau will ich eigentlich wissen? Wie viel Wissen muss es sein? Wozu will ich es verwenden? Wer benötigt dieses Wissen außer mir? Wer könnte es besitzen? Welche zentralen Stichwörter beziehen sich auf dieses Wissen?) und die richtige Ansatzstelle der Suche (Nachschlagewerk; Institution, die sich mit dem Wissen befasst und die vielleicht eine Homepage im Internet hat; Suchmaschinen und Metasuchmaschinen; thematische Suche im Katalog oder Stichwortsuche mit oder ohne eingrenzende logische Operatoren) sind äußerst wichtig. Ein Überblick über die verschiedenen Arbeitsweisen und die Zahl der erfassten Dokumente bei den wichtigsten Suchmaschinen ist hilfreich (Anlage einer Handtabelle). Bevor man bei sehr allgemeinen Themen und Suchbegriffen hunderte, ja tausende von Adressen aufsucht und auswertet, muss man alle zur Verfügung stehenden Möglichkeiten der Suchverfeinerung und damit des Ausschlusses von unergiebigen Dokumenten nutzen. Es bleibt immer noch das Problem schneller Entscheidungen: Welche Suchergebnisse sind es wert, geprüft zu werden (bei Volltextsuche ein manchmal zeitaufwändiges Unternehmen), welche nicht? Nützlich sind dabei oft die Adressen selbst (z. B. Arbeitsgruppen an Universitäten, Lehrerfortbildungseinrichtungen usw.), sehr nützlich sind von manchen Suchmaschinen mitgelieferte Stichwörter zum Inhalt und Kurzkommentare.

H 24 Im Internet nach Informationen fischen

- Häufig führt nicht die Suche mit einer Volltextsuchmaschine oder gar einer Metasuchmaschine am schnellsten zum „Treffer", sondern die Recherche in einer speziellen Suchmaschine oder einer Spezialdatenbank, von denen es inzwischen hunderte im Internet gibt. Für Lehrkräfte besonders interessant sind das Portal des „Deutschen Bildungsservers" (http://www.dbs.schule.de/) und das „Zentrum für Unterrichtsmedien" (http://www.zum.de/), aber auch die Bildungsserver der Bundesländer (z. B. Baden-Württemberg: http://bw.schule.de/ oder Schleswig-Holstein: http://sh.schule.de/) und mehrerer Universitätseinrichtungen (http://www.linse.uni-essen.de/ – http://www.phil.uni-erlangen.de/~p2gerlw/home.html/). Anregungen für den Deutschunterricht lassen sich unter speziellen Adressen finden (http://www.duonline.de/ – http://www.al.lu/deutsch/sitemap.html/ – http://www.uni-paderborn.de/schulen/sem/pool/pool.html/).
  Einige Suchmaschinen bieten die Suche in Feldern an: Besonders aussagekräftige Teile eines Dokuments wie Titel, Überschriften oder auf „Meta-Tags" vorhandene Zusammenfassungen des Inhalts können dabei gesichtet werden, was natürlich wesentlich schneller geht als eine Volltextsuche nach Stichwörtern.
  Besonders achten sollte man auf erweiterte Suchfunktionen vieler Suchmaschinen („Advanced Search", „Detailsuche", „mehr Optionen"), hinter denen sich eine ganze Reihe von Einschränkungsmöglichkeiten verbergen: Eingrenzung auf einen bestimmten Entstehungszeitraum (Ausblendung veralteter Dokumente), „Phrasensuche" mit Hilfe von Anführungszeichen (z. B. „Reflexion über Sprache", „Heiliger Vater"), „Trunkierung" mit Verwendung des Sternchens, wenn die Endung eines Wortes offen bleiben soll (z. B. bei Vorgabe eines Wortstammes „Rechtschreib*"), „Proximity-Suche" mit Berücksichtigung des Abstands zweier Ausdrücke in einem Dokument (NEAR = höchstens 25 Wörter entfernt, FAR, BEFORE, FOLLOWED BY, ADJ = „adjacent" = direkt daneben stehend).
- Zunächst sollte immer geprüft werden, ob das Gesuchte über eine bekannte Internet-

adresse bzw. Homepage direkt erreicht oder wenigstens über eine spezielle Datenbank gefunden werden kann. Schaltet man allgemeine Suchmaschinen ein, so empfiehlt sich bei sehr allgemeinen Themen und Suchbegriffen (z. B. „Schreiben“) der Weg über einen Sachgebietskatalog, nur bei sehr speziellen Suchbegriffen (z. B. „Ranschburgsche Hemmung“) der Weg über Indexkataloge mit Eingabe des Begriffs und Anwendung des Suchbefehls.
Sachgebietskataloge (zu finden bei den Suchmaschinen Yahoo und Web.de) sind thematisch angelegt und hierarchisch geordnet (Hauptkategorien > Unterkategorien > kommentierte Adressen), weisen immer nur wenige Sachgebiete/Themen aus, geben aber dann Hinweise von hoher Qualität. Indexkataloge (Alta vista, Internet Search), gar solche von Metasuchmaschinen (Savvysearch.com und Meta Ger), wird man benutzen, wenn man Schwierigkeiten hat, überhaupt fündig zu werden. Deshalb wird man dort auch mit der „einfachen Suche“ beginnen und nur bei vielen Treffern auf eine „erweiterte Suche“ mit verfeinerter Strategie übergehen.
Eine Bewertung versuchen die Maschinen schon selbst vorzunehmen, indem sie die viel versprechendsten Adressen zuerst anführen. Allerdings ist auf dieses Ranking nicht unbedingt Verlass (manche Suchmaschinen verkaufen sogar gute Plätze an zahlende Interessenten). Ansonsten ist man bei der Einschätzung der Ergiebigkeit der Dokumente auf Vermutungen angewiesen und muss probieren.

- Begriffliches Denken ist bei der Suche stets von Vorteil. Entweder man findet kaum Internetdokumente zu einem Schlüsselbegriff. Dann ist die Suche mit Hilfe von Synonymen, Antonymen, Ober- und Unterbegriffen usw. eine sinnvolle Erweiterung der Recherche. Oder man bekommt zu viele Adressen. Dann können die entsprechenden Begriffe, aber auch Nebenbegriffe, Kontextbegriffe (Kollokationen, Partner in Redewendungen) zur Eingrenzung der Suche mit Hilfe logischer Operatoren verwendet werden.
- Im Allgemeinen dient muttersprachliche Wortschatzarbeit der Erweiterung der Ausdrucksfähigkeit der Schüler. Eine internetorientierte Wortschatzarbeit wird begriffliches Denken zum Zweck der effektiven Informationssuche fördern und damit eine wichtige neue Funktion im Deutschunterricht erhalten, der auf das Leben in einer Informationsgesellschaft vorbereitet.

H 25 Suchstrategien

- Mit den zum Standard gehörenden Boole'schen Operatoren AND (Pluszeichen „+“ jedem Einzelbegriff vorangestellt), OR (ohne „+“), NOT (Minuszeichen „–“ vor dem auszuschließenden Begriff) lassen sich die Kennzeichnung als Phrase/mehrgliedriger Ausdruck (z. B. „kreatives Schreiben“), die Klammerung (z. B. +Sprachspiel +(„konkrete Poesie“ –Lautgedicht)), die Trunkierung/Abkürzung mit Sternchen (z. B. „+Wort*“ für Wortwahl, Wortbildung, Wortart …) verbinden.
  Weitere einschränkende Zusätze wären möglich, NICHT WENN wäre allerdings mit NICHT identisch, da beides zum Ausschluss eines Dokuments führt, wenn der Folgebegriff in ihm enthalten ist.
- Sie erschließen alle zusammen aus jeweils unterschiedlicher Perspektive den Zusammenhang von Bewegung und Gesundheit. Wer zu dieser Thematik viel aus dem Internet erfahren möchte, hat mit einer größeren Zahl von Wörtern aus demselben Sinnbereich bessere Erfolgsaussichten als wenn er sich nur auf einen Begriff stützt.
- Freizeit > Sport > Handball > Verein > Mannschaft > Kreisliga
  Wirtschaft > Unternehmen > Kosten/Gewinn > Zahlungsmittel/Geld > Währung > Euro
  Politik > Stadt/Gemeinde/Kommune > Abgeordneter > Ehrenamt > Aufwandsentschädigung

Literaturverzeichnis

Abels, K.; Frank, K. O.; Kern, P. Ch. (Hrsg.) (1978): Sprachunterricht. Bad Heilbrunn: Klinkhardt.

Abraham, U.; Beisbart, O.; Koß, G.; Marenbach, D. (1998): Praxis des Deutschunterrichts. Donauwörth: Auer.

Ader, D.; Kress, A. (1980): Sprechen, Sprache, Unterricht. Paderborn: Schöningh.

Ammon, U. (1972): Dialekt, soziale Ungleichheit und Schule. Weinheim und Basel: Beltz.

Andresen, H. (1985): Schriftspracherwerb und die Entstehung von Sprachbewusstheit. Opladen: Westdeutscher Verlag.

Andresen, H.; Januschek, F. (1995): Mit Sprache spielen: Sprachbewusstheit – Sprachkritik. In: Praxis Deutsch 22, Heft 132. S. 23–27.

Arenhövel, F. (1994): Computereinsatz in der Grundschule. Donauwörth: Auer.

Aßheuer, J.; Hartig, M. (1976): Aufbau einer Schulgrammatik auf der Primar- und Sekundarstufe. Düsseldorf: Schwann.

Augst, G. (1983): Rechtschreib-Grundwortschatz ja oder nein. In: Deutsche Sprache, Heft 4. S. 341–356.

Augst, G. (1989): Schriftwortschatz. Untersuchungen und Wortlisten zum orthographischen Lexikon bei Schülern und Erwachsenen. Frankfurt a. M.: Lang.

Augst, G.; Blüml, K.; Nerius, D.; Sitta, H. (Hrsg.) (1997): Zur Neuregelung der deutschen Orthographie. Begründungen und Kritik. Tübingen: Niemeyer.

Augst, G.; Dehn, M. (1998): Rechtschreibung und Rechtschreibunterricht. Stuttgart: Klett.

Augst, G.; Faigel, P. (1986): Von der Reihung zur Gestaltung. Untersuchungen zur Ontogenese der schriftsprachlichen Fähigkeiten von 13–23 Jahren. Frankfurt a. M.: Lang.

Balhorn, H. (1974): Rechtschreibtraining mit Wortlisten. In: Die Grundschule 6, Heft 6. S. 330–333.

Bartsch, E. (Hrsg.) (1982): Mündliche Kommunikation in der Schule. Königstein: Scriptor.

Baurmann, J.: Mündlicher Sprachgebrauch. In: Baurmann/Hoppe 1984. S. 258–280.

Baurmann, J.; Gier, E.-M. (1985): Zur Aufsatzbeurteilung. Eine Auswahlbibliographie. In: Praxis Deutsch 1985, Heft 72. S. 10–17.

Baurmann, J.; Hoppe, O. (Hrsg.) (1984): Handbuch für Deutschlehrer. Stuttgart: Kohlhammer.

Baurmann, J.; Ludwig, O.: Texte überarbeiten. Zu Theorie und Praxis von Revisionen. In: Boueke/Hopster 1985. S. 254–276.

Baurmann, J.; Weingarten, R. (Hrsg.) (1995): Schreiben. Prozesse, Prozeduren und Produkte. Opladen: Westdeutscher Verlag.

Bayer, K. (1982): Mündliche Kommunikation. Paderborn: Schöningh.

Beck, O.; Hofen, N. (1990): Aufsatzunterricht Grundschule. Baltmannsweiler: Schneider.

Beinlich, A. (Hrsg.) (1961): Handbuch des Deutschunterrichts im ersten bis zehnten Schuljahr. 2 Bde. Emsdetten: Lechte.

Beisbart, O.; Koß, G.; Marenbach, D. (1985): Einführung in die Praxis des Deutschunterrichts. Donauwörth: Auer.

Bereiter, C. (1980): Development in Writing. In: Gregg, L. W.; Steinberg, E. R. (Hrsg.): Cognitive Processes in Writing. New York: Hillsdale.

Bereiter, C.; Scardamalia, M. (1985): Wissen – Wiedergeben als ein Modell für das Schreiben von Instruktionen durch ungeübte Schreiber. In: Unterrichtswissenschaft 13. S. 319–333.

Bergk, M. (1993): Texte schreiben – frei und gebunden. In: Haarmann, D. (Hrsg.): Handbuch Grundschule. Bd. 2. Weinheim und Basel: Beltz. S. 119–131.

Blumenstock, L.; Renner, E. (Hrsg.) (1990): Freies und angeleitetes Schreiben. Beispiele aus dem Vor- und Grundschulalter. Weinheim und Basel: Beltz.

Boettcher, W.; Firges, J.; Sitta, H.; Tymister, H. J. (1973): Schulaufsätze – Texte für Leser. Düsseldorf: Schwann.

Boettcher, W.; Sitta, H. (1978): Der andere Grammatikunterricht. München: Urban & Schwarzenberg.

Boueke, D. (Hrsg.) (1974): Deutschunterricht in der Diskussion. Forschungsberichte. Paderborn: Schöningh.

Boueke, D.; Hopster, N. (Hrsg.) (1985): Schreiben – Schreiben lernen. Tübingen: Narr.

Braun, P.; Krallmann, D. (Hrsg.) (1983): Handbuch Deutschunterricht. Bd. 1: Sprachdidaktik. Düsseldorf: Schwann.

Brenner, G. (1994): Kreatives Schreiben. Ein Leitfaden für die Praxis. Frankfurt a. M.: Cornelsen Scriptor.

Brügelmann, H.; Richter, S. (Hrsg.) (1994): Wie wir rechtschreiben lernen. Lengwil: Libelle.

Brügelmann, H.; Balhorn, H.; Füssenich, I. (Hrsg.) (1995): Am Rande der Schrift. Lengwil: Libelle.

Brügelmann, H. (2000): Kinder auf dem Weg zur Schrift. Lengwil: Libelle.

Bünting, K.-D.; Kochan, D. C. (1973): Linguistik und Deutschunterricht. Kronberg/Ts.: Scriptor.

Bütow, W., u. a. (1977): Methodik Deutschunterricht Muttersprache. Berlin: Volk und Wissen.

Dehn, M. (1988): Zeit für die Schrift. Lesenlernen und Schreibenkönnen. Bochum: Kamp.

Dehn, M., u. a. (1996): Elementare Schriftkultur. Schwierige Lernentwicklung und Unterrichtskonzept. Weinheim und Basel: Beltz.

Diegritz, Th. (Hrsg.) (1980): Diskussion Grammatikunterricht. München: Fink.

Dingeldey, E.; Vogt, J. (Hrsg.) (1974): Kritische Stichwörter zum Deutschunterricht. München: Fink.

Ehlich, K. (Hrsg.) (1984): Erzählen in der Schule. Tübingen: Narr.

Eichler, W. (1974): Sprachdidaktik Deutsch. Ein kommunikationswissenschaftliches und linguistisches Konzept. München: Fink.

Eichler, W. (1992): Schreibenlernen. Schreiben – Rechtschreiben – Texte-Verfassen. Bochum: Kamp.

Eisenberg, P. (1995): Der Buchstabe und die Schriftstruktur des Wortes. In: Duden. Grammatik der deutschen Gegenwartssprache. Mannheim: Dudenverlag. S. 56–85.

Eisenberg, P.; Menzel, W. (1995): Grammatik-Werkstatt. In: Praxis Deutsch 22, Heft 129. S. 14–26.

Eisenberg, P.; Spitta, G.; Voigt, G. (1994): Schreiben – Rechtschreiben. In: Praxis Deutsch 21, Heft 124. S. 14–25.

Essen, E. (1955): Methodik des Deutschunterrichts. Heidelberg: Quelle & Meyer.

Faulstich, W.; Lippert, G. (Hrsg.) (1996): Medien-Handbuch der Unterrichtspraxis. Düsseldorf: Schwann.

Feilke, H.; Portmann, P. R. (Hrsg.) (1996): Schreiben im Umbruch. Schreibforschung und schulisches Schreiben. Stuttgart: Klett.

Frank, H. J. (1973): Geschichte des Deutschunterrichts. Von den Anfängen bis 1945. München: Hanser.

Frank, R.; Koß, G. (Hrsg.) (1994): Namenkunde in der Schule. Hildesheim: Olms.

Fritzsche, J. (1980): Aufsatzdidaktik. Kritische und systematische Untersuchungen zu den Funktionen schriftlicher Texte von Schülern. Stuttgart: Kohlhammer.

Fritzsche, J. (1991): Schreibwerkstatt. Stuttgart: Klett.

Fritzsche, J. (1994): Zur Didaktik und Methodik des Deutschunterrichts. 3 Bde. Stuttgart: Klett.

Fritzsche, J.; Ivo, H.; Kopfermann, Th.; Siegle, R. (1992): Projekte im Deutschunterricht. Stuttgart: Klett.

Funekötter, F.; Hebel, F.; Rüddigkeit, V. (1981): Rechtschreibung im Unterricht. Königstein/Ts.: Scriptor.

Geißner, H. (1982): Sprecherziehung. Didaktik und Methodik der mündlichen Kommunikation. Königstein/Ts.: Scriptor.

Gorschenek, M.; Rucktäschel, A. (Hrsg.) (1983): Kritische Stichwörter zur Sprachdidaktik. München: Fink.

Gümbel, R. (1980): Erstleseunterricht. Entwicklungen – Tendenzen – Erfahrungen. Königstein/Ts.: Scriptor.

Günther, H.; Ludwig, O. (Hrsg.) (1995/96): Schrift und Schriftlichkeit. 2 Bde. Berlin: de Gruyter.

Haas, G.; Menzel, W.; Spinner K. H. (1994): Handlungs- und produktionsorientierter Literaturunterricht. In: Praxis Deutsch 21, Heft 123. S. 17–25.

Hage, E.; Schmitt, R. (1988): Deutschunterricht und Computer. Bamberg: Buchner.

Hannig, Ch. (Hrsg.) (1978): Deutschunterricht in der Primarstufe. Neuwied: Luchterhand.

Haueis, E.; Hoppe, D. (1972): Aufsatz und Kommunikation. Düsseldorf: Schwann.

Helmers, H. (1966): Didaktik der deutschen Sprache. Stuttgart: Klett.

Heuß, G. E. (1993): Erstlesen und Erstschreiben. Donauwörth: Auer.

Hinney, G. (1997): Neubestimmung von Lerninhalten für den Rechtschreibunterricht. Ein fachdidaktischer Beitrag zur Schriftaneignung als Problemlöseprozess. Frankfurt a. M.: Lang.

Hopster, N. (Hrsg.) (1984): Handbuch „Deutsch" für Schule und Hochschule. Paderborn: Schöningh.

Hussong, M.; Schütt, A.; Stuflesser, B. (1971): Textanalyse optisch. Düsseldorf: Schwann.

Ide, H. (Hrsg.) (1970): Bestandsaufnahme Deutschunterricht. Ein Fach in der Krise. Stuttgart: Metzler.

Ide, H. (Hrsg.) (1971–1976): Projekt Deutschunterricht. 10 Bde. Stuttgart: Metzler.

Ingendahl, W. (1975): Sprechen und Schreiben. Studienbuch zur Didaktik der sprachlichen Äußerung. Heidelberg: Quelle & Meyer.

Issing, L. J.; Klimsa, P. (Hrsg.) (1995): Information und Lernen mit Multimedia. Weinheim und Basel: Beltz.

Ivo, H. (1969): Kritischer Deutschunterricht. Frankfurt a. M.: Fischer.

Ivo, H. (1982): Lehrer korrigieren Aufsätze. Beschreibungen eines Zustands und Überlegungen zu Alternativen. Frankfurt a. M.: Diesterweg.

Ivo, H. (1994): Muttersprache – Identität – Nation. Opladen: Westdeutscher Verlag.

Jahn, K.-H.; Kirn, K.-H. (1983): Schüler schreiben selbst. Weinheim und Basel: Beltz.

Jechle, Th. (1992): Kommunikatives Schreiben. Prozess und Entwicklung aus der Sicht kognitiver Schreibforschung. Tübingen: Narr.

Jentzsch, P. (1977): Konspektieren – Exzerpieren. Arbeitstechniken als Unterrichtsgegenstand. In: Praxis Deutsch 4, Heft 21. S. 46–52.

Kern, A. (1957): Rechtschreiben in organisch-ganzheitlicher Schau. Braunschweig: Westermann.

Kleiner, A. (1974): Kognitives und kommunikatives Schreiben. In: Der Deutschunterricht 22, Heft 1. S. 35–65.

Klippert, H. (1995): Kommunikations-Training. Weinheim und Basel: Beltz.

Klotz, P. (Hrsg.) (1995): Sprachliches Handeln und grammatisches Wissen. = Der Deutschunterricht 47, Heft 4.

Kochan, B. (Hrsg.) (1974): Rollenspiel als Methode sozialen Lernens. Kronberg/Ts.: Scriptor.

Kochan, D. C.; Wallrabenstein, W. (1975): Ansichten eines kommunikationsbezogenen Deutschunterrichts. Kronberg/Ts.: Scriptor.

Köller, W. (1983): Funktionaler Grammatikunterricht (Sekundarstufe I). Hannover: Schroedel.

Kossow, H.-J. (1976): Zur Therapie der Lese-Rechtschreibschwäche. Berlin: Deutscher Verlag der Wissenschaften.

Kübler, H.-D. (1992): Medien und Medienpädagogik im Deutschunterricht. In: Schill, W.; Tulodziecki, G.; Wagner, W.-R. (Hrsg.): Medienpädagogisches Handeln in der Schule. Opladen: Leske. S. 151–163.

Kuhl, H. (1988): Ermutigung zum Schreiben. Theorie und Praxis in den Klassen 5–10. Frankfurt a. M.: Scriptor.

Lange, G.; Neumann, K.; Ziesenis, W. (Hrsg.) (1998): Taschenbuch des Deutschunterrichts. Grundfragen und Praxis der Sprach- und Literaturdidaktik. 2. Bde. Baltmannsweiler: Schneider.

Lange, G.; Schuster, K.; Ziesenis, W. (Hrsg.) (1998/99): Deutschdidaktik aktuell. 8 Bde. Bd. 2: Schuster, K.: Der mündliche Sprachgebrauch im Deutschunterricht. Denken – Sprechen – Handeln. Theorie und Praxis. Baltmannsweiler: Schneider.

Lehmann, J.; Stocker, K. (Hrsg.) (1981): Deutsch. 2 Bde. München: Oldenbourg.

Liebnau, U. (1995): EigenSinn. Kreatives Schreiben – Anregungen und Methoden. Frankfurt a. M.: Diesterweg.

Linke, A.; Sitta, H. (1987): Gespräche führen. In: Praxis Deutsch 14, Heft 83. S. 14–25.

Ludwig, O. (1988): Der Schulaufsatz. Seine Geschichte in Deutschland. Berlin: de Gruyter.

Ludwig, O. (1989): Die Produktion von Texten im Deutschunterricht – Tendenzen in der Aufsatzdidaktik und ihre Herkunft. In: Antos, G.; Krings, H. P. (Hrsg.): Textproduktion. Ein interdisziplinärer Forschungsüberblick. Tübingen: Niemeyer. S. 328–347.

Mann, Ch. (1991): Selbstbestimmtes Rechtschreiblernen. Rechtschreibunterricht als Strategievermittlung. Weinheim und Basel: Beltz.

Melzer, H.; Seifert, W. (1976): Theorie des Deutschunterrichts. München: Ehrenwirth.

Menzel, W. (1985): Rechtschreibunterricht. Praxis und Theorie. Aus Fehlern lernen. Beiheft zu Praxis Deutsch 69.

Merkelbach, V. (1982): Studienbuch Aufsatzunterricht. Paderborn: Schöningh.

Merkelbach, V. (Hrsg.) (1993): Kreatives Schreiben. Braunschweig: Westermann.

Michel, G.; Schübel, A.; Starke, G. (1992): Grammatik braucht der Mensch. In: Deutschunterricht 45, Heft 9. S. 394–407.

Mitzlaff, H. (Hrsg.) (1996): Handbuch Grundschule und Computer. Weinheim und Basel: Beltz.

Müller-Michaels, H. (Hrsg.) (1976): Arbeitsmittel und Medien für den Deutschunterricht. Kronberg/Ts.: Scriptor.

Müller-Michaels, H. (1980): Positionen der Deutschdidaktik seit 1949. Königstein/Ts.: Scriptor.

Neuland, E. (1995): Mündliche Kommunikation. Gesprächsforschung – Gesprächsförderung. In: Der Deutschunterricht 1995, Heft 1. S. 3–15.

Neuland, E.; Bleckwenn, H. (Hrsg.) (1991): Stil, Stilistik, Stilisierung. Frankfurt a. M.: Lang.

Neumann, H.-J. (Hrsg.) (1976): Der Deutschunterricht in der Grundschule. 3 Bde. Freiburg: Herder.

Nündel, E. (1976): Zur Grundlegung einer Didaktik des sprachlichen Handelns. Kronberg/Ts.: Scriptor.

Nündel, E. (Hrsg.) (1979): Lexikon zum Deutschunterricht. München: Urban & Schwarzenberg.

Nussbaumer, M. (1991): Was Texte sind und wie sie sein sollen: Ansätze zu einer sprachwissenschaftlichen Begründung eines Kriterienrasters zur Beurteilung von schriftlichen Schülertexten. Tübingen: Niemeyer.

Oehler, H. (1972): Grundwortschatz Deutsch. Stuttgart: Klett.

Ossner, J.; Blottiere, L.; Buck, G.; Franz, M.; von Lockstaedt-Schäffler, M. (1994): Deutschunterricht für Kinder in der Grundschule. Frankfurt a. M.: Diesterweg

Pschibul, M. (1980): Mündlicher Sprachgebrauch. Donauwörth: Auer.

Queneau, R. (1968): Stilübungen. Frankfurt a. M.: Suhrkamp.

Rau, C. (1994): Revisionen beim Schreiben. Zur Bedeutung von Veränderungen in Textproduktionsprozessen. Tübingen: Niemeyer.

Renk, H.-E. (1986): Spielprozesse und szenisches Spiel im Deutschunterricht. In: Praxis Deutsch 13, Heft 86. S. 18–25.

Reuen, S. (1997): Der Computer als Schreibwerkzeug. Theoretische Grundlagen und praktische Erfahrungen aus einer vierten Grundschulklasse. Frankfurt a. M.: Lang.

Reuschling, G. (1981): Sprachbücher für die Grundschule 1920–1978. München: Fink.

Rico, G. L. (1984): Garantiert schreiben lernen. Sprachliche Kreativität methodisch entwickeln – ein Intensivkurs auf der Grundlage der modernen Gehirnforschung. Reinbek: Rowohlt.

Riehme, J. (1987): Rechtschreibunterricht – Probleme und Methoden. Frankfurt a. M.: Diesterweg.

Rosenbusch, H.; Schober, O. (Hrsg.) (1986): Körpersprache in der schulischen Erziehung. Baltmannsweiler: Schneider.

Sanner, R. (1975): Aufsatzunterricht. Theoretische Grundlegung – Hinweise für die Praxis. München: Kösel.

Schau, A. (Hrsg.) (1974): Von der Aufsatzkritik zur Textproduktion. Baltmannsweiler: Schneider.

Scheerer-Neumann, G. (1987): Kognitive Prozesse beim Rechtschreiben. Eine Entwicklungsstudie. In: Eberle, G.; Reiß, G. (Hrsg.): Probleme beim Schriftspracherwerb. Heidelberg: Schindele. S. 193–219.

Schober, O. (Hrsg.) (1980): Sprachbetrachtung und Kommunikationsanalyse. Königstein/Ts.: Scriptor.

Schulz von Thun, F. (1981): Miteinander reden. Störungen und Klärungen. Psychologie der zwischenmenschlichen Kommunikation. Bd. 1. Reinbek: Rowohlt.

Schuster, K. (1991): Einführung in die Fachdidaktik Deutsch. Baltmannsweiler: Schneider.

Schuster, K. (1999): Das personal-kreative Schreiben im Deutschunterricht. Baltmannsweiler: Schneider.

Schwartz, E. (1964): Der Leseunterricht. Wie Kinder lesen lernen. Beiträge zur Geschichte und Theorie des Erstleseunterrichts. Braunschweig: Westermann.

Sedding, G. (1986): Abhandeln – Besinnen – Erörtern? Versuch einer Erörterung des Erörterns. In: Lehren und Lernen 12, Heft 11. S. 1–60.

Seidel, B. (1989): Wörter im Sprachbewusstsein. Sprachkunde in der Sekundarstufe I. Hannover: Schroedel.

Sennlaub, G. (1980): Spaß beim Schreiben oder Aufsatzerziehung? Stuttgart: Kohlhammer.

Sowinski, B. (Hrsg.) (1975): Fachdidaktik Deutsch. Köln und Wien: Böhlau.

Spinner, K. H. (Hrsg.) (1980): Identität und Deutschunterricht. Göttingen: Vandenhoeck & Ruprecht.

Spinner, K. H. (1993): Kreatives Schreiben. In: Praxis Deutsch 20, Heft 119. S. 17–23.

Spinner, K. H. (Hrsg.) (1995): Imaginative und emotionale Lernprozesse im Deutschunterricht. Frankfurt a. M.: Lang.

Spitta, G. (1988): Kinder schreiben eigene Texte: Klasse 1 und 2. Frankfurt a. M.: Cornelsen Scriptor.

Spitta, G. (1992): Schreibkonferenzen in Klasse 3 und 4 – ein Weg vom spontanen Schreiben zum bewussten Verfassen von Texten. Frankfurt a. M.: Cornelsen Scriptor.

Spitta, G. (1997): Freies Schreiben – eigene Wege gehen. Lengwil: Libelle.

Steffens, W. (1981): Spielen mit Sprache. Aspekte eines kreativen Sprach- und Literaturunterrichts im 1. bis 6. Schuljahr. Frankfurt a. M.: Hirschgraben.

Stocker, K. (Hrsg.) (1976): Taschenlexikon der Literatur- und Sprachdidaktik. Kronberg/Ts. und Frankfurt a. M.: Scriptor und Hirschgraben.

Ulrich, W. (1977): Linguistik für den Deutschunterricht. Beispieltexte und Arbeitsaufgaben zur Einführung in die Sprachwissenschaft und für den Lernbereich Reflexion über Sprache. Braunschweig: Westermann; Aachen: Hahner Verlagsgesellschaft.

Ulrich, W. (1979): Wörterbuch. Grundbegriffe des Deutschunterrichts. Sprachdidaktik und Literaturdidaktik. Kiel: Hirt.

Ulrich, W. (1980): Der Witz im Deutschunterricht. Braunschweig: Westermann.
Ulrich, W. (Hrsg.) (1997): Grammatik. Braunschweig: Westermann.
Ulrich, W. (1998): Sprachspiele. Texte und Kommentare. Lese- und Arbeitsbuch für den Deutschunterricht. Aachen: Hahner Verlagsgesellschaft.
Ulrich, W. (1999): Erweiterung des rezeptiven und des produktiven Wortschatzes im muttersprachlichen Unterricht. In: Wörter lernen in der Fremdsprache. Paris: British Council, Goethe Institut, ENS: S. 73–89.
Ulrich, W. (1999): Multimedia und kommunikative Kompetenz. Teile I–III. In: Deutschunterricht 52, Heft 4–6. S. 264–272, 382–389, 461–469.
Ulrich, W. (2000): Sprachspiele für jüngere Leser. Texte und Kommentare. Aachen: Hahner Verlagsgesellschaft.
Ulshöfer, R. (1952 ff.): Methodik des Deutschunterrichts. 3 Bde. Stuttgart: Klett.
Valtin, R.; Jung, U. O. H.; Scheerer-Neumann, G. (1981): Legasthenie in Wissenschaft und Unterricht. Darmstadt: Wissenschaftliche Buchgesellschaft.
Wagner, W.-R. (1994): Kreatives Schreiben mit dem Computer. Tübingen: Deutsches Institut für Fernstudienforschung.
Waldmann, G.; Bothe, K. (1992): Erzählen. Eine Einführung in kreatives Schreiben und produktives Verstehen von traditionellen und modernen Erzählformen. Stuttgart: Klett.
Wallrabenstein, W. (1993): Miteinander sprechen – Mündliche Kommunikation als Basis des Sprachlernens. In: Haarmann, D. (Hrsg.): Handbuch Grundschule. Bd. 2. Weinheim und Basel: Beltz. S. 50–58.
Watzke, O. (Hrsg.) (1980): Bildergeschichten und Comics in der Grundschule. Donauwörth: Auer.
Watzke, O.; Strank, W. (1984): Theorie und Praxis des Rechtschreibunterrichts in der Grundschule. Donauwörth: Auer.
Weber, A. (1973): Dialektik der Aufsatzbeurteilung. Donauwörth: Auer.
Weisgerber, B. (1983): Handbuch zum Sprachunterricht. Weinheim und Basel: Beltz.
Weisgerber, L. (1949–1954): Von den Kräften der deutschen Sprache. 4 Bde. Düsseldorf: Schwann.
Wermke, J. (1989): „Hab' a Talent, sei a Genie!" Kreativität als paradoxe Aufgabe. 2 Bde. Weinheim: Deutscher Studien Verlag.
Winter, A. (1992): Metakognition beim Textproduzieren. Tübingen: Narr.
Zander, S. (Hrsg.) (1977): Deutschunterricht in der Grundschule. Bad Heilbrunn: Klinkhardt.